HISTÓRIA DOS HOMENS NO BRASIL

Mary del Priore
Marcia Amantino
(Orgs.)

HISTÓRIA DOS HOMENS NO BRASIL

editora
unesp

Direitos de publicação reservados à:
Fundação Editora da Unesp (FEU)
Praça da Sé, 108
01001-900 – São Paulo – SP
Tel.: (0xx11) 3242-7171
Fax: (0xx11) 3242-7172
www.editoraunesp.com.br
www.livrariaunesp.com.br
feu@editora.unesp.br

CIP-Brasil. Catalogação na Publicação
Sindicato Nacional dos Editores de Livros, RJ

H58

História dos homens no Brasil / organização Mary del Priore, Marcia Amantino. – 1.ed. – São Paulo: Editora Unesp, 2013.

ISBN 978-85-393-0429-5

1. Homens – Brasil – História. 2. Homens – Conduta. I. Priore, Mary del, 1952-. II. Amantino, Marcia.

13-01301 CDD: 305.31
CDU: 305-055

Editoras afiliadas

Asociación de Editoriales Universitarias de América Latina y el Caribe

Associação Brasileira de Editoras Universitárias

SUMÁRIO

Apresentação

Mary del Priore e Marcia Amantino

Depois da *História das mulheres*, *das crianças*, *do esporte* e *do corpo*, era tempo de uma *História dos homens*. Sobretudo no Brasil, espaço em que o patriarcalismo medrou com sucesso, contaminando toda a sociedade, todos os grupos sociais, e mesmo os diferentes gêneros. Assunto novo? Não. Como dizem alguns, os homens não são objeto de estudo original, pois toda a história da humanidade, até período recente, foi escrita por eles. Mas é de homens sexuados e não universais que vamos tratar. Homens cuja masculinidade, longe de ser natural, foi socialmente e historicamente construída. Trata-se de uma história plural, na qual a masculinidade não é um dado "natural", mas uma variável edificada de acordo com as diferentes temporalidades, áreas geográficas, diferenças de classe, religião e orientação sexual de cada um. De masculinidade confrontada com padrões de comportamento e representações do que era, no passado, ou é, no presente, "ser homem".

Portanto, da condição de autores da história, os homens passaram a atores da história. Impunemente? Tudo indica que não. Mudanças quanto ao seu papel na família, no exercício do trabalho, da paternidade e da sexualidade os interpelam. Pois trata-se de mudanças viscerais. Na Europa, já existem organizações de homens que lutam contra as injustiças de que são vítimas no momento do divórcio. Ou contra os direitos adquiridos pelas mulheres "às expensas dos homens". Multiplicam-se as organizações antifeministas também nos Estados Unidos, hostis à emancipação das mulheres e à diminuição da visibilidade masculina na sociedade. Luta-se pela busca das "diferenças naturais". Organizam-se congressos em que se discute a defesa das vítimas, os homens, contra seus algozes, as mulheres. Eles estariam, segundo alguns analistas, em busca de "uma outra maneira de ser homens".

Tudo seria cômico, se não fosse sério. Pois a história dos homens não é só feita de conquistas e atos heroicos, mas também de sofrimento, dores e humilhações que os condenam a sofrer calados: "bom cabrito não berra". "Homem que é homem não chora", dizem os provérbios populares! A deles, é a história de lutas num ambiente material, tecnológico e econômico extremamente adverso. De sobrevivência, em meio à falta de educação e saúde. De constante migração em busca de melhores oportunidades de vida para si ou para sua família. Os "Direitos Universais do Homem", declarados na Revolução Francesa de 1789, e duplicados nas cartas constitucionais do Ocidente cristão, não lhes garantiram uma cidadania plena e ativa. Não lhes protegeram de toda sorte de dificuldades e desigualdades. Pois, entre os homens, existiram diferenças econômicas, de cor e condição que incentivaram a exploração de uns sobre os outros. Não se trata, portanto, de uma história sem tensões, mas de uma história feita no entrelace de conflitos, dominação, subserviência e violência. E também de afetos, coragem, astúcia e negociações.

Embora o Brasil não seja a precursora Finlândia, onde, desde 2007, foi implantada uma política de integração dos homens na realização da igualdade entre os sexos, temos um pioneiro no estudo do assunto: Gilberto Freyre. Desde as décadas de 1920 e 1930, Freyre já demonstrava interesse pelo relacionamento, usos e costumes dos diferentes gêneros. Em sua obra-prima, *Sobrados e mucambos*, dedicou especial atenção às barbas e aos cabelos, à moda e à indumentária masculina e ao dimorfismo sexual. Tais modos e modas eram indícios morfológicos de diferentes culturas que aqui se misturaram. Era, por exemplo, o caso do baiano que só andava, amolengado, de liteira carregada no ombro de escravos. Ou o do gaúcho, ágil e musculoso sobre seu cavalo campeiro. Ou do requebro do estancieiro sulino ao som do fandango, comparado à ginga do carioca mulato, negro forro, aos primeiros acordes do samba. Era, ainda, o caso do rico citadino comedor de comida vinda do além mar – *petit-pois*, a uva passa, o bacalhau, o chá, a cerveja – e remédios "civilizados", como as pílulas Le Roy, que Gilberto comparou ao matuto e caipira, morador das margens da grande cidade, curando-se com ervas e benzimento, comedor de abóbora e bagre – peixe considerado inferior e conhecido popularmente como "mulato velho".

Gilberto Freyre observou as diferenças entre os que dormiam em camas, sinal de distinção social, e os que embalavam seus sonhos, em redes ou esteiras. E notou que a valorização social começava a se fazer em torno de elementos importados da Europa burguesa, de onde chegavam novos estilos de vida, contrários aos "rurais ou mesmo patriarcais". Era o declínio do "sinhô" e o nascimento do "doutor". A ida ao teatro substituía a ida à igreja. Trocava-se a espada e o chicote pela bengala. Os sobrados e mocambos iam sofregamente tomando o lugar das casas grandes e das senzalas. O Ocidente, metaforizado no surgimento de máquinas, de capitais britânicos e de modas francesas, esmagava os hábitos orientais, o cafuné, o banho quente, as cabeleiras arrumadas com óleo de Macassar, restos da dominação mourisca na Península Ibérica, e modelava, agora no século XIX, os corpos dos homens brasileiros. Esses brilhantes *insights* do sociólogo-historiador difundiram paradigmas inéditos, abrindo novos campos para a pesquisa, mais tarde explorados no valioso *Modos de homem e Modas de mulher*, em que Freyre verticalizou algumas de suas preocupações anteriores, antecipando, ao mesmo tempo, temas de grande atualidade.

Neste *História dos homens no Brasil*, o leitor há de encontrar o retrato de milhares de homens escravizados na África e a interpretação de como se integraram, com suas diversas culturas e saberes, à sociedade brasileira. Há de encontrar, também, o rosto dos jovens senhores e trabalhadores entre o mundo rural e urbano, cuja masculinidade era signo e símbolo de um modo de vida. Virilidade que implicava uma iniciação sexual precoce e altas taxas de ilegitimidade: fazer filhos era marcar posição. Verá que a modelagem e o adestramento do corpo, por intermédio do esporte e da ginástica, consolidaram a ideia de que o homem tem de ser "corajoso, heroico, forte", cicatrizes e cortes resultando numa gramática corporal que podia ser lida a distância. O esportista? Um herói no imaginário da época. Também a indumentária e os signos exteriores de riqueza definiam o homem na escala social. Do "gamenho" ao "*dandy*", os brasileiros abraçaram modas na indumentária. Junto com a roupa, vestiam também os modos. Chapéus, colarinhos, até o jeans contam a história da vaidade e das representações em torno das formas de se apresentar em sociedade. E o que dizer da falta de mulheres? Como viviam os homens, nas longínquas províncias do Norte, sem elas? Ou nas províncias do Sul, qual era o papel dos jornais na "educação dos sentidos" masculinos? Eram os cronistas, por meio de artigos, que desenhavam a civilidade ideal ou os hábitos cosmopolitas que eles deveriam incorporar para se tornar representantes de um país que também se civilizava. Outro papel a sofrer enormes mudanças foi o do pai. De todo-poderoso, austero e despido de afetos, passou ao pai amigo, solidário e amoroso. A moda veio do alto: D. Pedro I, apesar da vida pessoal atribulada, foi pai dedicadíssimo de legítimos e ilegítimos. A função paterna sofreu radicais modificações a partir do século XIX, amolecendo relações de autoridade, que, de verticais, passaram a horizontais.

Num país onde a sexualidade masculina era tudo ou quase tudo, o que dizer dos homens que não usufruíam dela: os padres? O celibato foi uma questão espinhosa que atravessou séculos. E os "homens de Deus" tiveram de duelar entre as aspirações divinas e institucionais e os ardores da carne.

A guerra foi outro campo de batalha – esse, menos metafísico. A formação dos exércitos, a conscrição e o recrutamento "davam medo". E esse não era um sentimento considerado masculino. Nossos militares sofreram durante séculos o descaso da nação e das autoridades, passaram fome e frio, morreram mais de doenças que de ferimentos de guerra. Também souberam resistir e se renovar. O heroísmo dos campos de batalha migrou para o cinema e a cama. Ali, no início do século XX, forjaram-se padrões de comportamento masculino em que a coragem e bravura eram regras. "Dar no couro" também era norma. O homem viril precisava ser igualmente incansável. As falhas, sempre discretamente tratadas. A vida urbana – com a velocidade, os carros, o esporte e a bebida – contribuiu para o adestramento dos corpos.

Os anos 1960 integraram a ideologia e as lutas políticas ao cardápio da masculinidade. O impacto da imprensa e das telas foi fundamental para forjar novos valores que se agregavam aos velhos: na "luta armada", a "companheira" continuava sendo um "ser inferior e frágil". Entre os anos 1960 e 1990, grandes rupturas: nascia o "metrossexual". Um "novo homem". O movimento *gay*, o aumento de revistas masculinas e a proliferação de serviços para cuidar e aperfeiçoar o corpo masculino (que alteraram não só o físico, mas a cabeça de muitos). Multiplicou-se a preocupação com a "diversidade". Quantos homens cabem num só?

A tolerância não acompanhou as modificações. O país continua machista, e, na mais importante avenida do mais desenvolvido estado do país, jovens *gays* são alvos da violência de heterossexuais. Mudanças e permanências, especialmente as últimas, colaboram para confirmar que, entre nós, a força masculina continua como padrão de virilidade. O sucesso das arenas de *MMA*, ou *Mixed Martial Arts*, continua atraindo o público feminino e provando que, para elas ou para eles, o "homem de verdade tem A força"! Só no braço e nos músculos, muitos brasileiros encontram o respeito e o *status* que desejam. O conjunto revela, para o bem e para o mal, que o Brasil continua sendo um país machista. Os números da violência, na cidade e no campo, e nas suas mais diversas formas, não desmentem as conclusões de consistentes pesquisadores. Que a história de nossos irmãos, pais e avós do passado nos ajude a compreender o presente e a construir um futuro no qual a igualdade social chegue junto com a de gêneros.

A Editora Unesp vem oferecendo continuamente obras de referência para a compreensão do passado e da contemporaneidade do país. Obras que permitem o diálogo entre as diferentes disciplinas, a diversidade de pesquisadores e o conjunto de cidadãos. Este livro se inscreve nessa tradição.

1

Ser homem... Ser escravo

Marcia Amantino e Jonis Freire

A chegada de milhares de homens no Brasil

Era um sonho dantesco... O tombadilho
Que das luzernas avermelha o brilho
Em sangue a se banhar.
Tinir de ferros... estalar do açoite...
Legiões de homens negros como a noite,
Horrendos a dançar...
Negras mulheres, suspendendo às tetas
Magras crianças, cujas bocas pretas
Rega o sangue das mães:
Outras, moças... mas nuas, espantadas,
No turbilhão de espectros arrastadas,
Em ânsia e mágoa vãs.

CASTRO ALVES, *OS ESCRAVOS*, p.96.

Em 1868, Castro Alves descreveu o tombadilho de um navio negreiro como sendo um espetáculo de horrores promovido pela infâmia e covardia de alguns que se viam protegidos pela bandeira brasileira. Alguns anos antes, Rugendas havia, a seu modo, descrito um tumbeiro.[1] Sua imagem é emblemática e denota o horror da travessia. Poucas obras conseguiram captar com tão ricos detalhes o interior de uma dessas embarcações. Essas duas foram exceção. Daí, a importância delas.

A sociedade brasileira do século XIX convivia diariamente com uma infinidade de negros nas ruas, dentro das casas e comércios e sabia a importância deles para a economia e para a vida do país. O que eles não conheciam naquele momento era o volume do número de africanos que havia desembarcado nestas terras desde o século XVI. Isto só foi parcialmente possível, já que o número exato nunca se saberá, mesmo com o avançar das pesquisas históricas e demográficas a partir da década de 1960.

Figura 1.1 O interior de um navio negreiro. **Fonte:** *O Brasil de Rugendas.*

1 Rugendas, *O Brasil de Rugendas.*

Os números relativos ao volume do tráfico de escravos variam bastante. A cada descoberta feita, aumentam a quantidade de navios negreiros que cruzaram o Atlântico e, consequentemente, o número de pessoas escravizadas que os mesmos carregavam. Contudo, uma coisa é certa entre os pesquisadores do tema: a esmagadora maioria daqueles indivíduos foi trazida para as Américas, e nesse tocante o Brasil foi, de longe, o principal recebedor de africanos. Estima-se que, desde o final do século XVI até o fim do século XIX, tenham atravessado o Atlântico rumo às Américas cerca de 10,7 milhões de africanos. Destes, 4,8 milhões aportaram no litoral brasileiro.[2] Estes números indicam que os portos brasileiros – sobretudo os do Recife, Salvador e Rio de Janeiro – foram os que receberam o maior número de africanos em todo o período de existência do tráfico, e que a partir deles os recém-chegados eram distribuídos pelo restante do território brasileiro.[3]

A maior parte desses quase cinco milhões de pessoas era composta por homens em idade produtiva, dos 15 aos 40 anos, e de quase todas as regiões do continente africano.[4] Só para se ter uma ideia do que representava a presença masculina entre os africanos que desembarcaram no Brasil, no período do auge da exploração do ouro em Minas Gerais, Mato Grosso e Goiás, durante o século XVIII, sabe-se que eles perfaziam cerca de 76,25% de todo o grupo. Se analisarmos os dados sobre o período que perdurou o tráfico negreiro para o Brasil, ou seja, de fins do século XVI até final do século XIX, eles nunca foram inferiores a 55%.[5]

---

2 Luna, *Escravismo no Brasil*, p.167-8.

3 De acordo com os cálculos de David Eltis, entre os anos de 1519 e 1867, 5.074.900 africanos fizeram parte do comércio transatlântico, tendo os portugueses à frente dos negócios. Isso correspondeu a 45,9% do total de indivíduos comercializados entre aqueles anos. Em segundo lugar, vinham os ingleses, com 28,1%, e os franceses, com 13,2%. Eltis, "The volume and structure of the transatlantic slave trade: a reassessment", *William and Mary Quaterly*.

4 Algumas regioes do continente atuaram com maior intensidade do tráfico negreiro do que outras.

5 Disponível em: www.slavevoyages.org. Acesso em: 17 out. 2011.

Exemplos da predominância dos homens no tráfico negreiro não faltam: 60 inventários entre os anos de 1687 a 1809 e que pertenceram a moradores da capitania do Rio de Janeiro demonstraram que havia um total de 1.236 escravos distribuídos de maneira diversa entre esses fluminenses. Os dados revelaram que 769 eram homens (62,2%) e 467 eram mulheres (37,80%).[6]

A região Sudeste destacou-se nos caminhos do tráfico, recebendo o maior número de cativos, tanto em números absolutos quanto em números relativos (aproximadamente 2.017.900 indivíduos escravizados, o que equivalia a 21,0% do total de cativos). Mas foi, sobretudo, entre os anos de 1801-1850 que ocorreram os maiores desembarques de africanos no sudeste brasileiro. Os números indicam que em torno de 1.145.100 cativos, ou seja, 56,7% dos desembarcados, aportaram nessa região.[7]

A escravidão foi o pilar sobre o qual foi erigida a sociedade brasileira. A partir dela desenvolveram-se peculiaridades, ao longo dos séculos, que a delinearam. O uso generalizado dessa mão de obra cativa foi utilizado em praticamente todas as atividades no Brasil, e sua distribuição geográfica e social também foi bastante extensa, indo desde a família mais abastada com centenas de escravos, até a mais humilde, com apenas um ou dois. Em alguns casos, até mesmo escravos conseguiam dinheiro e tratavam de comprar um escravo para si.

Esse grande contingente de escravizados oriundos do continente africano não apenas influenciou aspectos como idade (15-40 anos) e sexo (em sua maioria homens) da população escrava, como também se fez presente no cotidiano daqueles indivíduos e seus descendentes.[8] Estes milhares de seres humanos tiveram que adaptar valores, práticas sociais, econômicas, religiosas e culturais para sobreviverem nesse novo espaço. Inimigos imemoriais tiveram que conviver no cativeiro; africa-

---

6 Cavalcanti, "O comércio de escravos novos no Rio setecentista". In: Florentino, *Tráfico, cativeiro e liberdade*, p.29.

7 Eltis, "The volume and structure of the transatlantic slave trade: a reassessment", *William and Mary Quaterly*, Tabela III.

8 Dentre outros: Slenes, *Na senzala uma flor.*

nos (os que tinham sorte) necessitaram arranjar como companheiras mulheres não africanas; seus rituais religiosos tiveram também que sofrer adaptações, enfim, todos vivenciaram mudanças bruscas em seus cotidianos. Mas a vida continuava, mesmo no cativeiro, e sentimentos eram estabelecidos, conformando processos variados de mestiçagens biológicas e culturais.

Logo, pode-se afirmar que a essência da escravidão no Brasil pelo menos até a abolição do tráfico negreiro pela lei de 7 de novembro de 1831, conhecida por "lei para inglês ver", foi baseada na reposição da mão de obra por meio do tráfico, legal até essa data e ilegal após esse ano, e, mais ainda, contando com uma imensa maioria de homens jovens.[9] Desta maneira, o tráfico Atlântico era uma "variável fundamental para a reprodução física da mão de obra cativa".[10] Ainda que o crescimento da população escrava também tenha se dado por meio do nascimento de crianças, pelo menos até 4 de setembro de 1850, data da promulgação da Lei Eusébio de Queirós, que efetivamente acabou com o comércio de escravos africanos, foi o tráfico transatlântico o principal responsável pela manutenção e ampliação das escravarias.[11]

---

9 Sobre o tráfico de escravos conferir, entre outros: Slenes, *The demography and economics of brazilian slavery:* 1850-1888; Klein, "A demografia do tráfico atlântico de escravos para o Brasil", *Estudos Econômicos,* p.129-49; Florentino, *Em costas negras: uma história do tráfico de escravos entre a África e o Rio de Janeiro, século XVIII e XIX;* Rodrigues, *O infame comércio: propostas e experiências no final do tráfico de africanos para o Brasil (1800-1850)*; Mamigonian, "A proibição do tráfico atlântico e a manutenção da escravidão". In: Grinberg e Salles (Org.), *Coleção Brasil Imperial,* p.207-33.

10 Florentino, *Em costas negras: uma história do tráfico de escravos entre a África e o Rio de Janeiro, século XVIII e XIX,* p.27.

11 Paiva, Libby, "Caminhos alternativos: escravidão e reprodução em Minas Gerais no século XIX", *Estudos Econômicos*; Gutièrrez, "Demografia escrava numa economia não-exportadora: Paraná, 1800-1830", *Estudos Econômicos*; Santos, "Senhores e escravos: a estrutura da posse de escravos em Mogi das Cruzes no início do século XIX", *Estudos de História*; Botelho, *Famílias e escravarias: demografia e família escrava no norte de Minas Gerais no século XIX*; Bergad, *Escravidão*

Por que tantos homens?

De acordo com os estudiosos sobre o tema, embora existisse no continente africano um diferencial de preços entre homens e mulheres, isso por si só não explica o porquê de a maioria dos escravizados ter sido composta pela mão de obra masculina. Segundo Klein e Luna, o principal motivo para essa diferença residia no alto valor das mulheres em determinadas regiões da África, pois elas eram naquelas sociedades "um meio de adquirir prestígio, laços de parentesco e filhos".[12] Era com as mulheres que se perpetuava a memória geracional por meio das relações de parentesco matrilinear. Portanto, sua importância social era muito grande. Além disso, cabe ressaltar que no Brasil tanto homens quanto mulheres desempenhavam quase todas as tarefas braçais. Ainda há outros fatores que devem ser agregados para se explicar a supremacia dos homens africanos.

Outra questão importante levantada pelos estudiosos é a de que no continente africano, onde aos homens cabiam as atividades da caça e da guerra, havia uma prática disseminada de usar principalmente as mulheres para os trabalhos agrícolas. Essas características levaram os preços das mulheres a serem mais altos do que o dos homens nos mercados africanos, o que ajuda a explicar a preferência pela mão de obra masculina no tráfico de escravos. Também parte das mulheres capturadas era vendida aos mercadores islâmicos, que as levavam para as regiões do Oriente, onde serviam como concubinas, realizavam trabalhos domésticos e, em alguns casos, tornavam-se esposas.[13]

---

e história econômica: demografia de Minas Gerais, 1720-1888; Nogueról, *Economia escravista e preços de escravos em Minas Gerais*; Teixeira, *Reprodução e famílias escravas de Mariana (1850-1888)*. Algumas críticas ao trabalho de Bergad, feitas por Libby, podem ser vistas em uma resenha no *American Historical Review*, 107,1 (2002), p.258-9. E também em Libby, "Minas na mira dos Brasilianistas". In: Botelho (Org.), *História Quantitativa e Serial: um balanço.*

12 Luna, Klein, *Escravismo no Brasil*, p.176.

13 Lovejoy, *A escravidão na África: uma história de suas transformações*, p.48.

O número de crianças transportadas pelo tráfico africano também era pequeno. Embora, não apresentassem taxas de mortalidade muito diferentes do que a dos adultos remetidos ao Brasil, seu custo era igual ao deles. Contudo, seu preço de venda era muito baixo, o que desestimulava sua compra nos mercados africanos. Assim, era pequeno o número de escravos com menos de dez anos de idade desembarcados no mercado do Rio de Janeiro na segunda metade do século XVIII. Estas "crias de pé" e "crias de peito" representavam apenas 5,2% do total dos cativos nos navios negreiros. Situação similar foi identificada na mesma região na primeira metade do século XIX.[14]

Figura 1.2
A chegada de novos escravos.
Fonte: Chamberlain, *Vistas e costumes da cidade e arredores do Rio de Janeiro em 1819-1820.*

O que se percebe é que a preferência pelos homens africanos, em relação a mulheres e crianças, foi influenciada pelas peculiaridades dos mercados, africano e brasileiro, possuidores de dinâmicas próprias que se refletiram na venda e compra de braços para a dinâmica economia brasileira.

14 Florentino, Góes, *A paz das senzalas: famílias escravas e tráfico atlântico.*

Figura 1.3
Mercado de escravos.
Fonte: Debret, *Boutique de la rue du Val-Longo.*

O que significou esta presença masculina nos padrões demográficos

Conforme já visto, a sempre crescente demanda por braços escravos exigia um fluxo contínuo de escravos, pelo menos até 1850, vindos do continente africano. Como bem afirmou Stuart Schwartz:

> A escravidão no Brasil distribuía-se largamente entre a população livre, constituindo-se na base econômica da sociedade como um todo e em uma forma de investimento extremamente comum e acessível. Viajantes frequen-

temente comentaram a respeito do uso pródigo e generalizado da mão de obra escrava.[15]

Figura 1.4
Mercado de escravos em Pernambuco, século XIX.
Fonte: Graham, *Journal of a Voyage to Brazil.*

Em 1850, com a ilegalidade do tráfico externo de escravos, houve um aumento efetivo do tráfico interno. Cabe ressaltar que nesse contexto os proprietários que necessitavam de mão de obra ainda preferiam os cativos do sexo masculino, fossem eles africanos ou crioulos, embora precisemos destacar que a partir daquele momento um número maior de mulheres e crianças também eram alvo de compra por parte dos senhores escravistas.

15 Schwartz, *Segredos*, p.368.

Como resultado previsível dessa grande concentração de homens no tráfico pode-se verificar que, com exceção de algumas fazendas e nas propriedades ligadas às ordens religiosas, as demais, ligadas à grande exportação, mantinham um elevado percentual de homens sobre as mulheres.

A diferença sexual que havia entre os escravos em algumas localidades de Minas Gerais foi registrada em dois momentos diferentes. A discrepância entre o número de homens e de mulheres justifica a reprodução das tabelas apresentadas pelos autores e demonstram as divisões por sexo de algumas localidades mineiras. Na Tabela 1.1, percebe-se uma gigantesca razão de masculinidade,[16] com algumas localidades possuindo mais de 10 homens para cada mulher:

Tabela 1.1 Distribuição dos escravos por sexo em algumas localidades de Minas Gerais em 1718.

Localidades	Homens	Mulheres	Razão masculinidade
Vila Rica	3.870	363	1.066
Vila do Carmo	8.003	596	1.343
São João Del Rey	1.291	48	2.690
Pitangui	255	43	593
Total	13.419	1.050	1.278

Fonte: Luna, "Estrutura de posse de escravos em Minas Gerais, 1804"; Luna, *Minas Gerais: escravos e senhores – Análise da estrutura populacional e econômica de alguns núcleos mineratórios (1718-1804).*

A Tabela 1.2 demonstra uma população em que, segundo os autores, os crioulos, isto é, os descendentes de africanos e nascidos já em terras brasileiras – em geral uma população sexualmente mais equilibrada – já eram a maioria. Contudo, havia 40% de africanos (sobretudo homens) que ainda elevavam as razões de sexo, portanto demonstrando a supremacia masculina em relação à feminina.

16 A razão de masculinidade ou razão de sexo é definida como o número de homens para cada grupo de 100 mulheres.

Tabela 1.2 Divisão dos escravos por sexo em algumas localidades de Minas Gerais em 1804.

Localidades	Homens	Mulheres	Razão de masculinidade
Abre Campo	45	13	346
Bacalhau	747	281	266
Capela do Barreto	110	82	134
Furquim	691	330	209
Gama	186	36	517
Guarapiranga	203	97	209
Inficionado	1.112	358	311
Itacolomi	219	78	281
Mariana	167	89	188
Morro Santa Ana	140	66	212
N. S das Dores	127	83	153
N.S. dos Remédios	159	94	169
Passagem	274	144	190
São Caetano	454	227	200
Vila Rica	1.649	1.190	139
Total	6.283	3.168	198

Fonte: Luna, "Estrutura de posse de escravos em Minas Gerais, 1804"; Luna, ***Minas Gerais: escravos e senhores – Análise da estrutura populacional e econômica de alguns núcleos mineratórios (1718-1804)***.

A presença majoritária de homens e a grande ausência de mulheres fizeram com que alguns padrões sociais precisassem ser repensados pelos cativos. Um deles diz respeito aos relacionamentos sexuais, sancionados ou não pela Igreja, entre africanos e índias, ou entre eles e mulheres mestiças, tanto nas fazendas como nos quilombos.[17] Contudo, os registros de matrimônios para algumas localidades onde havia um número mais equilibrado entre homens e mulheres demonstram que

17 Monteiro, "Tapanhuns, negros da terra and curibocas: common cause and confrontation between blacks and natives in colonial Brazil". In: Restall, *Beyond black and red*, p.97.

havia uma preferência por casamentos endogâmicos, ou seja, africanos casavam com africanas, crioulos com crioulas.

Se os registros matrimoniais nos fornecem informações sobre os casamentos sancionados pela Igreja católica, o mesmo não pode ser dito sobre as diferentes práticas sexuais dos milhares de escravos que viviam no Brasil. Poucas são as fontes que permitem o acesso do pesquisador a esse tema e poucos foram os que se dedicaram a estudá-las. Uma exceção é o trabalho de Luiz Mott, que analisou a documentação produzida pelo Tribunal da Inquisição que visitou a América portuguesa em alguns momentos do século XVII.[18] Todos os moradores eram passíveis de serem denunciados, inclusive, os escravos. Graças aos processos, temos acesso, ainda que parcial, ao cotidiano das práticas sexuais desse grupo, na maioria das vezes, homens. Poucas foram as mulheres denunciadas por práticas sexuais desviantes. As exceções aconteciam normalmente nos casos em que eram acusadas de serem amantes ou acusadas de aceitarem, ainda que incitadas por seus homens, práticas sexuais não lícitas.

Com relação aos homens escravos, foram identificadas na documentação do Tribunal da Inquisição variadas práticas consideradas pecaminosas, tais como a homossexualidade, a masturbação, a existência de travestis, o bestialismo e outras. Todas elas já existiam na África, com maior ou menor grau de aceitação em cada uma das suas diferentes culturas, e foram continuadas na colônia. Cardonega, um militar português que acompanhou de perto e escreveu uma obra sobre a história das guerras angolanas ocorridas no século XVII, informava que havia "entre o gentio de Angola muita sodomia, tendo uns com outros suas imundices e sujidades, vestindo-se de mulheres".[19]

Todavia, a falta de mulheres aqui, do outro lado do Atlântico, pode ter contribuído para que as centenas de homens buscassem alívio para seus desejos nas formas não aceitas pela igreja. De acordo com Luiz Mott,

18 Mott, *O sexo proibido: virgens, gays e escravos nas garras da Inquisição.*

19 Cardonega, *História geral das guerras angolanas*, p.259.

[...] os africanos e seus descendentes celibatários entregaram-se às mais diversas expressões eróticas, tanto hétero como homossexuais, incluindo a masturbação individual ou recíproca, a felação, o bestialismo, a homossexualidade masculina e feminina, o travestismo, a prostituição e relações orgiásticas, a poligamia poliândrica e poligínica, a bigamia, a sodomia heterossexual, o diabolismo.[20]

As fugas

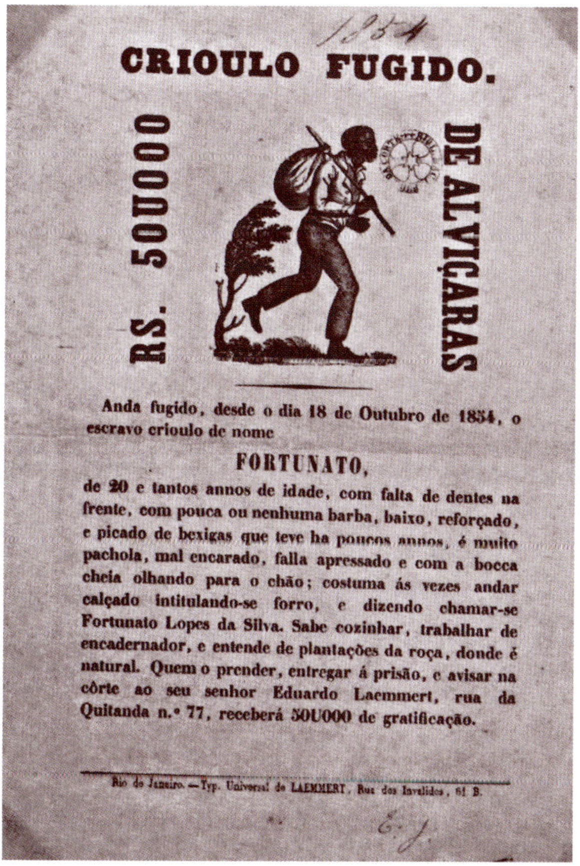

Figura 1.5
Cartaz de fugitivo, 1854.
Fonte: Rio de Janeiro: Almanaque Laemmert, 1854.

---

20 Mott, As alternativas eróticas dos africanos e seus descendentes no Brasil escravista.

ATENÇÃO

Fugiu, da rua Nova de São Francisco da Prainha n.9, um molecote de idade de 20 anos pouco mais ou menos, bonita figura, oficial de pedreiro, de nome Pedro, parece crioulo, por ter vindo muito pequeno, mas é cabinda de nascimento, e acode pelo apelido de Bem-te-vi, fala às vezes com alguma dificuldade, é um pouco gago, é alegre e diligente, consta que tem andado trabalhando para as bandas do Catete, largo do Machado, e Laranjeiras, e ultimamente que anda por cocheiras, e tem sido visto na rua do Conde. Protesta-se contra quem o acoutar, ou lhe der trabalho.[21]

De maneira geral, pode-se dizer que havia dois tipos de fugas praticadas pelos escravos: a *petit marronage* e a *grand marronage.*[22] A primeira seria a fuga por um período curto de tempo e, às vezes, reincidente. O escravo fugia para encontrar alguém, para realizar alguma transação, mas depois voltava à casa de seu senhor. A *grand marronage* seria aquela em que o escravo fugia de seu senhor com o objetivo premeditado de não mais voltar ao cativeiro (ou pelo menos a um tipo determinado de cativeiro). Este tipo de fuga foi muito mais documentado do que a primeira porque, dentre outros motivos, constituía-se mais perigosa para o sistema e destituía o senhor de seu capital.

A fuga (a *grand marronage*) apresentava-se para os escravos como uma possibilidade quando todos os mecanismos de negociação, entre eles e seus senhores, falhavam e quando seus "direitos" mínimos não eram respeitados pelos senhores ou por seus representantes, os feitores. Os principais direitos que regiam a relação entre cativos e senhores eram a manutenção das famílias, uma boa alimentação, o direito de terem alguns dias para cultivarem suas roças e castigos mais moderados e justos.

Contudo, há outra possibilidade de entendimento das fugas, pelo menos para os que a escolhiam. Em Sabará, Minas Gerais, no ano de 1751, em uma carta anônima, seu autor demonstrou que para os escra-

---

21 Biblioteca Nacional, *Jornal do Commercio*, Rio de Janeiro, 30/6/1850.

22 Debien, Marronage in the French Caribben. In: Price, *Marron societies: rebel slave communities in the Americas*, p.107.

vos evadidos, esta, além de ser um caminho para a possível liberdade, poderia significar também, em caso de morte, a liberdade total, pois assim suas almas voltariam para sua terra natal. Diziam eles, "fugir é bom" porque se os matam lá no mato, dizem "moré, moré, morreu, acabou o cativeiro e foi descansar na sua terra".[23]

A suposta facilidade de esconder-se nas cidades conduz-nos a imaginar que qualquer um poderia fugir e a qualquer momento. Porém, tal não acontecia. Comparativamente à população escrava em geral, o número de fugitivos, em qualquer região brasileira, era baixo, o que prova a enorme estabilidade do sistema escravista ao longo de mais de 300 anos. Isso não significa que os que fugiam não representavam um contingente significativo para a estrutura escravista. Os números são baixos se analisados junto aos quadros demográficos; porém, tornam-se bastante relevantes quando se pensa na constância do ato de fugir e nas suas consequências. A comunidade urbana ou mesmo a rural funcionava como um freio natural às fugas, na medida em que cada um conhecia razoavelmente as pessoas das imediações e qualquer estranho despertava suspeitas gerais.

Identificar a quantidade de escravos fugidos ao longo dos séculos XVI, XVII e XVIII é bastante difícil devido à não existência de uma fonte serial que permita acompanhá-los. Para o século XIX, a situação muda bastante. Os periódicos que circulavam pelas cidades ou pelas grandes vilas, permitem a identificação de um perfil bastante evidente da população que fugia à escravidão. Quase todo jornal tinha uma seção de anúncios. Neles apareciam, com ou sem destaque, os escravos que haviam se evadido. Esses anúncios são importantes fontes para conhecermos um pouco mais acerca das características da população escrava ou, pelo menos, da parte que fugia da escravidão. Os homens também eram a maioria esmagadora nas fugas anunciadas.[24]

23 Rezende, *As "nossas Áfricas": população escrava e identidades africanas nas Minas setecentistas*, p.150.

24 Amantino, *O mundo dos fugitivos: Rio de Janeiro na segunda metade do século XIX*.

Os jornais, como veículos facilitadores de apreensão dos escravos fugidos, foram identificados pelo viajante inglês Bunbury, ao visitar a cidade do Rio de Janeiro, na década de 1830. Ele informou aos seus leitores que havia um número muito elevado de fugitivos e que "quase não se pode pegar em um jornal do Rio sem ver anúncios a respeito deles".[25]

Esse tipo de anúncios fazia parte do dia a dia da população e servia como ferramenta para auxiliar o controle sobre tão numerosa população escrava que vivia nas cidades ou em suas imediações. Machado de Assis, no conto "Pai contra mãe", escrito na segunda metade do século XIX, cuja história se desenrolava na cidade do Rio de Janeiro, também havia percebido a importância deles para a sociedade. Assim explicava o que fazia um senhor cujo escravo tivesse fugido:

> Punha anúncios nas folhas públicas, com os sinais do fugido, o nome, a roupa, o defeito físico, se o tinha, o bairro por onde andava e a quantia de gratificação. Quando não vinha a quantia, vinha promessa: "gratificar-se-á generosamente" – ou "receberá uma boa gratificação". Muitas vezes o anúncio trazia em cima ou ao lado uma vinheta, figura de preto, descalço, correndo, vara ao ombro e na ponta uma trouxa. Protestava-se com todo o rigor da lei contra quem o acoitasse [...][26]

No conto, Machado de Assis relata a história de um casal pobre, Cândido e Clara, que está grávida, e de sua tia Mônica. Todos viviam com muitas dificuldades, apesar das duas mulheres costurarem dia e noite, porque Cândido não tinha trabalho fixo. Depois de tentar várias atividades, ele resolveu viver de perseguir escravos fugitivos anunciados nos jornais.

> Pegar escravos fugidos trouxe-lhe um encanto novo. Não obrigava a estar longas horas sentado. Só exigia força, olho vivo, paciência, coragem e um pedaço de corda. Cândido Neves lia os anúncios, copiava-os, metia-os no

25 Bunbury, Narrativa de viagem de um naturalista inglês ao Rio de Janeiro e Minas Gerais (1833-1835), *Anais Biblioteca Nacional.*

26 Machado de Assis, "Pai contra mãe".

bolso e saía as pesquisas. Tinha boa memória. Fixado os sinais e os costumes de um escravo fugido, gastava pouco tempo em achá-lo, segurá-lo, amarrá--lo e levá-lo.

Em alguns dias, tinha sorte e obtinha dinheiro das recompensas. Em outros, nada acontecia e todos ficavam sem ter o que comer. A situação foi se complicando, a família acabou despejada pelo senhorio e foi morar de favor em um porão emprestado. Lá, nasceu a criança. Um menino. Sem ter como mantê-lo, decidiram, depois de muito sofrimento, entregá-lo na Roda dos Expostos, lugar consagrado para entregas de crianças não desejadas ou cujos pais não pudessem criá-las.

No dia seguinte, caberia a Cândido levar a criança. Ele, apesar de sua imensa tristeza e quase desespero, saiu de casa para cumprir sua missão. No caminho, avistou uma mulata fugida que havia dias ele procurava. Deixou a criança numa farmácia e foi atrás da fujona. Ao ser capturada, a mulher implorou que não a entregassem ao seu senhor. Estava grávida e, devido aos maus tratos e açoites que certamente receberia, acabaria por perder a criança. De nada adiantaram as súplicas. Cândido a levou amarrada e esperneando à casa onde vivia seu dono. Lá, ele recebeu 100 mil-réis de gratificação enquanto a jovem abortava a criança. Voltou para casa com seu menino nos braços pensando: "nem todas as crianças vingam".[27]

Rio de Janeiro, Salvador, Ouro Preto, Recife, São Paulo eram cidades que no século XIX tinham relevância econômica ou política, seu enorme contingente negro chamava a atenção de todos. Era inevitável que o número elevado de escravos aparecesse nos jornais como mão de obra, mas também como agentes criminosos, infratores de inúmeras posturas e fugitivos.

Vejamos o que diziam alguns destes jornais.

Entre os anos de 1825 e 1832 foram localizados 65 anúncios de escravos fugitivos veiculados no jornal *O universal*, que circulava em Ouro Preto, Minas Gerais, mas que apresentava anúncios de fugas de

27 Machado de Assis, "Pai contra mãe".

cativos de várias localidades daquela capitania e a do Rio de Janeiro. Ao todo, foram contabilizados 116 escravos que, por motivos diversos, haviam fugido de seus senhores. Estavam então sendo caçados. Nesse universo de fugitivos, 97 eram homens (83,62%), 8 eram mulheres (6,90%) e 11 indivíduos (9,48%) não foram identificados pela fonte.[28]

Dos 1.047 anúncios publicados no ano de 1850 no *Jornal do Commercio*, que circulava na cidade do Rio de Janeiro, 859 eram relativos a homens, perfazendo um total de 82,04%, enquanto apenas 188 (17,96%) eram sobre mulheres.[29] Até 1850, o número pequeno de mulheres, tanto na população escrava em geral quanto na de fugitivos, pode ser explicado pelo desequilíbrio sexual derivado do tráfico atlântico.

Contudo, a esmagadora maioria de homens entre os fugitivos não deve ser explicada somente pelo fato de que eram predominantes nas propriedades ou escravarias. Na verdade, antes e mesmo depois de 1850, a presença pouco marcante de mulheres, sejam elas crioulas ou africanas, no contingente de fugitivos deve ser questionada a partir das suas relações familiares. O motivo principal para tão baixo resultado, se comparado com os homens, é provavelmente a existência de laços familiares fortes o bastante para evitar as fugas e, principalmente, a existência de crianças que dependeriam dela. Isto não significa que não ocorressem fugas entre mulheres e seus filhos.

Quanto à procedência dos fugitivos, novamente há um predomínio dos africanos entre aqueles que foram identificados pela fonte. No ano de 1850, 627 africanos foram arrolados como fugitivos, e somente 348 crioulos.[30]

Além de serem maioria na população escrava, outra explicação possível para o predomínio dos africanos entre os fujões no período anterior ao fim do tráfico pode ser buscada em sua socialização junto aos demais escravos. Normalmente, o africano era inserido na propriedade

28 Amantino, Os escravos fugitivos em Minas Gerais e os anúncios do jornal *O Universal*, 1825 a 1832.

29 Amantino, O perfil demográfico do escravo fugitivo.

30 Biblioteca Nacional, *Jornal do Commercio*, Rio de Janeiro, 1850.

por meio do tráfico já em fase adulta, pois o sistema privilegiava claramente homens adultos aptos para o trabalho. Chegando à fazenda, era considerado pelos demais escravos como mais um inimigo, já que seria mais um candidato às poucas mulheres existentes.[31] Além disso, era um "boçal", pois não conhecia a língua e os costumes. Agravando ainda mais a situação, o africano chegava sem seus laços parentais. Já com o crioulo ocorria exatamente o contrário. Ele era inserido na comunidade escrava basicamente pelo nascimento, portanto, com ligações parentais fortes o bastante para conferir-lhe algum tipo de suporte emocional. Não era um inimigo, já que não era um estranho. E, principalmente, sabia manejar com certa habilidade os valores que se esperava que possuísse. Por tudo isso, fica claro imaginar por que os africanos eram os candidatos ideais às fugas. Eles tinham pouco a perder em caso de fracasso e não possuíam relações parentais que os prendessem à fazenda. De qualquer maneira, valia a pena tentar. O escravo Manoel é um exemplo. O primeiro registro que temos de sua fuga data de 18 de maio de 1850, e durante quatro meses ele apareceu assiduamente nos anúncios de escravos fugidos do *Jornal do Commercio*.

Manoel era um escravo de 24 a 26 anos de idade da nação Mina Nagô e que trabalhava em uma padaria situada a rua Nova do Conde n.95A. Nos primeiros quatro anúncios, ou seja, do dia 18 de maio até o dia 5 de junho, o texto dizia apenas que quem o recuperasse receberia gratificações. A partir do dia 10 de junho, até o dia 17 (mais quatro anúncios), a recompensa passou a ser de 20$000, subindo para 30$000 no dia 22 de junho. A partir do dia 26 de junho, até o dia 25 de julho (num total de sete anúncios), a recompensa subiu para 50$000. Toda esta recompensa não surtiu nenhum efeito. Sinal de que Manoel estava muito bem escondido, caso contrário alguém o teria capturado para receber tal quantia. Um mês se passou sem que mais nenhum anúncio fosse publicado. No dia 17 de setembro, quando novamente nos encontramos com Manoel, o escravo já estava valendo uma recompensa de 100$000.

31 Florentino, Góes, "Tráfico negreiro e estratégias de socialização parental entre os escravos do meio rural do Rio de Janeiro, 1790-1830".

Esta grande variação na recompensa nos faz pensar em algumas possibilidades: ou o escravo era realmente muito valioso ao seu senhor devido a seus serviços ou temos aqui um caso típico de senhor profundamente irritado com a capacidade de um negro esconder-se em plena corte. Parece que o passar do tempo causava ao senhor cada vez mais necessidade de recuperar o escravo, talvez para servir de exemplo aos demais da padaria, ou ainda para acalanto próprio, provando que o sistema funcionava plenamente.

A cidade realmente permitia, dentro das possibilidades impostas pela estrutura escravista, uma certa mistura entre os escravos, os livres, os forros e os fugitivos, como se pode observar no anúncio a seguir:

> 20$000
>
> A quem apresentar na rua do Ouvidor, n.72, e levar à casa de correção, um preto de nome Pedro, cozinheiro, de 21 anos de idade [...] costuma ir a Niterói, diz ser forro e passeia tranquilamente na cidade [...].[32]

Apesar da existência de vários casos de fugas e de centenas de anúncios de jornais comprovando a permanência da fuga como um veículo utilizado pelos escravos, é importante destacar que, com exceção dos anos finais da escravidão, as fugas e mesmo a formação de quilombos quase nunca pretendiam romper radicalmente com o sistema escravista. Confirmando essa ideia, nas fontes é possível identificar com clareza que os escravos fugitivos, em sua maioria, não deixavam de se considerar cativos, pertencentes a outra pessoa. O réu Julião, escravo quilombola que já tinha mais de três anos de fuga, ao ser perguntado onde residia, respondeu que "estava fugido da casa de seu senhor morador no Pati do Alferes [...][33]

Evidentemente, há casos de fugitivos que conseguiam viver e fazer com que a sociedade os identificasse como homens livres por algum tempo ou até mesmo por toda a sua vida, mostrando os limites do cativeiro. Mas a grande maioria passava o tempo todo fugindo e se escon-

32 Biblioteca Nacional, *Jornal do Commercio*, Rio de Janeiro, 15/8/1850.

33 Arquivo Público Judiciário. Interrogatório feito ao réu Julião, escravo de José Ignácio Correia Tavares. Iguaçu, 1868, cod. 3000, cx. 16, miscel.

dendo (principalmente nas matas) para evitar a captura e a recondução ao cativeiro. Muitos não procuravam um quilombo. O caso de Domingos é um exemplo. A história de Domingos começa (pelo menos no processo) no momento em que ele e um bando de cinco escravos fugidos de várias fazendas resolvem roubar um rancho e raptar três filhas donzelas do casal que ali morava.[34]

Depois, o grupo partiu com o roubo e as moças e tentou roubar outro rancho e raptar mais duas moças, não tendo dessa vez conseguido seus intentos. Revoltados, os escravos tocaram fogo na casa e seguiram marcha adiante. Durante vários dias eles andaram nas matas e às margens dos rios. Foi numa das margens que o grupo violentou duas das moças raptadas, não fazendo o mesmo com a terceira por se tratar de uma criança.

Continuando suas andanças, o grupo encontrou com dois negros, escravos de uma fazenda da região, e só não os matou devido aos apelos das moças.

A força policial que estava atrás do bando conseguiu encurralá-los em terras de um fazendeiro. A fim de ter melhor movimentação, o bando deixou para trás as três moças, que foram imediatamente encaminhadas ao subdelegado, a fim de prestarem depoimento. Anna Lauriana José do Fraga contou ao subdelegado que, no dia 7 de fevereiro de 1846, um grupo de negros salteadores, escravos de vários proprietários da localidade:

> Lhes meteram as portas dentro com toda a força e violência despregando-as de seus lugares, aparecendo aí de espada desembainhada em punho, pistola ao cinto [...] ordenando-lhe mais que lhes entregassem toda roupa que lhe pertencia e as mesmas suas irmãs.

O depoimento segue contando ao subdelegado as condições em que foram tratadas a informante e suas duas irmãs. Anna Laurinda informa

34 Arquivo Nacional. Apelação crime. Rio Pardo, 1848, cx. 3700, n.735. Réu: Domingos.

que caminharam léguas e mais léguas amarradas com tiras de couro, parando de vez em quando em algum acampamento improvisado.

Deixemos nossa informante contar seu cotidiano com os negros salteadores. Num desses acampamentos ela foi agarrada pelo pardo Antônio e na

> presença do negro Adão principiou o mesmo pardo a forçar e violentar a mesma informante a qual pretendendo resistir, o mesmo pardo a ameaçou com a morte de maneira que ela informante viu se na necessidade de ceder a brutal violência que com ela praticava o mesmo pardo Antônio, levando-a nessa ocasião fora de sua honra e honestidade, e que praticou por diferentes vezes em toda aquela noite, e logo no dia seguinte de manhã foi ela paciente igualmente insultada e da mesma maneira pelo negro Antônio B. Barbosa.

O delegado perguntou a Anna se existia alguém que ajudava o grupo de salteadores, ao que ela respondeu existir um escravo e uma escrava de nome Maria, que os ajudavam a vender o sebo e os restos dos gados que eles roubavam nos pastos. Assim como também três escravos do alferes João Batista. Esses escravos, além de ajudar na hora da venda desses produtos, levavam para eles sal, farinha e aguardente. Posteriormente, o réu Domingos citou, também como pessoa que ajudava o grupo, a mãe de Adão, Marianna.

Este relacionamento entre os escravos fugidos e outros escravos das fazendas permite a percepção dos contatos que havia entre seres ligados por um mesmo elo: a escravidão. Além disso, permite também a identificação de um elo talvez ainda mais forte que o anterior, o parentesco.

Domingos deu ao delegado uma informação bastante curiosa. Ele disse que depois de roubarem a casa de Anna e suas irmãs, e de tê-las levado, o grupo dirigiu-se a outra fazenda com o objetivo de também roubar os pertences e as duas filhas do dono da mesma. A razão desse outro rapto é que as moças haviam sido prometidas, pelo chefe do bando, uma para ele, Domingos, e outra para Polidoro, os únicos do grupo que ficaram sem mulheres, pois, segundo depoimento de Anna, ela ficou em posse do negro Antônio, enquanto que a irmã ficou com o negro Adão.

Esse arranjo de mulheres é bastante curioso, pois teria sido muito mais fácil para o grupo ter conseguido mulheres entre as escravas, pois a repressão provavelmente não seria tão violenta quanto foi com o rapto de três mulheres brancas. Contudo, pode-se imaginar nesse caso que não se tratava apenas de obter mulheres. O caso era muito mais sério e passava provavelmente por uma afronta à sociedade senhorial. O rapto e o defloramento de mulheres brancas por negros demonstrava a fragilidade de um sistema hierárquico baseado na violência. O rapto foi premeditado como uma maneira de provocar a sociedade branca no que ela mais tinha de valoroso: a honra das famílias. Por outro lado, para o homem escravo que sempre fora tratado como mercadoria, a violência contra uma mulher branca poderia ser vista também como uma forma encontrada para, naquele momento, deter o controle da situação e, consequentemente, exercer o poder do macho sobre a fêmea.

Domingos foi condenado a pena de morte, culpado segundo os artigos 271, 226, 269, 226 (nas tentativas) e 222 (em cumplicidade), todos em grau máximo. Quanto a seus companheiros, tiveram também seus julgamentos, contudo não foi possível localizar seus processos. O resultado provavelmente foi o mesmo.

Os quilombos

A escravidão durou no Brasil quatro séculos, e enquanto existiu promoveu o surgimento de quilombos com formações e tamanhos variados. Mesmo com a utilização das milícias locais, dos capitães-do-mato, dos índios aliados e, posteriormente, da Guarda Nacional e do Exército, quase nunca se conseguiu extirpar o fenômeno quilombola. Onde quer que houvesse escravos, havia quilombos ou quilombolas, e as autoridades não tinham, na maioria das vezes, condições reais de acabar com eles, já que possuíam quase sempre uma intensa mobilidade e mantinham relações com outros escravos, com homens livres, com donos de vendas, enfim, com uma numerosa e variada parcela da população.

Ki-lombo, vocábulo mbundu, referia-se, segundo Schwartz, a uma "sociedade de iniciação ou prática de circuncisão", onde jovens rapazes eram transformados em homens adultos. Os imbangalas, povo que avançava sobre diferentes territórios na região de Angola, adaptaram esta prática como meio de fazer com que seus numerosos bandos tivessem alguma coesão, já que não a mantinham pelo parentesco e, portanto, pelo culto aos ancestrais. *Ki-lombo* passou a ser uma sociedade de caráter militar onde qualquer homem poderia fazer parte desde que previamente treinado e iniciado.[35]

No Brasil, o termo foi utilizado juntamente com a palavra mocambo para designar grupos de escravos fugidos. Suas características variaram no tempo e nas regiões onde eles se localizavam. Em alguns momentos, era necessário ter abrigos ou algum meio de sobrevivência para os fugitivos para que a estrutura pudesse ser identificada como quilombo ou mocambo. Em outras ocasiões, bastava encontrar um grupo de escravos fugidos que poderiam ser reputados por quilombolas.[36]

Os quilombolas desenvolveram diferentes formas de vida e procuraram se adaptar ao local e à sociedade próxima. Alguns quilombos conseguiam viver relativamente isolados da população local porque produziam quase todo o tipo de material necessário a sua sobrevivência. Eram estruturas grandes, fixadas numa região, com centenas de pessoas, negras ou não, com produção agrícola e criatória. Procuravam não atacar os colonos para evitar represálias, mas contavam com um elaborado sistema de defesa. Outros quilombos necessitavam ter acesso à população porque era dela que retiravam seu sustento, nos roubos. Possuíam uma organização interna simples, em termos de economia, sociedade e política, porque não havia laços muito fortes de sociabilização entre eles. Estavam juntos por períodos de tempo determinados e poderiam mudar constantemente de parceiros. Como não praticavam

35 Schwartz, "Mocambos, quilombos e Palmares: a resistência escrava no Brasil colonial", *Estudos econômicos*, p.85.

36 Regimento dos capitães-do-mato. *Revista do Arquivo Público Mineiro*, ano II, fasc. II, 1987.

a agricultura, precisavam roubar para obter alimentos. Logo, sua população teria que ser pequena. Ademais, havia o fato de que necessitavam ter mais mobilidade para esconder-se no mato, o que dificultaria se o grupo fosse muito grande. Havia também aqueles que mantinham com a sociedade relações mais complexas e mais ambíguas porque, ao mesmo tempo que praticavam roubos e violência contra essa população, eram capazes de produzir uma agricultura, a fim de mantê-los. Significava que deveriam ter algum tipo de proteção contra os ataques externos e ser capazes de barganhar com os que viviam na localidade.

Ainda que os quilombos fossem formados basicamente por escravos fugidos, outros grupos sociais também recorriam a eles quando sentiam necessidade de proteção e esconderijo. A população do quilombo poderia ser composta por negros, negras, índios, índias, pardos, pardas, brancos e brancas, que procuravam o local de forma espontânea ou eram levados para lá à força. Havia em alguns quilombos, normalmente os de maior tamanho populacional, uma grande miscigenação, originando uma comunidade mestiça que comportava traços culturais de várias etnias.[37] Um exemplo foi encontrado em Mato Grosso, durante uma batida no Quilombo do Piolho, em 1795, onde foram capturadas 54 pessoas, dentre elas:

> [...] seis negros muito velhos, que eram os patriarcas deste escondido povo, oito índios e 19 índias e 21 caburés nascidos no quilombo, com idades variando entre dois e 16 anos [...]. Os pretos velhos, depois da primeira destruição, voltaram ao local do quilombo [...] construíram famílias com índias, de quem tiveram filhos.[38]

Os índios faziam parte dessa comunidade quilombola da mesma maneira que os negros desde pelo menos 1770, época da sua primeira destruição, pois naquele momento foram presos 79 negros e 30 índios. Pelo número de prisioneiros capturados no quilombo em 1795, pode-se

37 Amantino, *O mundo das feras: o sertão oeste de Minas Gerais no século XVIII.*

38 Citado por Volpato, *Cativos do Sertão: vida cotidiana e escravidão em Cuiabá. 1850-1888*, p.188.

perceber que 19 índias faziam parte da comunidade e que 21 pessoas haviam nascido das relações estabelecidas entre negros e índios. Evidentemente, a presença de elevado número de mulheres, se comparado aos oito índios capturados, nos mostra uma clara preferência pela presença de mulheres índias no interior de alguns quilombos. Tal prática pode nos remeter a uma falta de mulheres negras e a incorporação das índias como uma solução.

Em 1740, em Vila Rica, as autoridades esquartejaram um negro juntamente com algumas outras pessoas. Infelizmente o documento não diz a causa da pena. Como consequência, 50 negros armados, provavelmente quilombolas, foram para a cidade em busca de vingança. No meio do caminho, resolveram mudar a tática. Decidiram que, para cada negro morto pelos brancos, haveriam de matar duas pessoas. Começaram a cumprir seus intentos ali mesmo. De acordo com o documento, "por modo mais bárbaro". Raptaram duas mulheres, uma branca que estava grávida e uma mulata, levaram-nas para o mato, degolaram-na e despedaçaram uma delas.[39] Os corpos foram encontrados no quilombo, mas os quilombolas, avisados por escravos da região, já tinham mudado de lugar.

Em 1760, os moradores de vários arraiais estavam indignados com os danos causados pelos quilombolas, "que atrevidos e temerariamente os estavam acometendo e as mulheres brancas, casadas e donzelas carregando-as violentamente para o mato, prendendo e metendo freios nas bocas dos maridos, pais e irmãos".[40] Nesse mesmo ano, houve novamente um caso de uma mulher branca sendo sequestrada. Dessa vez, a moça tinha 13 anos. Ao atacarem o quilombo, conseguiram resgatá-la com vida.[41]

Entretanto, esses grupos não sequestravam apenas mulheres. Há muitos casos de aliciamento de grupos inteiros de escravos, algumas vezes à força. Pode-se pensar que a vida nos quilombos não era um sonho a que todos os escravos aspiravam, já que fugir era uma atitude

---

39 Arquivo Público Mineiro, SC, cod. 65, p.100-1.

40 Arquivo Público Mineiro, SC, cod. 50, fls.80-2.

41 Arquivo Público Mineiro, SC, 130p., cod p.5-7.

muito radical e de difícil resolução. Todavia, outro ponto precisa ser analisado: o rapto de escravos poderia ser uma tática utilizada pelos quilombolas para desestruturar o trabalho e, consequentemente, a vida financeira dos fazendeiros nas regiões. Uma vez sem escravos, ou na iminência de perdê-los para os quilombolas, muitos fugiam deixando suas terras livres para eles. Era preferível abandonar as terras a perder seus bens representados pelos escravos. Esses ataques provocaram a ruína de muitos colonos e não foram poucos os documentos que relataram isso às autoridades.

Em 1746, Gomes Freire de Andrade afirmava que os quilombolas do Campo Grande, em Minas Gerais, estavam entrando nos sítios e nos povoados e levavam deles "não só os bons escravos e escravas, mas matando os senhores [...] cuidando que tudo em tirar negros em lotes de 10-12 de cada sítio, os quais hoje com pouca violência os seguem".[42]

Em outra de suas várias cartas a respeito do quilombo do Campo Grande, Gomes Freire de Andrade afirmava que precisava socorrer "os miseráveis a que não só os tais negros tem levado os escravos, mas lhes insultando suas famílias, lhes roubarão, sem deixar-lhes uma camisa".[43]

Em 1770, a situação ainda era a mesma. Ignácio Correia de Pamplona, escrevendo para o conde de Valadares, informa que o vigário de Bambuí havia lhe escrito, contando sobre o "vexame a aflição em que estão". Os quilombolas estavam atacando as fazendas, "destruindo tudo, pondo-o em miserável estado, ultimamente levando os seus escravos e escravas, sem um só lhe deixarem".[44]

Ao atacarem, os quilombolas sabiam que estavam despertando a fúria de uma sociedade disposta a acabar com o perigo que eles representavam. Como eram estruturas grandes, de difícil locomoção, o meio mais empregado para se defenderem foi o uso de diferentes tipos de

42 Arquivo Público Mineiro, SC, SG, cod. 50, fls.43-4.

43 Carta de Gomes Freire de Andrade aos Vereadores da Câmara de Vila Rica, em 16/6/1746. *Revista do Arquivo Público Mineiro*, jan.-jun., 1903.

44 Biblioteca Nacional, Arquivo conde de Valadares, seção de manuscritos, cod. 18,2,6, doc. 65, 27/5/1770.

armadilhas, ora com características africanas, ora com marcante presença indígena.

O morro do Corcovado, na cidade do Rio de Janeiro, era um local onde os quilombolas gostavam de construir seus esconderijos. Área coberta de matas, com água em abundância, várias saídas para partes diferentes da cidade e, acima de tudo, uma vizinhança estrangeira que os tolerava e, inclusive, em alguns momentos, constituía uma freguesia comercial. O marechal Hogendorp, habitante do Corcovado desde 1810, ao receber a visita de Jacques Arago, lhe informou que as matas da região estavam cheias de quilombolas, mas que ele não se preocupasse: bastava deixar à vista suas pistolas, pois, segundo o marechal, os quilombolas tinham "pavor das armas de fogo, cujo barulho os assusta mais do que a morte".[45] *O Diário do Rio de Janeiro*, no dia 27 de julho de 1821, publicava o seguinte anúncio:

> PERDAS
>
> Acham-se na casa do capitão-do-mato Pedro Lopes, morador ao pé da freguesia do Engenho Velho, junto à casa do alferes José Antônio Rodrigues, três pretos novos, um de nome Antônio, outro Manoel e outro Raimundo, todos de nação Moçambique, os quais foram pegados em um quilombo na Tijuca, ao pé da Pedra Queimada. Faz-se esta notícia para seus donos os irem buscar no dito lugar.[46]

Alguns quilombolas da região praticavam uma economia de subsistência e outros conseguiam ainda um excedente que era comercializado com determinados moradores. Maria Calcott, uma inglesa que morava nas Laranjeiras na década de 1820, informou que perto de sua casa havia um quilombo que a abastecia com cestas com ovos, aves e frutas e que os quilombolas sabiam que ela não os delataria, da mesma forma que ela sabia que não seria atacada por eles.[47] Percebe-se nessa convivência

45 Arago, "Souvenirs d'unaveugle". In: Taunay, *História do café no Brasil*, p.220.

46 Biblioteca Nacional, *O Diário do Rio de Janeiro*, 27/7/1821.

47 Sobre os roubos praticados por quilombolas do Corcovado, ver Calcott, "Esboço biográfico de Dom Pedro I", *Anais da Biblioteca Nacional*.

amistosa uma troca de favores e de interesses mútuos. O fato não é isolado. Há inúmeros relatos de quilombolas que mantinham com a população que margeava os quilombos atitude semelhante.

Os quilombos localizados nessa área sempre deram muito trabalho às autoridades, mas ainda assim permaneceram ao longo de todo o século XIX. José de Alencar demonstrou não somente essa atitude dos quilombolas e da população, como também deixou claro que o medo de ataques por parte de negros fugidos fazia parte do imaginário dos habitantes da cidade. Em *Sonhos d'ouro*,[48] obra publicada em 1872, Alencar relatou a presença de quilombolas em um romance ambientado na floresta da Tijuca, local considerado pela elite carioca como recomendada para a fuga do calor excessivo do verão e consequentemente das doenças que o acompanhava. O próprio imperador Dom Pedro II por ali passeava com certa frequência, mas nem isso foi empecilho para a permanência desses escravos fugitivos na região.[49]

Tanto nos quilombos com poucos moradores como nos maiores, a população era composta majoritariamente por homens. As mulheres estavam sempre em número reduzido e muitas eram indígenas.

Alforria? – coisa de mulher

Apesar de serem numericamente inferiores aos homens, as mulheres foram a maioria dos escravos alforriados ao longo do período escravista.[50] Esse papel de destaque feminino teria inúmeros motivos. Condi-

48 Alencar, *Sonhos d'ouro.*

49 Idem.

50 Conferir, entre outros: Karasch, *A vida dos escravos no Rio de Janeiro (1808-1850)*; Paiva, *Escravos e libertos nas Minas Gerais do século XVIII: estratégias de resistência através dos testamentos*; Paiva, *Escravidão e universo cultural na colônia: Minas Gerais, 1716-1789*; Schwartz, "A manumissão dos escravos no Brasil Colonial – Bahia, 1684-1745"; Mattoso, Klein, Engerman, "Notas sobre as tendências e padrões dos preços de alforria na Bahia, 1819-1888". In: Reis, *Escravidão e invenção da liberdade.*

ções diferenciadas de cativeiro, sobretudo nas áreas urbanas, mas não só, teriam possibilitado a elas conseguir sua liberdade e até mesmo a de outros parentes. As estratégias empreendidas por essas mulheres foram muitas, destacando-se as atitudes individuais ou coletivas, formando laços de parentescos capazes de auxiliar na hora de uma possível compra da alforria. O intercurso sexual mantido com senhores ou outros proprietários também foi uma das muitas formas de obtenção da liberdade para elas ou para seus filhos, muitos deles filhos de seus senhores. Chica da Silva, a escrava que viveu e teve vários filhos com o contratador dos diamantes João Fernandes de Oliveira, no Arraial do Tejuco, na segunda metade do século XVIII,[51] talvez seja o exemplo mais conhecido dessa prática, mas não foi o único. O exercício de um ofício era também uma das possibilidades apresentadas para que os cativos adquirissem pecúlio, ascensão econômica e conseguissem assim comprar a alforria. Alguns destes ofícios estavam concentrados nas mãos das negras – as vendas de secos e molhados, quitandeiras, lavadeiras, amas de leite, prostitutas etc.

Todavia, havia outras razões que explicam o "privilégio" que as mulheres tinham para obter as alforrias delas ou dos filhos. De maneira geral no Brasil, as escravas possuíam preços inferiores aos dos homens, o que propiciava a elas depreender menos tempo para amealhar o valor necessário para a obtenção de suas liberdades. Se ainda tivessem a ajuda de outra(s) pessoa(s) para ajudar, o tempo para acumular o valor necessário seria menor. Como os filhos das escravas seguiam a condição social da mãe, muitos homens/companheiros/maridos e outros parentes procuravam, como estratégia, primeiro retirar do cativeiro as mulheres, pois a partir de então os filhos nascidos das mesmas seriam livres. Algumas outras vezes, o homem comprava sua alforria para poder trabalhar livremente e adquirir a liberdade de seus entes queridos.

Inácia Soares era uma "mulher preta", provavelmente forra, mãe de Antonio Carneiro, que era casado com Luísa, ambos escravos. Os dois foram arrematados por Inácia, em um leilão, na cidade do Rio

51 Furtado, *Chica da Silva e o contratador dos diamantes: o outro lado do mito.*

de Janeiro, em 1761. A nora lhe custou 56$000 réis e foi prontamente paga no ato do arremate; pelo filho, Inácia pagou 39$680 réis e deveria pagar mais 50$320 réis assim que a frota de gado saísse.[52]

Outro exemplo das possibilidades da alforria pode ser visto em um caso acontecido em Minas Gerais durante o século XIX. No dia 26 de maio de 1879, Antonio José Simões levou ao conhecimento do juiz de órfãos o caso de Eva e seus filhos, Nicolau e Antônio, que pertenceram à senhora dona Francisca Benedicta de Miranda Lima e a "quem conserva e dedica afeição".[53] Os escravos foram avaliados em 5:000$000 (cinco contos de réis).

Antônio José Simões já havia entregado a sua ex-senhora, quando ela ainda era viva, a quantia de 3:000$000 para a liberdade de Eva e de seus filhos, o que se podia verificar pelos recibos juntados ao inventário. "Ficam em meu poder dois contos de réis que meu afilhado Simões entregou-me para eu poder libertar os escravos Eva, Nicolau e Antoninho. Cachoeira, 25 de janeiro de [18]73".[54] Aproximadamente um ano mais tarde, foi-lhe entregue uma quantia de mais 1:000$000, no dia 25 de fevereiro de 1874.

O suplicante seguiu dizendo que, mesmo não lhes tendo passado em vida a carta de liberdade, vinha requerer a alforria dos mesmos, "usando do favor da lei do [elemento?] servil, libertá-los pela avaliação".[55] Antônio Simões argumentava ainda que, como já havia entregado 3:000$000 à inventariada dona Francisca, deviam-se acrescer a esse valor os juros, à razão de 6%, elevando o valor para 4:075$000.

O suplicante dizia-se pronto a entrar com o restante, a fim de lhes passar suas cartas de liberdade. Concluindo sua petição, pediu que fos-

---

52 Arquivo do Ministério da Fazenda, Rio de Janeiro, Termo de arrematação de escravos, 1761-1762, cod. 81.20.18.

53 Arquivo Histórico da Universidade Federal de Juiz de Fora. Inventário *post mortem* de Dona Francisca Benedicta de Miranda Lima, 1877, Id. 684, cx. 89B, fl.128.

54 Idem, fl.132.

55 Idem.

sem ouvidos os herdeiros e o doutor curador,[56] que não se opuseram, levando o juiz a determinar que se passasse a carta de liberdade a Eva e a seus filhos, Nicolau e Antônio, mediante o pagamento dos 925$00 que restavam. Após a entrega do valor remanescente, Antônio José Simões passou procuração ao doutor Marcelino de Assis Tostes, para requerer, no inventário de dona Francisca, a liberdade dos três.

Ao longo do XIX, as motivações para as alforrias foram se modificando, repercutindo consequentemente no perfil dos libertados. Não é possível, de acordo com as recentes pesquisas, estabelecer um único modelo para todo o Brasil.[57] Todavia, as pesquisas também têm demonstrado que, salvo algum local e época com características muito específicas, o padrão de recebimento de alforrias foi mais favorável às mulheres.

Uma lista nominativa eclesiástica de 1795, que arrolava a população com sete anos ou mais, foi a base da investigação de Clotilde Paiva e Douglas Libby sobre as alforrias e os forros da freguesia de São José del Rey (MG). Os pesquisadores indicaram que, apesar das elevadas proporções de homens em relação às mulheres encontradas em Minas Gerais em virtude das altas taxas do tráfico negreiro, as cativas eram mais bem-sucedidas na obtenção de suas cartas de liberdade. Ainda segundo a pesquisa, quando os africanos conseguiram obter suas alforrias, elas ocorreram em idade muito avançada.[58]

O papel dessas mulheres forras foi analisado por Eduardo Paiva. Para ele, as negras que conseguiam suas alforrias serviam como "referências cotidianas para várias outras, e também para homens". O fato

56 Os curadores eram protetores legais que representavam os indivíduos perante o tribunal. A sua designação "era usual nos casos que envolviam pessoas não consideradas legalmente adultas – filhos menores, deficientes mentais e escravos". Graham, *Caetana diz não*: histórias de mulheres da sociedade escravista brasileira, p.24.

57 Eisenberg, "Ficando livre: as alforrias em Campinas no século XIX", *Estudos Econômicos*.

58 Idem, p.39.

de terem conseguido amealhar riquezas em maior ou menor grau, contribuiu para que elas exercessem papéis de liderança, religiosa ou social, na sociedade colonial.[59]

Conclusão

A sociedade brasileira está marcada em sua essência pela presença negra, quase sempre mestiçada com outros grupos étnicos. Pensar no povo brasileiro significa analisar as mestiçagens biológicas e culturais ao longo de diferentes processos históricos, muitas vezes com base na violência física. Como visto, os milhares de africanos que aportaram em terras brasileiras trouxeram consigo seus corpos amedrontados, sua cultura e seus valores, e conseguiram, com maior ou menor grau de eficiência, se adaptar em uma nova sociedade baseada em premissas hierarquizantes e excludentes.

Embora não tenha sido objeto de análise desse texto, apesar de todos os percalços sofridos, inúmeros foram os negros e seus descendentes que, além de não terem sido escravos, almejaram condições sociais bastante favoráveis para si e para os seus, demonstrando que a sociedade colonial e imperial brasileira, ainda que excludente, desenvolveu mecanismos muito complexos de inserção social que não passavam apenas pela cor. Estavam em jogo, em muitos casos, relações de poder, de dinheiro e, em alguns casos, de matrimônios, fazendo com que determinadas pessoas, apesar de terem passado pela escravidão ou de terem tido antepassados cativos, conseguissem alçar degraus na sociedade.

Portanto, a história daqueles homens e mulheres escravizados foi marcada e marcou aquela sociedade. O comércio de escravos privilegiando, principalmente, a aquisição de mão de obra masculina se refletiu em vários aspectos do cotidiano daquelas relações escravistas, como os acima apontados e outros que não foram abordados neste texto. Esse

59 Paiva, Corpos pretos e mestiços no mundo moderno: deslocamento de gente, trânsito de imagens. In: del Priore e Amantino, *História do corpo no Brasil*.

enorme contingente humano conformou a população escrava brasileira e os motivos para tal predileção foram aqui apontados sumariamente.

O desequilíbrio sexual entre os escravizados que fizeram parte do sistema escravista brasileiro, bem como seu caráter altamente repressivo, contudo, não foram suficientes para dilapidar ou desorganizar totalmente as vidas daqueles indivíduos. A formação de famílias, de redes de solidariedade e reciprocidade, e as estratégias e experiências vividas e apreendidas por aqueles homens, mulheres e seus descendentes permitiram que os mesmos, de forma negociada ou conflituosa, apesar da crueldade do sistema, tivessem certos espaços de autonomia.

2

Entre homens e anjos: padres e celibato no período colonial no Brasil

Robert Daibert Jr.

"O Rio de Janeiro parecia uma Sodoma no fim do século XVII e, assim como a cidade bíblica, corria o risco de ser destruído por um grande incêndio."[1] Essa previsão catastrófica, em linguagem metafórica, foi registrada pelo engenheiro e explorador francês François Roger. Em expedição pela América do Sul, o viajante espantou-se com as perversões sexuais, comuns, a seu ver, à grande maioria dos padres no Brasil. Também Luís Edmundo recorreu à mesma metáfora para caracterizar a cidade colonial, ameaçada pela libertinagem do clero. De acordo com o cronista, os jesuítas, "monstros da lascívia", passavam o dia nos matos e nas valas, metidos em orgias e escândalos sexuais com seus próprios discípulos ou mesmo com outros homens e mulheres.[2] Nessa Sodoma tropical, parecia não haver espaço para anjos.

---

1 Froger, *Relation d'un voyage fait en 1695, 1696 & 1697 aux Cotes d'Afrique, Detróit de Magellan, Brésil, Cayenne et Isles Antilles. Amsterdam.*

2 Edmundo, *O Rio de Janeiro no tempo dos vice-reis 1763-1808*, p.307.

Na interpretação clássica da narrativa bíblica, Sodoma estava prestes a ser destruída pelo crescente número de pecados ligados à prática do sexo anal, sobretudo entre homens. O cenário de devassidão e pecado insuflava a ira divina. Diante dessa situação, por intercessão de Abraão, Deus resolveu mandar dois anjos à cidade. Sua missão era tentar localizar ao menos dez justos entre a população. Se as exceções fossem encontradas, o território seria preservado. Os enviados dos céus foram então hospedados por Ló, sobrinho de Abraão. Seduzidos pela beleza dos anjos, homens novos e velhos de Sodoma tentaram invadir a casa. Queriam abusar dos seres celestiais.[3] Em uma negociação tensa, Ló ofereceu suas duas filhas virgens para que seus hóspedes não fossem atacados. Mas a oferta foi recusada e os anjos então cegaram os homens da cidade para que não conseguissem entrar no local onde estavam. Sob a proteção divina, Ló e suas filhas escaparam da cidade. Sua mulher, entretanto, contrariando as orientações recebidas, olhou para trás e se transformou em uma estátua de sal. Ao final, os dez justos não foram encontrados e as cidades de Sodoma e Gomorra acabaram destruídas.[4] Curiosamente, ao mesmo tempo em que caracterizou o Rio de Janeiro como uma outra Sodoma, François Roger afirmou que ainda era possível encontrar não mais do que oito ou dez padres que levavam a sério a sua missão.[5] Diferente dos hóspedes de Ló, o viajante francês parece ter localizado alguns poucos justos. Entre regras e exceções, a cidade dos trópicos tinha lá alguma chance de sobreviver.

Na tradição católica, os padres foram frequentemente associados aos anjos. Isso porque na etimologia latina a palavra *caelebs* significa casto, continente, o mesmo que estar no céu, livre dos pecados e servindo a

3 Muitos teólogos discordam dessa interpretação e apresentam uma leitura não sexualizada dos motivos que levaram à destruição da cidade. Para alguns autores, a cidade foi destruída pelo fato de seus moradores demonstrarem atitude de inospitalidade com os anjos, atitude fortemente reprovada na tradição judaica. Boswell, *Christianity, Social Tolerance and Homossexuality*, p.96-7.

4 Gênesis, cap.18, v.19-33, e cap.19, v.1-29. In: Bíblia Sagrada. Edição João Ferreira de Almeida. São Paulo, Sociedade Bíblica do Brasil, 1992, p.21-4.

5 Froger, *Relation d'un voyage fait en 1965, 1696 & 1967*, p.75-6.

Deus, assim como os seres alados. Por meio da castidade, os sacerdotes se igualavam aos anjos em força e virtude, conservando-a somente através do favor e da graça divina e não por sua própria condição humana.[6] Como ministros divinos, eram caracterizados como espécies de anjos em carne mortal.[7] Por tudo isso, a condição celibatária dos religiosos foi percebida ao longo da história da Igreja não só como distinta, mas também como superior às outras. Pelo controle dos corpos e das almas, a Igreja classificava em uma escala hierárquica as posturas em relação à sexualidade. Ao lado e bem próximos de Deus estavam os que escolhiam a continência, como os padres. Em segundo plano vinham os leigos casados em uniões sacramentadas pela Igreja. Por fim, próximos a Satã, ficavam os praticantes da luxúria.[8]

E assim, por sua condição especial e localização privilegiada, esses homens-anjos ou quase anjos construíam sua fama e encarnavam o papel de pessoas consagradas ao serviço divino, por meio do *status* obtido a partir de sua ordenação. Ao seu modo, no entanto, assim como os hóspedes de Ló, esses seres especiais, porque teoricamente separados do mundo e consagrados a Deus, despertavam desejos nos moradores das cidades onde se hospedavam. Quanto mais proibidos, mais cobiçados.

Ao receberem o sacramento da ordem, eram investidos do poder sagrado, separados por Deus e mais próximo dele do que qualquer leigo mais devotado. No Brasil, durante o período colonial, assim como hoje, a ordenação dos padres era entendida pela Igreja como um sacramento que imprime caráter, uma identidade irrevogável e um poder permanente. Por esse motivo, assim como um cristão que após receber o sacramento do batismo abjurava sua fé, mas nunca era por isso considerado um ex-batizado, também o sacerdote que abandonava a batina e o celibato nunca pôde ser classificado pela Igreja como um ex-padre. Isso porque, de acordo com a compreensão católica, por meio do sacramento

6 Cruz, *Espelho de religiosos, em o qual vendo-se e compondo-se as pessoas religiosas, poderão com o favor divino, chegar com felicidade à perfeição,* p.127-8.

7 Pereira, *Compendio narrativo do peregrino da América*, p.220-2.

8 Priore, *História do amor no Brasil*, p.31.

da ordem, o homem deixava de ser para sempre um leigo. Ao assumir os graus sacramentais, chegava ao ministério sacerdotal, tornando-se uma espécie de outro Cristo, representando-o no púlpito, no altar e no confessionário. O sacramento da ordem, recebido pela imposição das mãos do bispo, lhe confere poderes especiais e autoridade para perdoar os pecados, consagrar a hóstia e ministrar outros sacramentos. Assim, o caráter recebido durante a ordenação dura para sempre na alma.[9] Na compreensão da Igreja, uma vez ordenado padre, sempre padre ou, em outras palavras, uma vez padre, sempre anjo.

Por tudo isso, a elevação moral deveria ser a marca desses homens da Igreja por meio do controle dos desejos e impulsos sensoriais. Nesse sentido é que a abstinência sexual afirmou-se como sinal de superioridade espiritual dos clérigos sobre os leigos. O celibato se tornou assim a marca identitária de um grupo de homens que se distinguiam dos demais por seu estado de pureza, *status* que lhes permitia inclusive dirigir espiritualmente aqueles que não se enquadravam nessa condição.[10] Mas o clero colonial destoava bastante desse cenário idealizado. Os registros de viajantes e cronistas estão recheados de relatos da corrupção moral dos homens de Deus que não conseguiam ser anjos.

Um comerciante francês chamado Barbinais, em viagem a Salvador em 1718, escandalizou-se com a situação do clero local. Os padres eram de uma ignorância horrorosa. Ficavam mais conhecidos pelo nome de suas amantes do que por seus próprios nomes. Um era o padre de Fulana, o outro de Beltrana. O nome de suas prostitutas é que demarcava suas identidades. Os conventos e seminários eram inclusive lugar de descanso para essas trabalhadoras noturnas. No confessionário, esses padres aproveitavam para assediar as mulheres ao invés de lhes inspirar sentimentos de piedade. À noite, alguns se disfarçavam de escravos

9 Ave-Maria, *O ordinando instruído nos deveres do seu ministério, conforme as escrituras, concílios, santos padres e antiga disciplina da igreja*, p.179-215, 297-319; Nocent, Brovelli, Chupungeo, *Os sacramentos: teologia e história da celebração*, p.265-331.

10 Silva, *Entre a batina e a aliança: das mulheres de padre ao movimento de padres casados no Brasil*, p.8 e 67.

e saíam armados com facas em busca de aventuras amorosas. Outros se vestiam de mulheres em busca de prazeres, percorrendo as ruas da cidade pelas madrugadas. Em seus escritos, o viajante estrangeiro afirmou ter muito mais a revelar. Mas preferiu se entregar ao silêncio e esconder os vícios dos clérigos para não macular a imagem da igreja.[11]

Segundo Gilberto Freyre, há certo grau de exagero na narrativa desses viajantes. Nem todos os padres andavam metidos em escândalos sexuais e libertinagens, esquecidos de Deus e dos livros. Embora suas histórias apimentadas tenham se espalhado, esses clérigos libertinos não eram maioria. Muitos se destacaram justamente pela observância do celibato, pelas preocupações religiosas e pelo alto grau de instrução.[12] Outros tantos passaram despercebidos pelo olhar etnocêntrico dos viajantes.

Em *Casa-grande e senzala*, encontramos sacerdotes que viveram relações estáveis e discretas com suas comadres, educaram sua prole como se fossem afilhados ou sobrinhos. Souberam desenvolver atitudes patriarcais como homens casados e chefes de famílias numerosas da colônia. Seus descendentes, em geral, herdavam uma formação intelectual privilegiada que resultava em ascensão social. Filhos ou netos de padres casavam-se nas melhores famílias e seguiam com maior facilidade as carreiras profissionais mais nobres. Destacavam-se nas letras, na política, na diplomacia e na jurisprudência. Acreditava-se inclusive que os descendentes dos clérigos tinham uma espécie de sorte excepcional na vida. Eram mais felizes do que os outros.[13]

No Brasil, ainda segundo o mestre de Apipucos, os padres parecem ter transmitido aos seus filhos uma série de lições de excelente conduta moral. Além da educação refinada e da boa alimentação, a prole dos clérigos também herdou de seus pais um conjunto de valores e de orientações de bom comportamento que lhes renderam boa projeção social. Em suma, para Freyre, a não observância do celibato produziu entre nós uma espécie de patriarcalismo torto, responsável pela for-

11 Le Gentil, La Barbinais, *Nouveau voyage au tour du monde*, p.146-7.

12 Freyre, *Casa-grande e senzala*, p.496-9.

13 Idem.

mação de famílias consideradas ilustres, conhecida por seus membros cheios de prestígio e de reconhecimento social.[14]

É provável que o próprio Freyre também tenha aqui carregado nas tintas. Ao contrastar sua narrativa com os relatos abismados dos viajantes é possível problematizar aspectos divergentes ou ao menos variados da condição celibatária dos padres no Brasil. De um lado, temos padres como pais de família exemplares, patriarcas santos e devotados aos filhos; homens honrados e respeitados que sustentavam relacionamentos duradouros e estáveis com uma única mulher por toda a vida. De outro, encontramos sacerdotes pecadores, promíscuos e libertinos, que espalham bastardos por onde passam e relacionam-se, de modo instável, indistintamente e sem compromisso, com um grande número de homens e mulheres, crianças e adultos.

Entre esses dois tipos, certamente escondem-se homens que escapam dessas imagens, construindo suas experiências no jogo entre essas posições, sem, contudo, conseguirem se conformar a elas. Nesse sentido, o objetivo deste texto é tentar compreender o significado e os desafios presentes na experiência da condição celibatária dos padres na história do Brasil colônia. Para tanto, acompanharemos, em um primeiro momento, a construção da condição celibatária desses homens na história da Igreja. Tal conhecimento nos ajudará a compreender os sentidos da projeção de alguns tradicionais modelos de castidade sobre o clero no período colonial. Por fim, observaremos alguns modos pelos quais os clérigos lidavam com seu celibato, construindo diferentes alternativas para saciar seus desejos sexuais ou caminhos para reprimi-los.

Esculpindo anjos: a construção do celibato clerical na tradição católica

Por meio de uma série de reformas conduzidas entre os séculos XI e XIII, a Igreja tentou afirmar a primazia de Roma sobre a cristandade medieval na Europa Ocidental. O papado desejava ser reconhecido de

14 Idem, p.496-8.

fato e não só de direito como o centro diretor de todo o corpo eclesiástico. Sua luta era para garantir o fortalecimento da Igreja e construir um espaço de autonomia e reconhecimento de autoridade diante da indesejada influência da aristocracia laica e dos poderes seculares sobre seus quadros. Para tanto, era preciso investir na organização da hierarquia clerical, tendo como elemento central uma única sede apostólica sob a égide de um único pontífice, no caso o romano. Um dos pontos cruciais desse processo de reforma era a moralização do clero.[15]

Foi então que as discussões em torno do celibato clerical – que se arrastavam por séculos dividindo opiniões de toda sorte – tomaram novo rumo. Os esforços de distinção do clero pela via da moralização foram difundidos por meio de sínodos e concílios. No primeiro Concílio de Latrão, no ano de 1123, sob o pontificado do papa Calixto II, foi proibido não só o casamento de padres como também sua coabitação com mulheres em todo o clero latino. No segundo Concílio de Latrão, sob o pontificado de Inocêncio II, o celibato ganhou força de lei, em 1139. Os padres que naquele momento já tinham contraído matrimônio tiveram seus casamentos anulados e considerados sem validade. E, desde então, os homens casados não puderam mais ser ordenados.[16] Na tradição católica, o padre passou a ser considerado o esposo da Igreja, que exige dele uma perpétua continência.[17]

Nos concílios seguintes, em outros pontificados, persistiram as preocupações em torno do celibato. Por meio de documentos de caráter jurídico-canônico, a Igreja tentava preservar e reiterar a obrigatoriedade da condição celibatária de seus clérigos criando uma série de proibições e orientações de conduta. Nesse sentido, proibiram-se as visitas constantes aos mosteiros femininos sem causa justificada. Também foram

15 Lima, Silva, "A reforma papal, a continência e o celibato eclesiástico: considerações sobre as práticas legislativas do pontificado de Inocêncio III (1198-1216)", *História: Questões e Debates*.

16 Kiyan, *A identidade do sacerdote católico: um estudo sobre o celibato e a política de identidade da Igreja Católica*, p.63-4.

17 Salim, *Ciência e religião: ensaio de apologia do catolicismo*, p.466.

condenadas as práticas do abuso de bebidas, a frequência nas tabernas, os jogos e a caça.[18]

Os sínodos portugueses, ao adaptarem o cânone dezesseis do IV Concílio de Latrão, ofereciam prescrições detalhadas para os hábitos do clero. Havia orientações pormenorizadas a respeito do vestuário, do calçado, do uso da tonsura, ornamentos, capas e até mesmo selas, freios e equipamentos de montaria. Capas com mangas largas e sapatos pontiagudos e ornados deveraim ser evitados por sinalizarem luxo e vaidade. Os homens dedicados ao serviço de Deus precisavam expressar simplicidade. A postura externa era considerada uma espécie de espelho da pureza interior e de grandeza espiritual. Preocupações como essas abundaram nas legislações sinodais dos séculos XIII, XIV e XV. No caso da tonsura, por exemplo, havia recomendação até com o tamanho das coroas. Alguns padres raspavam propositalmente coroas pequenas de modo a poder ocultá-las com o próprio cabelo em ocasiões em que precisavam disfarçar-se de leigos, em busca de aventuras amorosas.[19]

Em suma, grande parte da legislação eclesiástica dedicada à moralização dos clérigos esforçava-se para afastá-los do modelo masculino da aristocracia laica, a fim de que eles não se confundissem com seus membros. Os padres deviam ser diferentes dos guerreiros viris. Por trás dessas medidas, estava a premissa de que os sacerdotes deveriam ser separados e distintos dos demais homens pelo comportamento irrepreensível e pela abstenção dos prazeres. Precisavam assumir a condição de homens diferentes dos demais, longe das vaidades e vivências mundanas. A distinção dava-se sobretudo pelo autocontrole do corpo, numa vida que teoricamente deveria ser de continência, castidade, disciplina e perfeição no serviço a Deus. Vida de anjos.

18 Lima, Silva, "A reforma papal, a continência e o celibato eclesiástico: considerações sobre as práticas legislativas do pontificado de Inocêncio III (1198-1216)", op. cit., p.92-4, 108.

19 Pereira, "A vida do clero e o ensino da doutrina cristã através dos sínodos medievais portugueses: a vida do clero através da legislação sinodal", *Lusitania Sacra*.

A afirmação do celibato só foi possível graças às medidas severas que visavam garantir sua existência dentro do clero. Nesse sentido, diversas restrições foram aprovadas em concílios e sínodos. Os padres foram proibidos de participar de casamentos e enterros de seus próprios filhos. Estes não teriam direito a herança nem poderiam ser ordenados padres, seguindo o caminho trilhado pelos pais. Eram marcados como impuros. Já os clérigos infratores poderiam ser suspensos do exercício sacerdotal ou até pagar multas pelos filhos nascidos. As mulheres que tivessem relações sexuais com padres perderiam o direito ao serviço religioso por ocasião do seu funeral.[20] Além disso, passaram a ser consideradas concubinas ou prostitutas pelo Papa Alexandre III, e adúlteras pelo Papa Inocêncio III. O sínodo de Ruão determinou ainda, em 1231, a raspagem dos cabelos dessas mulheres perante a comunidade reunida em um ofício de acusação.[21]

O Sínodo de Braga, em 1281, previu a excomunhão e privação de sepultura eclesiástica para as mulheres que morressem em situação de concubinato com padres. Os clérigos e até mesmo os leigos que se atrevessem a participar de seus funerais também eram punidos. Os primeiros poderiam ser suspensos da ordem, enquanto os segundos corriam risco de excomunhão. Os corpos dessas mulheres não podiam ser enterrados em cemitérios contíguos às igrejas. A desobediência a essa orientação acarretava tanto a suspensão dos ofícios religiosos quanto o impedimento de que outros sepultamentos fossem realizados naquela localidade. Tais interdições duravam enquanto os restos mortais da concubina não fossem removidos. A não observância dessas orientações poderia acarretar consequências trágicas na vida daquela comunidade cristã, considerada impura. Algumas décadas depois, o Sínodo de Braga de 1333 aprovou sanções dirigidas aos próprios religiosos acusados de "*pecado de fornizio*". Além de pagar multa, eles eram encaminhados ao

20 Kiyan, *A identidade do sacerdote católico: um estudo sobre o celibato e a política de identidade da Igreja Católica*, p.64-5.

21 Heinemann, *Eunucos pelo reino de Deus*, p.124.

cárcere episcopal, onde faziam penitência de seus pecados, conforme as decisões de seu bispo.[22]

As concubinas, chamadas de *barregãs* em Portugal, foram alvo de prescrições das *Ordenações Afonsinas* no século XV. Este código jurídico classificava essas amantes em três modalidades de concubinato: as que mantinham relações sexuais com homens solteiros; as que se deitavam com os casados; e aquelas que se amancebavam com religiosos. Essas últimas eram vistas como as piores, uma vez que ameaçavam a ordem do Reino e a salvação de todos os cristãos por praticarem um pecado mortal.[23] As barregãs de padres eram consideradas mais desprezíveis que uma prostituta comum. Sobre elas recaía a responsabilidade de ter desvirtuado um homem santo e um sacerdote, transformando-o em anjo decaído. Por isso, recebiam punições mais severas do que seus parceiros e do que outras concubinas. No caso de Portugal, as *Ordenações Afonsinas* previam o cárcere e o degredo por no mínimo um ano, conforme o caso.

Essas mulheres eram punidas, marginalizadas e silenciadas em nome do projeto de purificação e ordenamento da cristandade. Espécies de Evas, eram temidas e perseguidas justamente por fazerem dos padres homens comuns, deslocando-os da aura de sacerdotes divinos, despindo-os da roupagem de anjos.[24] Na tradição cristã, é o pecado de Eva que afasta o homem de uma realidade transcendente no paraíso. Quando come do fruto do conhecimento do bem e do mal, o casal envergonha-se de sua nudez. E, nesse ato de fundação, inaugura-se tanto uma visão negativa do corpo quanto a degradação da imagem da mulher. Nessa perspectiva, a humanidade afastada de Deus pelo pecado sempre alimentou a esperança de alcançar novamente a pureza perdida. Para tanto, vislumbrou um futuro Reino dos Céus desprovido de vida sexual. Jesus Cristo é o grande modelo. É o Deus que desceu dos céus,

22 Pereira, "A vida do clero e o ensino da doutrina cristã através dos sínodos medievais portugueses: a vida do clero através da legislação sinodal", op. cit., p.42-3.

23 Silva, "Quem chegar por último é mulher do padre", *Cadernos Pagu*.

24 Idem, p.372, 380-4.

se fez homem e se igualou a ele em todos os sentidos, menos no pecado. Por outro lado, a virgindade de sua mãe foi desde cedo acentuada. Por tudo isso, desde os primórdios do cristianismo, o celibato foi adotado voluntariamente por místicos e ascetas. Acreditava-se, com isso, poder garantir a vida eterna, antecipando-se no mundo terreno a experiência futura na cidade celeste. Numa perspectiva dualista, o celibato aparece como uma vitória da alma sobre o corpo. Nessa espécie de caminho de purificação difícil, e por isso meritório, está implícita a ideia de antecipação da vida eterna e das condições em que ela será vivida.[25] Por meio desse exercício de renúncia, imaginava-se poder reaproximar-se de Deus, à semelhança dos anjos.

A Igreja investia sobretudo na construção de uma identidade mais definida para o clero secular. Era preciso diferenciá-lo tanto dos leigos quanto do clero regular em diversos aspectos. Por um lado, os padres deviam ser reconhecidos e identificados pelas roupas diferentes que vestiam, pelo comportamento que sustentavam, pela alimentação, pela postura diante da sociedade, entre outros aspectos. Em suma, eles não podiam mais ser vistos como homens comuns. Era preciso separá-los e afastá-los também das mulheres. Por outro lado, no entanto, o clero secular teve seu papel reforçado enquanto difusor dos sacramentos e da palavra de Deus entre os fiéis, diferenciando-se também dos monges que apenas cantavam a uma distância bem demarcada.[26]

A afirmação do celibato também encontrava reforços em concepções herdadas da medicina greco-latina e que circulavam, sobretudo no século XIII, nas grandes enciclopédias escritas em línguas vulgares. Esses saberes que atingiam um grande público afirmavam que a saúde do espírito é inversamente proporcional ao vigor sexual. Os homens deviam evitar os impulsos corporais para garantir uma boa saúde. A longevidade dos eunucos era apresentada como prova de que o abuso do coito debilitava o corpo e abreviava a vida. Nessa concepção, o órgão

25 Garnel, "A polêmica sobre o celibado eclesiástico", *Penélope*.

26 Duby, "A emergência do indivíduo", *História da vida privada: da Europa feudal à Renascença*, p.522.

genital masculino era entendido como a parte mais vulnerável do seu corpo e, portanto, não submetida ao total controle de sua vontade. O gozo físico aparecia então como uma força incontrolável e selvagem, de modo que, para muitos médicos e filósofos da época, as agitações carnais eram não só distintas como também inferiores ao prazer espiritual.[27]

Tais percepções foram apropriadas pela Igreja de modo a conceber o sexo como antagonista do sagrado. A sexualização foi vista como a consequência da queda do homem no tempo mítico do jardim do Éden. Somente na ressureição é que a natureza seria reunificada pela abolição de ambos os sexos. Assim, para a Igreja, a vida assexuada, entendida como angelical, conferia aos padres uma autoridade moral. Sua castidade, entendida como renúncia e continência, era entendida como sinal indubitável de adesão a Deus.[28]

De modo geral, no que diz respeito ao período medieval no Ocidente europeu, as tentativas de reforma do clero foram motivadas também como contraponto e enfrentamento a uma espécie de menosprezo corrente pelos padres. Disseminado sobretudo entre os mais pobres, esse sentimento persistia e alimentava uma aversão e uma desconfiança por esses homens obrigados à castidade e proibidos de lutar. Aos olhos das camadas sociais mais baixas, faltava-lhes o ideal de altivez cavalheiresca, baseada na coragem e no amor. Esses homens-anjo eram por vezes percebidos como estrangeiros pela comunidade. Faltava-lhes a virilidade.

Ao lado disso, as notícias sempre constantes da corrupção da moral sexual do clero contribuíam para a formação de uma espécie de ódio latente contra a figura dos padres. Os próprios sacerdores muitas vezes inseriam em suas pregações algumas explanações contra a corrupção moral de seus pares. Essa atitude circulava inclusive como recomendação para aqueles que desejassem despertar o auditório de seu estado de sonolência e desinteresse. A despeito de todos os esforços da Igreja,

27 Rossiaud, "Sexualidade". In: Schmitt e Le Goff, *Dicionário temático do Ocidente medieval*, p.477-9.

28 Idem, p.479-84.

e até mesmo da presença inegável de padres que se adequavam com seriedade ao celibato, persistia, no imaginário medieval, a figura do padreco gordo, glutão e degenerado sexualmente.[29]

A ânsia pela pureza e pela castidade muitas vezes gerava sérios problemas para a própria Igreja. Alguns pregadores chegavam a reduzir todos os problemas da instituição a um único ponto: a falta de castidade entre seus quadros. Essa condenação radical da impureza ameaçou a Igreja. Muitos pregadores que tentavam seguir à risca o comportamento celibatário, indignados com as aventuras sexuais de seus colegas, passaram a difundir a crença de que os sacramentos ministrados por um padre não casto eram inválidos. A hóstia consagrada pelos "padres impuros" não deixava de ser um mero pão. Suas absolvições não tinham validade. A Igreja teve então que se opor a essa interpretação uma vez que a dúvida sobre a validade desses sacramentos colocava em perigo a vida religiosa, um dos pilares de sustentação das sociedades do Ocidente medieval.[30]

A igreja enfrentava muitas dificuldades para conseguir afirmar o celibato. Muitos homens se casavam em segredo antes de serem ordenados padres ou mesmo depois da ordenação. Nesse sentido, o Concílio de Trento (1545-1563) tentou enfrentar o problema, elevando o casamento à condição de sacramento e transformando-o numa cerimônia pública, formal, realizada perante um sacerdote e na presença de testemunhas. Tudo isso, entre outros objetivos, também para tentar impedir que homens casados em segredo se tornassem padres.[31]

Nesse momento, um dos maiores desafios impostos pela Reforma Protestante à Igreja Católica foi a contestação do estatuto de seus ministros. Ao defenderem a livre interpretação da Bíblia e o sacerdócio universal de todos os crentes, os protestantes negaram também o sacramento da ordem, o modelo de sacerdócio católico e a exigência

29 Huizinga, *O outono da Idade Média: estudo sobre as formas de pensamento dos séculos XIV e XV na França e nos Países Baixos*, p.288.

30 Idem, p.319-21.

31 Heinemann, *Eunucos pelo reino de Deus*, p.113.

do celibato clerical. Além disso, a noção de absolvição dos pecados por intermédio dos padres foi rejeitada e criticada pelos reformadores. Em suma, em torno da figura do sacerdote católico cristalizavam-se uma série de críticas e contestações propostas pelos protestantes. Não era à toa que, nos meios populares, no contexto das guerras religiosas entre católicos e protestantes na Europa, esses últimos batiam em gatos vestidos de batina, como um meio de canalizar sua raiva, fazendo desses felinos uma espécie de boneco de vodu animal.[32] Seja por ataques no âmbito teológico ou por agressões físicas, tanto o papel dos padres, em particular, quanto o da própria Igreja Católica, em âmbito mais geral, foram questionados como mediadores exclusivos na economia da salvação.

Por meio das decisões do Concílio de Trento, a Igreja resolveu dar curso e aprofundar o processo de moralização do clero. A figura do padre precisava ser valorizada. Para tanto, a Igreja investiu no preparo intelectual do clero, tentando torná-lo mais coeso enquanto corpo social hierarquizado e conhecido pela castidade e por maior obediência a Roma. Para tanto, era preciso investir na estrutura da formação e capacitação de homens celibatários. Entre as medidas destinadas a garantir a eficácia da reforma do clero, destacavam-se: a fundação dos seminários, a implementação de visitas dos bispos às paróquias, a difusão das conferências episcopais, o maior rigor na seleção dos candidatos à ordenação, maior investimento na justiça eclesiástica e inquisitorial, responsáveis por punir as condutas desviadas.[33]

Nesse contexto, o reforço do celibato clerical aparecia como estratégia fundamental. Contrariando o desafio protestante de aproximar o pastor de seu rebanho, Trento apontou para um caminho inverso. Os sacerdotes deveriam ser vistos como entes distintos dos leigos. Seu lugar seria em um plano superior em matéria de comportamento, traje e preparo profissional.[34] O investimento da Igreja na reforma do clero

32 Darton, *O grande massacre dos gatos e outros episódios da história cultural francesa.*

33 Lima, *A confissão pelo avesso: o crime de solicitação no Brasil colonial*, p.333-4.

34 Garnel, "A polêmica sobre o celibado eclesiástico", op. cit., p.95-6.

foi bastante significativo. Mas as determinações do Concílio de Trento não tiveram lastro imediato no Brasil, o que acabou redundando em maior liberdade para as práticas sexuais do clero.

Entre espelhos e emulsões: o sexo dos anjos no Brasil colônia

Segundo a narrativa de frei Vicente de Salvador, juntamente com Pedro Álvares Cabral desembarcaram, no Brasil, além de soldados armados, oito frades franciscanos e nove padres seculares. Os padres eram em tudo diferentes: brancos, barbados, usavam calçados e roupas. De acordo com esse relato, nesses primeiros contatos, as armas foram logo dispensadas. É que os nativos se encantaram com seus visitantes, nomeando-os de *caraíbas*, que significa "coisas divinas" e "mais que homens". Durante a celebração da missa, seu respeito pelos religiosos cresceu ainda mais. Ajoelharam-se e bateram no peito no momento de consagração da hóstia e do cálice.[35] Os religiosos, liderados por um frei franciscano chamado Henrique Coimbra, devem ter se alegrado com o nome que receberam. O olhar dos índios, de algum modo, conformava-se com as expectativas projetadas sobre sua condição de clérigos. Embora nem sempre com muito sucesso, os padres estavam sempre às voltas com as tentativas de se tornarem *caraíbas*, ou melhor, reconhecidos por suas semelhanças com os anjos, ministros e representantes de Deus e, por isso, mais do que simples homens.

Mesmo a contragosto, os padres da esquadra de Cabral tiveram que seguir viagem rumo à Índia. Queriam ficar a todo custo e dilatar a fé entre seus anfitriões. Mas tinham que obedecer ao capitão. Já os tupiniquins despediram-se daqueles "homens divinos" e tiveram que se contentar apenas com a permanência de dois degredados. Apesar da euforia e da gesticulação constante, obviamente os nativos não entenderam, logo de início, o significado dado pelos portugueses às missas das quais participaram. Mas ficaram maravilhados com a figura dos

35 Salvador, *História do Brasil: 1500-1627*, p.13-4.

padres. Alguns, após a partida dos franciscanos, tentaram viver à moda dos frades e adotar suas vestes e práticas.[36]

Mas o encantamento inicial não durou muito tempo. A chegada dos jesuítas trouxe um aprofundamento nas relações entre religiosos e nativos a partir de um contato mais duradouro. Além disso, os membros da companhia também entraram em contato e choque com o chamado clero secular e diocesano, não filiado a uma ordem religiosa. Estes sentiam-se inferiorizados pelos jesuítas que frequentemente os acusavam de possuir incapacidade física e mental. Educados nos moldes de uma cultura clássica do humanismo renascentista, os sacerdotes da ordem atribuíam aos seus pares diocesanos a ausência de uma formação intelectual sólida. Além disso, entendiam que os padres seculares nascidos na colônia eram incapazes de manter o celibato por sustentarem uma inferioridade física, decorrente seja do calor dos trópicos, seja de suas heranças do sangue africano e indígena.[37] As polêmicas em torno da ordenação de um clero nativo marcaram o período colonial, dividindo opiniões e alimentando os debates em torno de restrições legais muitas vezes burladas.

Da colônia, por meio de cartas dirigidas aos seus superiores na Europa, o padre Manoel da Nóbrega reclamava dos sacerdotes que tinham "mais officios de Demônios que de clérigos". Entre os desvios encontrados, o jesuíta anotava uma pequena lista que compreendia adultérios, fornicações, incestos e abominações. Já nos primeiros tempos da período colonial, Nóbrega indignava-se com os padres que escolhiam a dedo as melhores escravas, com quem se amancebavam e tinham filhos. Além disso, esses clérigos espalhavam entre os senhores de escravos que o sexo praticado com suas negras era lícito, uma vez que eram suas propriedades.[38] O espanto e as possíveis intervenções de Nóbrega parecem não ter surtido grandes efeitos. Três séculos depois, os escravos

36 Serbin, *Padres, celibato e conflito social: uma história da Igreja Católica no Brasil.*

37 Idem, p.56-7.

38 Nóbrega, *Cartas do Brasil: 1549-1560*, p.119-20, 194.

figuravam nos livros contábeis das ordens religiosas, ao lado da farinha de mandioca, do sabão e dos bois como "bens eclesiásticos".[39]

Segundo Gilberto Freyre, no século XVI, com exceção dos jesuítas, espécie de "*donzelões intransigentes*", um grande número de padres e frades amancebava-se com índias, negras e mulheres livres.[40] Muitos clérigos possuíam escravas e escravos domésticos com quem mantinham práticas sexuais. Nesses casos, era mais fácil manter em segredo essas relações. Os padres apresentavam-se em público como senhores e proprietários desses cativos com quem coabitavam, com o argumento de que eram serviçais encarregados de lavar, cozinhar e limpar suas casas. Muitas vezes os relacionamentos vinham à tona quando as escravas pariam filhos que eram a cara do padre, despertando suspeitas ou certezas na vizinhança.[41]

Mas mesmo os padres da Companhia de Jesus eram constantemente expostos às tentações da carne em sua convivência com os índios. O próprio Anchieta reconhecia isso em tom de desabafo: "Confesso minha fraqueza que muito me aflige a carne em contínuos temores". Em outra passagem recomenda: "é necessária graça mui especial e fogo do Espírito Santo a quem houver de viver entre gente que põe nisto uma das essenciais partes de sua felicidade".[42] Anchieta referia-se aos prazeres da carne e reconhecia que era constantemente submetido às tentações, tendo que recusar as mulheres que os índios insistiam em lhe oferecer. Somente o fogo do Espírito Santo, segundo seu relato, lhe ajudava a vencer esses desafios e obter sucesso na rejeição dos "presentes" oferecidos pelos nativos.

As dificuldades de Anchieta eram comuns a muitos padres ou mesmo aos aspirantes ao sacerdócio. Nesse sentido, a Igreja preocupava-se

39 Mattoso, "Párocos e vigários em Salvador no século XIX: as múltiplas riquezas do clero secular da capital baiana", *Tempo e Sociedade*.

40 Freyre, *Casa-grande e senzala*, p.495.

41 Araújo, *O teatro dos vícios: transgressão e transigência na sociedade urbana colonial*, p.244.

42 Ancheita, *Cartas, informações, fragmentos históricos e sermões do Padre Anchieta. (1554-1594)*, p.212, 227.

bastante em instrui-los em matéria de comportamento, por meio de leituras edificantes que tentavam convencê-los das virtudes de uma vida celibatária e dos modos práticos de se preservar a castidade. Durante o período colonial, os padres ou aspirantes ao sacerdócio no Brasil podiam aprender lições sobre castidade, fé e conduta por meio da leitura de livros como *Espelho da perfeição*,[43] *Espelho de disciplina*,[44] ou *Espelho de religiosos*.[45] Esses manuais, baseados em uma tradição medieval, circulavam em primeiro lugar dentro das ordens religiosas de seus respectivos autores. Mas, além disso, também eram utilizados nos seminários diocesanos ou mesmo por diferentes ordens religiosas na tentativa de difundir modelos de virtudes cristãs e castidade entre os clérigos e os aspirantes ao sacerdócio.[46]

A leitura do *Espelho de religiosos*, por exemplo, era bastante recomendada. O livro, publicado em 1622 pelo frei Afonso da Cruz, além de aprovado pela Santa Inquisição, tinha também a vantagem de ser uma obra de instrução dirigida a leitores "comuns e humildes, desejosos de se santificar".[47] Nesse manual, os noviços encontravam recomendações detalhadas sobre as posturas, gestos e movimentos adequados para seus modos de andar, comer e dormir. Segundo Afonso da Cruz, o corpo refletia o hábito da alma, de maneira que seus membros deviam ser movimentados com pejo e vergonha. Para o autor, "o movimento do corpo é uma certa voz da alma, porque muitas vezes pelo andar se mostra qual é o ânimo. No andar e passear de alguns se vê uma ima-

---

43 Herp, *Espelho de perfeyçam em linguoa portugues.*

44 Boaventura, *Espelho de disciplina para creaçam de noviços e novos professos. Composto pelo seráfico Doutor S. Boaventura* [séc. XIII].

45 Cruz, *Espelho de religiosos, em o qual vendo-se e compondo-se as pessoas religiosas, poderão com o favor divino, chegar com felicidade à perfeição.*

46 Esses manuais, na maioria das vezes, tinham como inspiração e mesmo fonte de inúmeras citações e transcrições o texto medieval *Speculum Perfectionis* (*Espelho da Perfeição*). Trata-se de uma importante compilação franciscana de manuscritos de autorias diversas, reunidos no século XIV e constantemente reeditados ao longo dos séculos. Cf. Leite [tradutor], *O espelho da perfeição.*

47 Tavares, *Beatas, inquisidores e teólogos: reação portuguesa a Miguel de Molinos*, p.292.

gem de leviandade".[48] Pelos movimentos do corpo era possível avaliar a presença de um coração inquieto e ativo, ou ao contrário, maduro, constante e puro.

Inspirando-se no *Espelho de disciplina*,[49] de São Boaventura, o manual também trazia recomendações sobre a postura adequada para os noviços nos refeitórios. Nessas situações, a palavra de ordem era a modéstia, demonstrada, por exemplo, no ato de segurar o vaso (copo) com as duas mãos ao beber, sem levantar muito o pescoço. O contrário poderia significar soberba. "Comendo ou bebendo, [...] não faça estrondo com os beiços que denotam intemperança." E mais, durante a refeição, "não olhe para o que o outro tem adiante".[50]

Mas o momento visto como o mais perigoso no cotidiano do noviço era a hora de dormir. Nesse período as tentações do demônio podiam criar perigosas armadilhas. Para escapar das ameaças e do pecado, o *Espelho* oferecia uma série de recomendações. Em primeiro lugar, era preciso cultivar bons pensamentos enquanto o sono não chegasse. Devia-se meditar sobre a Paixão de Cristo, sobre o *Magnificat*, rezar os Salmos e outras orações. Tudo isso na tentativa de se sonhar apenas com o conteúdo dessas meditações. Acreditava-se que assim o noviço estaria cultivando o sono espiritual. Com seus sentidos adormecidos, suas "virtudes naturais" cessariam, dando lugar ao trabalho das "virtudes da alma". "Quanto mais umas cessam, tanto mais as outras obram".[51]

Mas não bastavam apenas os bons pensamentos. Era preciso também uma postura corporal adequada. Nas páginas desse manual, os noviços eram estimulados a dormir "aparelhados como um morto". A ideia era a de que se a morte os visitasse durante a noite, eles seriam levados perante Deus na posição em que estivessem dormindo. Assim,

48 Cruz, *Espelho de religiosos, em o qual vendo-se e compondo-se as pessoas religiosas, poderão com o favor divino, chegar com felicidade à perfeição*, p.44.

49 Boaventura, *Espelho de disciplina para creaçam de noviços e novos professos.*

50 Cruz, *Espelho de religiosos, em o qual vendo-se e compondo-se as pessoas religiosas, poderão com o favor divino, chegar com felicidade à perfeição*, p.48.

51 Idem, p.50-1.

essa postura recomendada demonstrava arrependimento dos pecados, enquanto outras posições poderiam despertar desejos sexuais ou sugerir práticas consideradas ilícitas.[52] Sem falar na hipótese de que, se o noviço fosse encontrado dormindo acompanhado de outra pessoa, corria o risco de perder sua salvação. Tratava-se, talvez, de uma pedagogia do medo.

Por meio do *Espelho de religiosos*, os noviços também eram encorajados a seguir o caminho da castidade, fugindo de ocasiões propícias ao pecado e dedicando-se a exercícios espirituais. No livro, encontram-se recomendações como as de Santo Agostinho, que aconselhava os religiosos a trocarem poucas palavras com as mulheres e, quando estritamente necessário, que as palavras fossem mais ásperas do que brandas. Também as amizades, mesmo com pessoas religiosas e colegas castos, deviam ser evitadas. Por fim, até mesmo as cartas recebidas eram vistas como perigosas. O comportamento desejado era o do recolhimento e o da mortificação dos sentidos. O contato com o mundo exterior poderia ser nocivo.[53]

Além disso, os noviços eram também estimulados a conhecer histórias de vidas celibatárias consideradas bem-sucedidas, como a do Santo abade Sereno. Esse religioso, não satisfeito com seus constantes jejuns e vigílias, que já lhe garantiam a mortificação da carne em seus sentimentos interiores, queria também se ver livre de expressões externas e manifestações físicas dos desejos carnais em seu próprio corpo. Para tanto, pediu a Deus que lhe tirasse todos os "movimentos carnais que até os meninos naturalmente costumam ter". E assim, certa noite, enquanto dormia, o abade foi visitado por um anjo que retirou das entranhas de seu ventre uma "carnosidade" e lhe disse: "cortados te ficam os incentivos de tua carne e sabes que hás alcançado do Senhor neste dia a pureza perpétua de teu corpo que com tanta fé pediste".[54] Na história do santo, a castração física e literal de seu órgão sexual aparecia como bênção divina que libertava o corpo dos perigos da carne, garantindo-

52 Idem, ibidem.
53 Idem, p.130.
54 Idem, p.138-9.

-lhe maior proximidade de Deus. Com a ajuda divina, o abade parece ter conseguido se transformar em anjo.

Histórias como essa, e muitas outras apresentadas no *Espelho*, certamente devem ter perturbado o sono dos aspirantes ao sacerdócio e mesmo de muitos padres, após a ordenação. O sentimento de castração, vigilância e controle dos corpos produzia respostas contraditórias. Medos e desejos proibidos conviviam lado a lado com posturas de castidade dificilmente alcançada. Dentro do próprio grupo, aqueles que conseguiam de fato atingir o ideal da castidade despontavam-se como elementos perturbadores para os colegas que não obtinham o mesmo sucesso.

Por outro lado, os que praticavam comportamentos desviados eram ao mesmo tempo antiexemplos para outros que se esforçavam em se manter castos. Assim, enquanto os modelos de castidade estavam estampados nas páginas dos manuais, na história de vida dos santos, nas imagens dos altares e no discurso dos bispos, abundavam exemplos contrários e vivos no cotidiano dos seminários, das paróquias e colégios de padres. E assim, entre tipos ideais e práticas desviadas, os padres eram formados e exerciam seu sacerdócio em meio a segredos e culpas em torno das sensações de seus corpos, alimentando por vezes personalidades doentias e carentes pelos prazeres reprimidos.

O próprio autor do *Espelho dos religiosos* reproduzia em suas páginas os conflitos que se abatiam sobre os noviços durante sua formação no cotidiano dos seminários. Diante das dificuldades e rigores, segundo o autor, muitos aspirantes ao sacerdócio avaliavam negativamente sua rotina de preparação:

> [...] quando queriam dormir, o mandavam vigiar, quando queriam comer, o faziam jejuar, quando queriam falar, o faziam guardar silêncio, quando queriam ficar assentados, faziam-no levantar, quando queriam descansar, faziam-no trabalhar [...] Ah! Por que tomei essa vida? Mal estava, pior estou, porque não posso com tanto rigor, nem tenho natureza nem condição para isso. Quem me trouxe aqui? Quem me aconselhou?[55]

55 Idem, p.76.

Segundo o autor, tais pensamentos eram induzidos pelo demônio e levavam muitos a abandonar a pretensão ao sacerdócio ou, por vergonha ou falta de opção, prosseguiam sua formação, tornando-se padres sempre "inquietos com as lembranças do mundo".[56]

Essa inquietação acompanhada de conflitos, sentimentos de castração e de culpa por desejos realizados ou reprimidos deve ter acompanhado o exercício do sacerdócio de muitos padres no período colonial. Mas, de acordo com a Igreja, muitos conseguiram sustentar uma vida celibatária, conforme as orientações católicas, tornando-se religiosos exemplares. Alguns foram até canonizados em decorrência de uma vida de santidade, realização de milagres e poderes sobrenaturais, como é o caso de frei Galvão, que viveu em São Paulo entre o século XVIII e XIX.

Luiz Edmundo também encontrou sacerdotes que levavam a sério o celibato. "Apesar de padre, é um homem de alma cristã." Com seu humor característico, o cronista assim definiu o monsenhor Mariano Molina. Vigário da matriz de Nossa Senhora da Glória, no Rio de Janeiro, o padre em questão era um velhinho vermelho e triste. Usava óculos de ouro sobre um nariz extremamente fino. Molina era tão popular e querido que até os ateus lhe reverenciavam. Igual a esse, o cronista diz ter conhecido apenas um tal padre João, alemão alto, cabelo tonsurado, que enchia a sacristia com sua gordura e bondade. Sempre preocupado com os que faltavam ao catecismo, seus atropelos na língua portuguesa arranhada eram motivo de constantes risos por parte das crianças e mesmo dos adultos. Ao tentar chamar uma fiel afastada de "ovelha desgarrada" pronunciava sem querer uma "Ó velha descarada".[57] Desajeitado, parecia uma inofensiva criança grande.

Nos escritos de Luiz Edmundo, esses homens não são mais do que exceções de uma grande regra. Ao retratar *O Rio de Janeiro no tempo dos vice-reis* (1763-1808), o autor não poupou críticas à corrupção moral do clero. De suas crônicas, emergiam figuras de padres e frades com

56 Idem, ibidem.

57 Edmundo, *O Rio de Janeiro do meu tempo*, p.176-7.

espírito aventureiro, sem preparo e vocação para o sacerdócio. Suas observações mais brandas apontam para a soberba e os privilégios desfrutados por esses homens de Igreja. Desfilavam risonhos pelas ruas da cidade, gordos e com roupas largas, destacando-se também pelas cabeças coroadas pela tonsura. Suas mãos, vestes e até a fivela dos sapatos eram beijadas pelas beatas que lhes seguiam em escolta. Esses clérigos tinham formalmente um lugar de destaque na sociedade por portarem uma espécie de aura sagrada. Assentavam-se nos melhores lugares dos veículos da época, como coches, estufas, paquebotes e berlindas. Como ditava a etiqueta, ocupavam os espaços do fundo e à direita, distinção que também cabia às mulheres.[58]

Mas é no campo da sexualidade que o cronista detectou as questões mais polêmicas. Em seu cotidiano, os clérigos aproveitavam-se sexualmente não só das escravas. Também as mulheres livres não lhes escapavam. Saciavam-se de suas comadres. Cada padre tinha a sua. Viviam em prostíbulos e deixavam filhos por onde passavam. Usavam até a cabeleira do Senhor dos Passos como disfarce para desfrutar de festas libertinas. Vestiam-se de marinheiros e frequentavam tabernas onde bebiam e caçavam brigas.[59] Apesar do compromisso firmado com uma vida celibatária, despiam-se da batina para brincar de homens comuns.

Outros tantos religiosos certamente caíram no anonimato. Justamente por não quebrarem os votos de castidade, envolvendo-se em práticas sexuais, não deixaram rastros nos arquivos eclesiásticos nem chamaram atençao dos viajantes que por aqui passaram. Muitos outros, porém, acabaram ficando conhecidos por suas práticas sexuais e por suas relações estáveis ou não com homens e mulheres com os quais compartilhavam seus desejos e fantasias. Essas relações se tornaram mais evidentes a partir do século XVIII.

Antes disso, ao longo dos séculos XVI e XVII, não houve aplicação sistemática das recomendaçoes tridentinas na colônia. As dioceses passavam por longos períodos de vacância. Os bispos, incapacitados de

58 Idem, p.34-7, 120.

59 Idem, p.307, 450.

administrar com eficiência grandes territórios, limitavam-se a ações pontuais. Além disso, tinham sobre si o peso do padroado e o envolvimento com a administração secular. A estrutura paroquial era precária. Em alguns momentos faltavam padres para dar conta de uma população dispersa. Os clérigos estavam inseridos em uma sociedade culturalmente híbrida, marcada pelos vícios da escravidão e pelo poder local concedido aos senhores. Tais elementos, em seu conjunto, acabaram retardando a aplicação das reformas previstas em Trento.[60]

Antes do século XVIII, o único esforço mais significativo de implementação das reformas tridentinas na colônia foi conduzido pelos jesuítas, dedicados à formação moral e intelectual do clero nos seminários e colégios. A Companhia de Jesus acolhia em seus educandários um grande número de aspirantes ao sacerdócio de outras ordens e mesmo seminaristas destinados ao clero secular. Todos em busca de complementação de seus estudos, almejando a ordenação sacerdotal. Mas, apesar do investimento dos jesuítas, a obediência aos votos de castidade nunca foi tarefa fácil.[61]

Somente no século XVIII, a partir da publicação das *Constituições primeiras do arcebispado da Bahia*, é que se pode perceber um esforço sistemático em se adequar o clero colonial às orientações tridentinas. Segundo Lana Lage Lima, entre as principais medidas destinadas a esse fim, destacavam-se:

> [...] a criação de novas prelazias e bispados; a multiplicação e colação das paróquias; o reforço da hierarquia eclesiástica; a realização de visitas episcopais; a fundação de seminários diocesanos; a instituição das conferências de moral; o combate à simonia, ao nicolaísmo, ao absenteísmo; o controle das ordenações, da pregação, da confissão, incluindo a vigilância sobre a desobriga da quaresma e a preocupação em descobrir e punir a solicitação.[62]

60 Priore, *História do amor no Brasil*, p.39.

61 Lima, "As constituições da Bahia e a reforma tridentina do clero no Brasil". In: Feitler e Souza (Orgs.), *A Igreja no Brasil*, p.148.

62 Idem, p.148.

Os bispos, por meio das visitas pastorais, deveriam manter um constante olhar vigilante sobre os padres, exortando os fiéis a denunciarem suas práticas consideradas ilícitas. Nesse sentido, mereciam censura aqueles que frequentassem tavernas, usassem roupas indecentes ou se excedessem na comida ou na bebida. Até mesmo a ausência da tonsura clerical era motivo de reprimenda.[63] A colônia ganhou, a partir do século XVIII, uma legislação própria com um rol de crimes passíveis de castigo e uma estrutura mais rígida para a fiscalização de seu comportamento. Entre as ações acima, entretanto, merece destaque o combate ao crime de solicitação, caracterizado pela apresentação, por parte dos padres, de propostas amorosas ou sexuais aos penitentes na hora da confissão.

Lana Lage Lima desenvolveu um estudo sistemático a respeito desse assunto.[64] Segundo a autora, a absolvição dos pecados era utilizada pelos padres como meio de submissão dos fiéis aos seus desejos lascivos. Pelo sacramento da penitência, cuja importância havia sido acentuada pelas reformas tridentinas e reforçadas na colônia pelas *Constituições primeiras do arcebispado da Bahia*, os sacerdotes controlavam a distribuição do perdão dos pecados, manipulando assim a salvação como um bem simbólico. O sigilo em torno da confissão também chegava a ser usado como estratégia para obtenção de favores sexuais. A manutenção do segredo em torno dos pecados confessados podia servir como moeda de troca. Alguns confessores partilhavam da teoria "se fez com ele, porque não há de fazer comigo".[65] A garantia da privacidade era propícia para se sussurrar segredos antes inconfessáveis, em um ambiente revestido de significados sagrados, onde a libido dos clérigos era aguçada por mulheres ou homens que lhes procuravam, em busca de perdão ou mesmo de pecado.

Segundo a autora, entre as grades do confessionário alguns padres tocavam com seus dedos as mãos e os rostos de suas confidentes, ofe-

63 Idem, p.153.

64 Lima, *A confissão pelo avesso: o crime de solicitação no Brasil colonial.*

65 Idem, v.2, p.431 e v.3, p.626.

recendo-lhes afagos e carícias, acompanhadas de propostas lascivas. Alguns não se continham ao ouvir as narrativas das aventuras eróticas e atacavam as mulheres arrependidas que os procuravam em segredo em busca de absolvição. Outros partiam para a masturbação, ali mesmo no espaço do confessionário, a fim de aliviarem seus ardores. Havia também casos de galanteios mais singelos, como a dos confessores que ofereciam flores a alguma fiel a quem pretendiam cortejar. Em situações variadas, durante a confissão, muitos padres acabavam ensinando o pecado, em vez de combatê-lo.[66]

A manipulação do bem simbólico da absolvição dos pecados que abria aos fiéis a possibilidade de salvação de suas almas era às vezes usada como estratégia de sedução, como no caso de padres que ofereciam beijos de língua para expulsar demônios de seus fiéis ou usavam seu esperma para realizar exorcismos. Outros ainda prometiam restaurar virgindades, interromper gravidez e arranjar casamentos para mulheres desesperadas em busca de auxílio para seus dramas pessoais.[67] Tudo em nome da purificação das almas por meio da intervenção nos corpos e obtenção de favores sexuais. Nessas ocasiões, configurava-se um complexo abraço entre o profano e o sagrado.

Assim como o crime de solicitação, a sodomia também era considerada um delito sob a jurisdição do Tribunal do Santo Ofício. Por meio da documentação inquisitorial, muitos historiadores conseguiram lançar luzes sobre as práticas sexuais entre homens denunciados e punidos pelo pecado considerado abominável pela Igreja e contrário à ordem divina e à natureza. Quando caíam nas malhas da Inquisição, em casos extremos, podiam ser submetidos a rigorosas penas, como a morte na fogueira.

Entre as diversas categorias de classificação desse crime, a considerada mais grave era a sodomia perfeita, isto é, aquela praticada por homens que buscavam prazer com parceiros do mesmo sexo por meio de penetração anal com emissão de sêmen. Ainda dentro dessa carac-

66 Idem, v.3, p.567, 573, 593.

67 Idem, v.2, p.431 e v.3, p.578-9.

terização, o alvo privilegiado pelo Santo Ofício eram os sodomitas contumazes, maiores de 25 anos, escandalosos e não dispostos a confessar o seu pecado e a colaborar com os inquisidores.[68] É interessante notar que, no Brasil, de modo geral, o número de padres denunciados e mesmo punidos por sodomia perfeita é pequeno, se comparado a outros registros documentais que indicam um grande número de religiosos envolvidos em tais práticas. Segundo Ronaldo Vainfas, diante da escassez de sacerdotes, a Igreja procurou resguardar seus quadros contra a justiça inquisitorial, pois, do contrário, "talvez ficasse sem ministros".[69]

Por outro lado, se são poucos os casos conhecidos de padres que confessaram envolvimento com a sodomia perfeita, há um grande número de relatos de outras formas de relações homoeróticas praticadas por esses homens de Igreja. Verônica de Jesus Gomes encontrou na Bahia uma série de registros de padres envolvidos com rapazes com quem praticavam "tocamentos desonestos ou torpes, torpezas, práticas obscenas, beijos e abraços, [...], punhetas, coxetas, toques nas partes pudentas e ocultas, palavras meigas".[70] Tratava-se de um conjunto de práticas sexuais em que a polução ocorria sem o ato da penetração. Todas essas práticas, classificadas pela teologia moral como molícies, eram relegadas pela Inquisição à jurisdição dos confessores ou de outros juízes, por considerá-las na maioria das vezes desinteressantes, quando não se configuravam como prelúdios para o coito.

Durante o período colonial, era comum o envolvimento sexual dos clérigos com seus próprios colegas de ofício. A possibilidade de coabitação ou mesmo a convivência próxima em seminários, colégios, mosteiros, casas paroquiais e em outros locais favorecia o contato entre religiosos que podiam compartilhar em sigilo suas carências afetivas, trocar olhares e mesmo concretizar seus desejos sexuais reprimidos. Nesses casos, a condição celibatária comum permitia a construção de

68 Vainfas, *Trópico dos pecados: moral, sexualidade e Inquisição no Brasil*, p.211-2.

69 Idem, p.151-2, 170.

70 Gomes, *Vício dos clérigos: a sodomia nas malhas do Tribunal do Santo Ofício de Lisboa*, p.138-9.

cumplicidades duradouras, mais impermeáveis aos olhares vigilantes de fiéis e de autoridades eclesiásticas e inquisitoriais. Relações como essas, duradouras ou não, eram encobertas por um manto de silêncio dificilmente revelado.

Os conventos e territórios das ordens religiosas eram também refúgios privilegiados para os comportamentos e práticas homoeróticas. Nesses locais, os religiosos dispunham não só do prestígio conferido pelas ordens, mas também de um ambiente unissexual onde podiam recusar livremente as relações com mulheres sem serem cobrados por isso, tendo, ao contrário, essa recusa legitimada e revestida de significado sagrado.[71]

Fora dos quadros clericais, os parceiros sexuais dos padres eram, em sua maioria, meninos, rapazes ou homens pobres, estudantes, criados e escravos. Assim como era corrente em outros lugares, Verônica de Jesus Gomes encontrou na Bahia parceiros de clérigos que exerciam profissões típicas das camadas sociais baixas e médias, como soldados, alfaiates, cirurgiões, boticários, carpinteiros e feitores. Em menor escala, a autora detectou também alguns amantes de padres entre a nobreza e pessoas ligadas a altos cargos da administração, como o caso de um filho de um governador da Bahia, até mesmo um familiar do Santo Ofício chegou a figurar na lista.[72] Ainda segundo a autora, havia a predileção por parceiros jovens, numa média entre 12 e 24 anos. Mas havia também casos fora dessa faixa etária. Um padre chamado Frutuoso, processado pela Inquisição, confessou ter se relacionado com cerca de quarenta parceiros, dos quais alguns, por serem tão pequenos, segundo seu relato, não conseguiam entender a gravidade da falta que cometiam.[73]

Para além dos crimes de solicitação, de sodomia perfeita e das práticas de molícies, a quebra do voto de castidade ocorria também por meio

71 Figari, *@s Outr@s Cariocas: interpelações, experiências e identidades homoeróticas no Rio de Janeiro. Século XVII ao XX*, p.88.

72 Gomes, *Vício dos clérigos: a sodomia nas malhas do Tribunal do Santo Ofício de Lisboa*, p.140-1.

73 Idem, p.143.

do crime de amancebamento e de adultério, delitos que ficavam sob a jurisdição dos bispos e da Justiça Eclesiástica.[74] No caso do adultério, o crime era facilitado pelas longas viagens dos maridos pelos sertões da colônia, deixando suas mulheres carentes disponíveis ao convívio íntimo e cotidiano com os padres. Estes muitas vezes causavam desconfiança nos vizinhos pelas constantes visitas à casa dessas mulheres solitárias. Esse foi o caso do padre João Antônio Baldez, no Maranhão, que na calada da noite vestia-se de longas capas, chapéu e capote para não ser reconhecido pelos vizinhos de sua amante.[75] Alguns maridos, ao descobrirem a traição, abriam processo contra os padres na Justiça Eclesiástica, como procedeu, por exemplo, Ricardo Barbosa, após surpreender sua mulher, Anna Lucinda, e o padre Manoel Antônio Rodrigues da Costa em flagrante adultério. Mesmo a contragosto, a pedido do marido, Anna aceitou tentar um recomeço na relação, até ser raptada por seu amante tempos depois.[76]

Já os casos de amancebamento eram diferentes. Nessas situações, os padres mantinham sólidas relações com mulheres solteiras que se tornavam suas protegidas e viviam com eles espécies de relações familiares clandestinas. Impedidos de constituir legalmente suas famílias, muitos padres investiram em outros tipos de conjugalidades, vistas pela Igreja como atentados ao mesmo tempo contra o sacramento do matrimônio e da ordem. No Maranhão, durante o século XVIII, muitos padres compravam ou alugavam casas para suas amásias, ofereciam roupas de luxo e presentes, sustentavam suas famílias em relacionamentos duradouros e estáveis dos quais deixavam numerosa prole, reconhecida formalmente ou tacitamente pela comunidade à sua volta.[77]

Na contramão de todas as orientações e prescrições da instituição, esses padres constituíram famílias, fazendo de sua condição humana a

74 Vainfas, *Trópico dos pecados: moral, sexualidade e Inquisição no Brasil*, p.83.

75 Mendonça, *Sacrílegas famílias: conjugalidades clericais no bispado do Maranhão no século XVIII*, p.93-4.

76 Mendonça, *Parochos imperfeitos: justiça eclesiástica e desvios do clero no Maranhão colonial*, p.244-5.

77 Idem, p.242.

regra da vivência de seu sacerdócio.[78] Despiam-se das roupas e aureolas de anjos. Nesses casos, enquanto uns construíam estratégias e táticas que garantiam a sobrevivência de suas relações e de seu núcleo familiar, outros nem sempre tinham a mesma sorte, sobretudo quando suas histórias secretas chegavam aos ouvidos dos Tribunais Eclesiásticos.

Havia também clérigos que tentavam a todo custo escapar dos ardores do corpo. Para tanto, esforçavam-se para fugir das molícies, da sodomia, do adultério e do amancebamento. Tentavam ser anjos. Por medo dos olhares vigilantes da Igreja ou mesmo por acreditarem na possibilidade de vivenciarem o celibato, reprimiam seus desejos e buscavam consolo em orações, penitências e exercícios espirituais que pudessem de alguma forma colaborar na mortificação de sua carne.

Muitos padres podiam ainda recorrer às emulsões de castidade, recomendadas por médicos como Francisco de Mello Franco, no fim do século XVIII. Nascido em Minas Gerais, tendo estudado medicina em Coimbra, Mello Franco afirmava que a Igreja não sabia lidar com as paixões humanas. Os desvios morais, a seu ver, não podiam ser curados com penitências, açoites e orações. Para ele, a origem dos comportamentos pecaminosos residia no corpo, de modo que os mesmos deveriam ser tratados por essa via. O ascetismo e os remédios morais eram ineficazes. Somente os remédios físicos poderiam dar conta do controle dos corpos. Franco chegou a ser preso nos cárceres da Inquisição e a ter seu livro confiscado. Depois disso, porém, foi reabilitado e se tornou médico da rainha dona Maria I.[79] Em todo caso, embora seu livro fosse dirigido aos padres, esses só poderiam lê-lo em atitude de desobediência à igreja.

As receitas eram variadas e prometiam moderar ou mesmo extinguir os ardores venéreos. Uma delas previa uma mistura de água de alface, porções de uma planta chamada golfão, água de rosas e de cevada,

---

78 Moreira, *Historicidades e representações: celibato, conjugalidades e paternidades sacrílegas em Goiás (1824-1896)*, p.31.

79 Daflon, "Uma pedagogia escrita: intelectuais luso-brasileiros no século XVIII", *Matraga*, p.53.

semente de papoula branca. O remédio era um antiafrodisíaco, recomendado aos religiosos que quisessem anestesiar ou eliminar seus desejos sexuais. Para se obter sucesso no tratamento, era preciso ingerir a poção de hora em hora durante oito dias.[80] Outras receitas recomendadas por Mello Franco eram aquelas baseadas em combinações de vitríolos, ácidos minerais hoje conhecidos como sulfatos. De acordo com o médico, esses remédios, quando ingeridos com fórmulas bem preparadas e em dosagens adequadas, eram verdadeiros moderadores das paixões, capazes de equilibrar os humores do corpo.[81]

O médico também não deixava de recomendar uma alimentação baseada em caldos, ovos frescos e geleias capazes de compor as "comoções dos fluídos com a turbulência desenfreada dos sólidos". Outra recomendação dizia respeito à mastigação de ervas amargas duas vezes ao dia, mortificando-se assim os apetites da carne. Tudo isso produziria maior efeito se associado à prática de algum tipo de "exercício penoso" como: "rachar lenha, cavar com uma enxada, viajar a pé, dormir em uma taboa dura", entre outros. Todas as prescrições não eram indicadas apenas para o uso pessoal dos padres, também poderiam ser receitadas por eles, em doses adaptadas, para seus confidentes, solteiros ou casados.[82]

Em seu livro *Medicina theologica*, destinado aos religiosos, Mello Franco oferecia uma série de receitas capazes de inibir o desejo sexual dos clérigos. Segundo o médico, não adiantava seguir os exemplos de São Bento, que se deitou sobre espinhos penetrantes, nem de São Bernardo, que buscava alívio em banhos gelados, ou mesmo de São Francisco de Assis, que se deitava sobre brasas.[83] Na referida publicação, era possível encontrar prescrições para cada tipo de corpo. Aos gordos, era recomendado o uso da cânfora, acompanhada de sangrias e purgativos.

80 Franco, *Medicina theologica, ou, Supplica humilde, feita a todos os senhores confessores e directores, sobre o modo de proceder com seus penitentes na emenda dos peccados, principalmente da lascivia, colera, e bebedice*, p.74.

81 Idem, p.78-89.

82 Idem, p.70-1.

83 Idem, p.90-3.

Ao mastigarem as folhas dessa planta, os clérigos conseguiriam "reprimir os estímulos venéreos".[84]

No período colonial, a população parecia sustentar certa tolerância com o comportamento sexual do clero. Com tranquilidade e sem provocar escândalos, um certo Frei José, após o sermão da missa, na igreja do Carmo, pediu aos fiéis orações para a mulher do bispo, que se encontrava em trabalho de parto.[85] Os padres estavam integrados às fazendas, dançavam, contavam piadas e tocavam violas nas festas familiares.[86] Aderiam ao sistema patriarcal e chegavam a morar nas próprias casas-grandes, acomodando-se, "gordos e moles", à confortável situação de pessoas da família. Com intimidade entre os personagens da casa, atuavam como padrinhos dos meninos, tio-padre, mestres de escola ou capelão.[87]

De um lado, eram notórias as inúmeras prescrições em favor da manutenção do celibato contidas tanto na legislação civil quanto na eclesiástica. Nos sínodos ou nas constituições diocesanas há uma constante preocupação com a moralização do clero e com a vigilância de seu comportamento, conforme orientações tridentinas. Na outra ponta, abundam casos de desvios dessas normas, inscritos nos processos inquisitoriais ou nos Tribunais Eclesiásticos.[88]

Considerações finais

Em viagem pelo interior da província de Minas Gerais, Richard Burton conheceu a fazenda Santana, na estrada de Sabará. Ao entrar no local, descobriu que a propriedade era de um padre então falecido,

84 Idem, p.104.

85 Edmundo, *O Rio de Janeiro no tempo dos vice-reis: 1763-1808*, p.37.

86 Romero, *Heróis de batina: pequena história do clero católico no Brasil*, p.70-4.

87 Freyre, *Casa-grande e senzala*, p.260-1.

88 Silva, *Entre a batina e a aliança: das mulheres de padre ao movimento de padres casados no Brasil*, p.88-9.

chamado Antônio Freitas. Segundo o viajante, o sacerdote morrera logo após instalar na casa uma tal Silvéria, mulher linda com belos olhos negros, com quem mantinha relações amorosas. No interior da casa-grande, o viajante conversou com um velho escravo chamado Pedro. O africano, já com os cabelos bastante grisalhos, ainda mantinha-se fiel ao seu antigo senhor. Mesmo após a morte do padre, continuava a lhe prestar serviços. Durante a quaresma, Pedro dizia ver com frequência a alma de seu antigo senhor, mexendo nos armários e rondando os corredores e quartos da casa. Para saciá-lo, o escravo deixava um pedaço de carne sobre a mesa.[89]

A persistência do "fantasma" do padre Freitas era, assim, uma espécie de demonstração de que o clérigo morreu sem estar plenamente saciado das delícias terrenas. A história desse padre do interior de Minas é bastante significativa e nos ajuda a pensar nas contradições e desafios da experiência do celibato no Brasil. Por um lado, o clérigo parece ter desobedecido aos votos de castidade sem ter sido punido por isso. Conseguiu inclusive levar para dentro de sua casa uma linda companheira, com quem provavelmente sonhava construir uma relação estável. Por outro, sua memória era cultivada como a de uma pessoa que morreu insatisfeita e sedenta dos prazeres da carne. Por isso teimava em voltar.

A experiência de Freitas parece assim sintetizar os dilemas do celibato em nossa história. Sua condição de padre lhe permitiu transitar por muitos espaços, conhecer e entrar na intimidade de muita gente. Era um sacerdote, dispunha de certo *status* por ser revestido simbolicamente de um poder sagrado que o distinguia dos demais homens, ao mesmo tempo em que atraía sobre si a atenção e os desejos alheios. Como de costume, devia ter instrução relativamente maior do que a média da população. Como homem de posses e sem uma família oficial, tinha maior facilidade de construir relacionamentos secretos duradouros ou não.

Em todo o caso, ao observarmos o pouco que sabemos de sua história, não conseguimos escapar de um pêndulo em movimento entre

---

89 Burton, *Explorations of the higlands of the Brazil.*

as possibilidades de excesso de prazer sem compromisso e a grande carência pelos sabores carnais que o fazia "retornar em espírito". Sem conseguir fixar-se em uma posição confortável dentro do celibato, essa experiência pendular parece ter sido comum a muitos clérigos no Brasil. Oscilando entre a falta e o excesso, esses homens de batina com a cabeça tonsurada transitaram em nossa história deixando as marcas de uma vida de prazeres, mas também de sede e de carência por relações sexuais.

Seja na completa ausência de prazer, seja no transbordamento libertino do mesmo ou na oscilação pendular entre essas posições, os padres nunca puderam deixar de desempenhar o papel de anjos. Vivendo em uma sociedade de caráter estamental, eles tinham privilégios semelhantes aos dos nobres, já que o sacerdócio lhes conferia foro de nobreza.[90] Desfrutando de prestígio social e respeito, conseguiam com relativo sucesso dissimular suas práticas sexuais e representar o papel de anjo no teatro das aparências, típico das sociedades do Antigo Regime. Conforme ressaltou Luiz Carlos Villalta, a própria legislação eclesiástica valorizava a simulação dos comportamentos. Na tensão entre o parecer e o ser, o ideal de civilidade conferia maior importância ao aspecto visível externo, sem, contudo, deixar de suscitar avaliações negativas do desempenho dos padres, por vezes vistos como falsos, hipócritas e mentirosos em suas representações.[91]

Entre as luzes e as sombras projetadas sobre esse palco, a condição celibatária fazia dos padres homens teoricamente inacessíveis aos prazeres da carne e, por isso mesmo cobiçados, como os anjos hospedados na casa de Ló. Em sua experiência enquanto ministros de Deus nos trópicos, os clérigos buscavam alternativas para de alguma forma experimentar o que lhes era negado. Desafiavam a aparente rigidez das normas institucionais católicas, às vezes driblando seus olhares vigilantes, às vezes tropeçando e caindo diante dos mesmos.

---

90 Mesagravis, "Os aspectos estamentais da estrutura social da colônia", *Estudos econômicos*.

91 Villalta, "A igreja, a sociedade e o clero". In: Rezende e Villalta (Orgs.), *História de Minas Gerais: as minas setecentistas*.

Em todo caso, durante o período colonial, os padres conseguiram, com relativo sucesso, desfrutar, no dizer de Freyre, do livre "arregaçar das batinas", tonando-se "garanhões formidáveis".[92] Somente ao longo do século XIX é que a figura do padre don juan perdeu o prestígio que dispunha anteriormente. Seu lugar foi aos poucos ocupado pelo médico, a quem as mulheres podiam contar suas dores, doenças e intimidades do corpo, aliviando-se da opressão patriarcal e clerical. Esses outros anjos, representantes de uma fé inabalável na ciência, assumiam por vezes o papel de novos personagens dos velhos adultérios praticados nas alcovas.[93]

Os padres viviam, no entanto, o drama cotidiano de lidar com os conflitos entre sua condição humana e o comprometimento com as aspirações divinas, entre os ardores da carne e a vocação sacerdotal que lhes exigia uma vida celibatária. É possível que as formulações mentais usadas pelos europeus para compreender nossa colonização ajudem a entender esse dilema. É que os padres deslocavam-se como anjos naquele cenário descrito por Laura de Mello e Souza sobre os primeiros séculos de nossa história.[94] Sob o olhar europeu, exerciam seu sacerdócio em meio a uma natureza edênica, habitada por uma humanidade demonizada, inscrevendo sua experiência celibatária em uma colônia, entendida como um grande purgatório. Deslocados de posições extremas, os padres viviam assim as contradições e ambiguidades dessa outra posição incômoda. Diante desses dilemas e das diferentes tentativas de acomodação dadas aos mesmos, os padres acabavam desempenhando o papel de anjos tortos, ou melhor, de anjos demasiado humanos.

Não se pode, no entanto, esquecer-se dos padres anônimos que venceram como guerreiros a batalha do celibato e desapareceram no silêncio dos tempos coloniais. Graças a eles, nossas Sodomas tropicais não foram destruídas. Muitos outros, porém, devem ter se frustrado, como Antônio Freitas, aquele padre da fazenda de Sabará. Seu "fantasma"

92 Freyre, *Casa-grande e senzala*, p.495.

93 Freyre, *Sobrados e mucambos*, p.152-3.

94 Souza, *O diabo e a terra de Santa Cruz: feitiçaria e religiosidade popular no Brasil colonial*, p.21-85.

sedento, rondando a casa-grande em busca de satisfação, nos deixa atônitos. Ao mesmo tempo em que ele não era mais um homem de carne e osso, também não conseguia sossegar seu espírito entre os outros anjos no céu, com os quais deveria em tese se identificar. A fazenda estava vazia. O padre não tinha mais sua linda amante de olhos negros e nem mesmo a Igreja como esposa. Só lhe restavam as oferendas de seu velho escravo, ao que parece, um africano não muito católico. Talvez apenas ele compreendesse os anseios, angústias e as frustrações de seu senhor. É que, assim como outros padres no período colonial, Freitas não era homem nem anjo, era talvez qualquer coisa de intermédio.

3

"Riscando o chão": masculinidade e mundo rural entre a Colônia e o Império

Eduardo Schnoor

"Riscar o chão" foi uma expressão idiomática usada para demarcar um limite. Atravessar o "risco" poderia incitar um conflito, uma contenda. Adentrar um conflito era símbolo de masculinidade. "Riscar o chão" era parte da concepção de masculinidade do mundo rural, principalmente entre a Colônia e o Império. Assim como o duelo, o *sinhô-moço* deste período histórico iniciava a sua vida sexual em tenra idade, fazendo dela sua passagem ao mundo adulto. Assim, o menino passava a homem.

Segundo Gilberto Freyre, um jovem no século XVII era "carimbado" pela sífilis.

> [...] foi a doença por excelência das casas grandes e das senzalas. A que o filho do senhor de engenho contraía quase brincando entre negras e mulatas ao desvirginar-se precocemente aos 12 ou aos 13 anos. Porque depois dessa idade já o menino era donzelão. Ridicularizado por não conhecer mulher e levado na troça por não ter marca de sífilis no corpo [...].[1]

1 Freyre, *Casa-grande e senzala*, p.164.

Conhecer uma mulher era, segundo Gilberto Freyre, o momento da passagem para o mundo adulto no século XVII. A sociedade colonial apresentada por este autor, em *Casa-grande e senzala*, é lúbrica. Desde molecotes, eram destinados os *leva-pancada*, jovens escravos que ficavam disponíveis ao deleite, inclusive sexual, dos *ioiôs*.

No entanto, a partir do século XVII, a legitimidade masculina extrapolou a iniciação sexual, fazendo-se necessárias outras marcas sociais. O horizonte ampliou-se no mundo público. As ruas das vilas eram abertas, bem como as estradas. Nelas, os jovens teriam de interagir. Muitas vezes estariam por si, sem família para acudir. Ser respeitado nas ruas e nas estradas era um requisito básico ao estabelecimento social. O jovem que viveu entre a colônia e o império tinha de ter várias facetas sociais. Entre outras, aquelas moldadas pela violência e/ou pelo sexo.

A partir do século XVII, a masculinidade passava mais claramente pelo exercício do mando: aprendia-se desde cedo a se fazer obedecer e a exercê-lo sobre os escravos e cabras, andando armados, algumas vezes tinham pajens e comitiva quando em viagem e frequentavam ao seu bel-prazer as senzalas para arrefecer os seus ânimos.

Tal comportamento tinha em parte a condescendência da Igreja, que batizava filhos bastardos, consentia e abençoava os casamentos consanguíneos.

Ora, o que mudou entre os séculos XVII e XVIII?

A descoberta do ouro causou uma série de transformações na colônia. Em vez da monocultura da cana-de-açúcar, que fez o engenho dominar como principal atividade econômica no século XVII, o garimpo foi uma produção fracionada, dispersa em uma vasta região, as Minas Gerais, de Goiás e Mato Grosso. As cidades tornaram-se fundamentais na organização social e no controle da mineração. Os garimpos, ao contrário dos engenhos, que produziam a maioria dos seus gêneros alimentícios, necessitavam adquirir a comida. A casa-grande nordestina escoava a sua produção principalmente em carros de boi ou pelos rios. Minas Gerais precisava de estradas e das tropas para seu abastecimento.

Escolhido pela Coroa Portuguesa como o porto das minas, o Rio de Janeiro teve de voltar os olhos para o interior. A explosão demográfica que ocorreu em todo o transcorrer do século XVIII no Centro-Sul, em decorrência dos veios auríferos, forçou a mudança do eixo econômico da colônia. Minas, Rio de Janeiro e São Paulo passaram a ser as áreas mais dinâmicas da colônia.

> O garimpo possibilitou que o crescimento populacional mineiro fosse muito forte e consequentemente sua necessidade de abastecimento. Antonil calculou em 1730 trinta mil almas, e em 1770 já se dizia ser de trezentos e vinte mil a população da capitania de Minas Gerais.[2]

Criou-se então uma extensa rede de abastecimento que, com exceção do Grão-Pará e Maranhão, interligaram-se a maior parte das regiões da colônia, inclusive o continente de São Pedro. Essa rede de abastecimento atendeu primordialmente as minas e a cidade do Rio de Janeiro.

As mudanças na colônia que estes jovens vivenciaram ocorreram principalmente a partir de 1763, quando terminou na Europa a Guerra dos Sete Anos, considerada pelo historiador inglês Charles Boxer como a Primeira Guerra Mundial.

> Pombal articulou a melhoria da defesa brasileira em seguida à Guerra dos Sete Anos, terminada em 1763, na qual a Inglaterra assume o papel de potência mundial. Após os ingleses terem atacado as Filipinas e Havana, o temor português de acontecer o mesmo ao Rio de Janeiro o fez enviar regimentos de linha e engenheiros militares para efetuarem melhoramentos na defesa da cidade e fortalecer o continente de São Pedro. Em março de 1766, por carta régia de D. José I, criaram-se os regimentos de milícias nas capitanias, que existiam em Portugal desde 1641, como regimentos de 2ª linha, o que fazia os colonos participarem da política de defesa.[3]

---

2 Schnoor, *Na penumbra: o entrelace de família e negócios. Vale do Paraíba 1770-1840*, p.49.

3 Idem, p.21.

A força que Portugal colocou nas mãos das elites rurais pode ser exemplificada pelas milícias e ordenanças de Sabará, Minas Gerais.

> A milícia e as ordenanças com suas numerosas patentes também avultam. Um Capitão-Mor das Ordenanças com vinte companhias de homens brancos, um terço de milicianos pardos e um de negros, além de dois regimentos de Cavalaria Auxiliar, eis a força local em fins do XVIII.[4]

Mesmo com as mudanças em curso na colônia, o mundo masculino permaneceu inalterado. Raptos e filhos naturais eram corriqueiros, e quando acontecia um "desarranjo" entre os grandes senhores de terra, casamentos eram providenciados e ultimados celeremente.

Casamentos consanguíneos

Em 1781, viajou de sua pátria Baependi para o Rio de Janeiro Josefa Maria do Nascimento, dizendo a seus pais que viria para a festa de Nossa Senhora da Glória. Nos banhos de seu casamento, localizados no Arquivo Eclesiástico da Cúria do Rio de Janeiro, a razão de ela ter feito uma tão longa viagem, descendo pelo Caminho Velho até Parati, e de lá por barco até o Rio, não foi louvar Nossa Senhora da Glória. Josefa Maria estava grávida de seu primo-irmão Hilário Gomes Nogueira, Capitão das Ordenanças da Vila de Baependi.

Em sua declaração inicial, Josefa expôs a necessidade de se casar com seu primo-irmão, Hilário, devido à sua gravidez, até o momento desconhecida de seu pai e seus parentes. Por considerar seus pais pessoas de índole violenta e pouco sujeita à razão, correram ela e Hilário sério risco de vida, *principalmente se tornarem àquela freguesia do seu primeiro domicílio.* Testemunhou a seu favor Mariana Teresa dos Anjos, *natural do bispado de Mariana, casada com Tadeu Luiz da Cunha, moradora da Vila de Paraty e de presente se acha nesta cidade na rua Direita.* Hilário

4 Lacombe, *O mordomo do imperador*, p.9.

Gomes Nogueira era *filho legitimo de José Gomes Lemos (Lana) e Joana Nogueira do Prado, já falecida*. Hilário declarou à Cúria que vivia de suas *agências* e que pelo familiar trato de *parentesco que tinha com Josefa Maria, procedeu ter tratos ilícitos e ficar Josefa Maria pejada*. Uma das testemunhas arroladas, André da Costa, era o cirurgião-mor de cavalaria do esquadrão, que fazia a guarda do ilustríssimo senhor vice-rei. Esta testemunha certificou, em catorze de novembro de 1781, que *se acha a solicitante próxima a dar a parir que julgo não tardará 24 horas pelos sinais que já acompanhei*.[5]

Além de a declaração médica ter sido do cirurgião-mor do esquadrão que fazia a guarda ao vice-rei, as testemunhas arroladas no processo e presentes ao matrimônio podiam ser qualificadas como pertencentes à elite social e econômica da colônia. Destaca-se entre as testemunhas Antônio Barbosa da Silva – capitão da Companhia de Cavalaria Auxiliar do distrito do arraial de Santa Luzia, Comarca de Sabará (Rio das Velhas), posteriormente titulado Coronel Comandante do I Regimento da Cavalaria de Milícias da Comarca do Rio das Velhas.

Já mãe e depois do resguardo, em 9 de fevereiro de 1782, Maria Josefa casa-se com Hilário na Paróquia do Pilar do Iguassu, às 6 horas da tarde, após cumprirem a penitência imposta pelo Tribunal Eclesiástico, assistirem a três missas com círios acesos e varrerem por 40 dias a igreja da Candelária. A Igreja os dispensou do cumprimento total da *obrigação*. Mais um casamento consanguíneo permitido pela Igreja. Os casamentos, fossem eles endogâmicos ou exogâmicos, tinham como principal função no Brasil Colonial e Imperial a montagem de alianças interfamiliares. O casamento era um negócio.

A vida sexual fora do casamento ou no estado de solteiro, que muitas vezes resultava em filhos naturais, era comum e considerada normal. Aqueles gerados pela elite colonial foram muitas vezes reconhecidos na pia batismal ou em testamentos. Antonio Barbosa da Silva coronel-comandante do I Regimento da Cavalaria de Milícias da Comarca

5 Processo de Habilitação Matrimonial (banho) de Hilário Gomes Nogueira e Maria Josefa do Nascimento (1781).

do Rio das Velhas, testemunha no processo de casamento de Hilário e Maria Josefa em 1781, e pai do poderoso mordomo do Paço do I e II Reinados, Paulo Barbosa da Silva, assumiu em seu testamento a *fragilidade humana* ocorrida na sua mocidade:

> [...] Tenho uma rapariga chamada Bernarda, mulata, filha de uma escrava minha, chamada Luciana, a qual mulata é forra; caso eu a case, em minha vida se lhe dará uma esmola de 100$000, caso esteja solteira "se lhe dará a quantia de 400$000 e mais 40 oitavas de ouro [...].[6]

Maria Laura Mariani, no livro de memórias de sua família *Ser tão antigo*,[7] diz que os filhos naturais dos Mariani senhores da Vila de Barra no além São Francisco eram qualificados como os "primos",

> [...] eram comuníssimos no sertão, aceitos como parte do universo cultural masculino. Eram quase sempre reconhecidos como filhos, mas esse reconhecimento tinha gradações. Alguns foram legitimados por testamento, receberam o nome paterno e tiveram direito a herança. A grande maioria recebeu o sobrenome da avó paterna, foi amparada pela família, educada, mas não adquiriu direitos legais à herança. Outros receberam apenas o nome da mãe e tornaram-se "crias" do pai. Mesmo aqueles que usufruíram boas condições encontraram pouca aceitação social, até mesmo por que as mães eram quase sempre pessoas humildes, serviçais ou escravas".[8]

A "adoção" também era um meio de se criar e assumir filhos naturais. Filhos eram expostos na casa de parentes ou dos avôs, como aconteceu na fazenda Três Saltos no sul fluminense. Em 31 de agosto de 1813, no processo de "*genere et moribus*" para a habilitação sacerdotal de Joaquim Gonçalves de Moraes, o Juiz de Emolumentos, Casamentos e Resíduos escreveu para o pároco de Sant'Anna do Piraí, pedindo que se

6 Lacombe, *O mordomo do imperador*, p.14.

7 Telles, *Ser tão antigo*.

8 Idem, p.115.

> [...] informe na sua freguesia ou falta dela, se necessário for, de pessoas antigas, fidedignas e desinteressadas, que não sejam parentes do habilitando Joaquim Gonçalves de Moraes, natural e batizado nessa freguesia por exposto em casa do capitão Antônio Gonçalves de Moraes. [...][9]

Joaquim Gonçalves de Moraes conseguiu as suas ordens e tornou-se o pároco da capela de Nossa Senhora das Dores do Além Paraíba, mas não foi arrolado como herdeiro no testamento de seu irmão, o reverendo Joaquim José Gonçalves de Moraes. O reverendo Gonçalves de Moraes constituiu como seu único herdeiro seu irmão José Gonçalves de Moraes, titulado em 1841 como Barão do Piraí e, em 1846, Barão com Grandeza do Piraí. Entretanto, no seu testamento o reverendo Joaquim José Gonçalves de Moraes instituiu como primeiro testamenteiro seu irmão José, e como segundo testamenteiro "o reverendo cura das dores do além do Rio Paraíba[10] padre Joaquim Gonçalves de Moraes".[11] Padre Reynaldo Breves, na biografia da Família Breves – *A saga dos Breves* –, qualificou o reverendo cura da capela das Dores do Além Paraíba como adotado, muito querido, mas adotado.

Crianças expostas chegaram a titulares do império. Antônio Francisco Teixeira Coelho, Barão da Ponta do Morro,[12] foi criado pelo Tenente-Coronel Francisco Antônio de Oliveira Lopes, réu na Conjuração Mineira, e por sua mulher Hipólita Jacinta Teixeira de Melo, filha de Pedro Teixeira de Carvalho, capitão-mor de São João del Rey, e irmã de Gonçalo Teixeira de Carvalho, que sucedeu o pai no posto de capitão-mor de São João del Rei.[13] Antonio Francisco era filho natural do Capitão Antônio José Dias Coelho com Maria Silveira Bueno, irmã de Bárbara Eliodora, mulher do inconfidente Alvarenga Peixoto. Ao

9 Arquivo da Cúria do Rio de Janeiro. Habilitação Sacerdotal n.4212, 1813, Joaquim Gonçalves de Moraes.

10 Hoje, Dorândia.

11 Livro de Óbitos de Livres da Vila de São João Marcos 1812, 1844, p.124 v.

12 Idem.

13 Jardim, *A Inconfidência Mineira: uma síntese factual*, p.149.

ser agraciado com o baronato, não se esqueceu de quem o criou. Ponta do Morro era o nome da fazenda do Coronel Oliveira Lopes em Prados, Freguesia de São José del Rei.[14]

Situação no Centro-Sul

As redes de abastecimento no Centro-Sul, propiciaram o surgimento de novos atores na sociedade colonial, e a casa-grande e a senzala tiveram acrescida na sua funcionalidade o terreiro. O ir e vir de tropas fez com que as fazendas do Centro-Sul montassem ranchos e armazéns para receber e abastecer os viajantes. Destacou-se então, nos fins do século XVIII, um importante personagem: o negociante, o tropeiro. Ele possuía recursos para ir ao Rio de Janeiro comprar a vista e revender a prazo aos fazendeiros de Serra Acima. Um de seus negócios, excelente negócio, era a venda de escravos. Tratar com escravos novos necessitava ter largos recursos, pois os escravos boçais eram financiados por um prazo de 4 anos. A margem de lucro valia à pena. Entre o preço de compra no Rio de Janeiro e o preço de venda parcelado em Serra Acima, obtinha-se uma margem de 100% sobre o preço inicial. Negócio para ricos comerciantes.

O terreiro passou a acolher todos aqueles envolvidos na faina da fazenda e também os que estavam em trânsito. Os fazendeiros mais ricos tinham engenho de cana, fazendas de criação, plantação de gêneros, pastos para o gado em pé, muares e cavalares, ranchos e armazéns à beira das estradas a caminho do Rio de Janeiro, Minas ou São Paulo. Este trânsito era tão intenso que a Real Fazenda de Santa Cruz tinha, como uma das suas principais fontes de renda, o aluguel de pastos de *invernada* para os animais destinados ao abastecimento da cidade do Rio de Janeiro.

Os pais passaram a dar aos seus *ioiôs*, em fins do XVIII, início do XIX, animais ou escravos para fazerem negócios e iniciarem o seu

14 Hoje, Tiradentes.

pecúlio. Sob seu comando, muitas vezes seguiam em viagem a tropa da fazenda. A tropa fluminense, por exemplo, era formada por 49 burros e a madrinha, 7 tocadores de tropa, um arrieiro de tropa (chefe da tropa), um cozinheiro de tropa e um madrinheiro. O arrieiro de tropa, os tocadores de tropa, o cozinheiro e o madrinheiro eram indistintamente homens livres (camaradas) ou escravos. A estrada os igualava e o *sinhô-moço* tinha de fazer-se respeitar e ser obedecido pelos seus tropeiros e pelos viajores que encontrasse. Era um novo rito de passagem. Mandar em escravo da varanda da casa-grande era uma coisa, marchar por dias, semanas, com cativos de ofício e homens livres sem ninguém para socorrê-lo era outra bem diferente. Uma vida muito dura, que se iniciava aos 15, 16 anos de idade. Um trecho de estrada levava de 4 a 6 horas por dia em qualquer tempo, por dias. A friagem que se iniciava ao entardecer nas terras altas da Mantiqueira entre maio e setembro fazia doer até os ossos.

Tentem imaginar uma situação de total desconforto. É pior. De Piraí ao Rio de Janeiro levava-se cinco dias. De Bananal, sete. Se viessem de Sorocaba,[15] para mais de trinta dias. O *ioiô* saído dos cueiros, dos peitos de suas amas de leite, do conforto da casa-grande, das *jeunes filles en fleur*[16] das senzalas é lançado a esta dura vida. Ele não podia transparecer as suas dificuldades em dominar este mundo. Dormir ao relento, saber lidar com os animais e, o mais importante: ganhar o respeito e confiança dos seus. O jovem senhor não podia cometer um deslize, não demonstrar a mínima fraqueza em um mundo no qual os escravos e camaradas de serviço na tropa eram os únicos a terem permissão de andarem armados, desde que tivessem bilhete do seu senhor, ou do capitão-mor, autorizando o seu uso se camaradas fossem. O *sinhô-moço* tinha que ter a sua *lapeana* pronta para ser sacada e "riscar o chão", marcando o início de um entrevero se ocorresse uma ofensa. As cruzes na beira das estradas lembravam aqueles que haviam falecido em viagem.

15 Sorocaba foi a grande feira de gado, muares e cavalares nos séculos XVIII e XIX.

16 Em francês, "meninas em flor". [N.E.]

Mas, era também um mundo no qual este moço devia ter inúmeras facetas. Mercadejar e viajar, convivendo com o povo das estradas, ser senhor nas vilas e fazendas e, ao mesmo tempo, estar aberto às novas expressões de sociabilidade advindas com a chegada da Família Real em 1808.

Desde 1766, quando Coimbra se abriu para os estudantes brasileiros, muitos moços vindos do meio rural foram para Portugal estudar leis principalmente. A sociedade ficava mais complexa. Parentelas que dominavam grandes áreas do território nacional ou tinham forte influência nos centros urbanos mandavam seus filhos se ilustrarem. No fim do século XVIII, início do XIX, muitos jovens, como Lucas Antônio Monteiro de Barros de Congonhas do Campo, Manuel Jacinto Nogueira da Gama de Baependi, Estevão Ribeiro de Resende de Prados, entre outros "meninos" de toda a colônia, foram estudantes em Coimbra. Muitos destes "meninos", depois de formados, foram aproveitados na burocracia do reino e aprenderam a gerir o Estado. Iniciava-se a montagem da Independência do Brasil.

A masculinidade deste período para o jovem do mundo rural tinha uma representação social. Para ser considerado pertencente à principal roda social, os "sinais exteriores", que simbolizavam não só o seu poder como também o prestígio de sua família, eram muito importantes. Adquirir nobreza, fundamental. A nobreza era obtida principalmente com a patente de oficial de um Regimento da Cavalaria de Milícias. A permissão do uso de espada fazia a diferença na representação desta época. Pertencer à cavalaria e portar uma espada significava que se tinha os quatro costados, que se pertencia aos principais senhores de terra. Ser agraciado com a Ordem de Christo o distinguia ainda mais e, após 1808, ser do Paço era por todos almejado.

Floriano de Rios e Sá e Cassiano Gomes Nogueira, Guardas de Honra de Dom Pedro em 1822, chegaram lá – ao Paço – ao se casarem com moças distinguidas com o título de Açafatas do Paço, montando novas alianças, interligando o mundo rural e o mundo urbano. Moradores de São João Marcos, mas também do Paço.

A representação social para os principais senhores de Serra Acima e seus filhos passava também pelo trajar. O vestuário era tão importante nesta época que os professores e médicos só podiam vestir roupas pretas e não podiam portar espadas. O capotão de tropeiro forrado de baeta, as arreatas dos animais em prata e o tamanho da sua comitiva sinalizavam o quão poderoso era o viajante. Quanto mais prata mais importante o cavaleiro. O copo de prata preso ao arção da sela do seu pagem, as esporas "chilenas", a espada e a faca lapeana faziam parte desta representação.

Mas, sobre a sua masculinidade não podia pairar a menor dúvida, pois era uma sociedade em que o pai informava não o nascimento de um menino, mas que havia nascido um macho. Uma sociedade em que as mães de meninos com muito orgulho diziam "prendam suas frangas que meu galo está solto". Uma sociedade em que o homossexualismo era um anátema. Ter filho adamado era inimaginável. Caso ocorresse este "problema" em uma família de posses, ele era mandado para o Rio de Janeiro. Melhor ainda à Europa, bem longe. Quantas importantes famílias do Brasil não tiveram seus tios solteirões morando principalmente em Paris?

Foi um momento de transição, o mundo rural se mesclando com o mundo urbano. Iluminismo e escravismo. Permissividade sexual com as escravas e raparigas, austeridade sexual com as sinhás. Lundus e umbigadas no terreiro e óperas, como as de Giacomo Rossini, que foram encenadas no teatro São João, no Rio de Janeiro. Um jovem de Serra Acima da Mantiqueira exausto de tanto se espalhar nas danças asselvajadas no terreiro das fazendas, quando em passagem pela Corte em 1821, poderia ter assistido a *O barbeiro de Sevilha*, em julho, ou a *A italiana*, em Argel, montada em novembro de 1821.[17]

Essa mistura, essa falsa igualdade, está muito bem retratada em duas aquarelas de Rugendas: *Rua Direita* e *Porto da Estrela*.

No *Porto da Estrela* está o mundo rural bem definido. Tropeiros, arrieiros de tropa, tocadores de tropa. Todos distinguíveis pelos seus

17 Harewood (Org.), *O livro completo da Ópera*, p.233 e 239.

trajes e pelo tirar o chapéu aos poderosos. Um arrieiro de tropa a cavalo, identificado pelo seu miserável capotão. Os escravos e camaradas, descalços. E à vista outro importante diferencial. Os cavalos. Muitos fazendeiros na sua representação tinham potreiros nos quais criavam seus animais de sela. Cavalos inteiros para mostrar o quão exímios cavaleiros eles eram. A iconografia desta época mostrou a utilização de freios pesados, cavalos com pescoços em "chaleira", denotando a "mão pesada" dos ginetes e a tensão dos animais.

Figura 3.1
Porto da estrela.

Na *Rua Direita* estão os dois mundos: o rural e urbano. Parece um “carnaval”, mas é uma iconografia riquíssima para se entender o Brasil de então. Rei indo para o Palácio, transeuntes fazendo a vênia, procissão, comerciantes, tropeiros, rico casal em sua sege, escravos de quitanda com outros escravos, padres, prostitutas e vendeiros. Entretanto, todos sabiam o seu lugar, os seus limites. Havia uma “ordem” invisível a quem não a conhecesse, mas muito bem formalizada: o Paço, comerciantes, tropeiros e fazendeiros, os livres, os forros, os escravos e por fim os

Figura 3.2
Rua Direita.

escravos novos. No exercício de sua masculinidade, o jovem senhor tinha de falar, transitar e impor suas ordens a todos grupos da sociedade.

Monsenhor Pizarro, em suas *Visitas Pastorais*, descreveu várias vilas e fazendas da capitania do Rio de Janeiro em fins do XVIII. Pela sua descrição, elas eram simples, rústicas. Cronistas, como o Marquês de Gabriac, já no século XIX, diziam que os fazendeiros do vale do Paraíba viviam com o pé na lama. Alguns inventários desmentiram esta visão. Fazendeiros de Serra Acima listaram em seus inventários e em diversas declarações bens equivalentes aos maiorais do Rio de Janeiro. Eram pessoas de muitas facetas. Senhores de engenho, fazendeiros, tropeiros, negociantes de escravos, de boiadas, de muares e cavalares. Isso não os impediu de serem bastante sofisticados nas suas vidas privadas.

Em 1827, o barão de São João Marcos declarou em uma ação de medição de terras ser senhor de 500 cativos e já ter extenso cafezal. Para seu uso, o barão mandou fazer na China uma louça do serviço denominado Companhia das Índias, monogramada com suas iniciais. Luis Gomes Nogueira, Guarda de Honra do Imperador em 1822, testemunha do Ipiranga, declaradamente um comerciante de escravos, teve arrolado no seu inventário datado de 1836 uma extensa biblioteca, instrumentos musicais, globo celeste e jogos. Brás de Oliveira Arruda, rico tropeiro, senhor de engenho, negociante de boiadas e manadas para o Rio de Janeiro, cafeicultor e comerciante de escravos, falecido em 1828, possuía uma pequena biblioteca iluminista, um impressionante refinamento na sua representação pessoal, na sua mobília, na sua mesa. Correspondia-se com Martim Francisco de Andrada, com o Ouvidor da Capitania de São Paulo, D. Loicio e Seiblitz, e com D. Pedro, que lhe pediu casas no Rio de Janeiro. Segundo documento de 1816, Brás Arruda e seus sócios, o capitão-mor de Lorena Ventura José de Abreu, o capitão-mor de Guaratinguetá Manoel José da Silva e o tenente Lúcio de Taubaté, respondiam por 70% do gado vendido no Rio de Janeiro. Brás foi um dos fazendeiros do vale do Paraíba que no Fico e na Independência arrancharam os Leais Paulistas e os Leais Mineiros que, pela Causa do Brasil, desceram para o Rio para enfrentarem, caso necessário, as tropas portuguesas. Estas tropas eram formadas pelos componentes das Cavalarias de Milícias das Províncias de Minas e São Paulo e somavam cerca de 4 mil cavaleiros.

A masculinidade na passagem do século XVIII para o XIX manteve-se inalterada, praticamente inalterada à que foi apresentada por Gilberto Freyre em *Casa-grande e senzala*. A mesma hipocrisia socialmente sancionada manteve-se como um direito consuetudinário.

Brás Arruda, fazendeiro em Bananal e São João Marcos, manifestou todas as facetas da masculinidade deste tempo, inclusive manteve conjunções carnais com uma escrava, segundo os *Autos do libelo cível de filiação e Petição de herança na ação de reconhecimento e paternidade* aberto na Vila de Areias, em 1830. Esse libelo nos traz o mundo rural e a masculinidade neste período.

Tenha-se em mente a cena.

Uma janela para os 1700. Camaradas em contínuo trânsito tocando boiadas e manadas para o Rio de Janeiro. Homens livres contratados por dia. Tropas a tresandar pela Estrada Geral para São Paulo e Minas. Pertenceu a Brás Arruda o Rancho Grande, considerado por Saint-Hilaire o melhor que ele havia pousado em suas viagens pelo Brasil.

> [...] Dizem Miguel Joaquim Veloso, Simplício José Ribeiro e Camilo José Maria herdeiros por cabeça de suas mulheres Vivência Maria de Oliveira, Flora Maria do Espirito Santo, Senhorinha Maria do Espirito Santo, filhas estas do finado sargento-mor Brás de Oliveira Arruda, que tendo este falecido sem testamento, deixando filhos legítimos, e como as suplicantes sejam suas filhas naturais havidas no tempo em que o suplicado dito Brás não gozava nobreza alguma, e os mesmos como tais devam concorrer à herança justamente com os ditos filhos, por isso querem os suplicantes fazerem citar D. Alda [...][18]

Esta Ação é completamente "fora do lugar". O mais espantoso é que o Juiz da Vila de Areias acolheu o *Libelo cível de filiação e Petição de herança* dando prosseguimento a ação. Valia a pena acionar os herdeiros de Brás Arruda, valia a pena quebrar a "regra do jogo". O Monte Mor deixado pelo sargento-mor somava, sem dívida alguma,

18 Inventário de Alda Maria Nogueira – 1860. Maço 113 2192 Seção SDJ.

360:000$000, maior que de muitos comerciantes de Grosso Trato do Rio de Janeiro, considerados dentre os mais ricos do Brasil. Elias Antônio Lopes, comerciante de Grosso Trato que deu a Quinta da Boa Vista a Família Real, deixou em bens, depois de pagas a dívidas ativas e passivas, pouco mais de 66:000$000.

Os autores justificaram a ação em 9 quesitos. Estes quesitos mostraram a masculinidade vigente no mundo rural naquele período, como atestam os autos do libelo:

> 1 – Pedem que o falecido sargento-mor Brás de Oliveira Arruda era legítimo filho de José Antônio de Oliveira e de Ana Maria de Jesus, em cuja casa viveu e esteve até a idade de 30 anos pouco mais ou menos como filho familiar.
> 2 – Pedem que neste tempo o dito Brás tratou amizade ilícita com Josefa Parda escrava de seus pais e dela teve três filhas que são as mulheres dos autores às quais logo seus avós paternos fizeram batizar por libertos.
> 3 – Pedem que quando o falecido pai dos autores saiu da casa dos seus pais, trouxe as mulheres dos autores em sua companhia para sua casa tratando-as as como suas filhas.
> 4 – Pedem que quando as mulheres dos autores nasceram seu dito pai procurou pessoas de sua amizade para serem padrinhos, e quando as mesmas se casaram, ele não só deu alguma coisa, como deu parte a seus amigos, e sempre dizia que quando fizesse seu testamento havia de beneficiar as ditas suas filhas.
> 5 – Pedem que a dita parda Josefa mãe das mulheres dos autores não contraiu amizade com outra pessoa senão com o dito sargento-mor Brás seu senhor moço que a levou de sua virgindade e sempre com ela continuou em amizade ilícita até o seu casamento.
> 6 – Pedem que o falecido referido sargento-mor fez todas as despesas necessárias com a educação e arranjo com as mulheres dos autores, sempre as tratou e reconheceu por suas filhas.
> 7 – Pedem que ao tempo do nascimento das mulheres dos autores, não havia impedimento algum entre os ditos seus pais para que pudessem contrair matrimônio
> 8 – Pedem que ao tempo do mesmo nascimento ainda o pai das mulheres dos autores não gozava de nobreza alguma, e por isso devem os mesmos autores concorrer à herança juntamente com os herdeiros legítimos.
> 9 – Pedem que foi e é público e notório que o mencionado sargento-mor Brás e sua mãe abriram mão da mãe das mulheres dos autores por meio de uma liberdade indireta que, como tal, a mesma vivia a face de todas as pessoas.

A existência de filhos naturais com escravas era tão comum que José Bonifácio de Andrada tratou deste assunto na sua *Representação* à *assembleia-geral constituinte e legislativa do império do Brasil sobre a escravatura.*[19] No artigo XI, ele propôs que "Todo senhor que andar amigado com escrava, ou tiver tido dela um ou mais filhos, será forçado pela lei a dar liberdade à mãe e aos filhos, e a cuidar na educação destes até a idade de quinze anos".[20] José Bonifácio quis regular o que era corrente na relação escrava/senhor.

A resposta de D. Alda, viúva de Brás Arruda, ao pleito dos autores foi uma pergunta:

> Como é possível, Augusto e Imperial Senhor, que os agravantes litiguem com suas escravas sem que ofenda o direito de propriedade e sem que o mesmo seja perturbado de um modo escandaloso e insalutar?
>
> Qualquer escravo vendo bem lograda a sinistra decisão do juiz proferida no despacho folha 64, saltará do cativeiro, baterá as portas do foro e proclamará "eu sou ingênuo, eu sou livre". E desta forma se tornaria o domínio em escravidão.

> [...] a parda Josefa escrava dos avós dos réus vivia na roça, empregada em todo o exercício da casa, e serviço de portas para fora, sendo mulher de fonte, vil, dissoluta, e que facilmente se entregava àqueles homens que a procuravam, não podendo por isto saber ao certo, quem era o pai dos filhos que deu a luz, o que é público e notório [...].[21]

Os réus não se esqueceram de lembrar ao tribunal que filho havido de mulher cativa estava fora da sucessão. Havia uma lei que tratava deste assunto restringindo aos filhos naturais o acesso à herança.

Dois mundos saltaram de imediato dos autos: a casa local de mulheres dignas de respeito e a roça local de mulheres indignas. Na casa, a mulher selada e guardada; na roça, a mulher que ia à fonte, que andava sozinha. Josefa Parda, para os réus, era uma mulher de ir à fonte,

19 Silva, *Projetos para o Brasil.*

20 Idem, p.69.

21 Inventário de Alda Maria Nogueira – 1860. Maço 113 2192, Seção SDJ.

podendo qualquer homem ter acesso a ela. Para os autores, Josefa era de "portas adentro", uma mulher selada e guardada, e responderam na réplica que

> [...] a mãe e a sogra dos autores sem dúvida viveu na roça em casa dos seus senhores até a época que estes lhe conferiram liberdade contudo gozava da geral estima dos seus senhores tanto assim que os serviços que ali prestava eram todos sempre de porta adentro por não ser necessário fazer aqueles de porta afora por ter na casa muitos escravos [...]
> e por esta razão a mãe das autoras todo o serviço fizesse não era bastante para deixar de guardar pudor, gravidade e lealdade ao primeiro homem que usurpou o seu virgo e quem tinha filhos e de mais a mais obediência de cativa.

Na tréplica, os réus desqualificaram Josefa Parda e buscaram na representação da masculinidade deste período a contestação à imagem construída de suas sogras pelos autores. Josefa Parda, para os réus, era uma vagabunda que vivia na prostituição e passatempo do falecido sargento-mor. Uma frase pinçada em um processo que definiu toda a relação existente entre os sinhôs-moços e suas escravas. Um "Passa Tempo". Josefa Parda não foi a única desqualificada. Nem mesmo os assentos de batismo foram poupados, pois estes assentos não podiam servir

> [...] de carta de liberdade por que é de direito escrito, que os livros eclesiásticos nenhuma fé tem a respeito de quaisquer outros objetos, que não sejam batismos, casamentos e óbitos e por isso as liberdades constantes da certidão de batismo que juntas se oferecem, não pode ser reputada valiosa por não ser legal, nem constar que mereça fé pública [...].

Mesmo negando a fé pública de uma certidão de batismo, D. Alda pediu ao pároco de Areias as certidões de Senhorinha, Vicência e Flora. O assento de batismo de Vicência foi lavrado em 17 de abril de 1796 na capela do Bom Jesus do Bananal. Seus padrinhos foram o casal Luís José Ferreira e sua mulher Ana Maria. O de Senhorinha registrou-se em 29 de dezembro de 1798, tendo como padrinhos Luiz Gonçalves Lima e sua mulher, Joana Maria de São Joaquim. Nele constava, na qualificação dos pais: o nome da mãe, Josefa Parda; o do pai, incógnito.

Josefa vivia como cativa na fazenda do Pouso Seco e os seus senhores eram José Antônio de Oliveira e Ana Maria de Jesus. José Antonio de Oliveira, pai de Brás Arruda, mandou assentar Senhorinha por liberta no Livro de Batismos e as testemunhas arroladas foram o tenente Ignácio Cherem, o alferes André Lopes Correa e Antônio Ribeiro Barbosa. A maioria era de moradores de Bananal, à exceção de Cherem, que morava em São João Marcos. Antônio Ribeiro Barbosa era o senhor da sesmaria que cedeu as terras que formaram o rocio da Vila do Bom Jesus do Bananal e que construiu a capela em louvor de São João Marcos.

Os autores da ação arrolaram testemunhas moradoras em diversos municípios, até mesmo o primo de Brás Arruda, Joaquim Antonio de Oliveira.

As respostas das testemunhas tinham por objetivo confirmar que Josefa Parda era recatada e guardada, e que só tinha tido intimidades com Brás Arruda. Estes testemunhos trouxeram um cotidiano do mundo rural que ultrapassava a clássica divisão entre senhor e escravo. A maioria das testemunhas dos autores da ação declarou viver de lavouras. Aqueles que viviam de lavouras são os denominados pela historiografia como homens livres. Pertenciam ao mais baixo grupo social da época, os pés-rapados da sociedade. O que surpreendeu, pois, por terem roças em terras de grandes fazendeiros ou viverem de soldada, eles não deveriam ter a independência necessária para ir contra os fazendeiros.

José Antonio de Oliveira, primo-irmão de Brás Arruda, informou à Justiça que Brás teve com Josefa quatro filhos, e que um, de nome Antonio, era falecido. E que

> [...] pousando ele testemunha em casa do falecido José Antônio de Oliveira viu por vezes a parda Josefa entrar para o quarto do falecido Brás onde passava a noite inteira, e que sendo ele testemunha rapaz e tendo tenções sobre a mesma parda jamais pode da mesma conseguir nada, [...] por que era vigiada por aquele falecido e que tinha da mesma tal ciúme que chegou a ofertar a ele testemunha um casal de escravos para que ele vigiasse a referida parda Josefa, e que a falecida Ana Maria de Jesus mãe de Brás criou as pardas como suas netas e por muitas vezes dizia a ele testemunha que aquelas meninas eram filhas de Brás [...]

Esta testemunha falou nos autos que Brás havia casado e dotado as meninas, que Josefa não vivia como forra e sim guardada e vigiada como filha da casa. José Antonio de Oliveira trouxe outra informação relevante daquele dia a dia. Que, estando ela na casa de Estevão Gonçalves de Moraes, chegou uma preta escrava da mãe de Brás Arruda convidando Estevão para padrinho. A distância entre a fazenda do Pouso Seco e Piraí, onde residia Estevão, é de no mínimo dois dias a pé. Não foi impedimento para uma escrava ir sozinha por ordem de sua senhora. Este convite a Estevão demonstrou que os principais fazendeiros do vale do Paraíba e sul fluminense desde fins do século XVIII já tinham tratos que os faziam se entrelaçar em relações de compadrio.

João abordou a masculinidade deste tempo ao relatar a relação do *sinhô-moço* com Josefa Parda

> [...] disse que sabe por ver que a parda Josefa em todo o tempo que teve amores com seu senhor-moço nunca mais lembrou de outro algum homem, e que mais sabia que aquele falecido Brás foi quem levou da mesma a virgindade, pois isto ele sabia por que o mesmo falecido Brás lhe contou que quando deflorou a mesma ainda não era mulher feita [...].

Este testemunho demonstrou que nada mudou na masculinidade da colônia. Para Gilberto Freyre, a devassidão era ibérica, "embora acentuando-se em traços mais grossos entre os portugueses".[22] Na Espanha, segundo este autor, "os jovens aristocráticos desde os doze ou quatorze anos começavam a ter mancebas".[23]

João Oliveira terminou seu testemunho ressaltando que Brás Arruda não tinha a menor qualificação ou nobreza na época dos nascimentos das meninas, ou seja, era socialmente desqualificado. Por que João informou aos autos que Brás na época de seu relacionamento com Josefa Parda não tinha nobreza? Se Brás a tivesse, os autores não poderiam acionar a família na Justiça. Brás qualificado como da nobreza, a ação não correria no Foro de Areias. Ele teria direito a outro Foro, mais

22 Freyre, *Casa-grande e senzala*, p.418.

23 Idem.

qualificado do que o de uma vila à margem do Caminho Novo para São Paulo.

A segunda testemunha foi um carapina, que trabalhava com madeiras pesadas, aparelhadas, como barrotes, baldrames, porteiras etc. Um homem ligado ao mundo do trabalho, que era pago por dia, o que não o impediu de, estando a trabalho na fazenda Três Barras em Bananal, travar diálogo com Pedro Gomes Nogueira. Se Brás nesta época não tinha nobreza alguma, Pedro já era oficial do I Regimento de Cavalaria de Milícias da comarca do Rio das Velhas.

Brás estava para casar-se com Alda Maria, irmã de Pedro. Um diálogo acontecido em 1803, em 1830 ainda permanecia na memória deste carapina. Disse a testemunha que Pedro não só sabia da situação entre Brás e Josefa como também estava decidido a pôr a parda para fora da casa.

Só estas testemunhas já nos trazem informações substanciosas sobre a masculinidade e o mundo rural entre a colônia e o império.

As mulheres da família eram guardadas e seladas. Sobre as escravas ou mesmo as forras, não haveria controle sobre o ir e vir. Uma importante distinção: havia cativos destinados à representação do senhor, escravas de portas adentro e as que trabalhavam no eito, e escravas de portas afora. Por este libelo vê-se que em fins do século XVIII, quando o vale do Paraíba estaria "esperando o café", fazendeiros já se representavam e disponibilizavam cativos para atividades não econômicas, em trabalhos de portas adentro.

O carapina Paulo do Amor Divino apresenta também a parte velada da masculinidade. Esta testemunha informou que Brás tratou e dotou as suas pretensas filhas ao se casarem.

> [...] sabia por ver que o falecido sargento-mor Brás foi quem tratou com Camilo José Maria o casamento e que lhe prometeu de ajudar e nesta ocasião do casamento deu-lhe 200$000 em presença dele testemunha além de muitos trastes que a mulher trouxe [...].

A terceira testemunha, José Alves Palmeira, branco, casado, natural de Minas Gerais e morador no termo da Vila de Resende, também vivia de lavouras. Mais um testemunho que confirmou a relação de Brás com Josefa Parda, e de ser Josefa uma mulher guardada. Ele disse nos autos que viu Brás dar ordem para cuidarem das meninas para que elas não se machucassem nas suas brincadeiras infantis. Confirmou ser Josefa uma escrava de portas adentro e que ela

> [...] era somente empregada em serviços de costura mais algumas arrumações de portas adentro sempre preparada com bons vestidos, rosário de ouro inteiro, bons brincos e jamais foi empregada em outro algum serviço [...] e que estando ele testemunha por várias vezes em casa da falecida Ana Maria de Jesus mãe do falecido major Brás de Oliveira Arruda esta mostrava a ela testemunha cortes de vestidos, pares de brincos de ouro, laços, bonecas e dizia que os amigos daquele falecido Brás que moravam no Rio de Janeiro haviam mandado aqueles presentes para as meninas filhas do mesmo, e que são as mulheres dos autores [...].

A quarta testemunha dos autores, Antônio de Araújo e Carvalho, de 64 anos, se qualificou como branco, casado, natural de Minas, morador na freguesia do Bananal. Vivia de lavouras. Mais um testemunho que nos trouxe o cotidiano e que o mundo da masculinidade nada havia mudado no Brasil de fins do XVIII. Os modos de casa-grande e senzala do século XVII mantinham–se os mesmos.

> O erotismo grosso, plebeu, domina em Portugal todas as classes, considerando-se efeminado o homem que não faça uso de gestos e dos palavrões obscenos. A mesma coisa no Brasil, onde este erotismo lusitano só fez encontrar ambiente propício nas condições lúbricas de colonização. A maior delícia do brasileiro é conversar safadeza.[24]

Em fins do século XVIII, Antonio Carlos e Brás Arruda conversaram safadezas

> [...] muitas vezes conversavam nas asneiras da rapaziada, entre estas várias aquele falecido contou a ele testemunha que em casa de seus pais teve amizade

24 Freyre, *Casa-grande e senzala*, p.415.

> com a parda Josefa de quem tinha 3 filhas as quais são as próprias mulheres dos autores [...]
> [...] que por ver sabe que aquele falecido Brás sempre tratou as mulheres dos autores como filhas e não como escravas, pois o tratamento e estimação que do mesmo as autoras recebiam não era de senhor para escravos [...].

Antônio Carlos informou também que a educação das supostas filhas foi dada por Brás. Outra testemunha também afirmou que o pai das pretensas filhas não tinha nobreza. Segundo Antônio Carlos, Brás, quando solteiro, não tinha posto algum e era geralmente reconhecido por Brasinho. Em relação a Josefa, disse que ela morava no Pouso Seco e que era estimada como filha e não tratada como escrava, pois continuamente estava assentada no estrado com boas saias e camisa, bom rosário de ouro, brincos, e sempre vigiada não só por sua senhora, a dita falecida Ana Maria de Jesus, como também pelo falecido Brás. Assentada no estrado a mourisca, como também acontecia no século XVII.

> E não esqueçamos de que nossas avós coloniais preferiram sempre ao requinte europeu das poltronas e dos sofás estofados, o oriental, dos tapetes e das esteiras. Em casa e até nas igrejas era sobre os tapetes de seda ou as frescas esteiras de piripiri, que se sentavam, de pernas cruzadas à mourisca.[25]

A última testemunha de Bananal foi Antônio Gomes Alves Leite, branco, casado, natural de Guaratinguetá, morador na Freguesia do Bananal. Vivia de lavouras. Como as demais testemunhas, idoso. Antônio Gomes informou ter de idade 66 anos. Também com uma memória perfeita, lembrando-se de fatos acontecidos no século XVIII.

Disse que sabia, por lhe contar Luís Gomes Alves Lima, que o falecido sargento-mor Brás convidou a ele, Luís Gomes Alves Lima, para servir de padrinho a uma sua filha que é a mulher do autor Camilo José Maria.

Esta testemunha trouxe mais uma visão do dia a dia nas fazendas de então ao responder

---

25 Idem, p.365.

> [...] que tanto Brás as tratava como filhas e sua mãe Ana Maria de Jesus como neta por que sendo as autoras pequenas, comiam na mesa sentadas ao colo tanto daquele falecido Brás como de sua mãe e que Brás as carregava nos seus braços dizendo-lhes que elas eram as suas meninas [...]

Além destas testemunhas de Bananal, os autores indicaram nos autos testemunhas residentes em São João Marcos.

As suas respostas foram praticamente iguais às das testemunhas arroladas em Bananal. Entretanto, João de Sousa Santos trouxe mais informações sobre a masculinidade e o mundo rural de então.

Por ser vizinho de Brás no Pouso Seco, ele confirmou as informações das demais testemunhas sobre a filiação de Brás, de ele ter sido filho família até os 30 anos, de ter tido cópula ilícita com Josefa quando era solteiro e que com ela teve três filhas, e um filho que morreu por causa de uma mordida de um cão danado, e que as ditas filhas eram as próprias mulheres dos autores.

Continuando a defesa dos autores, reafirmou a conduta de Ana Maria em relação às crianças, tratando-as como netas e, por isso, logo as mandou batizar por forras e libertas. Disse também esta testemunha que Brás trouxe em sua companhia as mulheres dos autores tratando-as sempre com amor e carinho. Porém, ele testemunha que viu Brás as chamar por suas filhas, mas que só sabia e por ouvir dizer que, quando as mulheres dos autores se casaram, foi com consentimento e satisfação do dito Brás.

Ele não confirmou se tinha sido ou não Brás aquele que roubou a virgindade de Josefa e que "só sabe por ver, e ser muito público, que nenhum outro homem se atrevia a ter amizade ilícita com a dita Josefa [...] muito principalmente, que todos ali (no Pouso Seco) bem sabiam, que aquela mulata era amiga de seu senhor moço."

Sobre Josefa Parda, sogra dos autores esta testemunha disse que

> [...] enquanto não gozou do nome de liberta, nunca foi a roça como [...], mas sim vivia e só ocupava seus serviços de portas adentro [...] e que o referido Brás jamais nunca forrou escravos nem mesmo esse José dos Santos [...] e só sabe da liberdade das mulheres dos autores [...].

Caetano Antunes de Sá, também arrolado entre as testemunhas de São João Marcos, informou que no tempo em que Brás era solteiro e vivia em casa de seus pais, foi ele, na qualidade de oficial de carpinteiro, convidado a ser chamado pelo dito Brás para ir à casa dos seus pais fazer obras. Foi quando viu naquela casa as mulheres que hoje são as mulheres dos autores, que nesse tempo eram bem crianças – até mesmo uma nasceu no tempo em que ele estava trabalhando na casa – e que Brás tratava aquelas mulatinhas com muito amor e carinho, carregando-as em seus braços, e assim as levava para a carpintaria onde ele trabalhava.

Reiterou a decência de Josefa e confirmou ser ela tratada como liberta pela família de Brás Arruda que sabia

> [...] pelo ver, que quando se batizou uma das mulheres dos autores e que foi a que nasceu no tempo em que ele testemunha lá esteve, não só o dito Brás a acompanhou como sua mãe Ana Maria de Jesus para a capela do Bananal aonde foi batizada e voltando os mesmos com a criança para casa deram um grande jantar, aonde veio assentar o mesmo capelão e outros por convite de Brás [...].

Além de oficial de carpinteiro, Caetano era também músico e

> [...] indo em companhia de seu pai, que então era mestre de música, por várias vezes a casa dos pais de Brás em ocasiões de festividades, ou funções por serem convidados não só de Brás como de seus pais, estes [...] em seus braços umas mulatinhas que hoje são as mulheres dos autores.

Caetano confirmou que:

> Ana Maria de Jesus reconhecia as filhas de Josefa como suas netas, que ao nascerem foram batizadas como forras, e que a parda Josefa por forma alguma, e ainda que ela quisesse, não podia ter cópula ilícita com outro homem mais que com o senhor moço Brás, pois ele testemunha sabe pela mesma razão de ver que ali havia toda a cautela, por que ele testemunha, sendo rapaz ia àquela casa como já disse na qualidade de músico, e peitou um pardo da casa [...] se podia ter comunicação com aquela mulata Josefa, foi então quando aquele pardo peitado respondeu "que Deus o livrasse a ele testemunha de tal".

Os autores também arrolaram outras testemunhas moradoras em Resende, que pertenciam a um círculo social mais alto. Um médico, um advogado e um padre foram arroladas para falar nos autos.

Um deles, o Reverendo Mariano José da Rocha, homem branco, natural da vila do Jacareí, Província de São Paulo, de idade 44 anos, morador na vila de Resende, respondeu a carta de inquirição dizendo que

> [...] sabia de ver e ser público que as mulheres dos autores sempre foram tidas como filhas do falecido Brás de Oliveira Arruda e como tais as educou e dotou, tanto assim que sendo preso o autor Miguel Joaquim Veloso aquele falecido Arruda escrevera a ele testemunha empenhando-se que prestasse toda a proteção para a sua soltura, pois tudo lhe merecia a mulher do preso.

Os réus também apresentaram suas testemunhas, indo buscá-los entre aqueles que circulavam no terreiro de suas fazendas. A família de Brás Arruda ia mostrar as garras. A defesa se valeu de testemunhos daqueles como Guilherme José Cordeiro, também homem livre como os que testemunharam a favor de Josefa Parda. Guilherme informou na sua qualificação ser viúvo, pardo, natural do Rio de Janeiro e morador no termo da vila de São João do Príncipe. Tinha 50 anos e vivia de lavouras. Disse ter morado muitos anos na casa de Brás Arruda e feito camarada do mesmo.

Guilherme José Cordeiro, como as testemunhas dos autores, também possuía uma excelente memória. Mas ele mostrou outro dia a dia. Josefa Parda passou a ser uma mulher dissoluta, de portas afora, uma vagabunda,

> [...] mulher de ir a fonte e que fazia trabalhos de porta afora e que se entregava a todos os homens que a procuravam e que querendo a falecida Ana Maria de Jesus, mãe de Brás, que ele testemunha se casasse com aquela parda, prometendo-lhe dar dote, ele testemunha não quis por razão de ver o mau procedimento da mesma parda Josefa, a qual nessa ocasião andava de amizade com um carapina de nome João, filho de João de Souza da Rosita. Outrossim sabia que nessa mesma ocasião, mais ou menos dias, a mesma

> Josefa teve um filho que a fim de não aparecer, o enjeitou em casa de Inácio carimbamba.[26]

As demais respostas que deu eram dirigidas à relação de Brás com seus pais, que era, segundo ele, respeitosa, e que nunca Brás havia tratado as pardinhas como suas filhas e "se algum benefício fez a elas foi a rogo de sua falecida mãe, Dona Ana Maria de Jesus". Acrescentou que

> [...] o falecido sargento-mor sempre foi homem caritativo e benfazejo e que muitas pessoas beneficiava, não só seus homens, como seus agregados fazendo-os casar, dando dotes e arranchando-os em suas terras a fim de poderem subsistir decentemente.

Para os autores, a casa dos pais de Brás era seríssima, de moralidade irreprochável. Para as testemunhas dos réus, a casa era um pandemônio devido à vida de negociante de Brás Arruda, que o levava a ausências prolongadas. Foi o que falou Antônio Carlos, camarada de Brás Arruda, nos autos. Antonio Carlos era branco, casado, natural de Porto Alegre, 60 anos de idade, morador no termo da Vila de São João do Príncipe, Província do Rio de Janeiro, e vivia de lavouras. Nos autos informou que

> sabia que na casa dos falecidos José Antônio de Oliveira e sua mulher Dona Ana Maria de Jesus, de quem a parda Josefa era escrava, nunca houve recato nem guarda no que diz respeito a escravos pois era casa que tinha sempre muitos camaradas e estes entravam e saíam para fora e dentro com todo o desembaraço [...] quando ele testemunha veio para aquele bairro já a referida Josefa não existia [...].

Quanto às filhas do sinhô-moço, disse ele que

> [...] morando vizinho, há 25 anos mais ou menos do falecido sargento-mor Brás de Oliveira Arruda, e tendo com ele muitas comunicações, nunca o mesmo lhe falou que as pardas autoras eram suas filhas [...].

26 O mesmo que feiticeiro.

Manoel José Gonçalves, 49 anos, pardo, casado, natural de Minas, morador no termo da Vila de São João do Príncipe, Província do Rio de Janeiro, vivia de lavouras. Ele também havia trabalhado como camarada em comitiva, mas para um vizinho de Brás Arruda.

Declarou que

> [...] sendo ele testemunha camarada de Luiz Gonçalves Lima vizinho de José Antônio de Oliveira, nesse tempo conheceu a parda Josefa, escrava do mesmo, a qual nunca viveu recatada, pois sempre andava em trabalhos de casa, tanto de portas adentro como afora, e que vindo ela muitas vezes à missa no oratório de seu patrão, vários camaradas de boiadas que sempre ali haviam se introduziam de amizade com ela como várias vezes viu acrescentando outrossim que a mesma escrava sempre viveu escandalosamente, entregando-se a uma libidinosa prostituição como era público nesse tempo [...]
> Quando faleceu José Antônio de Oliveira, os escravos passaram ao poder de Dona Ana Maria de Jesus, mas sob controle de Brás o qual, como era negociante, nunca parava em casa [...]
> [...] e nesse tempo é que as escravas mais se aproveitavam vivendo dissolutas em toda classe de desonestidade não parando em casa como ele testemunha via [...].

Reiterou os modos dissolutos de Josefa e que ela enjeitou um filho em casa de um carimbamba.

José Teixeira dos Santos, de idade perto de 60 anos, pardo, casado, natural de Guaratinguetá e morador no termo da vila de São João do Príncipe, Província do Rio de Janeiro, vivia de lavouras. Manteve esta testemunha a estratégia da defesa de caracterizar Josefa como uma prostituta, e Brás como caritativo, bom cristão e temente a Deus, e que nunca tinha tido conhecimento que Brás tivesse filhos com a escrava Josefa. Confirmou que Dona Ana Maria de Jesus, na ausência do filho, não conseguia controlar os seus cativos, que mesmo ao pé dela faziam as suas desenvolturas com os camaradas.

Na réplica respondeu sobre a conduta de Josefa, que, segundo ele,

> [...] sempre viveu sem recato algum, antes sim na maior desonestidade, tendo suas passagens com vários homens, entre os quais ele testemunha sabe de

um cujo nome não lhe convém declarar e que outrossim sabia que aquela parda teve, de suas amizades ilícitas com vários homens, um filho que o enjeitou na casa de um preto de nome Inácio Rodrigues, reconhecido pelo carimbamba [...].

José Felipe dos Santos, de idade 52 anos, pardo, casado, natural de Mangaratiba, morador na freguesia de Piraí, termo de São João do Príncipe, província do Rio de Janeiro, arrolado pelos réus, continuou enfatizando a péssima conduta de Josefa. De ela ter sido dissoluta, que trabalhava porta afora, que ia à fonte e, com a maior facilidade, se entregava àqueles homens que a procuravam, não tendo a esse respeito reserva nem escrúpulo em ser este ou aquele entre outros homens que com a mesma tiveram suas passagens desonestas. José Felipe lembrava-se de que os irmãos Antônio da Costa Padilha e Jerônimo Padilha, camaradas da casa, tiveram relações com Josefa. Alegou também que Brás e sua mãe jamais deram asas a seus escravos procederem mal, e que os mesmos faziam não só por serem de má conduta bem como porque, estando a casa sempre cheia de camaradas, jamais os mesmos podiam evitar a desenvoltura de seus escravos, com especialidade a parda Josefa. Josefa Parda para os réus era uma vagabunda. No mais, seguiu as respostas das demais testemunhas enaltecendo Brás e seus familiares. Quanto ao falecido sargento-mor, disse que era uma pessoa caritativa, que jamais chegou pessoa alguma à sua porta que não fosse socorrida, e que sua beneficência se estendia não só aos estranhos, com especialidade à pobreza, bem como com seus próprios escravos, pois mesmo estando ainda debaixo de cativeiro, se prezava de prestar-lhe bons serviços. Seu senhor lhe deu um escravo, outra vez um cavalo, além de outras coisas, como dar-lhe facilidade de empreender negócios para adquirir alguns bens.

O camarada de Brás Arruda, José dos Santos, conseguiu da família a Carta de Liberdade no meio deste processo. Uma benemerência reiterando a posição dos réus de ser Brás uma pessoa caritativa.

A testemunha José de Moura também tinha sido camarada de Brás Arruda. Ele se qualificou como pardo, com 59 anos, viúvo, natural de

Taubaté, e morava na freguesia do Bananal. Vivia do negócio de venda. Mas esta venda não ficava na Vila de Bananal e sim em sua freguesia. José de Moura tinha sua venda estabelecida em algum quarteirão desta freguesia.[27] Só que uma venda estabelecida nestes locais era um reduto de malfeitos, como bem descreveu Joaquim Manoel de Macedo no seu livro *As vítimas algozes*. Estas vendas serviam de esconderijo a escravo fugido, a receptação de objetos e cafés roubados, às pândegas dos cativos que, estimulados pelo consumo da cachaça, terminavam em conflito ou os arruinavam para o trabalho no dia a seguir. Mas foi chamado para ser testemunha da família Arruda. Mais um a testemunhar a vida dissoluta de Josefa.

> [...] vindo ele testemunha uma vez do pasto, achou a mesma de pé, conversando no rio com um homem também camarada da casa e cujo nome não se lembra, e que ele testemunha pinchara umas ferroadas neles, e aquele homem gritou espera caboclo que eu lá vou e ele testemunha como ainda era rapaz, deitou a correr para casa [...].

Disse ele que foi por muitos anos camarada de Brás Arruda e contestou as possíveis relações deste senhor moço com Josefa, e que nunca soube ser as mulheres dos autores filhas do sargento-mor.

Confirmou ser Brás caritativo e socorrer tanto os de fora como também seus escravos, e reiterou na réplica que "viu a parda Josefa várias vezes no rio".

Os réus também apresentaram testemunhas em São João do Príncipe para serem inquiridas quanto às questões do libelo, como João Gonçalves do Nascimento, homem pardo, solteiro, morador no termo de Areias, que vive de seu trabalho, e que informou ter 83 anos. Ele tinha sido camarada de Brás Arruda e sabia por ouvir dizer que o falecido Brás era o pai das meninas, mas

> [...] nunca ouviu dizer ao dito Brás, que aquelas crianças fossem suas filhas antes ele testemunha sendo camarada do dito Brás no tempo que aquela

27 Cada fazenda era um quarteirão. Nela eram listados todos os seus moradores.

> escrava teve os filhos, o referido Brás estimação nenhuma fazia na dita escrava com preferência às outras [...].
>
> [...] que sabe pelo ver que a mesma escrava Josefa tanto se via de porta adentro como de porta para fora, não só indo às roças e à fonte em lavagem de roupas, sendo esta fonte retirada da casa e por que a fazenda do dito Brás sempre conservou imensos camaradas empregados em diversas repartições, ele testemunha não duvida que aquela escrava tivesse filhos com algum dos camaradas [...].

O alferes Francisco José de Castro, homem branco, casado, morador no termo desta vila, que vive de suas lavouras, e com idade de 60 anos, foi a nota dissonante das testemunhas dos réus. Mesmo afirmando que Josefa era escrava de todo o serviço,

> ele testemunha sabe por pessoas da casa que o dito Brás pai das autoras dava pancada de ciúmes que dela tinha, enquanto se esta mulher se entregava ou não a outro homem ele testemunha não sabe [...] que sabe por ser público e notório que o pai dos réus no tempo de solteiro sempre viveu concubinado com a dita parda Josefa de que por isso seus pais não eram respeitados pelo dito Brás como alegam os réus [...] que sabe pelo ver que o falecido Brás não gostava quando algumas pessoas lhe diziam que aquelas crianças filhas de Josefa eram suas filhas [...] que o falecido Brás Arruda era bastante amoroso com os seus fâmulos e amigos, de gratificar aos que bem lhe serviam [...] sabe que é verdade que o referido Brás correu com esta mulata da casa de sua mãe por ter parido filho de outro homem [...] que sabe por ver e presenciar que quando se batizou a menina hoje casada com Simplício Ribeiro no oratório de Piraí, pelo padre José Gonçalves Rios, a avó dos réus em presença dele testemunha determinou aquele padre que declarasse seu todo batismo por forra [...].

O alferes João Caetano de Almeida, homem pardo, viúvo, de 63 anos, morador no termo de Areias. Mesmo alferes, vivia de suas lavouras.

> Disse que sabe por ouvir dizer aos camaradas do sargento-mor Brás de Oliveira Arruda, pai dos réus, que este tinha amizade carnal e que a escrava de sua mãe de nome Josefa Parda, porém que se esta escrava assim como dizem que era amiga de seu senhor-moço que também era Joaquim Antônio

> vizinho do dito Brás [...] que a mulata Josefa servia sim como escrava dos avós dos réus, porém só era serviço caseiro e de portas para fora só ia lavar alguma roupa [...] ele testemunha sabe por ouvir dizer [...] camaradas do dito Brás se serviam corporalmente daquela mulata mãe das autoras [...] que só sabe pelo ver que o falecido Brás nunca desautorizou seus pais, porém maior obediência também nunca teve antes, os velhos aplicavam todos os meios por não desgostarem seu filho Brás [...] disse ele testemunha que sabe pelo ver que esta escrava ausentava da casa de seu senhor e este não fez diligência para que ela tornasse para casa; algumas pessoas dizem que o motivo do senhor não procurar, era por ser esta forra [...] e que o dito falecido sargento-mor Brás de Oliveira Arruda nunca tratou as filhas daquela escrava por suas filhas [...].

O inventário de Brás Arruda trouxe nas suas disposições finais a prestação de contas de Alda Maria Nogueira, tutora dos seus filhos menores. Foi apresentada ao Juízo de Órfãos, no dia 18 de julho de 1838. Dona Alda informou ao juiz que ainda viviam sob sua tutela os filhos Manoel de Oliveira Arruda, frequentando estudos em um colégio ou seminário em Minas Gerais, e Maria da Glória educando-se em sua companhia.[28]

Os demais filhos já haviam recebido a legítima paterna entre 1836 e 1838. Pela partilha, finda neste ano, ficou claro que as pretensas filhas perderam. Vários documentos corroboraram a vitória dos Arruda. Na escritura de venda da chácara de São Cristóvão, em 1839, para Gustavo Malmgren por 16:000$000, Dona Alda Maria informou que a chácara estava livre de penhora e a sua venda autorizada pelo Juiz de Órfãos de Bananal. Dona Alda Maria na mesma ocasião vendeu as casas situadas na rua de Mata Porcos.[29]

Se os autores do processo tivessem saído vitoriosos, a meação do monte mor de 180:479$830 para os 13 herdeiros teria que ser redistribuída, e incluindo-se as 3 filhas naturais, a partilha passaria a ser

28 Inventário de Brás de Oliveira Arruda, Arquivo Histórico do Foro de Bananal.

29 AN – 1º Ofício de Notas, livro 246, f.155v, n.11, cod. 5D, sec. SDJ, e L244, f.206, n.740, sec. SDJ.

de 11:279$989, mas Flora Maria do Espírito Santo passou a assinar, mesmo a rogo, Flora Maria D'Oliveira.

Se a masculinidade não teve mudanças para o jovem que vivia no meio rural em fins do século XVIII, princípios do XIX, a colônia, sim, havia mudado.

A masculinidade e o mundo rural entre a colônia e o império não foram só a relação promíscua com suas escravas, como visto no Libelo de Revista Cível apresentado.

Aqueles nascidos depois de 1770 iniciaram um longo trajeto em prol da Causa do Brasil e entrelaçaram o mundo rural e o mundo urbano, formando uma elite que atravessou o império.

Esses moços dos fins do século XVIII e início do XIX só podiam ser frágeis em um momento: nos seus testamentos, ao declararem que por fraqueza humana tiveram filhos naturais quando solteiros ou mesmo casados.

Foi um tempo de transição, da construção de uma nacionalidade, mas sem esquecerem jamais de visitarem as moçoilas das senzalas, ou as raparigas das vilas e cidades.

4

Novas *performances* públicas masculinas: o esporte, a ginástica, a educação física (século XIX)

Victor Andrade de Melo

Preparando o palco

Proclamada a independência, em 1822, inicia-se no Brasil um longo e conflituoso processo de debates sobre a identidade nacional e os projetos de país. No decorrer do século XIX, até mesmo pela vinculação de nossos dois primeiros governantes com a família monárquica portuguesa, as discussões transitavam entre dois polos: a adoção de uma linha de continuidade com as "tradições", que vinham do período colonial, ou uma ruptura definitiva, com tudo o que lembrasse o antigo colonizador, sugerindo-se a vinculação a parâmetros "civilizatórios" de nações mais desenvolvidas (notadamente a França).

Esses embates manifestavam-se claramente nas altas esferas de poder, inclusive porque era complexa a conformação das elites nacionais: os que se mantiveram de alguma forma ligados ao outrora colonizador (algo que fora potencializado por ter sido o Brasil sede do Império Português, de 1808 a 1820); os que assumiram definitivamente o rompimento e o sentimento (a princípio impreciso) de "brasilidade";

portugueses que seguiram chegando ao país, mantendo algum grau de influência em certos ramos dos negócios. A partir da metade do século XIX, emergiriam ainda tensões entre os ligados à aristocracia rural e os que desejavam industrializar a nação.

Também entre os populares percebiam-se tais conflitos, fomentados pelo fato de que portugueses seguiram sendo ou tornaram-se proprietários de parte significativa dos negócios comerciais, o que alimentava um antilusitanismo crescente, provocado por tensões observáveis nos primeiros anos da independência.

Esse quadro tornou-se ainda mais complexo com o crescimento do movimento de imigração. Estrangeiros chegavam em busca de boas oportunidades que poderiam surgir em um país que estava se erigindo e/ou já tendo em vista substituir a mão de obra escrava, cuja entrada tornou-se cada vez mais restrita em função da proibição do tráfico internacional, por pressão da Inglaterra.

Nesse contexto, uma das preocupações notáveis foi a conformação de uma história nacional e de fronteiras estáveis e seguras. Uma iniciativa relacionada a tais aspecto foi a criação do Instituto Histórico e Geográfico Brasileiro, em 1838, uma instituição que contaria com o apoio do imperador Dom Pedro II. Da mesma forma, fazia-se necessário formar e consolidar Forças Armadas que estivessem em condições de defender o país.

Não surpreende, assim, que a Guerra do Paraguai tenha ocupado um espaço tão importante no imaginário da nação no século XIX. Ainda que, ao final, o país tenha se sagrado vencedor no conflito bélico, os vultosos gastos e as dificuldades enfrentadas pelas forças brasileiras expuseram as fragilidades nacionais, inclusive no que se refere à preparação do cidadão para servir à pátria quando necessário.

Tornava-se explícita a necessidade de considerar mais seriamente estratégias destinadas a forjar o corpo e o espírito do brasileiro, algo que se tornou notável no escrito de um dos médicos envolvidos com o conflito, Eduardo Augusto Pereira de Abreu, autor de *Estudos higiênicos sobre a educação física, intelectual e moral do soldado: escolha do pessoal para a boa organização do nosso exército*, lançado em 1867 (antes do fim da guerra, portanto).

Na verdade, a despeito da importância desse verdadeiro "alerta", não foi a primeira vez que o tema se fez presente nas preocupações de intelectuais brasileiros. Por exemplo, foram dedicadas ao assunto algumas das teses exigidas para a concessão do título de doutor, que passaram a ser obrigatórias a partir da reformulação da Faculdade de Medicina do Rio de Janeiro (segundo quartel do século XIX), uma consequência do aumento das preocupações com a saúde da população e com o saneamento da capital, uma expressão dos movimentos de modernização da sociedade brasileira. A educação física ainda não era considerada uma disciplina escolar, mas sim um conjunto de cuidados ligados à higiene, à puericultura e também, de forma geral, à prática de atividades físicas.[1]

No que se refere às propostas governamentais, no decorrer das primeiras décadas do império, o tema foi discutido desde as primeiras iniciativas de estruturação da educação nacional. Por exemplo, na Constituinte de 1823, no âmbito do debate desencadeado pela Comissão de Instrução Pública, que propôs a realização de um concurso para a apresentação de um "tratado de educação física, moral e intelectual para a mocidade brasileira". É interessante destacar a posição de Luiz José de Carvalho e Melo, deputado pela Bahia, que defendeu explicitamente que:

> [...] a educação física tinha importância fundamental no desenvolvimento da intelectualidade da mocidade. O corpo robusto, segundo ele, e a boa saúde dariam mais disponibilidade para os estudos. A educação física e a intelectualidade estavam ligadas. A educação na visão do deputado promove no homem

---

1 Entre outros, podemos citar os trabalhos de Manoel Pereira da Silva Ubatuba, *Algumas considerações sobre a educação física*; de Joaquim Pedro de Mello, *Generalidades acerca da educação física dos meninos*; e de Antonio Francisco Gomes *Influência da educação física do homem*. Para uma discussão sobre essas teses, ver Paiva, *Sobre o pensamento médico-higienista oitocentista e a escolarização: condições de possibilidade para engendramento do campo da educação física no Brasil*; Gondra, *Artes de civilizar: medicina, higiene e educação escolar na corte imperial*.

> a boa moral, os bons costumes e as virtudes cívicas. Isso o torna um cidadão integrado à sociedade, honesto, probo e amigo da pátria.[2]

De outro lado, Martim Francisco Ribeiro de Andrada, mesmo integrando a Comissão de Instrução Pública, ao apresentar um plano completo para a educação nacional, excluiu a educação física. De toda forma, o projeto não foi à frente; a constituinte, aliás, foi dissolvida.

O tema foi também contemplado na Reforma Couto Ferraz (Decreto 1.331, de 17 de fevereiro de 1854), na Reforma Leôncio de Carvalho (Decreto 7.247, de 19 de abril de 1879) e recebeu grande atenção de Rui Barbosa em seu parecer sobre a reforma do ensino primário, em 1882.

A bem da verdade, tratava-se de uma série de referências explícitas à ginástica, uma prática que, na segunda metade do século XIX, já se encontrava mais difundida. Um dos motivos dessa maior presença tinha relação com os imigrantes: estrangeiros começaram a lecionar tanto em escolas quanto oferecendo seus serviços em salas.

Vejamos alguns exemplos. O francês Bernardo Urbano de Bidegorry, em várias edições do *Almanak Laemmert*, nos anos 1850, apresentava suas credenciais e divulgava suas aulas, ministradas na travessa do Paço e na Rua dos Barbonos; além disso, atuava no Ginásio Normal do Arsenal de Guerra e no Corpo de Bombeiros. O espanhol Frederico Hoppe, na transição dos anos 1840 e 1850, lecionava no prestigioso Colégio Pedro II, na Academia da Marinha e no Colégio Botafogo, além de oferecer para o público seus serviços. O prussiano Pedro Guilherme Meyer sucedeu Hoppe no Pedro II, também atuando na Escola Militar. Em 1873, um alemão (não identificado) publica anúncios no *Jornal do Commercio* se oferecendo para ministrar aulas de "sciencias, línguas clássicas, alemão, francez, italiano, desenho e gymnástica".[3] Anos mais tarde, esse mesmo periódico informa que um

---

2 Ferronato, *Construindo uma nova ordem: o debate educacional na Assembleia Constituinte de 1823*, p.108.

3 *Jornal do Commercio*, Rio de Janeiro, 1º/10/1873.

recém-chegado de Paris se oferece para lecionar "lições (de ginástica) em alguns collegios da côrte e dos arrabaldes".[4]

Além disso, muitos imigrantes integraram sociedades de ginástica que contribuíram para a difusão da prática. Essas associações foram muito atuantes na região sul, onde era praticado o *Turnen*, que, como observa Tesche,[5] também incluía jogos, caminhadas, teatro e coral. Segundo esse mesmo autor, em 1859 foi criada, no Rio de Janeiro, a Sociedade Alemã de Ginástica, a primeira da América do Sul. Na capital, ainda se destacava a Sociedade Francesa de Ginástica, cuja sede se localizava na travessa da Barreira, palco de alguns importantes fatos ligados à República, e o Clube Ginástico Português, fundado em 1868, ativo até hoje.

Outra explicação para a maior difusão da ginástica foi sua valorização no âmbito das Forças Armadas: a prática foi adotada por ser considerada útil para a manutenção da boa forma do combatente e ferramenta eficaz para disciplinar as tropas, uma compreensão já comum em outros países.

Em 1858, para os cursos de infantaria e cavalaria da Escola Militar do Rio de Janeiro, foi nomeado como mestre de ginástica Antônio Francisco da Gama, que depois foi professor do Colégio Pedro II. Já na Escola de Marinha, foram contratados instrutores para as seguintes práticas: "esgrima, uma vez por semana; ginástica, uma vez por semana; natação, duas vezes por mês e aos domingos antes da missa".[6]

Em 1860, o já citado Pedro Meyer foi nomeado contramestre de ginástica da Escola Militar do Rio de Janeiro. No mesmo ano, José Ferreira da Costa assumiu o cargo de instrutor no Depósito de Aprendizes de Artilheiros (Rio de Janeiro). De fato, a partir de então, em todas as reestruturações do ensino militar sempre se considerou a importância da prática de atividades físicas.

4 *Jornal do Commercio*, Rio de Janeiro, 23/4/1879.

5 Tesche, *A prática do* turnen *entre imigrantes alemães e seus descendentes no Rio Grande do Sul:* 1867-1942.

6 Marinho, *Contribuições para a história da educação física no Brasil*, p.50.

Oficialmente, o método alemão foi o adotado pelo Exército, o que parece ter relação com a expressiva presença de soldados prussianos, contratados para a campanha contra Oribe e Rosas (1851) e que por aqui ficaram servindo ao país, tendo participado também dos combates da Guerra do Paraguai. Não surpreende que, em 1870, o governo imperial tenha mandado traduzir e distribuir o *Novo guia para o ensino da ginástica nas escolas públicas da Prússia.*

Esse é mais um indício de que a influência dos militares se estendeu ao meio civil, mesmo porque também lecionavam em escolas ou ofereciam seus serviços em salas. Além dos exemplos já citados, lembramos que o capitão Guilherme Luiz de Taube foi o primeiro mestre de ginástica do Colégio Pedro II, e o capitão Ataliba M. Fernandes foi o primeiro professor da prática na Escola Normal, sediada na corte.

Paralelamente a esse processo de maior difusão da ginástica e conformação de uma disciplina escolar dedicada às atividades físicas, estruturava-se o campo esportivo no país, em período aproximadamente semelhante, não por acaso a partir dos últimos anos da década de 1840, quando, com a assunção de Dom Pedro II ao trono, observa-se uma maior estabilidade política no país, superando-se os intensos conflitos que marcaram tanto o período de Dom Pedro I quanto o das regências.

Depois de alguns fracassos, paulatinamente o turfe foi estruturando-se e estabelecendo-se como uma das práticas mais apreciadas tanto pelas elites quanto pelos populares. No final da década de 1880, chegaram a funcionar simultaneamente cinco agremiações turfísticas, todas promovendo corridas que contavam com grande público.[7] A valorização desses eventos é uma expressão de uma sociedade que buscava se sintonizar com as "novidades do mundo desenvolvido". A prática desempenhava, assim, certa função pedagógica, já que se estabelecia como uma arena de *performances* públicas, onde se desfilavam comportamentos socialmente valorizados, na mesma medida em que se

7 Melo, "Das touradas às corridas de cavalo e regatas: primeiros momentos da configuração do campo esportivo no Brasil". In: Priore e Melo, *História do esporte no Brasil: do Império aos dias atuais.*

explicitava quem é quem na ordem social, ocasião para os mais poderosos desfilarem seus símbolos de *status* e distinção. Não surpreende que tais competições, em vários sentidos, dramatizassem as tensões do instante, tanto entre classes quanto intraclasse – os debates e conflitos de uma elite híbrida que transitava entre uma ordem aristocrática rural e um projeto urbano de industrialização.

A ideia de que se tratava de uma prática corporal de movimento não era tão notável no âmbito do turfe, a não ser pelo seu reverso: a configuração de certa desvalorização dos exercícios físicos por parte de certos grupos, que preferiam somente assistir cavalos a correr, conduzidos por homens normalmente oriundos das camadas populares (os jóqueis).

No terceiro quartel do século XIX, outra prática corporal destacava-se na capital, também expressando os desejos e constrangimentos que cercavam as elites: a dança. As sociedades dançantes e os bailes constituíram-se em importantes espaços de encontros sociais, de tal ordem que algumas escolas passaram a oferecer aulas, por vezes até por solicitação dos pais (como no Colégio Pedro II, por exemplo).

Todavia, um caráter de intervenção corporal mais explícito somente será observado com a conformação do remo, que foi antecedida por uma maior ocupação das praias, inicialmente por motivos terapêuticos ou médicos, posteriormente valorizadas como lugar de diversão.

Como causa e consequência das mudanças em marcha na sociedade brasileira, notadamente na capital, na década final do século XIX, o remo, já compreendido como prática saudável e higiênica, tornou-se o esporte mais popular, estabelecendo inclusive uma tensão com o turfe (considerado por muitos como uma expressão de um passado monárquico e rural que deveria ser substituído pela cidade republicana) e influenciando a configuração de outras modalidades: a natação, o atletismo, o ciclismo. Os tipos físicos fortes e musculosos começaram a ser progressivamente valorizados.[8]

---

8 Melo, "O corpo esportivo nas searas tupiniquins – um panorama histórico". In: Amantino e Priore (Orgs.), *História do corpo no Brasil*.

A essa altura algumas escolas instaladas no Brasil já utilizavam o esporte como uma das estratégias educacionais. Por exemplo, o Colégio Anchieta, ligado aos jesuítas, fundado em 1886, na cidade de Nova Friburgo, precocemente ofereceu a ginástica como educação física e o esporte como atividade complementar.[9]

Outro exemplo pode ser encontrado no Colégio São Luiz, fundado em 1867, na cidade de Itu (São Paulo). Inezil Penna Marinho[10] afirma que já em 1880 o futebol era praticado nessa escola. A modalidade parece ter sido introduzida por um sacerdote docente, quando ainda nem mesmo eram vendidas bolas ou quaisquer outros materiais no mercado nacional.

Também alguns colégios protestantes, que introduziram algumas inovações educacionais no país, estimulavam a "prática de alguns gêneros de esporte".[11] Podemos destacar o Instituto Granbery, criado em 1889, na cidade de Juiz de Fora, uma escola metodista de origem norte-americana, que sempre valorizou a educação física entre suas disciplinas, ocupando a ginástica e a prática esportiva lugar entre os conteúdos desenvolvidos.[12]

Além dos colégios religiosos, a ginástica e o esporte também estavam presentes simultaneamente em algumas escolas que procuravam se sintonizar com o que havia de mais avançado no cenário pedagógico mundial. Por exemplo, no regulamento do Colégio Pedro II, publicado em 1892 – quando passou por uma grande reformulação, um desdobramento da Proclamação da República (1889), ocasião em que passou a se chamar Ginásio Nacional – previa-se, no título VI - Da disciplina escolar:

> **Art. 82.** O diretor e o vice-diretor do ginásio procurarão desenvolver em seus alunos o gosto pelo exercício de tiro ao alvo, de besta, tiro de flecha, exercícios ginásticos livres, salto, jogo de volante etc., e farão todos os domingos um passeio para fora do centro da cidade.

9 Madureira, *A Companhia de Jesus: sua pedagogia e seus resultados.*

10 Marinho, *Contribuições para a história da educação física no Brasil.*

11 Renault, *O dia a dia do Rio de Janeiro segundo os jornais – 1870-1879*, p.84.

12 Para mais informações, ver Silva, Ferreira, "Educação Física nas escolas religiosas: formação de diferenças histórico-sociais", *Revista Brasileira de Ciência do Esporte.*

Organizarão para esse fim turmas de alunos, de forma que, pelo menos uma vez por mês, cada uma delas tenha um dia completamente destinado à educação física.

Parágrafo único. Para auxiliá-los neste trabalho serão designados por escala alguns dos inspetores de alunos do estabelecimento.

Art. 83. Mediante consentimento do diretor, poderão os lentes e professores do ginásio incumbir-se da direção destes passeios e do ensino dos jogos escolares que convém divulgar.

Art. 84. São permitidos como jogos escolares: a barra, a amarela, o futebol, a peteca, o jogo da bola, o *cricket*, o *lawntennies*, o *crocket*, corridas, saltos e outros que, a juízo do diretor, concorram para desenvolver a força e a destreza dos alunos, sem pôr em risco a sua saúde.[13]

Vejamos que as práticas esportivas indicadas não estavam no mesmo patamar da ginástica, essa sim prevista como disciplina: "Art. 3º O curso integral de estudos do Ginásio Nacional será de sete anos, constando das seguintes disciplinas: [...] ginástica, evolução militar e esgrima". A matéria era indicada para os cinco primeiros anos, sempre com duas horas semanais, prevendo-se somente provas práticas (como ocorria com o desenho e com a música).[14]

Na verdade, havia muitas reticências acerca da introdução do esporte nas escolas, mesmo que progressivamente a prática ganhasse visibilidade e legitimidade social, ainda mais com as mudanças de discursos observáveis na transição dos séculos, desencadeadas pelos envolvidos com o remo, que procuraram exaltar sua possível contribuição para o físico e para a moral do cidadão brasileiro.[15] Isso só se resolveu definitivamente no pós-Segunda Guerra, com a adoção do método da edu-

13 Decreto n. 1.194, 28/12/1892. Approva o regulamento para o Gymnasio Nacional. Disponível em: http://www6.senado.gov.br/legislacao/ListaTextoIntegral.action?id=56251&norma =72102. Acesso em: 27 jan. 2012.

14 Para mais informações sobre o Colégio Pedro II, ver Cunha Junior, *Imperial Collegio de Pedro II: o ensino secundário da boa sociedade brasileira*.

15 Vale destacar que os clubes náuticos começaram a se apresentar como "centros de educação physica".

cação física desportiva generalizada, que teve como um dos grandes divulgadores, no Brasil, o francês Auguste Listello.

De qualquer forma, como podemos ver, há muitos pontos em comum na conformação do esporte, educação física, ginástica e dança no Brasil no século XIX, práticas que desempenharam um papel importante nos momentos inaugurais da nação.

Antes do terceiro sinal

O objetivo deste texto é discutir como, no Brasil do século XIX, essas práticas corporais institucionalizadas[16] estabeleceram novas oportunidades – e até mesmo certas obrigatoriedades – de *performance* pública para os homens. Tenhamos em conta que a proximidade entre esse conceito de *performance* e as atividades físicas é notável até mesmo no âmbito linguístico. Como observa Lopes:

> O termo *performance* há algum tempo é moeda corrente no nosso idioma. Se em princípio era mais identificado com os esportes e as máquinas, com o sentido de "desempenho", mais recentemente passou a circular na área artística, para indicar um ato mais ou menos teatral, com um certo grau de improvisação e de uso do acaso e altas doses do pós-moderno vale-tudo.[17]

Esse mesmo autor demonstra que vários autores percebem proximidades significativas entre o esporte e a *performance*, como é o caso de Schecner.[18] Lopes infere que historicamente é mesmo possível argumentar que as fronteiras entre ambos são tênues:

---

16 Trabalho com a ideia de que um conjunto de práticas corporais passou por processos semelhantes de institucionalização, de formação de um campo ao seu redor, em diferentes momentos da modernidade: o esporte, a dança, a ginástica, a educação física (entendida como disciplina escolar e área de conhecimento), entre outras (como a capoeira).

17 Lopes, "*Performance* e história", *Percevejo*, ano 11, n.12, p.5.

18 Schecner, "O que é *performance*?", *Percevejo*, ano 11, n.12., p.25-50.

> [...] mesmo quando a *performance* possui uma forte dimensão estética, ela não é, necessariamente, arte. Os movimentos de jogadores de basquete são tão belos quanto os de bailarinos, mas o basquete é o esporte; e o *ballet*, arte. Reflita agora sobre a patinação e a patinação artística, que existem em ambos os universos. Decidir o que é arte depende de contexto, circunstância histórica, uso e convenções locais [...].[19]

O que tentaremos argumentar é que as práticas corporais institucionalizadas, inseridas no cenário de uma nação em constituição, que aspirava de forma tensa e confusa a adesão ao ideário e imaginário modernos, apresentaram modelos de comportamentos para os homens, tanto no que se refere à exposição corporal quanto no tocante às atitudes deles esperadas. Como bem aborda Jardim:[20] "Essas *performances* masculinas são rotinizadas e, portanto, são mais do que o espaço de interação social e sim de estruturação de uma experiência que estabelece o nexo entre o físico e o social".

Veremos que, no decorrer do tempo, a prática de atividades físicas e a ideia de masculinidade (os papéis sociais aceitos e valorizados para os homens) dialogaram. Progressivamente, por exemplo, os esportes ofereceram ao mundo masculino a oportunidade de exporem publicamente suas provas de heroísmo e valentia, cujas demonstrações mais explícitas são algumas marcas corporais: cicatrizes, cortes, arranhões.[21]

As práticas corporais institucionalizadas ofereceram para os homens, como poucas outras atividades, a alternativa de exercitarem simultaneamente o autocontrole corporal e a demonstração pública de desempenho, resultados de um processo de disciplina e de submissão a condições de privação, que estabelece não só parâmetros de diferença com as mulheres, como também de identificação intrínsecos ao mundo dos machos (afinal, *boys don't cry*): "Não é somente no contraste com o corpo femi-

19 Lopes, "*Performance* e história", *Percevejo*, ano 11, n.12, p.31.

20 Jardim, "*Performances*, reprodução e produção dos corpos masculinos". In: Leal (Org.), *Corpo e significado*.

21 Idem.

nino que a masculinidade é elaborada, mas no contraste com os outros homens, outros corpos, a partir de parâmetros tidos (e negociados) como masculinos".[22]

Apresentaremos algumas cenas dessa relação entre as práticas corporais institucionalizadas e a construção de ideias de masculinidade no Brasil do século XIX e década inicial do século XX. Perceber-se-á que de forma alguma se tratou de um movimento linear, sendo inclusive uma expressão das tensões que cercaram os projetos de país e a vinculação a propostas de modernidade.

Cena I

Na edição do *Jornal do Commercio*, de 23 de março de 1851, José Maria da Silva Paranhos, futuro visconde do Rio Branco, assim comenta em uma de suas *Cartas ao amigo ausente*:

> O Major Suckow, de que acima falei, acaba de assinar um contrato com a companhia do Prado Fluminense ou Clube de Corridas, que nos assegura o *utile dulce* que reúne esse divertimento. É um meio de ir se cuidando no país do melhoramento da raça cavalar e de formar destros e intrépidos cavaleiros, do que tudo carecemos.[23]

Depois de várias corridas de cavalos realizadas de forma ocasional e pouco regular, e de uma tentativa frustrada de estruturar no país o turfe de acordo com os modelos franceses e ingleses,[24] uma nova iniciativa se apresentava no horizonte, sob a direção de um prussiano, que a princípio viera para o Brasil para atuar no exército em formação, mas

22 Idem.

23 Publicadas na seção Comentários do *Jornal do Commercio*, os escritos de Paranhos podem ser considerados como algumas das pioneiras crônicas do país. Para mais informações, ver Rodrigues, "Explicação". In: Paranhos, *Cartas ao amigo ausente.*

24 Melo, "Das touradas às corridas de cavalo e regatas: primeiros momentos da configuração do campo esportivo no Brasil". In: Priore e Melo, op. cit.

se tornara também empresário do ramo de transportes públicos: João Guilherme Suckow.

O cronista, que se tornaria uma das mais importantes personagens do império, saudava a iniciativa, observando as possíveis contribuições do turfe. No seu entender, o país não necessitava de mais diversões descomprometidas, mas sim daquelas que unissem o útil ao agradável. As corridas atendiam a esse fim já que estimulavam tanto a melhoria da criação nacional de cavalos quanto a formação de "destros e intrépidos cavaleiros".

Entende-se, assim, o seu entusiasmo, que será perceptível em muitas de suas crônicas publicadas até o dia do evento inaugural da iniciativa capitaneada por Suckow.[25] Ele chega a celebrar que o reformado hipódromo (o antigo Prado Fluminense) não seria destinado somente à realização de provas "oficiais": "Consta-me que nos domingos à tarde será o Prado franqueado gratuitamente a cavaleiros, ou como ponto de reunião, ou para corridas particulares".

O país passara por muitos conflitos bélicos: com os portugueses, para consolidar a independência; devido a discordâncias internas, como a Revolução Farroupilha, entre tantas outras; e com os vizinhos de fronteira, como na Guerra da Cisplatina, com os quais haveria ainda outros enfrentamentos (como a Guerra contra Oribe e Rosas e a Guerra do Paraguai). Era preciso, portanto, preparar-se no que tange ao principal meio de transporte da ocasião (o cavalo) e à destreza de seu combatente. Além disso, esses dois elementos eram de fundamental importância do ponto de vista econômico, em um período em que o Brasil desfrutava de certa estabilidade financeira em função de um bom momento agrícola, com destaque para o café, e dava os primeiros passos no sentido de diversificação econômica, com o lançamento das pioneiras e tímidas bases da industrialização.

Para Paranhos, as corridas se constituiriam em uma eficaz ferramenta para forjar o corpo do cidadão, que deveria estar pronto a servir

25 Essas crônicas foram reunidas em Melo, *Entre o requinta e o tribofe: o esporte na literatura do século XIX – uma antologia*.

a nação. O cronista chega a ironizar sua incapacidade de tomar parte nas provas que se aproximavam:

> Eu, que bem sabe tive sempre presunção de destro cavaleiro, e que gosto de amansar com as minhas chilenas certos animais bravios, quando estou em terreno próprio, e sinto-me disposto para esses exercícios, que são úteis ao corpo, e de que muito depende o futuro da raça cavalar em nosso país, tinha mandado vir de Inglaterra um dos mais afamados *racers* para ir correr o páreo, não duvidando dar o mesmo preço por que outrora se vendeu o célebre corredor *Eclipse*. Mas como é mais que certo que não chegará no vapor de junho, pretendo ser mero espectador, montado no mais barato lazarento que por aí encontrar; porque ou César ou João Fernandes.[26]

Por certo, o cronista não se referia às mulheres, que eram sim bem-vindas, louvadas e reconhecidas, mas ocupando o lugar nas tribunas: ornamentavam e concediam ao espetáculo um caráter familiar.[27] A nova sociabilidade, aliás, paulatinamente tornou os prados em locais de flerte e de promoção de casamentos que interessavam aos negócios das famílias envolvidas. Dessa forma, gestava-se um comportamento masculino considerado adequado a essa nova possibilidade de encontros, os procedimentos "corretos" para relacionar-se com as damas sem parecer ofensivo. Mas como isso não era uma peculiaridade exclusiva dos eventos esportivos, e sim de vários espaços sociais que se modificavam com uma maior presença feminina, retomemos a nosso tema central.

Nessas primeiras corridas, no intervalo dos páreos em que "profissionais" contratados conduziam os cavalos inscritos no programa "oficial" (os jóqueis), *gentlemen-riders* se arriscavam disputando provas organizadas espontaneamente. Essa era uma ocasião para que os homens (membros das elites) exibissem suas "qualidades" (destreza e coragem) para o grande público, inclusive para as mulheres, que assistiam a tudo atentamente e aplaudiam enfaticamente.

---

26 *Jornal do Commercio*, Rio de Janeiro, 18/5/1851.

27 Melo, "De Olímpia (776 a.C.) a Atenas (1896) a Atenas (2006): problematizando a presença da antiguidade clássica nos discursos contemporâneos sobre o esporte", *Phoinix*.

Por vezes as coisas não saíam muito bem. Paranhos informa que, nas corridas de 13 de junho de 1851, um dos competidores, o senhor Alexandre Reid, "caiu, mas sofreu apenas uma ligeira contusão no lado direito do rosto, junto ao olho e sobre a fonte". Segundo ele: "Muitas outras quedas tiveram lugar que não vale a pena mencionar".[28]

Em outras situações, o delírio era completo. Vejamos, por exemplo, a crônica de Francisco Otaviano, publicada no *Jornal do Commercio*, na seção A Semana,[29] em que narra um evento organizado no Prado em 8 dezembro de 1853.[30] A corrida dos *gentlemen-riders* foi vencida por um tal senhor Carvalho, um estudante de medicina que dava preferência ao turfe "entre os exercícios higiênicos recomendados por Londe e por Guillaume". Segundo o cronista: "Como era natural, foi saudado por todos os seus colegas, que se ufanavam com a vitória como se houvesse sido ganha por cada um deles. Houve também muito lenço bordado e almiscarado que aplaudiu o triunfo do futuro Esculápio".

Otaviano, da mesma forma que Paranhos, também encarava o esporte como uma forma de mobilizar a juventude: "A geração atual já nasceu raquítica: vive como os velhos que tiveram uma mocidade estagnada; vive efeminadamente, a excitar-se; joga o *lansquenet*, come ostras passadas por Vinho do Porto, lê alguma novela ou alguma poesia erótica".[31] Percebamos, o turfe era apresentado como remédio para combater a tendência de imobilidade que estava a gerar homens fracos e efeminados, uma ferramenta que poderia contribuir para formar jovens másculos e ativos tão necessários para garantir o futuro do país.

Entre os exercícios hípicos, Otaviano exaltava as corridas, "a verdadeira escola do bom cavalheiro". Segundo ele, "O meneio do corpo, a

---

28 *Jornal do Commercio*, Rio de Janeiro, 15/6/1851.

29 Otaviano foi também um importante personagem do império. Sobre o autor e a importância de *A Semana*, ver Ewald, *Fragmentos da modernidade nas crônicas folhetinescas do Segundo Reinado*; Ipanema, "Folhetinistas: *A Semana*, de Francisco Otaviano", *Anais da XXV Reunião*.

30 *Jornal do Commercio*, Rio de Janeiro, 11/12/1853.

31 *Jornal do Commercio*, Rio de Janeiro, 2/10/1853.

prontidão e docilidade da rédea, a energia e vivacidade dos movimentos, o ânimo e o sangue-frio, são condições mais favoráveis à vitória, do que as pontas suadas de um chicote ou a roseta ensanguentada de uma espora".[32] Sugeria que o turfe era mais eficiente do que a equitação, na época considerada como componente da educação por famílias das elites, inclusive para as mulheres (cheio de ressalvas, é verdade).

Tal o desejo por mudanças, Paranhos chegou a sugerir que outros esportes fossem inseridos nos eventos turfísticos:

> Seria para desejar que o divertimento não fosse exclusivamente equestre, que fosse entremeado de alguns exercícios no gênero dos jogos olímpicos[33] ou que ao menos a música se mostrasse menos escassa e não se fizesse uma viagem ao Prado só para ver corridas como as que têm havido. Bem sei que para os amadores é isto bastante, e que é já por si um belo espetáculo gozar da linda perspectiva do Prado no meio de milhares de pessoas alegres e animadas. Mas estamos na época de progresso, os nossos *gentlemen* são muito comodistas, e o gosto pelo *sport* inglês ainda agora é que começa.[34]

O fato é que essa expectativa não se confirmou. Chegou mesmo a haver uma iniciativa de criação de um clube exclusivamente dedicado a provas de *gentlemen-riders*, o Jockey Clube Fluminense (1854), fundado quando dava os últimos passos a iniciativa de Suckow. Não houve sucesso, todavia: a agremiação somente promoveu uma atividade. Ainda tardaria o definitivo desenvolvimento do "gosto pelo *sport* inglês".

O turfe nacional entrou num período de recesso até a criação do Jockey Clube, em 1868. A partir daí, com o decorrer do tempo, con-

---

32 *Jornal do Commercio*, Rio de Janeiro, 11/6/1854.

33 Quando Paranhos escreveu essa crônica ainda não fora realizada a primeira edição dos Jogos Olímpicos modernos (1896). O autor referiu-se aos jogos gregos, certamente influenciado por uma releitura moderna do período clássico. Para mais informações, ver Melo, "Mulheres em movimento: a presença feminina nos primórdios do esporte na cidade do Rio de Janeiro (século XIX – primeira década do século XX)"; Cantarela, *El peso de Roma en la cultura europea*.

34 *Jornal do Commercio*, Rio de Janeiro, 21/9/1851.

forme a prática foi se estruturando, foi se tornando muito esporádica a realização de corridas de amadores. Imperaram as provas com jóqueis contratados, normalmente membros das camadas populares (como dizia Paranhos, eram "todos caboclos ou com eles parecidos"[35]) ou estrangeiros que já possuíam experiência em seus países. Os cavalheiros da elite ficaram cada vez mais restritos ao espaço das arquibancadas, desfilando suas boas maneiras e belas vestimentas, cortejando as mulheres, que cada vez mais ganhavam visibilidade pública.

Cena 2

Se um debate sobre a inclusão na grade escolar de uma disciplina ligada à prática de atividades físicas, com fins de preparação corporal, tendo em conta o desenvolvimento de hábitos higiênicos e saudáveis, já existia desde os primeiros momentos da independência, é mesmo a partir de meados do século XIX que a ideia começa a se concretizar (ainda que, de fato, demorasse muitas décadas para que definitivamente se vulgarizasse nos colégios).

Naquele momento, antes mesmo das citadas teses de medicina, já circulavam no país algumas obras dedicadas ao tema, entre as quais destacamos o *Tratado de educação física* dos *meninos, para uso da nação portuguesa*, do médico brasileiro Francisco de Mello Franco, lançado em 1790, em Portugal,[36] e o *Tratado de educação físico-moral dos meninos*, do também esculápio Joaquim Jerônimo Serpa, lançado em Pernambuco, na década de 1820 (provavelmente 1828).[37] Ambas não tratavam o

35 *Jornal do Commercio*, Rio de Janeiro, 15/6/1851.

36 Há outro livro homônimo, escrito por Francisco José de Almeida, lançado em 1791. Para mais informações sobre as obras, ver Abreu, "A educação física e moral dos corpos: Francisco de Mello Franco e a medicina luso-brasileira em fins do século XVIII", *Estudos Ibero-Americanos*.

37 Esse livro está digitalizado e disponível para consulta no sítio da Biblioteca Nacional de Portugal (Gardien: tratado de educação physico moral dos meni-

tema como uma disciplina escolar, mas sim como cuidados gerais com a saúde, que incluíam a prática de atividades físicas. Deve-se destacar que eram dedicadas aos homens, não fazendo referência às mulheres.

Em meados do século XIX, meninos e meninas não se misturavam nas escolas brasileiras. Vejamos que espaço nelas ocupavam as práticas corporais. Para tal, utilizemos as suas propagandas publicadas no *Almanak administrativo, mercantil e industrial da corte e província do Rio de Janeiro*, o *Almanak Laemmert*, de periodicidade anual, que veiculava as mais diversas informações sobre a vida social, política e econômica, inclusive anúncios de vários empreendimentos.[38]

Que escolas de meninos divulgavam oferecer alguma prática corporal? Na edição de 1850, encontramos o Colégio de São Pedro de Alcântara, dirigido pelo padre José Mendes de Paiva e por Eusébio Pedro do Prado, que oferecia a ginástica e a esgrima. Já em 1852, identificamos o Colégio de Santa Cruz, dirigido por Augusto Carlos Gonçalves e Souza e João Augusto Ferreira Rangel; os instrutores eram os já citados Antônio Francisco da Gama e Bernardo Urbano de Bidegorry. Em 1854, havia o Instituto Colegial, dirigido por João Henrique Freese, enquanto em 1855, destacava-se o Liceu Roosmalen. Entre todos, há um ponto em comum: primavam pelo rigor disciplinar. Esse último colégio enfatizava o oferecimento de um adequado espaço para o recreio e para os exercícios físicos, inclusive para a natação (além da ginástica e da esgrima). Na edição de 1857, informa-se que o responsável por lecionar as atividades era Roosmalen Filho, "um dos melhores discípulos do célebre Amoros". Em 1859, a propaganda é ainda mais explícita: "Educação Physica. Gymnastica: exercícios do corpo, agilidade e segurança. Natação: passeios às quintas-feiras".

---

nos/tirado em linguagem, e ampliado com illustrações extrahidas dos melhores authores por Joaquim Jeronymo Serpa).

38 Uma interessante discussão sobre a publicidade de escolas nesse periódico pode ser encontrada em Limeira, "Práticas educativas e publicidade: a iniciativa privada no *Almanak Laemmert* (1844/1859)", *IV Anais do Congresso Brasileiro de História da Educação*.

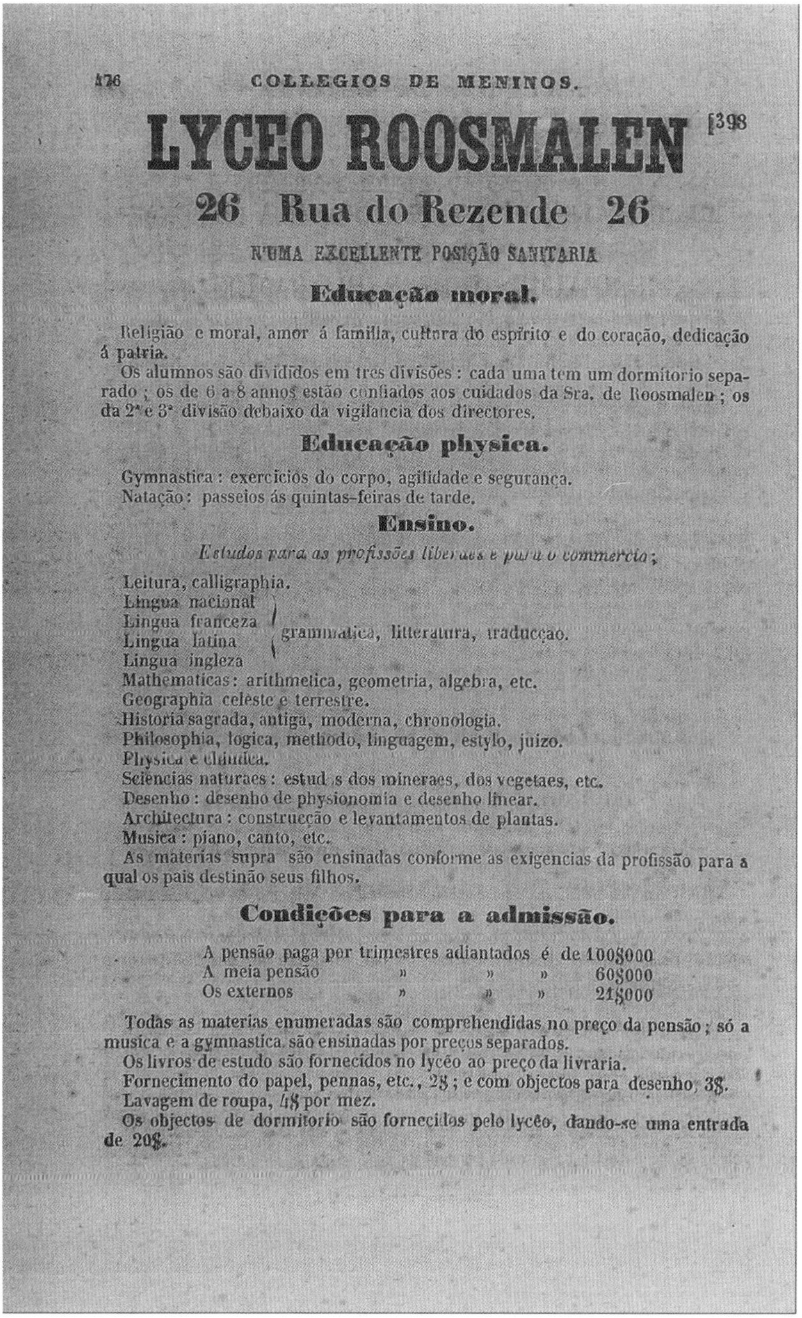

176 COLLEGIOS DE MENINOS.

LYCEO ROOSMALEN [398

26 Rua do Rezende 26

N'UMA EXCELLENTE POSIÇÃO SANITARIA

Educação moral.

Religião e moral, amor á familia, cultura do espirito e do coração, dedicação á patria.

Os alumnos são divididos em tres divisões: cada uma tem um dormitorio separado; os de 6 a 8 annos estão confiados aos cuidados da Sra. de Roosmalen; os da 2ª e 3ª divisão debaixo da vigilancia dos directores.

Educação physica.

Gymnastica: exercicios do corpo, agilidade e segurança.
Natação: passeios ás quintas-feiras de tarde.

Ensino.

Estudos para as profissões liberaes e para o commercio;

Leitura, calligraphia.
Lingua nacional, Lingua franceza, Lingua latina, Lingua ingleza } grammatica, litteratura, traducção.
Mathematicas: arithmetica, geometria, algebra, etc.
Geographia celeste e terrestre.
Historia sagrada, antiga, moderna, chronologia.
Philosophia, logica, methodo, linguagem, estylo, juizo.
Physica e chimica.
Sciencias naturaes: estudos dos mineraes, dos vegetaes, etc.
Desenho: desenho de physionomia e desenho linear.
Architectura: construcção e levantamentos de plantas.
Musica: piano, canto, etc.

As materias supra são ensinadas conforme as exigencias da profissão para a qual os pais destinão seus filhos.

Condições para a admissão.

A pensão paga por trimestres adiantados é de	100$000
A meia pensão » » »	60$000
Os externos » » »	21$000

Todas as materias enumeradas são comprehendidas no preço da pensão; só a musica e a gymnastica são ensinadas por preços separados.

Os livros de estudo são fornecidos no lycêo ao preço da livraria.

Fornecimento do papel, pennas, etc., 2$; e com objectos para desenho, 3$.

Lavagem de roupa, 4$ por mez.

Os objectos de dormitorio são fornecidos pelo lycêo, dando-se uma entrada de 20$.

Figura 4.1
Liceu Roosmalen.

Nessa mesma década (1850), nenhuma prática corporal aparece nas propagandas das escolas femininas, ainda que o Colégio de Instrução e Educação das Meninas, dirigido pelos senhor e senhora Hitchings, ressaltasse as preocupações com o "desenvolvimento physico" das alunas. Para elas, todos os colégios ofereciam lições de habilidades domésticas. Em comum para os dois sexos, além de algumas cadeiras de conteúdo intelectual, havia o ensino da dança, como vimos, naquele momento, uma habilidade social valiosa.

Poucas mudanças houve até o final do século, à exceção de uma ou outra escola feminina que, sintonizada com o cenário internacional, também oferecia a ginástica para as meninas, como o Colégio Willians, dirigido por dona Emília do Paço. Somente na transição dos séculos XIX e XX esse quadro começa, lentamente, a se modificar.

Não surpreende que isso ocorresse no Brasil. No continente europeu, ainda que, no decorrer do século XIX, as mulheres tenham "invadido" o território dos exercícios ginásticos, o que ocasionou inclusive modificações nos discursos (tornou-se corrente a argumentação de que a prática traria benefícios para a maternidade), a ginástica foi centralmente concebida como estratégia para forjar o novo modelo de homem que o conjunto de mudanças relacionadas aos projetos de modernidade requisitava,[39] inclusive no que se refere à defesa da nação.

No Brasil, o já citado doutor Eduardo Abreu deixava isso claro: a ginástica era considerada integrante fundamental da preparação de um soldado-cidadão que estivesse pronto a defender o império a qualquer momento. O médico, para legitimar seu ponto de vista, lembrava o quanto a prática fora de fundamental importância para os exércitos da antiguidade, um dos elementos que teria garantido os belos desempenhos em combate.

Para o esculápio, a prática da ginástica e de outros exercícios, como a esgrima, a equitação e a natação, tinha três grandes benefícios. Um deles era de caráter "médico", incidindo tanto sobre o corpo quanto sobre o

39 Uma interessante discussão sobre a relação entre atividades física e masculinidade é procedida em Oliveira, *A construção social da masculinidade*.

caráter, dotando o indivíduo de saúde, virilidade, coragem e energia. Mais ainda, tratava-se de uma ferramenta para prevenir o que considerava maus hábitos, tais como a masturbação e a homossexualidade:

> A adolescência é [...] a época em que o exercício físico e higiênico é o mais útil e próprio, derramando sobre todos os músculos a seiva vital que tende a concentrar-se nos órgãos da geração; com ele, pois, prevenimos os hábitos ociosos que o excesso da sensibilidade destes órgãos determina muitas vezes.[40]

Outro benefício era de caráter militar. Os exercícios ajudariam a combater uma tendência à acomodação física ocasionada pelo aperfeiçoamento do material bélico. Isso teria desdobramento nas "faculdades mentais" do combatente:

> Nossa tática moderna, desde a invenção das armas de fogo, tem sido o germe destruidor da educação ginástica, depreciando uma tão útil e importante base da educação do soldado, seguida da sensível diminuição de sua força física e de sua repugnância aos trabalhos.[41]

Figura 4.2
Careta, ano 3, número 119, 10 de setembro de 1910.

40 Abreu, "A educação física e moral dos corpos: Francisco de Mello Franco e a medicina luso-brasileira em fins do século XVIII", *Estudos Ibero-Americanos*.

41 Idem.

Por fim, o médico associava os exercícios ao combate da ociosidade, constituindo-se em um divertimento adequado para o soldado/cidadão/homem que se desejava forjar para o bem da nação. A prática, por ocasionar mais vigor corporal e desenvolvimento físico, afastaria as "enfermidades que assolam todos os corpos débeis e enfraquecidos", incluídos "os vícios e suas terríveis consequências, filhas da ociosidade e maus conselhos".[42]

Vejamos que até agora basicamente falamos de uma construção de masculinidade que se dá a partir de imagens ideais, ligadas às necessidades da nação no momento, ou a partir da relação com a ideia de feminilidade. Outra dimensão importante da prática de atividades físicas é estabelecer parâmetros de comparações entre os homens, potencializando os constrangimentos acerca de sua *performance* pública.

Tomemos como exemplo a representação da prática no célebre *O Ateneu*, de Raul Pompeia,[43] romance em que recria o cotidiano de uma instituição escolar, em parte inspirado em suas próprias memórias de quando fora aluno do Colégio Abílio da corte.[44] A educação física ocupa um espaço relevante na trama.

O tema aparece no segundo contato que o personagem principal, Sérgio, estabeleceu com o colégio: assistira a uma demonstração de ginástica, numa festa que se seguiu à cerimônia de encerramento do ano. A descrição é preciosa, uma representação de como as práticas corporais foram se constituindo em *performances* públicas masculinas. Vejamos como, no olhar de Sérgio, se apresentavam os alunos:

---

42 Para mais informações sobre a obra de Abreu, ver Silva, Melo, "Fabricando o soldado, forjando o cidadão: o doutor Eduardo Augusto Pereira de Abreu, a Guerra do Paraguai e a educação física no Brasil", *História, ciência, saúde.*

43 O romance foi lançado em 1888. Aqui trabalho com a versão disponível em: http://www.dominiopublico.gov.br/download/texto/bn000005.pdf.

44 Para uma discussão sobre a relação de *O Ateneu* com o colégio e sobre essa instituição, ver Valdez, "*Mens Sana In Corpore Sano*: os colégios do Dr. Abilio Cesar Borges, o Barão De Macahubas (1858-1891)". In: Lombardi, Saviani e Nascimento, *Navegando pela história da educação.*

> Cerca de trezentos; produziam-me a impressão do inumerável. Todos de branco, apertados em larga cinta vermelha, com alças de ferro sobre os quadris e na cabeça um pequeno gorro cingido por um cadarço de pontas livres. Ao ombro esquerdo traziam laços distintivos das turmas. Passaram a toque de clarim, sopesando os petrechos diversos dos exercícios. Primeira turma, os halteres, segunda, as massas, terceira, as barras. Fechavam a marcha, desarmados, os que figurariam simplesmente nos exercícios gerais.
>
> Depois de longa volta, a quatro de fundo, dispuseram-se em pelotões, invadiram o gramal, e, cadenciados pelo ritmo da banda de colegas, que os esperava no meio do campo, com a certeza de amestrada disciplina, produziram as manobras perfeitas de um exército sob o comando do mais raro instrutor.

Comandando esse verdadeiro exército de machos, o professor Batailard se apresentou trajado extremamente elegante, despertando a atenção de todos: "A admiração hesitava a decidir-se pela formosura masculina e rija da plástica de músculos a estalar o brim do uniforme, que ele trajava branco como os alunos, ou pela nervosa celeridade dos movimentos".

A apresentação dos exercícios, executados das mais diferentes formas e usando os mais distintos implementos, demonstrava a virilidade, a altivez, a ousadia, a coragem, a força desses jovens. Sérgio deslumbra-se com aqueles rapazes: "O coração pulava-me no peito com um alvoroço novo, que me arrastava para o meio dos alunos, numa leva ardente de fraternidade. Eu batia palmas; gritos escapavam-me, de que me arrependia quando alguém me olhava". Ele ficara convencido de que queria fazer parte daquele grupo.

No cotidiano do colégio, todavia, as coisas não eram tão belas como pareciam ser na apresentação. No internato, Sérgio tinha que aprender a lidar com várias formas de violência, inclusive de natureza sexual, enfrentamentos que fazem parte da construção da identidade masculina: não basta se apresentar como homem para as mulheres, os homens também devem reconhecê-lo como tal e para isso há um conjunto de exigências a serem cumpridas.

No âmbito das práticas corporais, esses enfrentamentos masculinos se exponenciam. Sérgio lembra:

Se em pequeno, movido por um vislumbre de luminosa prudência, enquanto aplicavam-se os outros à peteca, eu me houvesse entregado ao manso labor de fabricar documentos autobiográficos, para a oportuna confecção de mais uma infância célebre, certo não registraria, entre os meus episódios de predestinado, o caso banal da natação; de consequências, entretanto, para mim, e origem de dissabores como jamais encontrei tão amargos.

Sérgio narra com detalhes o que era chamado de natação, lembrando que nos dias de verão havia dois banhos diários, um momento de festa para todos. A cena carrega certo erotismo que, a partir da noção hegemônica de masculinidade, sempre incomoda os homens nesses momentos mais íntimos:

[...] turbulento debate de corpos nus, estreitamente cingidos no calção de malha rajado a cores, enleando-se os rapazes como lampreias, uns imergindo, reaparecendo outros, olhos injetados, cabelos a escorrer pela cara, vergões na pele de involuntárias unhadas dos companheiros.

A despeito do clima de alegria, havia certa tensão. Os mais novos temiam alguma abordagem dos mais velhos (normalmente mais fortes): "Dos maiores, alguns havia que faziam medo realmente, singrando a braçadas, levando a ombro a resistência d'água; outros se precipitavam de cabeça para baixo, volteando os pés no ar como cauda de peixe, prancheando sem ver a quem".

Segundo as memórias de Sérgio, nos banhos havia uma divisão por idades, mas o inspetor não dava conta de fiscalizar, "de sorte que ficavam expostos os mais fracos aos abusos dos marmanjos que as espadanas d'água acobertavam". Assim, o protagonista quase se afoga numa dessas "brincadeiras", sendo salvo por Sanches, um menino mais velho, que por tal motivo lhe impôs uma relação próxima. Como observa:

Tive depois motivo para crer que o perverso e a peste fora-o ele próprio, na intenção de fazer valer um bom serviço. Mas a consequência imediata do fato foi que forcei a repugnância que o Sanches me causava e me fiz todo gratidão para com ele e íntima amizade. Curiosa e acidentada tinha de ser essa minha aventura de apego e confiança.

Sérgio observa que a habilidade com as atividades físicas era um elemento de distinção no cenário escolar ("Os fortes constituem realmente uma fidalguia de privilégios no internato"), superando até mesmo distinções de classe e desempenho escolar. Indivíduos como Bento Alves eram reconhecidos (e temidos) pela força e compleição muscular. Faziam parte da tribo dos atletas, aqueles "que localizava(m) na protuberância nodosa dos bíceps o pundonor supremo da criatura".

É emblemático o caso de Nearço da Fonseca, que se fazia passar por um grande ginasta. Na hora de se apresentar publicamente, no momento da comparação com os outros homens, fez uma série de flexões (como diz Sérgio: "Ah! não sabeis, profanos que sois, quanto vale a flexão dos membros superiores!") e cambalhotas, demonstrando até alguma habilidade. Todavia, não tinha a força física necessária para ser admirado, era magro, era fraco, sendo por isso motivo de chacota.

Como pudemos ver, ontem, como hoje, se são grandes as restrições que cercam as mulheres, não são fáceis as responsabilidades que pesam sobre os homens.

Cena 3

Esse embate entre homens tem por excelência uma expressão literária no século XIX: *Dom Casmurro,* de Machado de Assis,[45] uma das mais importantes obras da literatura brasileira. Muitas foram as leituras procedidas sobre o romance, inclusive sugerindo que a tensão central que cerca a suspeição de traição não se dava entre Bentinho e Capitu, mas sim expressa as relações homoafetivas entre Bentinho e Escobar.[46]

45 O romance foi lançado pela Livraria Garnier, em 1900. Trabalho aqui com a versão disponível em: http://www.dominiopublico.gov.br/download/texto/bv00180a.pdf.

46 Para um debate nesse sentido, ver Miskolci, "O vértice do triângulo: *Dom Casmurro* e as relações de gênero e sexualidade no *fin-de-siècle* brasileiro", *Estudos Feministas.*

De qualquer forma, em qualquer das hipóteses, há claramente dois padrões de masculinidade em jogo; sendo mais preciso, há um modelo explícito de masculinidade, dramatizado por Escobar, e um de não masculinidade (já que não se adapta ao conjunto hegemônico de compreensões sobre os papéis sociais masculinos), desempenhado por Bentinho: "Fraco desde o início, ele é uma vergonha como homem. É o oposto da masculinidade integrada, da hombridade, da virilidade, da criatividade. A masculinidade dele é insultuosa".[47]

Uma das dimensões que marca a diferença entre os personagens é a compleição muscular e o envolvimento com a atividade física. Vejamos o diálogo entre Bentinho e Escobar:

> – O mar amanhã está de desafiar a gente, disse-me a voz de Escobar, ao pé de mim.
>
> – Você entra no mar amanhã?
>
> – Tenho entrado com mares maiores, muito maiores. Você não imagina o que é um bom mar em hora bravia. É preciso nadar bem, como eu, e ter estes pulmões, disse ele batendo no peito, e estes braços; apalpa.
>
> Apalpei-lhe os braços, como se fosse os de Sancha. Custa-me esta confissão, mas não posso suprimi-la; era jarretar a verdade. Não só os apalpei com essa ideia, mas ainda senti outra coisa: achei-os mais grossos e fortes que os meus, e tive-lhes inveja; acresce que sabiam nadar.

Escobar nada bem, tem o hábito de enfrentar mares bravios, e pode isso fazer porque tem bons pulmões e braços fortes: essa é mais uma das marcas que o caracteriza como um "homem convicto". No seguimento da trama, morre afogado, mas não por covardia, e sim por ousadia. Bentinho, ao contrário, toma ciência de sua fraqueza e inveja (ou deseja) o amigo: sabe-se débil em muitos sentidos.

De forma complementar, podemos também ler o ocorrido como um embate entre o homem da tradição bacharelesca, o intelectual e poeta que só se dedica às coisas da "mente" e do "espírito", e o novo profis-

47 Byington, "Dom Casmurro no divã: um estudo da psicologia simbólica junguiana". In: Carvalho, *O processo de Capitu*.

sional liberal burguês, que expressa com seu corpo comportamentos e posturas que marcam uma personalidade disposta a enfrentar desafios; empreendedora, se usarmos um termo contemporâneo: nos negócios e na vida cotidiana. Enfrentar o mar com seus próprios braços é uma expressão desse novo homem.

No Brasil, a natação começou a ser estimulada desde o tempo das "flutuantes", barcas instaladas no oceano, na altura do Hotel Pharoux (que se localizava nas cercanias da atual Praça XV, centro da cidade), para oferecer, de forma discreta, o acesso aos banhos de mar. Candido José de Carvalho era o proprietário do estabelecimento. Os ingressos custavam 600 réis para banhos durante o dia e 400 réis para banhos noturnos; crianças de 6 a 10 anos pagavam metade do valor, sendo gratuita a entrada para os mais novos.[48]

Na crônica de José Maria da Silva Paranhos ficamos sabendo que havia conforto para os que desejavam desfrutar do contato com a água do mar, que corria em banheiras disponíveis em camarotes reservados e limpos, ou "respirar um ar livre, gozar a vista do porto, e ouvir harmoniosos sons de um piano, que não cessa de gemer e cantar, para distrair os seus ouvintes".[49]

Em 1854, o *Almanak Laemmert* informa que foi inaugurada uma "Barca de Natação", fundeada ao lado da de banhos. Na edição de 1855, ficamos sabendo que o estabelecimento recebia alunos da rede escolar e oferecia lições de natação por 600 réis, com descontos para 20 lições. Um detalhe importante: dizia o anúncio, "A bordo tem entrada somente pessoas do sexo masculino".

A natação foi se difundindo por vários motivos. Contribuiu a popularização dos banhos de mar, sempre cercados de preocupação no que se refere à segurança. Também a maior valorização dos exercícios físicos nas escolas civis e militares. Mas certamente o maior contributo se deu com a melhor estruturação do remo: para os que se envolviam com o esporte náutico, nadar era mesmo uma questão de sobrevivência.

48 *Almanak Laemmert*, 1851.

49 *Jornal do Commercio*, Rio de Janeiro, 2/3/1851.

As agremiações náuticas incentivavam o aprendizado da natação e organizaram as primeiras competições melhor estruturadas, realizadas na baía de Guanabara (no caso do Rio de Janeiro), no rio Guaíba (Porto Alegre) e no rio Tietê (São Paulo). Esse é caso do Clube de Natação (depois renomeado para Natação e Regatas), fundado em 1896, que, em 1898, promoveu a primeira edição de um Campeonato Brasileiro, uma única prova de 1500 metros, sem estilo definido, exclusivamente para homens, realizada entre o forte de Villegaignon e a praia de Santa Luzia. A prova foi vencida por um remador: Abrahão Saliture.

Esse atleta foi um dos mais renomados das duas primeiras décadas do século XX, um exemplo claro do novo modelo de homem em voga. Tinha um defeito de infância no braço, mas nunca deixou que isso o impedisse de praticar esportes: foi nadador, remador, jogador de polo aquático, obtendo bons resultados em todas as modalidades. Forte, bem preparado, cortês, considerado moralmente como um exemplo, foi provavelmente um dos brasileiros que teve a carreira esportiva mais longínqua: começou a competir na última década do século XIX, depois de ter integrado, já com 37 anos, a primeira delegação do Brasil que compareceu a uma edição dos Jogos Olímpicos, em 1920, na Antuérpia, e ainda participou, com 49 anos, dos Jogos Olímpicos de Los Angeles, em 1932.

De fato, nos anos finais do século XIX, um novo modelo de corpo masculino e masculinidade definitivamente entravam em pauta. Como já discutimos em outra ocasião,[50] progressivamente músculos desenvolvidos passaram a ser mais aceitos e a estabelecer um novo padrão de *performance* pública. Demonstrar, como os efusivamente saudados atletas o faziam, saúde, coragem, vigor e virilidade, era estar em dia com uma nova ordem social que valorizava o ativismo e o protagonismo, sinais de uma nova moral em construção.

Essas imagens tornaram-se comuns em periódicos como *Revista da Semana*, *O Malho*, *Fon-Fon*, *Careta*. Espalhadas pelas páginas, sem estarem necessariamente relacionadas a uma matéria específica, na

50 Melo, "O corpo esportivo nas searas tupiniquins – um panorama histórico". In: Amantino e Priore (Orgs.), op. cit.

maior parte das vezes no máximo com uma legenda, fotografias apresentam um panorama daqueles que se tornavam eventos sociais cada vez mais relevantes.

Vale destacar a presença do esporte nessas revistas que, para Velloso, eram "o órgão de ponta na construção, na veiculação e na difusão do ideário moderno".[51] Esses periódicos "criava(m) modas e impunha(m) comportamentos, assumindo a estética burguesa como a forma fiel do mundo representado".[52] Elas materializavam o moderno, inclusive os novos comportamentos masculinos esperados, com os quais a prática esportiva estabelecia fortes relações.

Grand finale – masculinidades

Ser homem, ou melhor, tornar-se homem, saber que comportamentos adotar de acordo com o espírito de um tempo, é um aprendizado social, implementado por diferentes agências sociais, algo relacionado não só a dimensões culturais, como também à economia e à política, aos projetos de país e aos debates relacionados à identidade nacional. Por isso, dado o quadro complexo em que se insere o tema, mesmo que haja um conjunto de compreensões majoritárias, é mais adequado falar em *masculinidades*, que convivem e têm pontos de divergências.

Mesmo no campo esportivo percebemos essa variedade de posturas e posicionamentos. Por exemplo, uma ocorrência interessante, na década inicial do século XX, é o maior espaço concedido aos esportes que usam implementos tecnológicos, notadamente o automobilismo e a aviação. Ainda que dos envolvidos com essas práticas não se esperasse a mesma demonstração de força e compleição muscular comum aos atletas do remo, essas modalidades potencializaram certos valores masculinos.

51 Velloso, "Percepções do moderno: as revistas do Rio de Janeiro". In: Neves, Morel e Ferreira (Orgs.), *História e imprensa*. p.316.

52 Mauad, "O olho da História: fotojornalismo e a invenção do Brasil contemporâneo". In: Neves, Morel e Ferreira, op. cit. p.372.

Carros e aviões rapidamente passaram a ser compreendidos como extensões das expressões de masculinidade por serem, de um lado, sinal de sucesso financeiro e, de outro, por celebrarem ideias como velocidade, aventura, tecnologia. Os homens envolvidos como tais modalidades não poucas vezes eram encarados como heróis.

A narrativa de seus feitos ganhava um tom de epopeia. Vemos isso, por exemplo, na descrição da viagem que o francês Conde Lesdain fez de carro do Rio de Janeiro a São Paulo, em 1908. O outrora desbravador do continente africano e asiático, juntamente com três patrícios, levou mais de um mês para percorrer cerca de 700 quilômetros, tendo que improvisar combustível e enfrentar todos os problemas da falta de estradas. Ao chegar à capital paulistana, a equipe foi saudada pela população e recebida com honra nas residências mais ilustres, onde inclusive se encontravam alguns daqueles que seriam responsáveis pelo desenvolvimento do automobilismo na cidade.

O fascínio pela aventura atraiu muitos brasileiros para o automobilismo, curiosamente alguns desses também para a aviação, o que não chega a surpreender se considerarmos que Santos-Dumont estivera envolvido com ambas as atividades, sendo o responsável por importar o primeiro automóvel que desembarcou em terra brasileiras.[53]

Os aviadores decolavam de instalações esportivas (notadamente dos hipódromos) ou das principais ruas das cidades, sempre acompanhados por grande público disposto a celebrar esses novos aventureiros dos céus. A *Careta* (de 19 de abril de 1903) assim saúda, na seção Almanach das Glórias, um dos nossos pioneiros "navegadores do ar", Edu Chaves, quando realizou um de seus desafios, o *raid* São Paulo-Guarujá: "é o audaz argonauta do azul. Rasgando nunca dantes navegados caminhos aéreos, em atrevidos remimos de condor ousado, voou da famosa Pauliceia tradicional e progressista às bravias águas do oceano".

---

53 Para mais informações sobre o automobilismo, ver Melo, "O automóvel, o automobilismo e a modernidade no Brasil (1891-1908)", *Revista Brasileira de Ciências do Esporte*; Melo, "Das touradas às corridas de cavalo e regatas: primeiros momentos da configuração do campo esportivo no Brasil". In: Priore e Melo, op. cit.

Careta em S. Paulo

Raid S. Paulo-Guarujá

I — Edú Chaves,
no momento de partir para o Guarujá,
domingo ultimo.

II — O apparelho ao
sahir do hippodromo da Mooca.
Este *raid* foi corôado
do mais brilhante successo.

III — Edú Chaves, ao subir
para o apparelho,
domingo, afim de realisar o
raid São Paulo-Guarujá.

Figura 4.3
Careta, ano 6, número 263, 14 de junho de 1913.

Naquela transição dos séculos, quando definitivamente o esporte passou a ser relacionado com valores considerados modernos, houve uma curiosa ocorrência que merece ser mencionada: uma vez mais se estruturou uma prática que desde o século XVIII existia no país, uma reminiscência do período colonial que muitos queriam definitivamente apagar – as touradas.

As corridas de touros nunca tiveram no Rio de Janeiro grande continuidade. No período colonial, eram promovidas por ocasião de festejos, especialmente relacionados a datas importantes para a família real. No pós-independência, foram organizadas durante alguns anos em meados da década de 1820, no início dos anos de 1850, em meados da década de 1870, e novamente na transição de séculos.[54]

Ainda que com alguns pontos em comum com o modelo de masculinidade dramatizado pelos atletas do *fin de siècle*, os comportamentos e símbolos dos toureiros ocasionavam alguns incômodos. De um lado, ambos eram expressões do homem que enfrenta e supera a natureza, celebrando o desafio e a coragem. De outro lado, as formas físicas e as roupas exageradas dos segundos eram o oposto da tendência de economia de gestos dos primeiros. Um ratificava a vitória do urbano e da influência de França e Inglaterra. Outro exaltava o rural e lembrava o antigo colonizador. Um era higiênico, asséptico, saudável; o outro era sujo, bárbaro, ultrapassado. Simbolicamente, um era o futuro, o outro o passado. Ambos empolgavam o público.

Os toureiros, quase sempre oriundos de Portugal e Espanha, eram exaltados e admirados por muitos (entre os quais alguns que também admiravam os remadores, nadadores, corredores). Seus nomes e imagens eram presença constante nos jornais e revistas, representados como indivíduos audazes, todos "rica e elegantemente vestidos com uniformes próprios desses espetáculos vindos expressamente da Europa".[55]

---

54 Melo, "Das touradas às corridas de cavalo e regatas: primeiros momentos da configuração do campo esportivo no Brasil". In: Priore e Melo, op. cit.

55 *Jornal do Brasil*, Rio de Janeiro, 16/5/1897.

Figura 4.4
Foto de José Bento de Araújo, um famoso toureiro português que atuou no Rio de Janeiro na virada dos século XIX e XX.

Mesmo que cercada de críticas, notadamente por parte de alguns intelectuais, até mesmo os que mais frontalmente se mostravam contrários à prática tinham que reconhecer o seu sucesso. Vejamos, por exemplo, como descreve Olavo Bilac (que assina como Asmodeu) um dia de corridas: "Aos touros! – É agora o grito da moda. Todos os domingos, à tarde, quarenta mil pessoas enchem agora a Praça de Touros. E há lá dentro um entusiasmo delirante, e a multidão se esbofa a gritar, e os chapéus se cruzam no ar...".[56] Em outra ocasião, quando citara a

56 *A Bruxa*, Rio de Janeiro, 21/8/1896.

iniciativa da empresa de touradas de promover corridas de "amadores", o literato não deixa de reverberar a representação dos toureiros que era comum então:

> Achou a Empresa que, para atrair e entusiasmar o público, não bastavam a bravura e a elegância com que José Bento e Tinoco arremetem contra o gado, de cima dos seus belos bucéfalos de combate; nem a romântica palidez com que Colon passa a capa os bichos negros, de cabelo encarapinhado entre os chifres; nem o glorioso arrojo com que o *Caralinda* se atira à testa dos bois, nas pegas atrevidas que arrancam à multidão um berreiro uníssono de aplausos... Achou a Empresa que era preciso dar mais alguma cousa ao povo.[57]

Enfim, de qualquer maneira, enfrentando touros, cavalos, mares bravios ou elaboradas máquinas, valorizados socialmente passaram a ser aqueles homens que enfrentavam os perigos e expunham publicamente sua potência e virilidade. Ai daqueles que a isso não se adequassem...

---

57 *A Bruxa*, Rio de Janeiro, 16/8/1896.

5

Pais de ontem: transformações da paternidade no século XIX

Mary del Priore

Semeadores

"Meu querido filho e amadas filhas [...] escusado é que eu digo que muito vos amo e que de todos tenho muitíssimas saudades"; ou, "Meu amado filho e adoradas filhas", "recebei a benção que de todo o coração vos deita vosso saudoso pai que muito vos ama". A julgar pela biografia, ninguém diria que a voz desse pai extremoso foi a do homem de muitas amantes e personagem de eventos políticos que mudaram o rumo da história do Brasil: Dom Pedro I. Suas cartas repletas de carinho e preocupação com os filhos que deixou no Brasil, ao abdicar do trono e partir para Portugal, em abril de 1831, revelam mudanças e novas relações entre pais e filhos.

A tarefa de contar a história dos pais não é fácil. Existe uma grande abundância de informações que devem ser confrontadas às interferências temporais que atravessam, organizam e mudam, em ritmos diferentes, as realidades. Não falta munição. O discurso e as imagens sobre a paternidade, ora identificando-a a uma divindade ora a uma autoridade protetora, são inúmeros. A questão é compreender como o "ofício de pai" – como o denominou Pierre Legendre – é frágil, e reconstituí-lo é um desafio, pois se trata de unificar um objeto por meio de diferentes olhares.[1] E se trata de observar mudanças. Mudanças, pois a construção do sentimento do que chamaríamos "paternidade", ou seja, o "estado ou qualidade do pai" estava em curso, na primeira metade do século XIX. Modelada por múltiplas circunstâncias econômicas, culturais e sociais, a sensibilidade do genitor diante dos filhos não foi a mesma ao longo do tempo. Suas funções e imagem também se modificaram. A começar pelo sentido da palavra "pai".

Publicado em 1728, o dicionário do padre jesuíta Rafael Bluteau, num longo verbete em que discorre sobre teologia, mitologia e outros, define o "pai, o *pae* ou o *pay*" como "A primeira pessoa da Santíssima Trindade [...] que gerou seu filho Unigênito". Prossegue: "Nosso primeiro pai é Adão. Dava-se antigamente o título de pai aos fabulosos deuses da gentilidade" etc. E finaliza com um recado moral: "É próprio de um pai criar sua filha da maneira que se acostume a obrar bem de sua própria vontade".

Em 1789, outro dicionário, o de Antônio Moraes Silva, dedicou à palavra um verbete bem menor: era "o homem que fez o filho ou a filha e talvez que se reputa feitor dele, e neste caso, se diz putativo. E o mesmo do macho dos animais que fecundou a fêmea. O chefe da família, o cabeça do casal". E em 1832, Luiz Maria da Silva Pinto, reduziu mais ainda: "era o homem que fez filho ou filha", e deu à palavra um sentido figurado: "benfeito, autor, inventor". O pai sagrado declinava à medida que emergia o século da razão e da ciência.

Durante séculos, a palavra "pai" esteve referida ao Eterno. Apenas Ele, Deus Poderoso, era pai. E pai imparcial, cruel para corrigir os erros humanos, terrível na sua fúria e desejo de justiça. O Pai do Antigo Testamento era o fundador de uma ordem. Já o terreno, um mediador entre os seus familiares e a divindade. E, para a onipresença do Pai Eterno, o de carne e osso era figura bastante ausente. Deam-

1 Deluemau, *Histoire des pères et de la paternité*, p.434.

bulava dentro do vasto território da América portuguesa em busca de oportunidades de inserção num mundo de trabalho árduo e difícil. Foi lavrador, senhor de engenho de cana-de-açúcar, minerador, cativo trazido das costas africanas, artesão, condutor de tropa, dono de pequeno comércio, miliciano etc. Figura pouco nítida, pai era, por vezes, lembrado pela memória popular em expressões e ditados de uso comum: "Tal pai, tal filho", maneira de reconhecer os traços do genitor ausente. Tão ausente que expressões jurídicas da época manifestavam a realidade de muitos filhos: "de pai incógnito" – como rezavam os documentos de batismo. Afinal, a bastardia ou ilegitimidade se expressariam pela semelhança física. Eis por que muitos de nossos antepassados foram mais "filhos da mãe" do que do pai.

Mas, se ausentes fisicamente, o pai gozava de uma imagem fortíssima. Imagem que dominava a precária vida privada em curso nos primeiros séculos de ocupação da colônia. Em teoria, cabia-lhes velar por tudo, comandar o trabalho, distribuir comida e castigos. A lei, dentro de casa, era estabelecida por ele. Espécie de chefe grave e austero, a ele era atribuída a transmissão de valores patrimoniais, culturais e o patronímico que assegurariam à criança sua passagem e, depois, sua inclusão na sociedade. Para o poder do pai, não havia freios – sublinhou Sérgio Buarque de Holanda.[2]

Ao conservar resquícios do sistema romano, o direito pré-codificado conferia ao pai poderes que nem a maioridade interrompia, quando o filho completava 25 anos. A sujeição dos filhos era absoluta e alcançava os naturais e espúrios pela indicação de um tutor. As características gerais do instituto do pátrio-poder não competiam à mãe. Cabiam-lhe, apenas, certos direitos relativos à obediência filial, registrados no livro IV, título 87, das Ordenações Filipinas. E a situação só mudaria depois da proclamação da República.

A preocupação em não apenas engendrar, mas, sobretudo, em educar filhos, irrompeu durante o Renascimento. Em 1685, em Portugal, o padre jesuíta Alexandre de Gusmão, inspirado num clássico que correu

2 Buarque de Holanda, *Raízes do Brasil*, p.81.

a Europa, da pena de Erasmo de Roterdã – *A civilidade pueril* – publicou o seu *A arte de criar os filhos na Idade da Puerícia.*[3] Guiado pela visão religiosa que se tinha da educação, Gusmão não tinha outro objetivo: criou uma obra para provar que o bom cuidado dos filhos significava os bons costumes dos pais. A primeira parte, voltada para os genitores, não deixava dúvidas. Os capítulos se sucediam com os títulos: "Da crueldade de pais que matam os filhos", "Dos que os enjeitam", "Do quanto agrada Deus os que bem os criam", "Quão severamente castiga Deus nesta vida os pais negligentes na boa criação dos filhos". Na outra vida também sobravam castigos.

Na segunda parte, o autor buscava colocar pais e filhos no bom caminho. Cabia aos primeiros ensinar aos segundos a castidade, a temer o pecado, não deixá-los soltos nem os cobrir de mimos. Castigar os filhos moderadamente, encaminhá-los na devoção da Virgem Maria, não praguejar na sua frente, zelar sobre suas brincadeiras etc. Ao final, admoestava severamente sobre as consequências da má criação, para filhos e pais: cumprir as penas no inferno![4]

Apesar da grande mobilidade da população masculina, mobilidade que poderia pressupor certa ausência de normas, os primeiros cronistas a escrever sobre a Terra de Santa Cruz já sublinhavam regras para o exercício da paternidade responsável. Em 1711, o jesuíta e educador André João Antonil recriminava:

> Ter os filhos sempre no engenho é criá-los tabaréus, que nas conversações não saberão falar de outra coisa mais do que cão, cavalo ou boi. Deixá-los sós na cidade é dar-lhes logo liberdade para se fazerem viciosos, e encherem-se de vergonhosas doenças. Para evitar, pois, um e outro extremo, o melhor conselho será pô-los em casa de algum parente, ou amigo grave e honrado,

3 Entre nós publicado com a organização de Renato Venâncio e Jânia M. Ramos, pela Martins Fontes, 2004.

4 Ver sobre Gusmão, Araújo e Toledo, "Sobre a concepção de infância do Padre Alexandre de Gusmão (1629-1724)". Disponível em: http//dx.doi.org.10.5212/publicatiohum.v.16i1.14.1152.

onde não haja ocasiões de tropeçar, o qual folgue de dar boa conta de si, e com toda a fidelidade avise do bom ou mau procedimento, ou do proveito e negligência do estudo.[5]

Mas a quem se dirigia o jesuíta? Seu interlocutor não era o pai que deambulava ou labutava a terra, mas o dono de engenho de cana, bem instalado em sua terra, cujo poder rivalizava com o da Santa Madre Igreja. Tinha início um verdadeiro cabo de guerra: à superioridade moral e intelectual dos padres opunham-se a força física e o medo que exercia o genitor na casa-grande patriarcal. A intenção da Igreja era a de educar os jovens e futuros pais de acordo com a tradição cristã. A dos pais, criar filhos à sua maneira.

Mas essa foi também a briga do chicote do genitor contra a palmatória do professor. Pois o castigo físico era costumeiramente aplicado tanto por pais quanto por padres. E considerado pedagógico, se aplicado com a finalidade de aprender. "Deitar a perder os filhos", ou seja, mimá-los em vez de "castigá-los quando obrassem mal", era obrigatório. Bolos, beliscões, palmadas e surras mediavam as relações parentais, e não faltavam contos moralistas e pequenos poemas em que os "maus filhos" solicitavam disciplinas:

Para que andas com carrancas
satisfaça a sua ira
dê nessas mãos, nessas costas
dê, que assim só me ensina.

Afeto nos gestos? Pouco. Afinal, como dizia Francisco Manoel de Melo, "não era coisa pertinente a um homem ser ama nem berço de seus filhos".

A autoridade patriarcal exercia-se de preferência sobre os filhos homens, futuros herdeiros do esforço dos pais. Pouco a pouco, estes concederiam aos professores e mestres as prerrogativas de exercer, em

5 Antonil, *Cultura e opulência no Brasil por suas drogas e minas*, p.22.

seu lugar, a violência contra os filhos. Tratados como "carneiros ou carneirinhos" – alcunha que receberam os jovens estudantes do seminário de Olinda, primeiro colégio de instrução secundária no Brasil – cabia-lhes manter os olhos baixos, mãos às costas, boca fechada. A ideia era transformá-los em adultos o mais rápido possível. Fazê-los passar de meninos a homens. Ao chegar ao Brasil, em 1808, o inglês John Luccock não pode deixar de observar que a pressão patriarcal fazia meninos tristes, calados, doentes, de olhos fundos. Desde cedo, usavam ternos escuros, portavam barbas e bigodes enormes e eram dados ao rapé e ao fumo, queixava-se, igualmente o padre Miguel do Sacramento Lopes Gama, redator do jornal *O Carapuceiro*, que circulou entre 1832 e 1847.

Ao mesmo tempo em que buscava monopolizar a autoridade e educar os jovens, a Igreja valorizava a piedade filial. Era preciso assegurar a influência patriarcal, apesar das mudanças que atravessavam a paisagem urbana e rural. A imagem exemplar e majestosa de deus pai, pintada em gravuras e tetos de capelas ou distribuída em "santinhos", confirmava o poder paterno. A iconografia sobre São José, pai adotivo e marceneiro, ensinando o menino Jesus a trabalhar, exprimia um modelo feito de força e ternura. São José protetor, tal como o pai de carne e sangue, devia ser guia e mestre.

Mas como identificar-se a um comportamento amistoso, se a relação entre gerações era vertical? Às perguntas dos jovens, as respostas eram poucas ou nenhumas. O costume de não dialogar era tão difundido que o bispo Azeredo Coutinho, fundador do colégio do seminário, admoestava os genitores: "antes pelo contrário, convém dar-lhes mostras de gosto em respondê-las". Afinal, o pai só conjugava os verbos no imperativo. Foi Capistrano de Abreu quem definiu a família nos primeiros séculos da América portuguesa: "Pai soturno, mãe submissa, filhos aterrados".

O pai foi, durante séculos, um mecanismo fundamental de estruturação de famílias, principalmente de seu poder. Ele era um eficiente mecanismo da articulação da família com o Estado e a Igreja. Ele representava uma genealogia, um nome e o sangue, e, em muitos casos, a influência política de famílias, reunidas em torno de um patriarca mais forte ainda. E, mesmo nas famílias pequenas ou reduzidas, ele era a voz do comando.

Pioneiro em estudar pais e filhos, Gilberto Freyre desenhou o universo dos patriarcas. Do homem feito, capaz de reproduzir biologicamente e de corresponder à definição dos dicionários: o que fazia filhos. Senhor de família numerosa ou não, com descendência legítima ou ilegítima. Patriarcas que não excluíam a miscigenação entre brancos, negros e índios.[6] Tal o seu prestígio que, segundo Freyre, a passagem entre a infância e o mundo adulto era rápida. O rapaz imitava o velho, desde a adolescência.[7] O menino queria, somente, ser como o pai.

Quando pequenino, era adorado. Identificado a um anjo, quando morria era vestido como tal. O viajante Du Petir Thouars viu uma destas criaturas sendo veladas como tal, em Santa Catarina em 1825. Flores na cabeça, ramos na mão e o corpo depositado sobre uma espécie de altar cercado de mulheres chorosas. Diz Freyre:

> Mas essa adoração do menino era antes dele chegar à idade teológica da razão. Dos seis ou sete anos, aos dez, ele passava a menino-diabo. Criatura estranha que não comia na mesa nem participava de modo nenhum de conversa da gente grande. Merecendo vigilância e corretivos. Tratado de resto. Cabeça raspada: os cachos do tempo de anjo guardados pela mãe sentimental no fundo da gaveta da cômoda ou oferecidos ao Senhor dos Passos para a cabeleira de dia de procissão. E porque se supunha essa criatura estranha cheia do instinto de todos os pecados, com a tendência para a preguiça e a malícia seu corpo era o mais castigado dentro da casa.[8]

Em seu clássico, *Sobrados e mucambos*, Gilberto Freyre delineou uma figura de pai que estaria associada às mutações na economia, ao

6 A tese explorada por Gilberto Freyre em seu clássico *Casa-grande e senzala* foi aplicada para a região sudeste por Eni Samara Mesquita, em *As mulheres, o poder e a família*.

7 Ver seu clássico *Sobrados e mucambos*, especialmente o capítulo III, "O pai e o filho".

8 Idem, p.68.

aumento da urbanização, ao aparecimento do liberalismo no campo das ideias. A migração campo-cidade acelerada durante a Primeira Regência, atingiu camadas urbanas e elites econômicas das cidades litorâneas. Essa política econômica remodelou as cidades com a implantação dos sobrados, na multiplicação de atividades comerciais e dos serviços, no surgimento das primeiras escolas. No interior da nova morada, um modelo de família era proposto: a mulher dentro, o homem fora. Ao longo da segunda metade do século XIX, domicílio e lugar de trabalho começaram a se divorciar. Tornaram-se espaços distintos. Tal modelo, porém, servia ao centro, não à periferia da sociedade. Nas camadas subalternas, os pequenos artesãos, por exemplo, guardavam o resquício dos tempos idos: labutavam onde comiam e dormiam. As áreas rurais, também, adaptavam, muito lentamente, as normas herdadas por um distante passado às mudanças econômicas e políticas que se introduziam. Na roça, a separação entre a casa e a rua não se tinha operado, tampouco nos ofícios do mar, em que pais e filhos embarcavam juntos rumo ao desconhecido. O pai marinheiro, o filho grumete.

Mas as mudanças chegavam inexoravelmente. Ao final do século XIX, o chefe de família, que cedo saía para o trabalho, regressava à noite. Trazia o ganho, o salário ou o pão. Aguardavam-no. Se chegasse na hora esperada, era o bom pai. Atrasado e bêbado, o mau. Reproduções se multiplicaram difundindo a tema. Na literatura, os pais bons e maus eram apreciados, descritos e discutidos. Durante um século a imagem do pai se transformou. De início, aliou-se à igreja e à escola, depois à medicina, para exercer seu poder. Mas, pouco a pouco, viu seu poder escapar entre os dedos. Ao longo de cem anos, sua imagem ganhou novas figuras. Modelos, representações e realidades impuseram lenta, mas inexoravelmente, um recuo ao poder do patriarca.

No início era o pai...

Nos primeiros tempos da então colônia, onde estavam os pais? Escondiam-se atrás do pátrio poder que, entre nós, como entre os romanos, era a pedra angular da família. O viajante francês Charles Expilly (1814-1886), de passagem pelo Brasil em 1852, reconhecia na vida cotidiana o que chamava de "despotismo paternal",[9] confirmando a longa duração do prestígio patriarcal. Um despotismo consolidado junto à colonização da América portuguesa. A família constituía, pelo menos na aparência, uma entidade organizada e incumbida de certo número de funções sociais. Ao homem era conferido o papel de provedor, o que lhe assegurava, pela lei da Igreja e do direito natural, a posição de "cabeça do casal".

Embora o casamento com as bênçãos da Igreja fosse um ideal a ser perseguido, um sinônimo de respeitabilidade e segurança, a maioria dos genitores vivia em ligações consensuais e estáveis. Independentemente do tamanho da família, sobretudo nas áreas rurais, tal estabilidade era fundamentalmente o eixo da sobrevivência de todos. Homens e mulheres tinham papéis diversos, na manutenção da lavoura, que os alimentava, e nas tarefas domésticas. Os filhos, mal se punham de pé, eram incorporados às tarefas cotidianas: alimentar a criação, tirar o mato das plantações, colher lenha, carregar instrumentos. Nesses núcleos familiares, o pai representava a autoridade, a força de trabalho e o conhecimento prático e técnico que era transmitida aos filhos. Saberes sobre como lidar com a terra, quando plantar ou colher, como armazenar cerais ou cuidar do gado eram cuidadosamente transmitidos de pai para filho. As angústias meteorológicas e as sabenças sobre chuvas e secas, também. O empirismo era um bem inestimável.

Nas áreas semiurbanas ou urbanas, a mobilidade masculina era maior. Muitos pais de família eram incorporados à vida militar, sem o desejar. Outros faziam da prestação de serviços, da exploração de seus escravos e do comércio seu ganha-pão.

Mas havia regiões do país em que os pais estavam ausentes. No caso da São Paulo colonial, as pesquisas demográficas de Maria Luíza Marcílio apontam para uma alta incidência de lares conduzidos por mulheres. Mais de 40% da população da cidade.

9 Expilly, *Mulheres e costumes do Brasil*, p.401.

Neles, filhos legítimos conviviam com os filhos naturais ou bastardos de seus pais e mães. Não era incomum que, na ausência prolongada do par, a mulher reconstituísse sua vida. Se não o fizesse, liderava a casa e a família com o mesmo poder e autoridade do pai.[10] O crítico literário Antonio Candido sugere mesmo que tais mulheres tenham desenvolvido aspectos viris de sua personalidade, a fim de ocupar o lugar do homem.[11] Do pai.

Nas Minas Gerais, estudada por Luciano Figueiredo, a situação não era muito diferente quanto à forma que as uniões consensuais tomavam.[12] Quando as coabitações com novos companheiros se consolidavam, o novo homem da casa podia substituir o pai. Na freguesia de Santa Bárbara, Vila Rica, em 1722, por exemplo, certa Ana Bárbara passou a coabitar com Leandro de Castro, "após o que, seus filhos o tratam de pai", afirma um documento. "Tratar um filho por seu", demonstrou o historiador, não era incomum. A expressão, que revela afeto e responsabilidade, aparece também nas alforrias de filhos tidos com escravas.

Em relação aos filhos, sempre houve amor e desamor: faces da mesma moeda. Por exemplo, na mesma Vila Rica, certo Antônio Freitas, pai de um bastardo, não teve dúvidas. Ao vir ao mundo, o genitor "pediu à parteira que o batizasse logo". Em seguida, meteu a criança "em um tabuleiro", o cobriu de roupas e panos, de forma que "assim abafada, morreu". Ausência de sentimento simplesmente, de sentimento de família e, portanto, de intimidade doméstica?[13]

Malgrado a violência, era visível a preocupação dos genitores com o destino dos filhos, mesmo naturais e adulterinos. Garantir-lhes estabilidade futura era lei, fazia parte do papel do pai. Nos inventários e testamentos, bens eram deixados mesmo para os frutos das relações ilegítimas, resultado, como se dizia então, da "fragilidade da carne".

10 Marcílio, *A cidade de São Paulo: povoamento e população 1750-1850*.

11 Candido, "The Brazilian Family".

12 Figueiredo, *Barrocas famílias – vida familiar em Minas Gerais no século XVIII*.

13 Ariès, *História social da criança e da família*, p.17.

O direito à herança, contudo, só existia quando a criança não era adulterina. Quando o pai era casado, muitos dotes tomaram a forma de esmola, disfarce a ser deixado aos bastardos. No caso de filhos tidos com escravas, a situação se complicava. Eles passavam a ser vistos como um problema para os meios-irmãos legítimos. Se reconhecidos, podiam entrar na partilha legal. Já os pais solteiros reconheciam os seus com relativa facilidade, mesmo os havidos com cativas.

São abundantes para o norte fluminense, São Paulo e Minas Gerais, exemplos como o registrado por Sheila de Castro Faria para São Gonçalo, no recôncavo da Guanabara. Ao morrer em 1693, certo Francisco Gonçalves Garcia, natural da ilha da Madeira, registrava:

> [...] que fora casado na ilha da Madeira com Maria Gonçalves, da qual não tivera filho nem filha, e que de presente era casado com Bárbara da Silva, nesta freguesia, da qual tem uma filha por nome Maria [...] e sendo casado com sua primeira mulher, tivera um filho de uma negra cativa nesta terra, por nome Antônio, o qual por ser adulterino não pode nunca ser seu herdeiro e só por lhe fazer esmola o forrou em sua vida de seu antecessor, Pedro de Abreu e deu por ele 25 arrobas de açúcar e pelo criar e lhe fazer esmola lhe deixava 20$000 [...].[14]

Embora a tendência fosse esquecer os filhos ou netos escravos, não faltou quem se preocupasse ou se afeiçoasse ao filho ilegítimo tido com uma cativa. Caso de certo Luís Gomes Sardinha, falecido em 1687, que declarava a seu testador ter:

> Um mulatinho por nome Francisco, o qual por serviço de Deus e por ser meu filho dei a Jerônimo Carneiro de Albuquerque 35$000 para o livrar de ser cativo e para assim, peço pelo amor de Deus a meus filhos e filha Isabel de Andrade, lhe façam uma carta de alforria, visto ser meu filho, e rogo muito a minha filha o conserve em sua companhia, doutrinando-o e castigando--o como seu irmão e tanto que for capaz de aprender algum ofício para se sustentar [...].[15]

---

14 Faria, *A colônia em movimento*, p.67.

15 Idem, p.91.

A consagrada autoridade do pai fazia com que muitas esposas criassem em suas casas os filhos ilegítimos de seus maridos. Eles continuavam como enteados mesmo após a morte do cônjuge. A sociedade, porém, possibilitou a absorção destes elementos, protegendo-os. Não são raros os documentos que comprovam que tais crianças tinham direito ao afeto e cuidados da esposa do pai.[16]

Foi também o caso, no início do século XIX, do poeta Gonçalves Dias, filho natural de um comerciante português, a quem o pai fez estudar latim, francês e filosofia, e cuja madrasta, uma maranhense, encarregou-se de matriculá-lo no curso de Direito da Universidade de Coimbra, garantindo seu futuro.

E quando eram muitos os filhos e muitas as mulheres? Veja-se o caso de um paulistano, em 1859. Ele preferiu distribuir seus bens entre todos:

> Declaro que sou solteiro [...] tive e tenho nove filhos naturais que reconheço como meus, a saber: João e Gualdenia, havidos por cópula com Joaquina Justiana; Ana Eufrosina, Joana Batista, Maria do Carmo, José e Joaquim, todos havidos do mesmo modo com Maria Jacinta.[17]

A palheta de sentimentos humanos se enriqueceu graças a fatos objetivos. Meninos e meninas, por exemplo, não mantiveram o mesmo tipo de relação com os pais. Mais vulneráveis e expostas numa sociedade masculina, as meninas reclamaram mais atenção. Cabia aos pais proteger a virgindade de suas filhas. Ou evitar-lhes uma potencial gravidez. Nos processos crime que nos contam a vida das que perderam sua honra, vê-se que muitos genitores são acusados do erro de suas filhas: eram bêbados, jogadores, exploradores, debochados etc. Os juízes responsabilizavam os jovens; também os pais.

Mas uma filha seduzida podia ser bom negócio. A jovem caída e suas torpezas levaram à correção de muitas misérias, por meio de inde-

16 Ver o meu *Ao sul do corpo, maternidades, mentalidades e condição feminina no Brasil colonial*, especialmente o capítulo "Mães que davam leite, mães que davam mel".

17 Mesquita, *As mulheres, o poder e a família*, p.64.

nizações e benesses. Uma filha seduzida podia render pensão, abrigo, alimentos e escravos, quando se tratava de sedutor aquinhoado. Os pais não perdiam por ameaçar os *Don Juan* tropicais. Em Ubatuba, 1771, certo João Correa

> [...] conversava ilicitamente com Antônia Correa quando chegou seu pai, Martinho Coelho, e logo puxando por uma faca conduziu o réu para dentro de casa, onde, fechando as portas, ameaçava o réu com a mesma faca, que havia de casar com sua filha se não o haveria de matar. [...]

Doutrinar, castigar, encaminhar, solucionar problemas, tais os mandamentos do bom pai. Cumpridos por pressão social ou por medo das penas a pagar no inferno.

Havia ainda os que perdiam mulheres e companheiras e que encaminhavam sua prole aos avós, tios, primos e compadres. Parentes em melhor situação podiam ajudar mais. Quando tendo bom comportamento, sendo honestas e de bom costume, tais crias, como eram chamadas, podiam ser recompensadas com esmolas. A transferência para outra unidade familiar, ou a circulação das crianças entre parentes e amigos, também foi comum. Sob o pátrio poder ficavam filhos solteiros de pouca idade. Eram denominados "filhos aparentados" ou "sob o pátrio poder". A situação se estendia aos dependentes, fora de casa. Filhos e pais separavam-se quando os primeiros casavam e estabeleciam-se fora da propriedade paterna, em pequenos sítios. Os mais pobres eram encaminhados para aprender ofícios ou se tornaram lavradores ou serviçais. Em caso extremo, podiam ser encaminhados para a caridade pública, como se verá adiante. Na velhice, muitos pais foram cuidados por filhas solteiras.

Estava nas mãos do pai o consentimento para o sagrado matrimônio. Afinal, tal decisão podia pesar no futuro dos filhos. Cabia-lhe, por sua autoridade, escolher e até determinar suas escolhas, sem lhes consultar inclinações e preferências. A maior parte dos casamentos fazia-se sem que os nubentes se tivessem jamais encontrado. À medida que o século XIX avançava, documentos demonstram que pais extremados não hesitavam em endividar-se para conseguir bons maridos para suas filhas. O importante é que elas tivessem um dote. Quanto aos filhos, endividar-se e enviá-los para estudar na Europa era frequente.

O matrimônio contraído à revelia dos pais, em geral, resultava punições de diversos tipos, entre elas, a exclusão do patrimônio familiar. As Ordenações Filipinas, leis que regulamentavam em Portugal e colônias direitos e deveres, prescreviam:

> Se alguma filha, antes dos 25 anos dormir com algum homem, ou casar sem mandado de seu pai ou mãe não tendo pai, por esse feito será deserdada e excluída de todos os bens ou fazenda do pai, ou mãe, posto que não seja deserdada expressamente.

Ou seja, destruir a autoridade paternal equivalia a atentar contra a moral e os bons costumes. Era feito inadmissível. Caso tais uniões ocorressem, genros e noras tornavam-se malquistos, e o resultado era visível nos testamentos paternos: nenhum benefício. Se, ao contrário, correspondiam ao que deles esperava o sogro, ganhavam benesses e tratamento preferencial em detrimento de outros parentes. Casamento entre pessoas desiguais, acentuando a desigualdade de condição ou cor? Somente com o consentimento do pai.

Um pai podia ainda matar seu filho ou filha que o desonrasse. Podia tratá-lo ou castigá-lo como a um escravo. O pai era senhor absoluto na administração da justiça familiar. E o fazia até como Salomão. Em Pitangui, Minas Gerais, um patriarca partiu ao meio a machadadas o genro. Entregou uma parte a filha e a outra à legítima esposa que veio acusá-lo de bigamia.[18] Num engenho do Nordeste, ao suspeitar da nora que teria cometido adultério, um patriarca promoveu um julgamento familiar. Resultado? Mandou matar a jovem. A justiça local nada conseguiu para impedi-lo.[19]

18 Idem, p.70.

19 Buarque de Holanda, *Raízes do Brasil*.

A honra patriarcal era um capital simbólico da maior importância. Atacá-la ou reivindicá-la consistia em atitude corrente em todas as classes sociais e definia limites no cotidiano das pessoas. Honra que, roubada a um filho, tantas vezes exigiu vingança. Em *O tronco do ipê*, de José de Alencar, o protagonista Mário tenta suicídio, pois não consegue vingar a morte do pai.

O espelho quebrado

Emblemático é o argumento paterno, tão bem captado por Machado de Assis em *Memórias póstumas de Brás Cubas*, texto revelador das relações entre pais e filhos, além de uma crítica à decadência do império. No capítulo XXVIII, o velho Cubas busca convencer o filho a aceitar o casamento e, junto, a carreira política que pensava ter-lhe arranjado. O jovem resistia, a princípio, mas acabou cedendo aos argumentos do pai:

> [...] não gastei dinheiro, cuidados, empenhos para te ver não brilhar, como deves, e te convém, e a todos nós; é preciso continuar nosso nome, continuá-lo e ilustrá-lo mais ainda [...]. Teme a obscuridade, Brás; foge do que é ínfimo. Olha que os homens valem por diferentes modos, e que o mais seguro de todos é valer pela opinião de outros homens. Não estragues as vantagens da tua posição, os teus meios [...].[20]

Brás abraçou os conselhos do pai. Afinal, eles refletiam a "sede da nomeada", "o amor da glória". Representavam algo característico na época: a possibilidade de seguir apegado a privilégios, validar a dominação senhorial fazendo das alianças um caminho para se ter mais bens, mais escravos, título mais alto, em suma, mais poder.

No século XIX, novas funções para além da garantia da sobrevivência e a tessitura de alianças vão se consolidando na figura do pai. Manter a família unida passa a ser objetivo para muitos deles. Ameaçada

20 Sobre essa passagem de Machado de Assis, ver Chalhoub, *História em coisas miúdas: capítulos de História Social da crônica no Brasil.*

pela desagregação e os revezes da fortuna, ela poderia destruir-se. Não à toa, ao final do século XIX, em Pernambuco, Ambrósio Machado da Cunha Cavalcanti, senhor dos engenhos Gaipió e Arandu de Baixo, político dos últimos anos do império, por ocasião da Semana Santa, reunia filhos, netos, noras e genros, "sem faltar um só e sem estar presente pessoa alguma estranha". Todos tinham assinado um termo: tais reuniões se repetiriam enquanto houvesse um descendente. A intenção era fortificar os laços de harmonia e amizade no seio da família, "acabando-se qualquer desgosto ou malquerença que por ventura possa existir entre eles" – esclarece Evaldo Cabral de Mello.[21]

Malquerenças e insubordinação podiam nascer de uma brecha da lei? É possível que uma resolução inserida no direito tenha dado início a uma mudança de comportamento. Em outubro de 1831, fixou-se a idade de 21 anos, não mais de 25, para aquisição de capacidade civil.[22]

Conta Gilberto Freyre que são várias as cartas que na época refletem atitudes de revolta, quando não de independência, da parte de moços para com velhos. O jovem que estudou na Europa, na Bahia ou em São Paulo, polido e urbano ia tomando o lugar do chefe de família, arraigado a seu engenho ou à fazenda de café. Sinais de revolta podem ser detectados na correspondência de então. "Meu pai e senhor. A benção. Recebi duas cartas de Vossa Mecê [...] pratiquei uma ação que era absolutamente oposta ao preceito sagrado de Vossa Mecê, sim, cometi este horrendo crime e por quê cometi? Seria por ventura porque me vendesse por dinheiro?". E explicava que se casara com a filha de um padre rico. Fugas, raptos de noivas e casamentos fora da escolha paterna foram os primeiros traços de insubordinação de filhos contra pais. Algo mudava.

Observa-se que a sociabilidade juvenil, exercitada nos cursos de direito ou medicina de Recife, Salvador e São Paulo, engendrava um desejo de autonomia da vida privada. Festas, bailes, cafés, confeitarias e *footing* nas principais ruas das grandes capitais incentivavam encontros,

21 Mello, "O fim das casas-grandes", p.392. In: Alencastro e Novais, *História da vida privada no Brasil.*

22 Ver, sobre a legislação, Beviláqua, *Direito de família.*

amores, pecados. Os rapazes começavam a ignorar limites para obediência. Tanto mais quanto a vida de estudos ou de formação profissional – os que não estudavam iam aprender um ofício – os deixava à mercê de outros homens mais velhos: o professor, o mestre de ofício. Instaurava-se uma clivagem – iniciada lá atrás com as escolas jesuíticas – entre o princípio de pedagogia paterna e a separação entre vida familiar, trabalho e formação. O pai deixava de ser a única fonte de conhecimento. Mas tal clivagem também colocava, no lugar de obrigações e constrangimentos, o apego voluntário e livremente consentido ao genitor.

Além das escolhas matrimoniais serem ainda causas de conflitos entre pais e filhos, esses também resultaram do modo de vida da juventude, suas aspirações e de desvios dos adolescentes recusados pelos pais em nome da honra da família. Conflitos de interesse devidos à designação do primogênito para assumir negócios, à cupidez de uns e outros na partilha de bens, à excessiva longevidade do pai também resultavam em asperezas.

Os filhos ganhavam, também, visibilidade na vida pública. Moços foram tomando os lugares de maior importância na administração, na política, na magistratura e na diplomacia do Segundo Reinado. O país que se acostumou a governadores e a bispos arrastando os pés, e patriarcas cuja idade era um título de nobreza e uma condição de prestígio, acabaria vendo um bispo de Olinda quase um menino: Dom Frei Vital Maria de Gonçalves de Oliveira. Bispo aos vinte e tantos anos, a barba de capuchinho parecendo postiça em rosto tão moço.

E na presidência das províncias, nos ministérios, na Câmara, foram aparecendo bacharéis de vinte e poucos, trinta anos. Ninguém com quarenta: Honório Hermeto Carneiro Leão, depois Marquês do Paraná, aos trinta, já era ministro da Justiça; aos trinta e um, Manuel Francisco Correa governava a província de Pernambuco; João Alfredo, aos trinta e cinco, era ministro do império; Rodolfo Dantas, aos vinte e oito anos; Afonso Celso, aos vinte e sete, ministro da marinha, lembra-nos Gilberto Freyre.[23]

23 Freyre, *Sobrados e mucambos*, p.85.

Os patriarcas reagiam. Um deles não deixou de registrar a outro, sua indignação:

> Depois que a escola de direito tomou conta do governo da nação e se apoderou dos empregos públicos, tudo se complicou, pois em nome do direito apareceu o governo da mentira [...] quando me recordo, meu venerando amigo, do passado do Brasil e o confronto com os tempos que vamos atravessando, de certa época para cá, vejo que apesar da mal entendida política da metrópole portuguesa com relação ao Brasil, eram mandados homens experimentados para o governo de nossas capitanias; e hoje, são mandadas criançolas, saídas de escolas provinciais do império [...] Nos tempos coloniais não se mandavam para o governo do Brasil, senão homens já traquejados no governo civil e político do Estado [...] em vez disso, o bacharel jovem passara a tudo dirigir no Brasil [...] organizar o exército e dirigi-lo, sem conhecer o manejo das armas e nem as necessidades [...] dar ordens à marinha sem conhecer ao menos o nome das velas de um navio [...] providenciar as necessidades da agricultura e comércio e dirigir a engenharia sem nada conhecer dessas matérias.[24]

Ou que reagisse mais fortemente. O autor gaúcho José Antonio do Vale Caldre e Fião, em 1847, num dos primeiros romances escritos no Brasil, o seu *A divina pastora*, narra a história de um pai que descobre que seu filho roubara um amigo que seguia, cheio de patacas, a caminho da cidade. A honra manchada da família resolveu-se com um castigo definitivo. Depois de interpelar a vítima, o pai se dirige ao quarto:

> – E ele dorme! Exclamei tremendo de raiva em uma convulsão espantosa; e pode um ladrão dormir assim tranquilo!... Um ladrão!... Um salteador!... E lançando arrebatadamente mão de uma das pistolas, engatilhei-a [...] descarreguei contra a cabeça de meu filho e a fiz em pedaços [...]

A literatura explorava o tema da honra ferida. As atitudes para com os filhos pouco tinham mudado. Sobretudo nas áreas rurais.[25]

---

24 Freyre, *Sobrados e mucambos*, p.92.

25 Remedi, "A honra perdida de um pai: indagações acerca de um filicídio em *A Divina Pastora de Caldre e Fião*". In: *Anais do X Encontro Nacional de História*.

Ao longo do século XIX, a história dos pais não se construiu apenas à luz de mudanças sociais e econômicas. A dimensão sentimental também trouxe contornos para seus rostos. Na escala dos valores afetivos, o abandono de filhos pode ser considerado como a negação da experiência da paternidade ou de qualquer ligação com a criança? Podemos interpretar o sentimento de paternidade diante dos números estudados por Renato Venâncio, no Rio de Janeiro, Bahia e São Paulo, por exemplo, de outra forma que não negligência?[26]

Seria um anacronismo. Pois, como explica o historiador, diante da miséria, da pobreza, do cativeiro, pais sozinhos ou doentes deviam se perguntar como alimentar seus filhos. A Roda dos Expostos da Santa Casa de Misericórdia ou a "exposição" na porta da casa de parentes ou vizinhos funcionou como solução. A dissolução da família, por morte ou desaparecimento da mãe, assim como a carestia de alimentos, deflagraram abandonos, sobretudo a partir do início do século XIX. Para muitos não foi uma atitude desnaturada, mas um estado provisório ditado por uma real afeição num contexto dramático, como demonstrou Venâncio. O "compadrio", forma de adoção popular, permitia o aumento dos rendimentos das famílias pobres, pois o "enjeitado" – como era chamado o pequeno, deixado à porta de uma casa, era rapidamente inserido no trabalho doméstico. Aprendia ofícios manuais, alugava seus serviços, enfim, dentro de uma nova família e sob o comando de um novo pai lutava contra a ociosidade, o maior pecado então.

Também houve momentos emblemáticos da afeição paterna. Momento em que um rosto se cobria de lágrimas de alegria ou de dor. O primeiro deles era o batizado. Ocasião de trocas afetivas, ele refletia a intermediação da religião para demarcar a presença de filhos dentro da família, fosse ela abençoada por padres ou consensual. Lembra bem Luciano Figueiredo que, do ponto de vista da população, o caráter legal ou não legal dos relacionamentos parecia não importar para o sentimento de afeto e o reconhecimento da paternidade da criança. Ami-

26 Venâncio, *Famílias abandonadas: assistência à criança de camadas populares no Rio de Janeiro e Salvador nos séculos XVIII e XIX*.

gado com uma mulata, certo Pedro de Afonseca, tinha com ela filhos e fazia festa para eles. Em Vila Rica, outros pais ofereciam banquetes pelo nascimento dos filhos, como certo Caetano da Costa Gonçalves, que vivia com uma parda e que fez batizado com fausto e gala.

Sabe-se que Dom Pedro batizava seus filhos com a imperatriz Leopoldina ou com sua favorita, Domitila, a marquesa de Santos, com exuberância. Dom Pedro II, por exemplo, teve a cerimônia realizada na igreja de Nossa Senhora do Outeiro da Glória, em dezembro de 1825. Seu pai chegou a compor um *te Deum laudamos*, em homenagem à cerimônia. Isabel Maria, futura duquesa de Goiás, recebeu o batismo na igreja de São Francisco Xavier do Engenho Velho, em maio de 1824.

Ausente, nunca deixou de se manifestar nos seus natalícios. "Nossa Belinha", como era chamada a filha mais velha com Domitila, ganhou título de duquesa, festança com ceia, e o direito de ser chamada "Vossa Alteza", num de seus aniversários.

Mesmo de volta a Portugal, D. Pedro escrevia aos filhos que deixou no Brasil: "Meu querido filho. Estando a sair um navio para esta corte, não quis deixar de te escrever e te dar os parabéns do dia do teu nome, como o fiz o ano passado em Paris".

Seguia seus estudos e progressos, como se vê em cartas ao filho: "Vejo pelas tuas cartinhas [...] e me convenço que tu fazes progressos. Duas cartas já escritas sem lápis e com tão linda letra."

Ou numa outra, conjunta a todos:

> Muito sinto que não me digais alguma coisa relativa aos vossos estudos, mas penso que o motivo de assim não o fazerdes, não foi outro senão a pressa com que me escrevestes. É mister que dê os meus louvores à Januária pela boa escrita, e a Nhonhô e à Paula por terem feito seus nomes muito bem, tendo a desconsolação de ver que a Chiquinha não escreveu o seu também, como era para desejar. Espero que empregueis bem o tempo em que vos apliqueis.

Não foram poucas as cartas que D. Pedro escreveu, revelando a intensidade dos sentimentos, saudades e, como de praxe, orientações. O carinho dos apelidos – Dom Pedro II era chamado de Nhonhô – não descurava da avaliação dos estudos:

> Porto, 4 de dezembro de 1832
>
> Meu querido filho e amadas filhas. Muito vos agradeço a vossa carta de 4 de agosto pela certeza que me dais de que felizmente gozais de perfeita saúde e por que me pedis notícias minhas. Eu estou bem, ainda que bastante fadigado com os trabalhos do corpo e do espírito que tenho tido, mas espero em Deus que um feliz resultado seja a paga de tantos incômodos. Muito sinto que não me digais alguma coisa relativa aos vossos estudos, mas penso que o motivo de assim não o fazerdes, não foi outro senão a pressa com que me escrevestes. É mister que dê os meus louvores à Januária pela boa escrita, e a Nhonhô e à Paula por terem feito seus nomes muito bem, tendo a desconsolação de ver que a Chiquinha não escreveu o seu também, como era para desejar. Espero que empregueis bem o tempo em que vos apliqueis aos vossos estudos como convém a pessoas tais que a Providência colocou em tão alta hierarquia [...] Recebei, meu querido filho e amadas filhas, a benção que de todo o coração vos deita, vosso saudoso pai.

Ou essa, ainda mais derramada, ao filho:

> Meu querido Pedro.
>
> Não te posso explicar o prazer que em mim sinto, quando recebo uma carta tua; de algum modo, minhas acerbas saudades se aliviam e meu coração lhe parece estar gozando daquele objeto por quem suspira, objeto que por todos os títulos lhe é tão caro e do qual jamais poderá esquecer-se.
>
> Sim, meu amado filho, eu te amo infinitamente e por ti e por meus filhos todos, estou pronto a sacrificar-me sem mais interesse do que concorrer para sua felicidade. Eu já não aspiro a mais nada neste mundo; tenho adquirido glória; tenho mostrado ao mundo que amo a liberdade, e com provas que meus inimigos não podem contestar. Portanto, só o que tenho em vista é cuidar da minha família e viver para ela, como deve fazer todo aquele que for bom pai de família.
>
> Deus permita que, ao receberes esta, te aches de saúde, e que o Brasil goze de tranquilidade, união e liberdade que tão necessárias lhes são, para que em breve possa ser admirado e respeitado das mais nações do velho e novo mundo. Eu faço ardentes votos para que a minha adotiva pátria seja feliz e tu com ela.

Depois do segundo casamento de D. Pedro, mesmo a pequena duquesa de Goiás continuou merecendo todos os cuidados do pai. Ele ocupou-se pessoalmente em escolher para ela um convento de maior crédito para sua educação. A abadessa foi instada a tomar especial cuidado e educação de Sua Alteza. Ela ali ficaria internada "com a necessária decência, sem cair em qualquer extremo de ostentação ou mesquinhez".

Pais choravam a morte de seus filhos. Ao perder João Carlos, seu primeiro varão, durante os conflitos que tiveram lugar na Corte em fevereiro de 1822, D. Pedro escreveu ao pai, Dom João VI: "No meio da tristeza, cercado de horrores", informava o "golpe que minha alma e meu coração dilacerado sofreram". E acrescentava rancoroso: "A Legião (de soldados lusos) matou o neto de Vossa Majestade". Ele, que pouco esteve ao lado da esposa, a imperatriz Leopoldina, por conta dos tumultos em curso para a expulsão do exército português do Rio de Janeiro, "chorando muito, deu o último beijo, deitou-lhe a derradeira benção paterna", vendo-o exalar o último suspiro. A José Bonifácio solicitou que dispusesse sobre o caixão do querido filho um epitáfio de seu próprio punho: "emende-o se não estiver bem", pedia.

Dom Pedro, o bom pai, como afirmaram tantos biógrafos. Sim, pois o sentido da paternidade estava visivelmente em transformação. Passava-se do pai tirano ao pai amoroso. O jovem príncipe inspirava-se claramente deste novo princípio. Se durante o Antigo Regime eram comuns os pais que tratavam seus rebentos com brutalidade e ignorância, essa era a época dos laços de afeto e cuidados com os filhos. A paternidade deixava de ser pautada exclusivamente pelo sangue, pela linhagem, para consolidar-se como resultado de um desejo, de uma vontade. O homem deixava de ser simplesmente um genitor, para responsabilizar-se pelo amor à criança e o bem da família. Neste quadro, perder um herdeiro macho era fonte de luto e lágrimas. Pior, confirmava-se a maldição dos Bragança: primogênitos eram condenados a morrer. Rompia-se o sentido da linhagem.

O jovem imperador, apesar do temperamento inconstante e complexo, nunca descurou dos filhos. Era capaz de passar noites medicando seus pequenos, dando-lhes xarope, ministrando-lhes sanguessugas, anotando diagnósticos. Contava até o número de "bichas" que os filhos deitavam.

Em seu diário, o barão de Goicana, Sebastião Antônio Acicióly Lins, usineiro e político do Segundo Império, deixou páginas eloquentes sobre o fim de seu filho caçula. João Batista era epilético. As páginas anotaram cuidadosamente a reincidência dos ataques, suas fases de prostração e, depois, a recuperação: o menino vestia o pequeno paletó escuro para tocar piano ou conversar com a gente do engenho. Em vão o pai percorreu o gabinete de especialistas recifenses. E recorreu a todos os medicamentos em voga. Entre eles, a homeopatia. Usou, ainda, as velhas receitas avoengas: clister de pimenta, água de flor de laranjeira ou pílulas de jalapa.

O mesmo faz o barão de Penedo, Francisco Inácio de Carvalho Moreira em carta ao barão de Cotegipe, João Maurício Wanderley, sobre o triste fim do seu filho, que viu definhar nas mãos dos grandes cirurgiões europeus. O rapaz era carinhosamente chamado pelo diminutivo, Chico, e encontrava-se no Brasil, enquanto o pai estava na Europa:[27]

> Recebi cartas dele, e a opinião dos médicos que lá o examinaram. Ela coincide perfeitamente (talvez com um pouco para mais) com a dos principais daqui; e confesso-te que não me tranquiliza – o que eles dizem, ao contrário. [...] Se porém visses como todos o fomos embarcar em Southampton deixando-nos cheios de cuidados e de tristeza, com febre contínua, tosse, transpirações copiosas etc. – outra seria a tua impressão. Ainda bem, que tão acertada foi a ideia da viagem de mar. Enfim! Esperemos, e rezar é a nossa consolação.

E algumas semanas depois:

> Não pode estar mais gravemente doente – assim me diz o médico, que o viu partir para o Brasil. A viagem de mar deu-lhe certo vigor, como em tais casos sempre acontece; mas a sua fraqueza é espantosa e tudo nos faz recear

27 Documentos examinados no IHGB: DL916,14; DL916,20; DL916,21; DL916,25; DL916,34; DL916,35; DL916,42; DL916,43; DL916,47; DL916,48.

o pior!... Enfim, Deus fará o que lhe aprouver. Já vês pois como devo ter o espírito neste momento.

Em desespero, o pai traz o filho de volta, em busca de melhor tratamento. Para tudo terminar no início de janeiro de 1877:

> Acabo de receber de Menton um telegrama da minha mulher chamando-me a toda pressa para junto do meu pobre filho, que está muito mal! Parto imediatamente para lá, e nesta aflição não tenho cabeça nem tempo para escrever-te.

E concluindo a dolorosa *via crucis*:

> Aqui estamos, tua comadre, Arthur e eu, depois de todas as nossas desgraças e concluídas as últimas cerimônias fúnebres para com o meu pobre Chico, fomos a Marselha levar o corpo a bordo do vapor "*Savoie*" o qual partiu ontem para o Rio da Prata, devendo tocar no Rio de Janeiro somente na volta o que será por 25 ou 26 de março, quando o corpo desembarcará.

Festejar nascimentos, enterrar os filhos, mas, sobretudo encaminhá-los, essa se tornou a tarefa maior dos pais. Tal como nos séculos anteriores, cabia ao pai a transmissão de conhecimentos que iriam garantir o futuro do filho. A educação era uma obrigação paterna sublinhada permanentemente pela Igreja, retomada em outra ótica pelo filósofo Jean-Jacques Rousseau, traduzido para o português em 1822: "Como a verdadeira nutriz é a mãe, o educador é o pai". Ele dizia que mais valia o zelo do que o talento. Que cabia ao pai transmitir deveres, não aos professores. Nunca delegar, dizia Rousseau. Delegar seria renunciar.[28]

Não se sabe se o barão de Goiacana lia Rousseau ou se somente seguia o bom senso. Mas fazia todos os seus filhos acompanharem a administração do banguê, dirigir a roça e o plantio da cana. Na outra ponta, o pai escravo ou o lavrador ensinava ao filho a lavrar a terra apoiado nas lições que recebeu de seus ancestrais.

---

28 Deluemau, *Histoire des pères et de la paternité*, p.330.

Além disso, valorizava-se mais e mais a educação como um mecanismo de ascensão social ou de preservação do seu lugar na sociedade. O barão do Rio Branco, a serviço do Brasil na Europa, escolheu pessoalmente a escola em que os filhos iam estudar:

> Depois de vistas pessoais em Paris e de madura reflexão sobre o gênero de educação que ele próprio gostaria de receber; depois de vacilar entre os colégios religiosos e as instituições oficiais, acabou fixando sua escolha no Liceu Henrique IV, seduzido, sobretudo, depois de uma visita longa e minuciosa, pelo seu aspecto de Antigo Regime, um pouco monacal [...] era então o que se chamava um *etablissement bien pensant*, isto é, sem tendência clerical pronunciada, estabelecimento de educação onde, ao lado do estudo clássico profundo, se ensinava a moral católica de maneira razoável, numa bela capela gótica.

E conclui Raul do Rio Branco na biografia de seu pai: "esses pormenores podem dar ideia da maneira pela qual meu pai olhava para a questão, a seus olhos tão graves, do que deve constituir a educação dos filhos".[29] A Inglaterra, onde começou a carreira e que lhe inspirava a maior admiração por sua política e sociedade, ficou em segundo plano. Rio Branco não aprovava "a prática de esportes" que, segundo ele, ocupava "um lugar preponderante no preparo da mocidade britânica". Mas não descurava de certa higiene do corpo. É seu filho quem conta:

> Julgava meu pai indispensável à saúde e ao desenvolvimento dos filhos que estes tivessem uma hora de marcha a pé pela manhã, quando a caminho do colégio onde eram meio pensionistas; e outra à tarde, ao regressarem. Tarde que deitasse – às vezes às cinco da manhã – estava vigilante, frequentemente por intermédio de minha mãe que era também muito matinal – para que todos levantássemos às seis, o mais tardar, a fim de estarmos às oito no colégio, qualquer que fosse o tempo que fizesse.

Fazia parte da educação percorrer juntos, galerias, livrarias e bibliotecas. Bem como visitar, no fim de semana, lugares históricos e museus

29 Rio Branco, *Reminiscências do Barão do Rio Branco*.

nos arredores de Paris: Fointainebleu, Versailles. Por vezes, a parada num lugar publico, o *Café Toroni* ou a *Maison d'Or*, permitia maior descontração. Lembrança inesquecível para o menino Raul foi, aos doze anos, ver com o pai o cadafalso que se elevou no Arco de Triunfo ao grande escritor Victor Hugo. E, comovido, ouvir o pai recitar a poesia de Alfred de Musset e de Gonçalves Dias.

Muita coisa tinha mudado na segunda metade do século XIX. A 23 de outubro de 1875, o barão de Penedo escrevia ao barão de Cotegipe, mostrando que as escolhas dos filhos não cabiam mais aos pais:

> Agora tenho que anunciar-te a partida de meu filho Alfredo para o Rio pelo próximo paquete de Southampton, a 9 de novembro. Depois de tanto deliberar, foi afinal decidido que ele entrasse na Marinha; ele deseja essa carreira. Anda que não é de grande perspectiva não me oponho, antes acoroçoo o rapaz a que a siga. Ele é bravo, sadio, e não pode senão fazer-lhe bem a disciplina da Escola de Marinha.

Escolhas eram possíveis, sobretudo, entre as elites. Na mesma época, crianças eram empurradas pelos genitores para o trabalho fabril. Agora, não se tratava mais da transmissão de um ofício ou de um saber, mas do controle sobre a força de trabalho de meninos e jovens, ante as transformações das implicações sociais da industrialização selvagem. Pai e patrão se confundiam entre os mais pobres. A família biológica tinha que ser também a família econômica. A absorção de crianças no processo de industrialização das últimas décadas do século XIX atingiu cifras elevadas. E, a despeito de medidas legislativas de proteção ao menor, que proibia o emprego de menores de doze anos nas fábricas, ou do regulamento do Serviço sanitário de 1911, que proibia o trabalho noturno de menores, poucos industriais respeitaram essas disposições. Essa desobediência era corroborada por vários pais que preferiam e empurravam suas crias para o trabalho. Os pequenos salários colaboravam para aumentar os magros proventos da família.

Reações tiveram início dentro do próprio meio operário por críticas ao "pai patrão", feitas em geral por grupos comunistas e anarquistas.

Por que, em vez de empregar seus filhos nas "bastilhas industriais", não reivindicar melhores condições de trabalho e salários mais elevados, perguntavam por meio de jornais como *A Plebe* ou *Fanfulla.*[30]

E os dramas engendrados pela miséria também punham em cena os pais. Rachel de Queiroz construiu um dos mais realistas em *O quinze*. Trata-se de Chico Bento, retirante miserável entre o sertão de Quixadá e Fortaleza por causa da seca que abrasa o sertão. Diante do choro dos filhos famintos, resolve matar uma cabra que encontra no caminho. A cena é pungente, pois descreve o sofrimento do pai, sua dolorosa impotência e o desfecho: o dono do animal o insulta e o deixa apenas com as tripas para as crianças famélicas.

Gilberto Freyre detecta no fim das casas-grandes e na transição da vida rural para a vida urbana a perda de prestígio do patriarca. O fim do império teria sido, para o autor, o começo do desprestígio da velhice. Se outrora tomava-se a benção do velho pai com respeito e quase terror, agora não mais. Não mais eram chamados de "senhor pai", mas de "papai", "papaizinho". Padre Lopes Gama, em artigos corrosivos, concordaria. No passado, explicava, os jovens tinham "muito respeito, muito medo de seus pais e tutores". Joaquim Nabuco, que escreveu a biografia do seu, definiu tais tempos como os da "neocracia", ou seja, "da abdicação dos pais nos filhos". Da transição, diria Freyre, do patriarcalismo ao individualismo.[31]

Em *Um estadista do Império*, Nabuco refaz a trajetória do senador José Tomás Nabuco de Araújo como parlamentar, presidente de províncias e conselheiro de Estado. Exalta-o, enquanto conta páginas da história do país. Mas, se Nabuco é capaz de falar com desenvoltura do político, ele pouco conheceu do pai na infância. Pois o menino Quimquim passou os primeiros anos da infância no engenho Massangano, nos braços da madrinha Ana Rosa Falcão de Carvalho. Abandono? Não. Apenas a circulação de crianças tão comum nessa época. Com a transferência da família para a Corte, Quimquim ficou no engenho que acaba-

30 Rago, *Do cabaré ao lar – a utopia da cidade disciplinar, Brasil 1890-1930*, p.141.

31 Freyre, *Sobrados e mucambos*, p.88.

ria por lhe inspirar as mais contundentes páginas sobre a escravidão. Só iria conviver com os pais quando veio estudar no colégio Pedro II, no Rio de Janeiro.[32]

Foi deste pai, não do estadista, que Nabuco leu as seguintes linhas, em Londres, em outubro de 1874: "O que hei de dizer depois do fato consumado? [...] enfim, o que está feito, está feito. Mas erraste".

O senador Nabuco de Araújo referia-se ao fato de o filho ter deixado escapar um dos maiores dotes do império brasileiro, depois de dilapidar sua pequena herança percorrendo as capitais europeias: Paris, Genebra, cidades italianas. Os pais não fabricavam mais casamentos, mas ainda "puxavam as orelhas" dos filhos.

O respeito à figura do pai e a descoberta de uma interlocução, outrora inexistente, fica visível nas anotações que fazia André Rebouças sobre seu cotidiano. Quantas vezes, nos Diários, são agendadas visitas ao pai. O brilhante engenheiro negro passava para beijar-lhe as mãos, fazer visita e prestar contas de suas andanças pelo Brasil.

O final do século XIX assistiu a uma nova intervenção no funcionamento das famílias e no papel dos pais. A que foi feita por médicos higienistas e industriais. Para muitos científicos, era preciso interferir para modernizar o núcleo familiar, modelando-o segundo o que chamavam de "ordem social". O lema "Ordem e Progresso" incentivou a construção de um país civilizado, de uma nação de acordo com parâmetros europeus ou norte-americanos. Segundo tais científicos, o poder de muitos pais estaria na base dos males a corrigir. Sobretudo o de pais alcóolatras, desempregados, ociosos, meliantes, viciosos. Tais figuras tinham que ser emendadas, pois seu mau comportamento era um problema sanitário. E problema que, como disse Margareth Rago, tinha que ser "desodorizado".[33]

Na verdade, temia-se que as péssimas condições de vida das camadas subalternas enfraquecessem o sentimento de família, e, portanto, de paternidade. A imoralidade decorreria da autoestima baixa do pai.

---

32 Alonso, *Joaquim Nabuco*.

33 Rago, *Do cabaré ao lar – a utopia da cidade disciplinar, Brasil 1890-1930*.

Papéis novos para a mulher na sociedade proto-industrial também interfeririam na imagem que, antes, se fazia do chefe da casa. Recebendo salários, as mães também ganhavam espaço no ambiente familiar.

O novo papel do pai seria o de integrar um sistema capilar onde tudo fosse metódico e sistemático. A ciência médica entendia que, para além da função biológica, pais tinham um compromisso com a reprodução social e a construção do "bom cidadão". Deveriam assumir, assim, o projeto de valorizar a intimidade do lar, instaurando a família moderna e higiênica. Em casa, tudo limpo: espaços, corpos e mentes. As sujas eram consideradas "berço do vício e do crime" e combatidas. Grandes industriais mandavam construir à volta de suas plantas casas para moradia de seus operários, "com toda a comodidade e conforto da vida social atual".

A ideia, segundo um destes capitalistas estudado por Margareth Rago, era evitar que trabalhadores e pais de família "frequentassem bares, botequins e outros lugares de vício, afastando-se especialmente do álcool e do jogo".[34] A honra, antes um problema regulado pelo patriarca, passa a ser uma questão nacional, enraizada na moral pública e defendida por uma intervenção do Estado que atuaria no seu lugar. A atividade filantrópica passou a multiplicar ações contra o risco de dissolução das famílias.

A Igreja entrava em ação. A aliança entre patrões, poderes públicos e higienistas, para organizar de ponta a ponta a vida dos trabalhadores e das classes subalternas, não passava despercebida. Havia uma grande preocupação em vigiar o trabalhador desde momentos mais íntimos de sua vida diária: a que horas saía ou voltava para casa, qual a casa mais limpa, o filho mais estudioso, a mulher mais ordeira, quem se casava ou "com quem se perdia".

À frente desse projeto estava o pai, a quem cabia orquestrar o grupo familiar para que cantasse sem desafinar. Em casa, todos lhe deviam obediência. "A família! Eis um meio de tornar o operário honesto, laborioso e de afeiçoá-lo à indústria em que coopera", dizia o industrial

34 Idem, p.178-9.

Jorge Street na década de 1920. A cruzada moral começava em casa e era levada à rua por quem saía para ganhar o pão: o pai. Na fábrica, porém, ele obedecia ao patrão.

O fim do patriarca e o surgimento daquele que ama...

O papel do pai consolidou-se depois de uma adaptação das relações fundamentais e das sucessivas releituras que novas lógicas lhe deram. Até o século XIX a união religiosa legítima, amparada no direito, nos princípios da autoridade religiosa e civil, mantinham a paternidade a mais sagrada das magistraturas. Hoje, os pais não ocupam – ou não desejam ocupar – um papel de puro autoritarismo. Gritos e ordens não funcionam mais como reguladores do equilíbrio familiar. Apenas denunciam um indivíduo violento, contra o qual existem sanções. O papel do pai, ao contrário, é tornar possível o encaminhamento da criança, desde sua realidade biológica de pequeno ser vivo, até a maturidade e sua integração social. De preferência com responsabilidade e afeto. Mesmo sua função econômica se reduziu, graças ao trabalho feminino e ao salário da mãe.

Três fenômenos contemporâneos dão conta dos novos conceitos que caracterizam a paternidade: as modificações nas formas de casamento e nos tipos de família; mudanças no direito de família e dos filhos; e os rápidos progressos das ciências biomédicas. De "patriarcal", a família tornou-se conjugal, limitada ao pai, mãe e filhos. Se no início o pai detinha todos os poderes paternais e conjugais, pico de uma pirâmide na quais filhos e mãe constituíam a base, as posições se modificaram. Hoje, no alto do triângulo encontram-se os filhos. Numa lateral encontram-se os pais e, na outra, o mediador entre pais e filhos: o Estado. Os "direitos" paternos foram substituídos por "deveres". Não estamos numa sociedade sem pais. Mas, sim, numa que reorganiza as funções paternas.

O desmantelamento da imagem autoritária do pai teve início a partir dos anos 1970 ou 1980. A laicização das classes mais altas, a baixa demográfica, reduzindo o tamanho das famílias, a modificação profunda das formas de casamento ou de trabalho, na cidade e no campo, os triunfos de técnicas de biologia (inseminação artificial e outras formas de concepção), a reinvindicação de liberdades novas na família, o intervencionismo do Estado, que por meio de suas leis esvaziou o poder do velho e feroz patriarca, tudo colaborou para o fim de modelos tradicionais, embora muito do *pater familiae* subsista, ao lado da figura do pai divorciado, homossexual, viúvo, migrante, adotivo, ausente, enfim, novas realidades para uma nova ordem social. A identidade dos pais será uma conquista a ser feita todos os dias. E assiste-se à multiplicidade de papéis de pai entre vários homens: aquele selado pelo casamento, o biológico e o afetivo.

Hoje, no Brasil, tanto a paternidade biológica quanto a socioafetiva são espécies de um mesmo gênero. Ambas possuem o mesmo efeito jurídico. Em conformidade com os princípios do Código Civil de 2002 e da Constituição Federal de 1988, o êxito em ação negatória da paternidade depende da demonstração, a um só tempo, da inexistência da origem biológica e de que não tenha sido construído o estado de filiação, marcado pelas relações socioafetivas e consolidado na família – explica Carlos Eduardo Dipp Schoembakla.[35]

A prevalência do afeto encontra respaldo no Estatuto da Criança e do Adolescente (ECA), em especial do princípio de melhor interesse da criança e de sua proteção integral, evidenciando a necessidade de referência paterna para seu desenvolvimento psíquico e social. Compreende-se por que, em recente decisão, o Superior Tribunal de Justiça (STJ) condenou um pai por abandono afetivo. "Amar é faculdade, cuidar é dever", alegou a juíza do caso.

O que se reduziu no papel dos pais não foi pouco. Na família, a autoridade ainda pode ser exercida, mas dividida entre pai e mãe. A noção de exercício conjunto de autoridade parental foi reforçada pela lei.

35 Schoembakla, "Paternidade socioafetiva: o afeto em prol do melhor interesse da criança", *Gazeta do Povo*, 25/5/2012, p.12.

E ainda nos perguntamos: o que é um pai? Questão ainda em aberto, que vem sendo respondida pela sociedade pela evolução do direito. Para se desenvolver, a paternidade necessita de toda uma elaboração psíquica. Ora, existe em vários momentos históricos e em diferentes sociedades uma pluralidade de pais e também de genitores. Em nenhuma delas, o papel do pai é natural. Cada sistema social marca por um nome e um rito o espaço dos seus. Esse lugar significa a culturalidade da função paterna. Culturalidade que se vai construindo ao longo do tempo, feita de rupturas e permanências, de valores novos e outros tradicionais.

6

O que "eles" vestem: moda, vaidade e masculinidade no Brasil

Márcia Pinna Raspanti

Introdução

A princípio pode-se pensar que os homens são mais simples e despojados que as mulheres na hora de escolher seu guarda-roupa – pelo menos, é o que diz o senso comum nos dias de hoje. A história nos mostra que não é bem assim: nas civilizações antigas, os homens, principalmente os de classe mais alta, já se preocupavam em exibir trajes, cabelos e barbas de acordo com as tendências da época, além de ostentar vários acessórios. Os egípcios – tanto homens quanto mulheres – foram retratados usando túnicas e outras vestimentas de linho drapeado ou plissado, sandálias, cintos, joias e maquiagem pesada. Os gregos também se esmeravam nos elegantes drapeados de lã, linho ou seda, feitos a partir de um pedaço de tecido – no que foram imitados pelos romanos. A vaidade masculina e o culto à beleza dos corpos viris foram traços marcantes dessas civilizações. Cosméticos, unguentos, maquiagens, roupas e outros pequenos artifícios sempre foram aliados dos homens na busca pela elegância.

Na Idade Média, as roupas da maioria da população eram feitas em casa, de linho ou lã. A nobreza, porém, possuía um vestuário mais sofisticado, com tecidos nobres, como veludo e seda. Os homens valiam-se de alguns truques para realçar as suas formas: usavam o gibão, um casaco curto e acolchoado que enfatizava o peito largo, com mangas bufantes e cintura marcada. Os calções podiam ser curtos e bufantes, e os sapatos pontiagudos (*poulaines*). Por cima, uma túnica longa com acabamento de peles de animais, adornada com cinto ou cordão. Muitos usavam um outro tipo de túnica, de comprimento médio e decorada com bordados e enfeites. Na Itália, era comum o uso de uma espécie de saia pregueada e a tendência de usar preto também foi popular naquela região – estilo que ficou conhecido como "espanhol". O formato dos chapéus e o material usado na sua confecção variaram bastante no período, mas eram considerados um acessório importante.

Segundo o filósofo Gilles Lipovetsky, em *O império do efêmero – A moda e seu destino nas sociedades modernas*, podemos utilizar o termo moda a partir do final da Idade Média, quando o vestuário adquire um caráter provisório, mudando de acordo com os modismos. Essa inconstância diferenciava as sociedades antigas das modernas, já que as primeiras não aceitavam a desqualificação do passado, condição inerente ao fenômeno da moda. Na primeira fase da sua existência, que duraria cerca de cinco séculos (a etapa seguinte se instalaria ao longo da segunda metade do século XIX, quando surgiram sistemas de produção e difusão duradouros), de acordo com o autor a moda estava restrita à aristocracia.

Se dermos um salto no tempo e analisarmos o Brasil colonial, veremos que a preocupação com a aparência e com a indumentária também era muito presente nas cabeças masculinas, a exemplo do que acontecia na Europa. O luxo e a ostentação no vestir faziam parte da vida da população no Brasil de então, principalmente entre aqueles que sonhavam integrar a "nobreza" local. A preocupação com os trajes era grande tanto entre os homens quanto entre as mulheres. Como nas civilizações antigas, as roupas funcionavam como uma ferramenta para demonstrar a classe social em que cada um estava inserido.

Os guarda-roupas dos senhores elegantes da Colônia eram compostos por calções e gibões de cetim, linho e tecidos adamascados, roupetas de gourgorão, casacas de seda, camisas brancas, coletes de veludos, lã fina ou sedas, meias e ligas de seda, gravatas e roupas de baixo com rendas, lenços de seda e algodão da Índia, capas, sapatos e botas com fivelas de ouro e prata, botões de metais preciosos, chapéus de lã. Tudo isso ainda contava com o acabamento de bordados, fitas, brocados, telas e até lantejoulas. As cores dos tecidos costumavam ser escuras e o preto era um dos tons preferidos. Por cima, uma capa ou capote de lã ou de outro tecido pesado, sem levar em conta o calor das terras coloniais. O uso das perucas não foi popular no Brasil, apenas os homens de leis, magistrados e alguns nobres europeus insistiam em exibi-las. A França era a maior irradiadora de modas no período. No século XIX, os ingleses passam a dominar o guarda-roupa masculino, influenciando inclusive os brasileiros.

Em Portugal, até o século XVIII, a influência francesa na moda era marcante, apesar das tentativas da coroa de estimular o uso do traje típico lusitano e dar impulso à produção local de tecidos. Dom João V foi o rei português que mais imitou a corte francesa em seu luxo e ostentação, usando camisas de seda, coletes e casacos com brocados, bordados, fitas, rendas, perucas, ornamentos em ouro e prata, muitas joias e pedras preciosas. A Revolução Francesa modificou bastante os costumes e as modas na Europa, simplificando, em um primeiro momento, a indumentária. As modas pós-revolução chegaram com atraso a Portugal. Mesmo na França, os poderosos, aos poucos, voltaram a rebuscar o vestuário. A corte de Napoleão Bonaparte ficou conhecida pelo luxo, e o próprio imperador não dispensava a pompa dos rituais ligados às cerimônias oficiais.

A indumentária também era parte importante da sociedade brasileira; por meio dela era possível identificar o papel de cada indivíduo na complexa cadeia de relações sociais. Portanto, o ato de sair à rua era precedido de um longo ritual para os homens e mulheres mais abastados: os tecidos nobres, as joias, os assessórios, as carruagens e os cavalos, além do número de escravos, todos estes itens eram minucio-

Figura 6.1
Apesar da pobreza da família real portuguesa, D. João VI aparece vestido de acordo com a ocasião ao abrir os portos brasileiros às nações amigas, em 1808. Acervo da Associação Comercial de Salvador, Bahia.

samente escolhidos com o objetivo de mostrar aos demais todo o seu poder e riqueza. Outro símbolo de distinção era poder exibir o hábito de uma das ordens militares – de Cristo, Santiago ou Avis –, o que era uma honraria muito importante para os fidalgos das terras coloniais, mesmo porque representava uma quantia em dinheiro e uma série de vantagens fiscais. A maior parte da nossa aristocracia não possuía títulos de nobreza. Eles foram raros até a chegada da família real portuguesa, em 1808, quando Dom João VI começou a distribuí-los entre os membros da elite – estes hábitos eram muito cobiçados.

Em *Chica da Silva e o contratador dos diamantes*, Júnia Ferreira Furtado descreve os preparativos do jovem João Fernandes, recém-nomeado desembargador na região, para circular pelas ruas do Tejuco e impressionar a elite local:

> A primeira peça em que o ritual em que o se vestir consistia era a ceroula, seguida de camisa branca de linho com babados, de calção ou calça e meias finas de seda. Por cima, usava-se uma casaca de droguete preta, vermelha ou azul, ou um fraque de baeta, veludo ou seda. Por fim, um casacão ou capote com mangas, quase enrolado ao corpo. Os adereços eram variados: pescocinho (gola branca usada pelos membros do clero); no bolso, lenço de seda com babados, outro azul para o tabaco; cabeleira, chapéu com presilha e pluma; a cruz da Ordem de Cristo pendurada ao pescoço; sapatos com fivela de prata e ouro, bengala de tartaruga com castão de ouro ou prata e anéis de pedras preciosas. Na algibeira, faca e espadachim com cabos de prata, além das pistolas.[1]

Nesse contexto, em que os poderosos – e aqueles que tentavam aparentar que o eram – precisavam demonstrar por meio de sinais exteriores todo o seu cabedal, não é de se estranhar que a maior preocupação com relação à aparência era direcionada para os locais públicos. As roupas luxuosas, joias e demais assessórios eram reservados para sair às ruas, ir às missas, às cerimônias, em resumo, para aparecer em público. Quando estavam em casa, os brasileiros eram considerados

1 Furtado, *Chica da Silva e o contratador de diamantes – o outro lado do mito*, p.157-8.

desleixados. Os homens dispensavam as meias ou as usavam caídas, a camisa branca ficava para fora dos calções, sem coletes, casacas ou capas. Alguns trajavam uma jaqueta fina ou gibão; outros apenas ceroulas e camisa. As mulheres também simplificavam bastante a vestimenta caseira, usando apenas uma espécie de camisolão de tecido fino, conhecido como "timão" ou "lava-peixe".

O vestuário era uma forma dos mais abastados mostrarem seu poder e marcarem a distância que os separava da população pobre, mestiça e escrava. A "arraia-miúda" esforçava-se para imitar a elite, endividando-se para adquirir roupas de tecidos nobres, joias, escravos e outros luxos. Os "homens mecânicos", ou trabalhadores, usavam basicamente calças e camisas de algodão e tecidos grosseiros, chapéus de palha ou lã, e andavam quase sempre descalços ou com rústicas botinas. Os mais pobres que residiam nas vilas e cidades tinham o costume de vestir peças de tecido nobre – casacas, coletes, capas – já usadas e gastas, muitas vezes obtidas como pagamento de seus serviços. Havia grande variedade no vestuário das classes mais baixas, de acordo com a ocupação e o local onde residiam. Tropeiros, pequenos comerciantes, negros forros, lavradores, vadios – cada um se trajava como suas parcas posses permitiam.

A situação dos escravos era ainda mais precária e a maioria andava quase nua. Aqueles que trabalhavam no campo cobriam-se com peças de tecido grosseiro e andavam sempre descalços. Na senzala, vestia-se geralmente apenas uma camisa longa, calções ou ceroulas. Os cativos que trabalhavam na casa-grande recebiam um guarda-roupa um pouco mais completo, com calças e camisas de tramas grosseiras, como o "pano da serra". Os indígenas, ou "negros da terra", que trabalhavam nos engenhos se vestiam praticamente como os africanos.

Nas cidades, a situação dos cativos era um pouco diferente. O número de escravos que uma pessoa possuía, até o século XIX, era considerado pelos brasileiros um sinal de nobreza. Os nobres não faziam qualquer trabalho braçal ou mecânico. Além do vestuário, das joias e das carruagens, era fundamental para os cidadãos mais ricos circularem pelas ruas cercados por um cortejo de servos, de preferência bem-vestidos. Assim, pajens e mucamas costumavam usar roupas à maneira europeia: vestidos, calções, casacas, librés, coletes, camisas e chapéus, alguns traziam sapatos ou chinelos. Os mais pobres poupavam dinheiro para comprar pelo menos um escravo e assim provar que sua posição social era mais alta.

Em resumo, a indumentária masculina no período colonial era um mosaico variado e refletia os inúmeros contrastes e contradições da sociedade: luxo e ostentação, lado a lado com a miséria. Todas as incongruências trazidas pelo modelo europeu de sociedade que foi imposto por aqui iriam permanecer durante os próximos séculos. Conhecendo a trajetória de alguns pessoas ilustres – Dom João VI, Dom Pedro II, Joaquim Nabuco e Santos-Dumont – que tiveram relações muito diferentes com a moda e a vaidade, pudemos investigar um pouco mais sobre o guarda-roupa masculino e suas relações com o contexto histórico.

Mais do que inventariar roupas e acessórios, procuramos mostrar as implicações da vaidade e da moda masculina na sociedade brasileira. A indumentária, na verdade, fazia parte de uma série de normas e exigências a que os homens, principalmente os da elite, eram submetidos para serem respeitados pelos que os cercavam. Eram-lhes cobradas elegância, educação, inteligência, fortuna, cultura, oratória, boa aparência e virilidade. Quem não conseguia atender a todos os quesitos, sofria com a desaprovação dos outros.

O Império sem pompa

No século XIX, as terras coloniais passam por diversas mudanças políticas e sociais, a começar pela vinda da família real portuguesa em 1808, deslocando a corte e a administração da Coroa portuguesa para o Brasil. Em termos de modas, houve certo rebuliço com chegada da realeza portuguesa, ainda que falida e pouco dada a luxos. O príncipe regente era um gordo e baixo senhor, vestido de casaca comprida, camisa branca e colete, meias de seda, calções de cetim na altura do joelho, sapatinhos delicados com fivelas de ouro – pelo menos ele foi assim retratado pelos pintores da época. Segundo alguns cronistas, seus trajes eram engordurados e puídos, sem qualquer traço de elegância.

Mesmo com as limitações financeiras da corte portuguesa e sua falta de refinamento, a vida social tornou-se um pouco mais movimentada no Rio de Janeiro. As famílias fidalgas tiveram mais oportunidades de frequentar bailes, espetáculos de teatro, comemorações do calendário oficial da Coroa e as famosas cerimônias do "beija-mão", já arcaicas no restante da Europa, mas preservadas pelos portugueses. Nessas ocasiões, os senhores mais abastados podiam exibir em público seus fraques, cartolas, bengalas e camisas de seda.

O primeiro imperador do Brasil, Dom Pedro I, apesar de ser considerado um homem atraente, também não ficou particularmente conhecido pela elegância no vestir e nas maneiras. A francesa Rose Freycinet, em visita ao país em 1817, não faz um retrato muito favorável do então príncipe de Portugal nem de seu pai, Dom João VI:

> O príncipe real é alto e bastante bonito, mas suas maneiras são péssimas e a sua pessoa vulgar. Vestia-se, na ocasião (uma missa na capela real), com um fraque marrom e uma calça de nanquim, traje bastante ridículo para as 8 horas da noite, numa grande festa pública. Ainda que mais simples, o traje do rei era bem melhor; além do mais, ele é um homem de idade, a quem se permite mais.[2]

A moda masculina no Segundo Império foi marcada pela austeridade: sobrecasaca comprida e cartola preta, bengala, relógio de bolso e colete. A figura de Dom Pedro II ilustra bem o modelo de elegância dos homens da elite da época. Com um estilo pessoal pouco dado à pompa e à ostentação, o imperador aparece quase sempre retratado nesses trajes. Em ocasiões muito especiais, como a coroação (1841), o monarca aparece com todo o aparato de gala, envergando capa, cetro e coroa. Durante a Guerra do Paraguai (1864-1870), Dom Pedro fez questão de usar o uniforme militar.

A corte imperial seguia o estilo de Dom Pedro II, com poucos bailes, saraus e jantares de pompa. Apenas nos primeiros anos de governo, o jovem imperador empenhou-se em fazer parte dos bailes e festas. O

2 França, *Mulheres viajantes no Brasil (1764-1820)*, p.93.

casamento com a imperatriz Teresa Cristina, que era reservada e discreta como o marido, contribuiu para que a corte brasileira fosse conhecida pela sua vida social quase que inexistente. As relações do imperador com a condessa de Barral, mulher acostumada aos melhores salões de Paris, que foi preceptora de suas filhas e sua amante por décadas, trouxe algum refinamento à corte e às maneiras da família imperial. Segundo Mary del Priore, o monarca, na época em que conheceu a condessa, era

> [...] um moço bonito, apesar da gordura que começava a se espalhar pelo seu corpo. Alto, de feições severas e modos lentos, tinha um par de olhos azuis como contas, afundados num rosto muito branco. Mais ouvia do que falava e dele emanava um sentimento de desconfiança em relação ao interlocutor. Raramente as pessoas ficavam à vontade na companhia do imperador. Podia-se resumi-lo numa palavra: reservado.[3]

O cotidiano no palácio era considerado deprimente pelos visitantes, e a falta de sofisticação do imperador era indisfarçável.

> A ridícula tradição do beija-mão sobreviveu aos tempos e continuava. A carruagem era do século anterior, velha e feia. Os jantares no palácio eram um suplício. No menu, canja. A comida era ruim, não se tomavam vinhos e o imperador engolia a refeição em segundos. Não se praticava a "arte da conversação", tão prezada no exterior. Não só os serviços – ou seja, a sucessão de pratos – eram praticamente ignorados, mas os empregados estavam sempre malvestidos.[4]

Talvez o baile mais famoso do Segundo Reinado, que entrou para a história como o prenúncio melancólico do regime, seja o Baile da Ilha Fiscal, que ocorreu seis dias antes do golpe que derrubou Dom Pedro II. O motivo oficial da grande festa foi prestar uma homenagem aos oficiais do navio chileno almirante Cochrane, mas os cronistas dizem que a ideia era tentar melhorar as relações com a aristocracia e

3 del Priore, *Condessa do Barral, a paixão do imperador*, p.136.

4 Idem, p.140.

o exército. Foram distribuídos mais de dois mil convites e as lojas que comercializavam roupas finas no Rio de Janeiro logo tiveram seus estoques esgotados. O imperador chegou ao baile acompanhado da família real, trajando uma casaca preta folgada e o visual severo que ele tanto apreciava. Conta-se que durante o baile Dom Pedro II, o imperador, tropeçou no tapete e foi amparado por um jornalista. Espirituoso, teria dito: "a monarquia escorregou, mas não caiu", porém, o seu governo já estava com os dias contados.

As grandes cerimônias, como narra o historiador José Murilo de Carvalho, só ocorriam nas datas oficiais e no paço da cidade. O cortejo vinha em carruagens do palácio de São Cristóvão, com escolta da cavalaria. O imperador surgia, a contragosto, em seu uniforme de marechal de Exército. Dom Pedro II considerava tais ocasiões como uma obrigação aborrecida, uma grande maçada, em suma. O monarca sempre preferiu as conversas e reuniões privadas, as atividades intelectuais e a simplicidade. Dom Pedro II manteve-se fiel ao seu estilo de vida até sua morte, exilado e triste em Paris, no dia 5 de dezembro de 1891.

Em contraste ao imperador, austero e avesso ao exibicionismo, é interessante analisar uma figura importante no Segundo Império e na República Velha, que se destacou pela atuação política e pelos dotes pessoais: Joaquim Nabuco. Filho do senador Nabuco de Araújo, proveniente de uma família tradicional de Pernambuco, Nabuco encarnava o modelo de homem admirado e invejado na época. Mesmo sem possuir fortuna, o diplomata, político e homem de letras tinha uma formação intelectual sólida, boas maneiras, beleza e estava sempre elegante, em harmonia com as modas que dominavam os salões mais refinados.

Amigo de Dom Pedro II, Nabuco ficou conhecido pela atuação na campanha abolicionista e seus belos discursos na Câmara dos Deputados. O *Correio do Povo*, na ocasião de sua morte, em janeiro de 1910, informava que o diplomata ainda era considerado

> [...] o moço mais belo do Rio de Janeiro, no período de 1864 a 1880, constituindo-se um verdadeiro árbitro da elegância e encantando as mulheres

com seus dotes excepcionais da sua formosura física e com o deslumbrante prestígio de seu valor intelectual. A sua entrada num teatro ou salão de baile produzia sensação entre as damas, que todas elas o admiravam e muitas delas o amavam.

Alto, bem proporcionado, pele alva, bigode minuciosamente torcido, rosto escanhoado, assim Joaquim Nabuco é descrito pelos seus contemporâneos. Vaidoso e de maneiras finíssimas, dominava todos os rituais e artifícios necessários para um homem de seu grupo social. Circulava sempre bem-vestido, com casaca comprida, colete, calças com vinco, colarinho engomado, bengala, chapéu e sapatos lustrosos. Não se descuidava da aparência nem mesmo para trabalhar em seu escritório de advogado na sua residência no Catete.

Nascido em 1849, estudou humanidades no Colégio Pedro II, do Rio de Janeiro, bacharelando-se em Letras. Em 1865, seguiu para São Paulo, onde fez os três primeiros anos de Direito. Formou-se no Recife, em 1870. Entrou para o serviço diplomático, como adido de primeira classe em Londres, depois em Washington, de 1876 a 1879. Foi eleito deputado por sua província, passando a residir no Rio de Janeiro, onde se dedicou a defender a abolição da escravatura no Brasil. Em 1883, em Londres, publicou *O abolicionismo*, uma de suas obras principais.

Nabuco retornou ao Brasil, sendo eleito deputado novamente por Pernambuco e continuando a lutar pela abolição. Monarquista convicto, retirou-se da vida pública quando a república foi proclamada em 1889. Nessa fase, Joaquim Nabuco viveu no Rio de Janeiro, exercendo a advocacia e dedicando-se a escrever. Passava bastante tempo na redação da *Revista Brasileira*, onde estreitou relações e amizade com Machado de Assis, José Veríssimo, Lúcio de Mendonça – participando da fundação da Academia Brasileira de Letras, em 1897.

Em 1900, o presidente Campos Sales conseguiu convencê-lo a aceitar o posto de enviado extraordinário e ministro plenipotenciário em missão especial em Londres, na questão do Brasil com a Inglaterra, a respeito dos limites da Guiana Inglesa. Em 1901, cedeu à realidade republicana e voltou definitivamente à diplomacia, sendo nomeado embaixador do Brasil, primeiramente em Londres e, a partir de 1905, em Washington. Nos Estados Unidos, alcançou grande prestígio junto ao governo e à alta sociedade norte-americana. Quando faleceu, em Washington, seu corpo foi conduzido, em ato solene, para o cemitério da capital norte-americana, e depois trasladado para o Brasil. Do Rio de Janeiro, foi transportado para o Recife.

É interessante notar que a graça masculina, na época, não se resumia ao vestuário e aos cuidados com a aparência, mas abrangia uma série de outras habilidades sociais. Joaquim Nabuco dominava os salões que frequentava: a oratória era seu forte. Na "arte da conversação", Nabuco, ao contrário do imperador, sabia se destacar e demonstrar cultura, inteligência e agudeza de espírito. A educação de um jovem da elite deveria ser planejada minuciosamente, era necessário estudar, aprender línguas estrangeiras (o francês era importantíssimo), boas maneiras, conversar com desembaraço, ter boa postura, ser discreto e, ao mesmo tempo, marcante. Fazer um casamento, com uma noiva rica e bem vista pela sociedade, era outra tarefa que os homens daquele tempo deveriam cumprir com eficiência.

O neto preferido de Dom Pedro II, príncipe Pedro Augusto de Saxe e Coburgo (1866-1934), filho de dona Leopoldina, é um exemplo da formação que um jovem da elite recebia. Com a esperança de herdar o trono e tornar-se Pedro III, o rapaz forjou-se em meio à sofisticação, erudição e elegância, mas era parecido com o avô na timidez, principalmente com as moças. Uma boa educação, contudo, transformava mesmo os mais inibidos em homens simpáticos e socialmente adequados. Era bonito, alto, tinha porte, olhos azuis, enfim, era a imagem dos príncipes de contos de fadas.

As atividades esportivas e viris eram muito importantes: caça, boxe, duelos com facas e espadas. O rapaz da aristocracia deveria provar a todos que não era efeminado e tinha a agressividade necessária a um homem de verdade. Pedro Augusto era obrigado a fazer exercícios, muitos deles considerados violentos. Era preciso combater algumas características do menino que lembravam o avô imperador, como a lentidão dos gestos, o caráter mais reservado e melancólico.

Pedro ficou conhecido por sua distinção, tanto na Europa quanto no Brasil. Circulava pelos melhores salões, teatros, saraus e festas. Vestia-se de maneira discreta, porém, impecável. Foi educado na Europa, mas passava muito tempo no Brasil e estabeleceu-se aqui na juventude. Não se descuidava da aparência e gastava muito dinheiro para manter uma casa luxuosa, onde recebia as pessoas importantes para seus projetos políticos. Frustrados seus planos para se tornar o terceiro imperador do país, Pedro entrou em um processo de depressão profunda e acabou se suicidando em um sanatório na Áustria, após décadas de sofrimento, em 1934.

Pode-se concluir que não era tão simples se encaixar nos padrões de masculinidade naqueles tempos. Mais do que tudo, cabia aos homens representar a sua classe social e a sua família perante o restante da sociedade. Era preciso ainda afirmar sua virilidade, sem deixar a vaidade de lado. Os tímidos, os desajeitados, os feios e os desleixados não tinham espaço nesse jogo complexo, sutil e perigoso.

Elegância à inglesa

Durante o século XIX, a Inglaterra passou a ser a maior referência, em termos de moda, para os senhores elegantes das terras brasileiras. Os ingleses dominaram a venda de artigos masculinos no Rio de Janeiro, concentrando-se na rua Direita e nas ruas da Alfândega. Segundo Gilberto Freyre, em *Ingleses no Brasil*, os negociantes provenientes da Inglaterra possuíam os melhores armazéns de fazendas e lojas para homens. Dificilmente tornavam-se alfaiates, como os franceses. Estes, por sinal, dominavam a moda feminina.

Com a Revolução Industrial, os trajes masculinos se tornaram bem mais despojados e austeros, deixando de lado os ornamentos e bordados exagerados, as cores vivas, as joias, e outros excessos, típicos da vida na corte. O campo era a inspiração para os trajes masculinos da época, já que a aristocracia inglesa tinha grande apreço pelos esportes e outros passatempos campestres. Os hábitos burgueses impactaram a moda, os homens passaram a associar a elegância a uma postura mais séria

Figura 6.2
Típico traje aristocrático da primeira metade do século XIX, os ingleses passam a dominar a moda masculina, inclusive no Brasil. In: LEVENTON, Melissa (Org.). **História ilustrada do vestuário**. São Paulo: Publifolha, 2009, p.83.

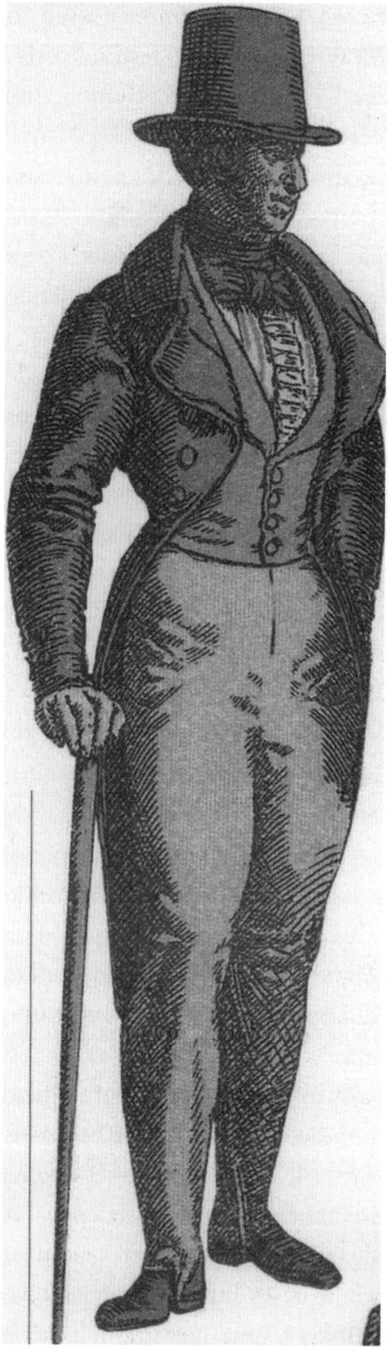

e discreta, deixando o mundo da futilidade e da ostentação para as mulheres.

O homem de "gosto moderno", contudo, não havia abandonado a vaidade. Os sinais de *status* social e poder se tornaram mais sutis, mas nem por isso menos importantes. O uso de joias era moderado, sendo restrito a alfinetes de gravata, alguns anéis, apetrechos de fumo em prata e com pedras preciosas, e relógio de bolso. Da forma que conhecemos hoje, o terno, com paletó mais curto, colete e calça, feitos com o mesmo tecido, também surge nesse período na Inglaterra, mas será adotado no Brasil no final do século, para substituir as casacas compridas. Houve versões mais antigas do terno. Na França, no século XVIII, na corte do rei Luís XIV já era moda usar paletó, colete, camisa e calças, mas confeccionados com diferentes tecidos, padrões e cores.

Além de tecidos para "senhores finos" (casimira, seda, cetim, lãs, pelicas, veludos, rendas e algodões), os comerciantes ingleses comercializavam "fatos feitos", meias de seda, luvas, lenços de seda, casacas, chapéus, coletes de sedas e tecidos mais ordinários, gravatas, jaquetas, espingardas e pistolas, artigos para montaria. Fraques, casacas e redingotes, mesmo sendo pouco adequados ao calor tropical, também eram peças obrigatórias. As cores eram escuras, com muito azul e preto, mas alguns itens coloridos (carmesins, roxos ou verdes) chegavam ao Brasil e tinham boa aceitação.

Em *A vida social no Brasil nos meados do* século XIX, Gilberto Freyre é bastante minucioso ao descrever os trajes da época. Os senhores de engenho do nordeste exibiam casaca e colete escuros, de alpaca ou lã; calças claras ou escuras com vincos laterais, de flanela, feltro ou linho; bengala; gravata de seda e chapéu preto de copa dura. As barbas cuidadosamente aparadas e os cabelos tratados com brilhantina. O hábito de fumar charutos também era sinal de distinção.

Os cabelos e a maquiagem também se tornam menos rebuscados nesse período. A última moda no início do século passou a ser o cabelo cortado à escovinha, e o pó de arroz é abandonado por ambos os sexos. Os artistas e homens mais despojados, principalmente fotógrafos e pintores, usavam gravatas de seda largas com nó desleixado, casaco de transpasse alto e gola curta, tanto na Europa quanto no Brasil. Já os professores de direito eram reconhecidos pelas suas sobrecasacas negras e capas sem mangas (opas) coloridas, típicas das confrarias. Havia também os trajes regionais, que eram diferentes dos modelos europeus: o sertanejo costumava trajar chapéu de couro, gibão, guarda-peito, perneiras, luvas e peia-boi, além de sela roladeira e vara de ferrão com bainha; o gaúcho tinha visual semelhante, com o acréscimo do poncho.

Nas casas-grandes, era costume oferecer aos convidados um casaco leve de linho, seda ou alpaca para substituir os casacos de cores escuras e tecidos mais pesados durante as refeições, com o intuito de deixar os convidados mais confortáveis. O transporte por via férrea trouxe uma contribuição interessante para o vestuário masculino: os ingleses introduziram o guarda-pó branco, de algodão ou linho, usado sobre a roupa nas viagens de trem. Na segunda metade do século XIX, o artigo tornou-se moda entre os mais abastados que circulavam nos vagões. O *robe de chambre*, de veludo colorido e brocados, também teve alguma penetração no Brasil entre os mais ricos.

Freyre destaca ainda que os meninos da época eram vestidos como pequenas "caricaturas de homem" e, aos oito ou dez anos, usavam trajes semelhantes aos dos senhores de engenho, inclusive com chapéu, bengala, chibata à mão e brilhantina nos cabelos. Já para os meninos mais jovens, era moda entre os membros da classe mais alta fazê-los aparecer em público vestindo roupas quase carnavalescas, imitando personagens das óperas mais conhecidas.

A infância durava pouco naqueles tempos: as meninas também já estavam em idade de casar por volta dos treze anos. Geralmente o pretendente era um homem bem mais velho, escolhido pelo pai devido a interesses econômicos e sociais. Freyre destaca que o tipo sonhado pelas mocinhas da época era um jovem na casa dos vinte anos, bacharel em direito ou medicina, com o anel de formatura adornando as mãos esguias. "Bigodes perfumados, cabelos amaciados ou abrilhantados pelo cosmético da moda, um herói que escapava de alguma luzente oleogravura germânica ou das páginas de uma novela de Macedo". A realidade podia ser bem distinta e o noivo poderia surgir na figura de um *noveau riche* português, "gordo, nédio e de meia-idade, pescoço curto e mãos grosseiras".[5]

É importante ressaltar que, durante o século XIX, o costume de demonstrar a posição social por meio do vestuário e de outras pequenas ostentações continuava a fazer parte da sociedade brasileira. Aluísio Azevedo, em *O cortiço*, descreve com deliciosa ironia o esforço necessário para que um homem de origem humilde fosse aceito entre a elite. A transformação do personagem João Romão, dono do cortiço e de rudes maneiras, em um distinto burguês, demonstra que apenas amealhar fortuna não era suficiente para obter a sonhada ascensão social:

> Mandou fazer boas roupas e aos domingos refastelava-se de casaco branco e de meias, assentado defronte da venda, a ler jornais. Depois deu para sair a passeio, vestido de casimira, calçado e de gravata. Deixou de tosquiar o cabelo à escovinha; pôs a barba abaixo, conservando apenas o bigode, que ele agora tratava com brilhantina todas as vezes em que ia ao barbeiro. Não

5 Freyre, *Vida social no Brasil nos meados do século XIX*.

era mais o mesmo lambuzão! E não parou por aí: fez-se sócio de um *club* de dança e, duas noites por semana, ia aprender a dançar; começou a usar relógio e cadeia de ouro.[6]

Por trás da aparente simplicidade dos trajes masculinos no século XIX, que eram inspirados na moda inglesa, o ritual a que os homens deveriam se submeter antes de sair em público continuava a existir, assim como o planejamento detalhado de suas ações nessas ocasiões. As roupas eram mais severas e não havia tanta ostentação de joias e outros adereços, mas as regras eram rígidas e um descuido poderia arruinar a imagem dos cavalheiros perante a sociedade. Para os pobres, a situação, contudo, ficou um pouco mais confortável, já que era mais fácil imitar as roupas da moda em tecidos mais simples e baratos.

Vamos recorrer novamente a Aluísio de Azevedo, em *O cortiço*, para mostrar o vestuário dos mais pobres habitantes do submundo carioca. Firmo era um mulato vadio, de bigodinho crespo, bem tratado com brilhantina, usava chapéu de palha de lado e vestia-se com criatividade:

> [...] um paletó de lustrina preta já bastante usado, calças apertadas nos joelhos, mas tão largas na bainha que engoliam os pesinhos secos e ligeiros. Não trazia gravata nem colete, sim uma camisa de chita nova e ao pescoço, resguardando o colarinho, um lenço alvo e perfumado; à boca um enorme charuto de dois vinténs e na mão um grosso porrete de Petrópolis.

Já seu amigo Porfiro, tipógrafo, era mais velho, mais escuro e tinha uma cabeleira encarapinhada. Seu estilo era um pouco diferente, apesar de ambos exibirem calças de boca larga e chapéus de lado:

> O Porfiro tinha outra linha: não dispensava sua gravata de cor, saltando em laço frouxo sobre o peito da camisa; fazia questão da sua bengalinha com cabeça de prata e da sua piteira de âmbar e espuma, em que ele equilibrava um cigarro de palha.[7]

6 Azevedo, *O cortiço*, p.145.

7 Idem, p.66-7.

A chegada da República e o estilo dândi

O fim do Segundo Império e a proclamação da República, em 1889, modificaram o clima político, social e cultural do país. A economia também se transformou, trazendo um fluxo de capitais estrangeiros, em um montante nunca visto antes por aqui. As transformações foram profundas: as fortunas mudavam de mãos rapidamente e muitas das tradicionais famílias que eram influentes junto ao velho imperador perderam prestígio. O Encilhamento, política econômica adotada durante o governo provisório do marechal Deodoro da Fonseca, foi implementado, pelo então ministro da Fazenda Rui Barbosa, para resolver os problemas econômicos deixados pela monarquia. Para resolver a questão da falta de dinheiro circulante, necessário para pagar os novos trabalhadores assalariados (a escravidão havia sido oficialmente extinta em 1888) e viabilizar a industrialização, o governo pôs em prática uma política de incentivo à emissão de papel moeda.

O efeito direto dessas medidas foi a desvalorização do mil-réis, seguida por um surto inflacionário provocado pela injeção excessiva de dinheiro na economia. A desvalorização da moeda brasileira levou ao fechamento de muitas empresas e à falência de tantos outros investidores. A facilidade de créditos sem a devida fiscalização permitiu que os recursos fossem investidos em outro fim que não aquele para o qual haviam sido aprovados. No mercado de ações, a intensa especulação marcou o período.

Após as atribulações iniciais, o novo regime se consolidou. Os primeiros presidentes militares, Marechal Deodoro da Fonseca e Floriano Peixoto, enfrentaram alguns focos de resistência, além da turbulência política e econômica. Com a "política dos governadores" de Campos Sales (1898-1902) e o *funding loan* (1898), a República Velha entra em uma fase de estabilidade. As relações sociais aburguesavam-se. A monarquia tornava-se coisa do passado e o país finalmente estava trilhando o caminho certo para equiparar-se às grandes nações civilizadas da Europa e aos Estados Unidos. Pelo menos, era nisso que a elite da época acreditava.

A República era identificada com um projeto de modernização do país: rejeitava-se tudo o que era relacionado ao regime anterior por ser arcaico e retrógrado. O Rio de Janeiro era o centro da nova ordem econômica e política: a capital era o maior núcleo da rede ferroviária nacional, ligando-se ao centro produtor de café do oeste paulista e a outros importantes estados fornecedores de produtos agropecuários, além de manter o comércio de cabotagem com os estados do norte e nordeste.

Em *Literatura como missão*, Nicolau Sevcenko descreve o ambiente efervescente da capital, que passava por um processo de remodelagem urbana e social. Era preciso varrer para longe das vistas tudo o que fosse feio, velho, sujo e pobre. Grandes avenidas, edificações e monumentos foram erguidos. Os moradores dos cortiços eram escorraçados para a periferia. O Rio de Janeiro deveria se modernizar a qualquer custo, seguindo o modelo de Paris. A campanha da regeneração da cidade, levada à frente pelo prefeito Pereira Passos, e a campanha de vacinação de Oswaldo Cruz, que resultou na Revolta da Vacina (1904), mostram bem a essência deste novo projeto civilizador.

Os novos donos do poder queriam deixar suas marcas na cidade, destruindo tudo que lembrasse a cultura popular e os hábitos considerados antiquados. A campanha para tornar a cidade mais *civilizada* chegou a excessos que beiram o absurdo, como a criação de uma lei que obrigava os cidadãos a usar paletó e a vestir sapatos para circular pela região central da cidade. Quem fosse pego descalço ou "em mangas de camisa" poderia ser preso, o que, de fato, chegou a ocorrer, já que o projeto passou em segunda discussão no Conselho Municipal.

O consumismo, segundo o historiador, tornou-se parte do cotidiano das camadas mais abastadas, para as quais era fundamental adquirir as últimas novidades vindas da Europa. No início do século XX, a moda era uma obsessão entre a elite carioca. Todos sonhavam em ser *chic* ou *smart*, ou seja, desfilar com as vestimentas e os acessórios da última moda. As colunas sociais começavam a ditar as normas de vestuário e de comportamento para a mais fina sociedade. A rua do Ouvidor era o maior centro do comércio sofisticado, oferecendo os artigos importados mais cobiçados. Logo, as tradicionais sobrecasaca e cartola pretas, símbolos da sociedade patriarcal e aristocrática do império, foram substituídas pelo paletó de casimira clara e o chapéu de palha.

A mentalidade que dominava algumas parcelas da população na época caracterizava-se pelo "desejo de ser estrangeiro". O gosto do brasileiro deveria ser melhorado tendo como modelo a Europa. Portanto, tudo o que fosse tipicamente brasileiro e popular era considerado de mau gosto. Até o Carnaval deveria deixar de lado as fantasias de índio e de cobra viva, para ser povoado por pierrôs, colombinas e arlequins. De acordo com Sevcenko, a moda foi a única tentativa de aprimoramento dos hábitos sociais do brasileiro que realmente foi consolidada com sucesso. Para o historiador, isso é explicado pela formação de um mercado de tecidos, roupas e acessórios na *Belle Époque*, que se baseava no aproveitamento dos estoques europeus no fim das estações para os consumidores do hemisfério sul.

Figura 6.3 Joaquim Nabuco, considerado um dos homens mais bonitos e elegantes do Império, que aderiu à causa abolicionista. Foto da Fundação Joaquim Nabuco.

É bastante característica dessas primeiras décadas do século passado a figura do dândi, apesar de esse personagem já estar presente na sociedade europeia desde o século XVIII. George Brummell, D'Orsay, Charles Baudelaire, Oscar Wilde, Robert de Montesquiou, Marcel Proust e Christian Dior foram alguns dos mais conhecidos representantes do dandismo da história. Muitos autores chegam a considerar Joaquim Nabuco um verdadeiro dândi na juventude, mas o dandismo era mais do que vestir-se de acordo com a moda, estava relacionado a um estilo de vida diferente e transgressor. De maneira geral, seus representantes ficaram conhecidos como homens que se preocupavam com a aparência e não tinham pudores em demonstrá-lo, vestiam-se com apuro e lançavam moda. Nesse sentido, talvez possam ser considerados os antepassados dos atuais metrossexuais.

No Brasil, um reconhecido dândi foi Alberto Santos-Dumont (1873-1932). O pai da aviação foi um refinado homem de sociedade. Com a herança deixada pelo pai, Henrique Dumont, ele pôde construir balões e aviões, e também teve condições de preocupar-se em se vestir com esmero, sendo um assíduo frequentador das festas e eventos sociais da alta sociedade parisiense. Ousado, participava de corridas de automóveis e vivia cercado por amigos e admiradores. O inventor estava sempre impecavelmente trajado, mesmo quando trabalhava com motores ou madeira. Seu guarda-roupa era formado por ternos riscas-de-giz, camisas de colarinho alto e engomado, sapatos com salto (artifícios para parecer mais alto) e chapéu com a aba abaixada. O estilo de Santos-Dumont era um exemplo perfeito do que estava em voga na *Belle Époque*, na capital francesa.

Figura 6.4
Santos-Dumont, em suas experiências com um dirigível: um dândi que conquistou Paris pela sua ousadia nos ares e também pelo seu estilo. Foto da Fundação Biblioteca Nacional.

O brasileiro ajudou ainda na criação de um acessório que se tornaria popular até os dias de hoje. Conta-se que em uma recepção no restaurante Maxim's, em 1904, comentou com o amigo Louis Cartier que, em pleno voo, era difícil pegar o relógio para cronometrar o tempo. Cartier mandou fazer um protótipo que pudesse ser usado no pulso e o batizou de "modelo Santos". O apetrecho não foi, entretanto, uma inovação absoluta do inventor, já que algumas mulheres já usavam o relógio no pulso, mas sem sentido prático, apenas como se fosse uma joia.

Provavelmente, o acessório de moda que mais nos faz lembrar Santos-Dumont é o chapéu-panamá, que teve seu apogeu no início do século passado. O artigo era produzido no Equador, mas acredita-se que recebeu este nome porque o presidente norte-americano Theodore Roosevelt usou-o durante uma visita ao canal do Panamá, em 1906. Os panamás originais eram tecidos com palha muito fina (*Carludovica palmata*), colhida e remetida para centros de tecelagem. O processo de fabricação é composto por uma série de etapas e a última delas é a colocação da fita preta ao redor da copa. Santos-Dumont usava o seu desabado e de lado, sendo um dos pioneiros a circular por Paris com o modelo. Muitas outras personalidades aderiram à moda do chapéu-panamá, como Winston Churchill, Harry Truman, Humphrey Bogart, Clark Gable e até Michael Jackson. No Brasil, foi preferência de figuras tão diversas quanto Getúlio Vargas e Tom Jobim, tornando-se um dos símbolos da malandragem no Rio de Janeiro.

Apesar do nosso mais famoso dândi ter conseguido fama e reconhecimento, Alberto Santos-Dumont suicidou-se em 23 de julho de 1932, no banheiro do Grand Hôtel de La Plage, no Guarujá, litoral paulista. Há controvérsias sobre o material utilizado: corda, o cinto do roupão ou uma gravata. Tinha apenas 59 anos e acredita-se que sofria de depressão crônica.

Guerras, revoluções e o cinema de Holywood

As novidades e os acontecimentos do século XX surgiam e desapareciam em uma velocidade nunca antes vista. As mudanças nas telecomunicações e nos transportes encurtaram as distâncias, trazendo as mais diversas influências para a cultura e também para a moda. A primeira (1914-1918) e a segunda (1939-1945) guerras mundiais trouxeram novos hábitos, além das mortes e da destruição. A emancipação feminina foi um dos efeitos dessas tragédias: as mulheres foram obrigadas a entrar no mercado de trabalho durante os conflitos e muitas tiveram que assumir a postura de chefe de família com a morte de seus pais, filhos e maridos. A industrialização e a produção em massa passaram a dominar a economia mundial. A moda precisou tornar-se mais prática e barata para atender os trabalhadores e trabalhadoras dessa nova realidade.

A Revolução Russa, em 1917, mudaria o mundo para sempre, dando início à polarização da comunidade internacional entre Estados Unidos e União Soviética, entre capitalismo e socialismo. A chamada Guerra Fria viria a dominar as relações entre os países por muitas décadas, trazendo para o cotidiano das pessoas comuns a discussão de temas antes restritos às camadas mais politizadas. Em 1929, a queda da Bolsa de Nova York teria impactos diretos na economia mundial, destruindo fortunas e prejudicando as exportações do café brasileiro. Em 1949, a Revolução Chinesa, liderada por Mao Tsé-Tung, veio acirrar as disputas políticas e tornar o cenário internacional ainda mais complexo.

No Brasil, o período entreguerras foi bastante agitado nas mais diversas esferas da sociedade. Na área cultural, a Semana de Arte Moderna de 1922, realizada em São Paulo, no Teatro Municipal, foi organizada com o principal propósito de renovar, transformar o contexto artístico e cultural urbano, na literatura, nas artes plásticas, na arquitetura e na música. Mudar, subverter uma produção artística, criar uma arte essencialmente brasileira, embora em sintonia com as vanguardas europeias.

Por uma semana, a cidade entrou em plena ebulição cultural, sob a inspiração de novas linguagens, de experiências artísticas, em uma tentativa de rompimento com o passado. A Semana, todavia, não foi bem recebida pela tradicional elite de São Paulo, encabeçada pela oligarquia do café, e a crítica não poupou esforços para ridicularizar suas ideias. A fina sociedade paulistana, habituada aos modelos estéticos europeus mais arcaicos, sentiu-se agredida pela nova estética, apesar de a Europa estar vivendo as vanguardas. Durante o evento, vaias e aplausos se alternavam.

O catálogo da Semana apresenta nomes como os de Anita Malfatti, Di Cavalcanti, Yan de Almeida Prado, John Graz, Oswaldo Goeldi, entre outros, na pintura e no desenho; Victor Brecheret, Hildegardo Leão Velloso e Wilhelm Haarberg, na escultura; Antonio Garcia Moya e Georg Przyrembel, na arquitetura. Entre os escritores encontravam-se Mário de Andrade e Oswald de Andrade, Menotti Del Picchia, Sérgio Milliet, Plínio Salgado, e outros mais. A música estava representada por autores consagrados, como Villa-Lobos, Guiomar Novais, Ernani Braga e Frutuoso Viana.

A Semana de Arte Moderna de 1922 trouxe desdobramentos históricos e culturais, provavelmente inimagináveis naquela época. Dentro do grupo que chamamos genericamente de modernistas, havia diversas correntes de pensamento, entre elas o Movimento Pau-Brasil, o Movimento Verde-Amarelo, o Grupo da Anta, e o Movimento Antropofágico. Os principais meios de divulgação desses novos ideais eram a revista *Klaxon* e a *Revista de Antropofagia*, entre outros.

A Semana não teve a participação de nenhum estilista e seus impactos na moda não foram diretos e imediatos. As roupas dos participantes, porém, tiveram um toque de ousadia que se coadunava bem com o espírito do evento. Heitor Villa-Lobos apareceu no palco do Teatro Municipal vestindo casaca, apoiado em um guarda-chuva e usando um chinelo (por estar com o pé machucado), o que causou a indignação do público. Tarsila do Amaral, que não participou da Semana, mas estava muito ligada ao grupo modernista, tinha forte ligação com o mundo da moda, sendo retratada em modelos dos estilistas franceses, Paul Poiret e Jean Patou.

No que se refere à política, o período foi marcado por turbulências que culminaram com o fim da República Velha (1889-1930), graças ao rompimento do acordo entre São Paulo e Minas Gerais para as eleições presidenciais. Em 1929, o presidente Washington Luís indicou outro paulista, Júlio Prestes, para sucedê-lo. O presidente do estado de Minas Gerais, Antônio Carlos, em represália, aliou-se aos governantes do Rio Grande do Sul e da Paraíba, e juntos formaram a Aliança Liberal, com a candidatura de Getúlio Vargas, que, por sinal, apresentava-se em trajes típicos de gaúcho, e João Pessoa, em uma das mais acirradas disputas eleitorais daquele período.

A crise da Bolsa de Nova York, em outubro de 1929, também afetou diretamente o cenário político, já que as exportações brasileiras de café para os EUA caíram vertiginosamente. Assim, para a oligarquia paulista, a eleição de Júlio Prestes visava garantir no comando do Estado republicano um presidente articulado com os interesses da cafeicultura. Apesar da vitória de Júlio Prestes nas eleições de 1930, outros setores das oligarquias brasileiras, como a burguesia industrial emergente, o Exército e as classes médias não aceitaram a hegemonia política da oligarquia cafeeira. O assassinato de João Pessoa, candidato a vice-presidente na chapa da Aliança Liberal, foi o gatilho que faltava para o golpe de Estado que colocou Getúlio Vargas no poder, a chamada "Revolução de 1930".

Em 1932, a Revolução Constitucionalista encabeçada pelo estado de São Paulo e que tinha por objetivo depor Getúlio Vargas foi derrotada. Com a instauração do Estado Novo em 1937, o presidente determinou o fechamento de Congresso, outorgou uma nova constituição, que lhe conferia o controle dos poderes Legislativo e Judiciário. Até 1945, quando termina o período do Estado Novo, Vargas deu continuidade à estruturação do Estado, orientando-se cada vez mais para a intervenção estatal na economia e para o nacionalismo econômico. Foram criados nesse período o Conselho Nacional do Petróleo (CNP), o Departamento Administrativo do Serviço Público (DASP), a Companhia Siderúrgica Nacional (CSN) e a Fábrica Nacional de Motores (FNM), entre outros.

O Brasil manteve um posicionamento neutro na Segunda Guerra até 1941, quando ocorreu a assinatura do acordo com os Estados Unidos, pelo qual o governo norte-americano se comprometia a financiar a construção da primeira siderúrgica brasileira, em troca da permissão para a instalação de bases militares no nordeste. Após o torpedeamento de navios brasileiros por submarinos alemães, em 1942, foi declarado o estado de guerra aos países do Eixo (Alemanha, Itália e Japão). Com o término da guerra em 1945, as pressões em prol da redemocratização ficaram mais fortes e o presidente acabou deposto em 29 de outubro, por um movimento militar. Vargas voltaria ao governo em 1950, eleito de forma democrática, permanecendo até o seu suicídio em 1954.

Apesar de o Brasil continuar a ter na agropecuária a base da sua economia, houve um esforço para o desenvolvimento da industrialização e a modernização do país durante o governo de Vargas. As roupas, agora, eram produzidas em escala industrial. As lojas de departamentos como o Mappin começam a conquistar os consumidores locais. O cinema norte-americano passa a influenciar a mentalidade do brasileiro, e atores como Fred Astaire, Cary Grant e Clark Gable transformam-se nos grandes modelos de beleza e elegância masculinas. Os Estados Unidos conquistam indubitavelmente a posição de grande polo mundial de irradiação de cultura, tornando-se também referência no mundo da moda.

Nas décadas de 1930 e 1940, não houve grandes novidades na moda masculina. Os homens vestiam ternos com jaquetões em tecidos lisos ou em riscas-de-giz, as lapelas eram largas, assim como as bocas das calças, que passaram a ter cintura mais alta. Os chapéus eram itens obrigatórios e os sapatos variavam entre os de bico quadrado e os mais arredondados e bicolores. A novidade eram as roupas esportivas e os tênis de lona ou couro. O arsenal de peças disponíveis para os senhores elegantes da época incluía ainda suéteres, pulôveres, blazers, camisas sociais e de mangas curtas, além dos trajes de banho, em lã, inteiriços ou do tipo sungão.

A moda feita em escala industrial, por grande confecções, torna-se uma opção para quem precisava adquirir roupas mais baratas. A qualidade desses trajes, entretanto, ainda deixava muito a desejar. Segundo Gilles Lipovetsky, somente na virada dos anos 1950 para os 1960 surgiria a maior revolução do mercado que foi a criação do *prêt-à-porter*. O objetivo era produzir roupas industrialmente, que fossem acessíveis a todos, fundindo indústria e moda, com estilo, estética e sem perder de vista as tendências. Outro fator que contribuiu para o desenvolvimento da industrialização de roupas foi o surgimento de uma produção exclusivamente voltada aos jovens.

No final dos anos 1940, o jeans começa a se destacar por aqui. Conhecido como "calça rancheiro" ou "faroeste", o jeans podia ser usado com as barras dobradas ou não. Outro item que começa a ganhar *status* de peça da moda é a camiseta branca, até então usada por baixo da camisa social. O cinema norte-americano impulsionou a popularização desses produtos que, nos dias de hoje, são consideradas por homens e mulheres artigos básicos para se "estar na moda". A camiseta branca, por exemplo, começou a aparecer nas telas retratando os soldados que haviam lutado na guerra.

A história do jeans começou no século XIX, nos Estados Unidos, quando os imigrantes Levi Strauss, da Alemanha, e Jacob Davis, da Letônia, resolveram transformar a lona que era usada na cobertura de barracas em peça do vestuário. Segundo o *Dicionário da moda*, de Marco Sabino, assim nasceram as primeiras calças jeans, que inicialmente foram adotadas pelos mineradores do oeste norte-americano e eram de cor marrom. Davis teve a ideia de colocar rebites de cobre para reforçar as calças que fabricava, usando tecido fornecido pelo comerciante Levi Strauss. E foi Strauss quem registrou a invenção da peça que começou a ser produzida com brim azul, sob a marca Levi's. Em 1890, a Levi's criou seu modelo mais famoso, a calça 501.

O nome "jeans" passou a ser usado na década de 1940, nos Estados Unidos, para designar calças de brim índigo blue, que nesse momento já dava os primeiros passos para ser adotado pela juventude. O termo é proveniente do francês Gênes (Gênova), cidade portuária italiana, onde os marinheiros usavam calças de sarja grossa proveniente de Nîmes – outra palavra que sofreu alteração para dar origem ao termo denim, que virou sinônimo de tecido para fazer calça jeans. Na década de 1950, o jeans era usado pela juventude rebelde norte-americana, influenciando o mundo todo. A Lee, a Wrangler e a Levi's forneciam o produto para o mercado em expansão. No Brasil, a São Paulo Alpargatas foi a pioneira a fabricar as chamadas calças de brim, uma versão do jeans norte-americano.

Desde os calções de cetim e os gibões dos séculos XVII e XVIII, até o jeans e a camiseta dos dias atuais, a moda e o comportamento masculinos transformaram-se profundamente. A vaidade e a preocupação com a moda sempre estiveram presentes nas cabeças masculinas, seja para representar a sua classe social, seja para demonstrar poder e riqueza, seja simplesmente para ser mais atraente ao sexo oposto. Mesmo que, após o século XIX, a roupa masculina tenha trilhado o caminho da simplicidade, isto não significou abrir mão de uma série de artifícios usados para melhorar a aparência. Os modelos de beleza e virilidade variaram ao longo do tempo, mas a moda sempre foi – e continua a ser – um instrumento usado pelo homem para definir a sua posição perante os outros e perante si mesmo.

7

Masculinidade em Nossa Senhora do Desterro e Manaós: territórios e ardis

Antonio Emilio Morga

Foi em busca de uma vida de afetividade e sociabilidade que Duarte Paranhos Schutel,[1] desterrense, estudante de medicina na cidade do Rio de Janeiro, em viagem pelas terras catarinenses, narrou o vivenciado no romance *A Massambu* (1861). Crônica sobre os costumes do povo catarinense, o romance acompanha as transformações urbanas que ocorriam nas cidades brasileiras no segundo império.

O dia mal tinha amanhecido, Duarte Paranhos Schutel, juntamente com alguns amigos, verificava as bagagens e os apetrechos que os auxiliariam na viagem. O dia nublado, chuvoso e frio indicava que o caminho seria cansativo, o que tornava o percurso ainda mais difícil e perigoso. A festa do Divino Espírito Santo, em Santo Amaro da Imperatriz, cidade distante, a 80 kilômetros de Nossa Senhora do Desterro – atual cidade de Florianópolis – prometia fé e namoricos.

Os jovens amigos aventureiros iam com alguns dias de antecedência, com o propósito de participar da folia que antecedia a festa.

1 Schutel, *A Massambu*.

Figura 7.1
Nossa Senhora do Desterro.
VICTOR MEIRELLES: *Uma rua da cidade do Desterro*, 1851. Óleo sobre papel, 34,2 x 49,3 cm. Rio de Janeiro, Museu Nacional de Belas Artes.

De tradição açoriana, a folia do divino era uma pequena companhia de músicos e cantores que percorria, dias antes dos festejos, as ruas da cidade batendo de porta em porta a cantar, a comer, a dançar e a beber, recolhendo dinheiro para a igreja e donativos a serem leiloados no dia da festa do Divino Espírito Santo.[2]

A travessia da serra do Cubatão fora penosa com muita chuva e trovões que clareavam a mata e o longo paredão de rochas pontiagudas. O barulho da cachoeira com suas águas virgens a escorrer pelo penhasco obtuso num bailar nômade deixava à mostra suas reentrâncias repletas de languidez. Com habilidade e destreza, ao conduzirem suas montarias, os jovens aventureiros foram conquistando a serra. Agora, a descida, com a trilha iluminada pelos raios do sol, que atravessavam as copas da vegetação espessa, surgia como redentora de todos os temores.

2 Cabral, *Nossa Senhora do Desterro*, p.270.

Na decida, já alcançando a pequena planície, repleta de pés de limões, laranjas e mamões cercados por uma roça de mandioca, os moços festeiros foram despertados pelo barulho de um carro de boi que transportava uma família que se dirigia a Santo Amaro da Imperatriz para participar dos festejos. Vinham famílias inteiras, uns a cavalo, outros em carro de boi, e existiam aqueles que se dirigiam ao lugar das festas caminhando pelas trilhas íngremes da região. Não demorou muito para que as pessoas estabelecessem uma conversa cordial, aos poucos dando referências de onde iam ficar na localidade. Nessas ocasiões, recorria-se ao abrigo de parentes próximos e distantes, às casas dos amigos e aos compadres, ou se amontoavam no interior da igreja em busca de proteção para as crianças e as mulheres. Enquanto isso, as moças, todas faceiras, trocavam olhares, sorrisos e gestos sorrateiros com os rapazes vistosos em busca de um enlace matrimonial. Era tempo também de novas alianças políticas e econômicas, de jogos de cartas com os amigos e de visitas a familiares.

E entre conversas despretensiosas, amenas e singelas, Schutel narra uma cena em que o erotismo invade seus pensamentos ao perceber que, distraidamente, uma das jovens sentada na beira da carroça de boi

> [...] ia deixando um pezinho que, às vezes com o balanço, parecia fugir e adiante então um tornozelo bem malicioso.
>
> Nesse descuido da inocência a menina ria conversando com os cavalheiros que pareciam não reparar nos desafios daquele pezinho [...].[3]

Atento à cena que seu olhar observa, formula juízo de valor sobre a falta de atenção dos cavalheiros que cavalgavam logo atrás da carroça e que estabeleciam diálogo despretensioso e ingênuo com a moça. Na sua leitura, os cavalheiros não eram dignos de cobiçar os inocentes pezinhos, pois o primeiro "pequenino e magro trazia nas costas uma enorme bossa, que não era ao certo a da inteligência", enquanto o segundo, "gordo como um vigário", se espalhava sobre a montaria, fornido de barriga "para aguentar o peso desse monstro de cavalheiro".

3 Idem, p.103.

Diante desse cenário bucólico que seu olhar identificava como território da languidez, percebeu ser a feiura a única coisa, em comum, a unir os dois cavalheiros que cavalgavam em conversação com a delicada e angelical menina-moça a balançar seus doces pezinhos de um lado para outro, criando essa despretensiosa inocência, "dando preferência ora à abundância ora à parcimônia".

> Estes dois contrastes tinham, contudo uma cousa de comum, era a fealdade do rosto, nenhum se poderia gabar de mais favorecido do que outro, e por isso reinava a mais perfeita harmonia em sua amizade, onde não tinha entrado o ciúme.[4]

O ciúme na província de Santa Catarina quase sempre foi o motivo dos desafetos das festas. Na vila de Tijuca Grande, distante 70 quilômetros ao norte de Florianópolis, o jornal *O Campeão* narra notícia dos filhos do senhor João Guerreiro, que primaram numa noite de sábado pela libertinagem e dissolução dos costumes. O motivo para o tumulto que se generalizou nas dependências da residência do senhor Ethur, ilustre comerciante da vila, foi a forma como o jovem Aristo dirigiu-se à namorada de um dos envolvidos.

> [...] crê-se que levado por ciúmes, por galanteios do recém-chegado à sua namorada, levou de mão, e sem tir-te nem guar-te, descarregou-lhe uma brutal bofetada. Aristo assim ofendido ao baixar-se para juntar a si o agressor e vingar ao insulto, foi filado na goela por José Guerreiro. A este tempo, meteram-se de permeio outros moços ali presentes, tirando da mão ao primeiro a faca com que se preparava para de novo cair sobre sua vítima.[5]

Engraçada e irônica foi a discussão estabelecida entre Manoel José Ferreira e sua esposa Ana Joaquina na Vila de São José da Terra Firme. Pelas páginas do jornal *Correio Catharinense*,[6] Manoel e Ana Joaquina travaram discussão sobre traição cometida por ela. Enquanto o marido

4 Idem, p.103.

5 *O Campeão* (SC), 21/6/1885.

6 *Correio Catharinense* (SC), 22/6/1853.

ultrajado acusava a esposa de adultério e de tê-lo abandonado com três crianças pequenas, sua esposa o denunciava por não querer dar-lhe seu quinhão das terras que possuíam no distrito de Picadas do Sul. O entrevero durou dias na imprensa desterrense e, por onde se andava, não se falava de outra coisa.

Logo que a desavença familiar começou a ser esquecida, a população da Ilha de Santa Catarina se viu envolvida em outro caso amoroso. Para delícia dos moradores da pacata e aprazível vila do Desterro, numa manhã de quarta-feira, um suposto amante preterido diante do seu assédio, vendo-se não mais correspondido em suas intenções amorosas, faz publicar na imprensa:

> Recebi seu amável recado! Fiquei sabendo que minhas cartas não terão mais a honra de serem recebidas pela senhora, mas, peço, ao menos responda à que tive a honra de dirigi-lhe em 7 do corrente mês, pedindo uma solução favorável aos nossos negócios.[7]

O viajante Auguste de Saint-Hilaire, que visitou a ilha de Santa Catarina, em 1820, e por aqui viveu algum tempo, registrou que, no Desterro, os homens se privavam de muitas coisas em favor das suas mulheres e amantes. Acrescentou ainda que não observou em outras regiões do Brasil patriarcal uma desproporção tão acentuada do vestuário feminino e masculino. Nos dias de festividades, elas se vestiam com elegância e bom gosto, "e a maneira como se acham trajados os seus maridos faz com que eles pareçam seus criados".[8]

Se os maridinhos arrumadinhos da Ilha de Santa Catarina se sacrificavam em nome de suas esposas e amantes, como constatou Saint-Hilaire, não saberíamos asseverar. Contudo, com o sugestivo título "Amor Perdido", o jornal *Periódico da Semana* narra as artimanhas que uma suposta amante encontrou por ter sido pega pelo amante nos braços de outro.

7 *O Despertador* (SC), 14/7/1874.

8 Saint-Hilaire, *Viagem a Curitiba e Santa Catarina*, p.174.

> Tendo um amante encontrado a sua bela nos braços de seu rival, ela lhe negou atrevidamente o fato – Como! Disse ele furioso, atrevei-vos a negar a desmentir aquilo que eu vi com os meus próprios olhos?! Ah! pérfido! lhe disse ela, bem vejo que tu não me amas, visto que crês mas no que tu vês do que no que digo.[9]

Diante da enfermidade do senhor Genuíno, alguém lhe sugere procurar o doutor Bovino, que possui um "meio fácil" para curá-lo.

> O senhor Genuíno está atacado de uma moléstia conhecida pelo nome de corno Mania. Um sujeito a quem isto foi dito lembrou um meio fácil para obter-se cura infalível. E era ser consultado sem perda de tempo o doutor Bovino que cura pelo sistema da Rêlhopathia.[10]

Brigas motivadas pelo ciúme e até mesmo assassinato não eram privilégio da província de Santa Catarina. Nos seringais do Amazonas, desavenças causadas pelo ciúme eram corriqueiras e faziam parte do viver no seringal. Nos seringais, o sexo feminino sempre foi objeto de cobiça, desejo e disputa. A solidão da mata e a distância dos povoados tornavam os seringueiros sedentos de afeto. Território do masculino, os seringais viviam na luta cotidiana da sobrevivência. O desejo por uma mulher "feia, de qualquer cor, tamanho, idade, naturalidade, espécie moral, torturava o seringueiro".[11]

E foi por causa do ciúme que, na comarca de Sena Madureira, no alto Purus, no Amazonas, um seringueiro durante um baile lançou-se contra um dos seus ajudantes por suspeitar que um deles andasse de namoro com sua jovem esposa, pois, segundo o cronista do jornal *O Purus*,[12] a moça possuía uma longa e bela cabeleira negra e era conhecida por ser espevitada e, segundo consta, se regalou a noite toda nos braços do jovem mancebo dançando e dando risadinhas. Neste entre-

9 *Periódico da Semana* (SC), 7/11/1864
10 *A Regeneração* (SC), 19/2/1871
11 Reis, *O seringal e o seringueiro*, p.83.
12 *Jornal do Purus*, 25/6/1894.

vero, os conflituosos foram apaziguados e nada de mais grave ocorreu. Entretanto, na tarde de quinta-feira, o marido enciumado, depois da desavença, esperou na beira do barranco aquele que desfrutava dos encantos da sua esposa e desferiu alguns tiros certeiros que levaram a óbito o jovem Dom Juan dos seringais. História de amor, ciúme e dor. Nosso cronista, com certa ironia, informa também que a jovem esposa teria sido roubada do primeiro marido, e que seu amásio, por temer o esposo traído, que tinha fama de valentão na região, para se prevenir teria contratado o jovem mancebo para lhe proteger. Antes visto como garanhão que desafiou a honra do valentão, agora visto como mais um corno do seringal. Levado pela suspeita, vergonha e dor, o segundo esposo vitimou de morte aquele que tinha por dever proteger-lhe a vida.

O mesmo jornal, no mês de outubro, publicou desavença amorosa ocorrida na festa da padroeira. Conta o jornalista que um grupo de seringueiros e regateiros se encontrava na taberna do senhor Altamiro.

Figura 7.2
Florianópolis, Praça XV de Novembro.

Estavam à mesa de carteado, quando um deles começou a gritar de forma violenta com outro seringueiro, desferindo punhaladas no peito do rival. Apesar da gravidade dos ferimentos, a vítima se recuperou na casa de um tio. A desavença deu-se por questão de ciúmes. O dito João, casado com uma mulher mais nova e vaidosa, já a encontrara, em outra oportunidade, nos braços do rival. Avisados pelo marido ultrajado, não deram importância ao fato e continuaram com a prática do adultério que acabou em violência na noite da santa.

Contudo, não só de violência viviam os homens dos seringais do Amazonas. No comércio da comarca de Sena Pereira, encontravam-se à venda bota, charuto, bengala, chapéu, calça, gravata, perfume, paletó e camisas de algodão e seda. Nas páginas dos periódicos, a propaganda asseverava que os produtos masculinos vinham de Paris ou da capital do Brasil. E nos dias de festa, eles perfilavam endomingados, exalando seus odores e desfilando suas roupas elegantes pelos quatro cantos que a festa propiciava.

E na cidade de Manaus, o *Jornal do Commercio* lamenta a morte do marido traído pelo amante da sua esposa que, enciumado ao vê-la de braços dados a fazer compras, lançou-se sobre o marido com fúria, desferindo golpes mortais, causando a morte do infeliz em plena luz do dia.[13] O mesmo jornal, tempos depois, registra escândalo nos festejos da padroeira. Na oportunidade, o compassivo maridinho, acompanhado pelo compadre, pegou sua esposa aos beijos atrás da igreja Matriz. Dizem que ela, em lágrimas, explicou o que tinha ocorrido e o dito maridinho arrumadinho a perdoou.[14] O mesmo jornal chama atenção das famílias e das autoridades sobre a frequência desenfreada de moços em determinada casinha onde a jogatina, bebida e mulheres entretêm muitos chefes de família e cavalheiros ainda moços. Segundo o jornal, esses lugares de libertinagem que, aos poucos, vão tomando proporções alarmantes em nossa sociedade, corroem a moral e o bem-estar da família manauara.

13 *Jornal do Commercio*, 10/11/1895.

14 Idem, 12/12/1895.

A historiografia amazonense indica que várias tentativas foram feitas para solucionar a falta de mulheres no seringal, desde encomendá-las às casas aviadoras até retirá-las à força dos cabarés de Manaus. Assim, a cidade de Manaus tornou-se, nesse período, um grande polo fornecedor de mulheres aos seringais do interior. E, ao que tudo indica, a prática de encaminhar mulheres para os seringais tinha a aquiescência das autoridades públicas. Muitas histórias de amores e traições terminaram seus dias em tragédias. Nos imensos seringais da província do Amazonas, os crimes passionais eram fatos corriqueiros, aconteciam com significativa frequência.[15]

Brigas motivadas pelo ciúme faziam parte do cotidiano nordestino. Henry Koster, que viveu algum tempo em Pernambuco, em sua viagem pelo nordeste, relata que a moral da população masculina não era rigorosa. Entretanto, percebeu que o homem sertanejo era ciumento e possessivo. Mortes e desavenças, tendo o ciúme como pano de fundo, eram comuns e faziam parte da vida do sertanejo. "Essa gente é vingativa. As ofensas muito dificilmente são perdoadas e, em falta da lei, cada um exerce a justiça pelas próprias mãos." Diante da violência, Henry chama atenção do seu ávido leitor, esclarecendo que o estado social da população "é terrível". Não pretendendo justificar os crimes motivados pelo ciúme na cidade de Pernambuco, asseverava, entretanto, "que a vítima recebera justamente o que bem merecia".[16]

Enquanto isso, Duarte Schutel constatou a incapacidade dos cavalheiros de perceberem a languidez dos movimentos dos pezinhos da jovem beldade ao analisar a aparência física dos homens. Para Schutel, sendo um magro e outro gordo, essas características os impediam de ter sensibilidade para cobiçar os cândidos pezinhos alvos como a neve. Provavelmente nosso narrador se aproximava das imagens do culto ao corpo, apregoado pelo discurso médico do século XIX. Ao difundir o controle dos desejos lascivos e normatizar os comportamentos masculi-

15 Lage, *Mulheres e seringal: um olhar sobre as mulheres nos seringais do Amazonas (1880-1920)*, p.135.

16 Koster, *Viagens ao Nordeste do Brasil*, p.205.

nos, a medicina tacitamente inseria prescrições sobre os usos do corpo. Recomendavam-se exercícios físicos para estimular o corpo e a mente: caminhadas, tiro ao alvo, passeios pelo campo, boxe, esgrima, corridas, equitação, natação e remo, entre outros, com o objetivo de remodelar o corpo e os comportamentos de uma vida de intensa sociabilidade e afetividade. O corpo esguio e ereto tornava-se similitude – uma semelhança – diante da cidade e de seus espelhos. As representações de um mundo de simulações, rituais e singularidade operava sutilmente o deslocamento da identidade.

A aparência pessoal no século XIX, de certa forma, atenuava algumas ilegitimidades sociais, econômicas e amorosas. As representações das novas pedagogias de ser e de estar no espaço público e privado requeriam simbologias e significados que, ao serem decodificados, minimizavam a gravidade de certos impulsos.

Ao difundir a economia dos gestos e das atitudes, a burguesia, em ascensão na província de Santa Catarina, tratava de patrocinar as clivagens das condutas. A representação do homem cortês, provedor e próspero tornara-se, no século XIX, a imagem a ser conquistada e construída.

Os rituais das ambiguidades e dos contraditórios buscavam a afirmação de si numa sociedade repleta de salões e palcos. A encenação das atitudes e gestos inventava uma corrente de signos e de simbologias. E seu itinerário evaporava-se nos impulsos de um mundo sem limites. Decifrar os códigos e dominar as etiquetas era a única oportunidade para o homem mensurar e distinguir as práticas de afetividade e de sociabilidade. O itinerário das condutas em constante mutação sugeria entender como elas tomavam sentidos nos jogos interpessoais numa sociedade de interpretação e de constantes experimentações.

A distinção dos comportamentos e da maneira de falar imprimia, ao homem, uma nova mutação dos sentidos. Ao seu redor, a cidade transformava-se num cotidiano de urbanidade, emoções e sedução. A seleção das imagens implicava na escolha de um percurso – a multiplicidade dos sentidos.

Período de inovações pessoais, sociais, políticas e econômicas, o século XIX, mesmo sendo tomado pelo cientificismo, terá no cotidiano seu palco de combate, arena das mediações dos conflitos e das tensões. Os domínios das paixões eram, de certa forma, mensuráveis a partir das atitudes. Ter domínio sobre si e sobre o momento tornava-se instrumento para o entendimento das novas reformulações pedagógicas do viver cotidiano.

A principesca burguesia brasileira, impulsionada pelos ventos de modernidade que adentravam em seus salões e gabinetes oficiais vindas do além-mar, difundia, por meio de diversificados saberes de vários matizes do pensamento, as transformações de sociabilidade, urbanidade e afetividade. Nossa Senhora do Desterro não ficou imune aos ventos da modernidade. Impulsionada, a modernidade, na ilha, encontrou um campo fértil na perspectiva das mutações da urbe e das práticas de sociabilidade e afetividade.

Schutel, depois de devidamente instalado nas cercanias da vila, na residência de um parente distante, logo que chegou à festa do Divino Espírito Santo e diante da movimentação no adro da igreja, bem como no seu interior, perscrutou o burburinho de olhares, gestos e palavras sussurradas em segredos. Sinais identificados como espaço da libidinosidade e que, de acordo com seu juízo ético, "era justamente o prazer que os homens buscavam espalhar com essa festa".

Entre sua inocência e inocentes observações, descreve os homens presentes na festa – roceiros, matutos, mal-educados, magros, apatetados, mal trajados, viciados em jogos, feios, obesos – e, em várias oportunidades, não deixa de criticar, com certa ironia, o vestuário dos homens dessa paragem. Sutilmente sugeria, nas entrelinhas de sua crônica, que as roupas dos homens eram constituídas por tecidos grosseiros e de mau gosto, por combinações desencontradas, e que todas tinham um aspecto envelhecido pelos anos guardados no fundo do baú.

Seu arguto senso de observador não deixou de perceber os trajes e os comportamentos masculinos numa festa de casamento para a qual foi convidado, no período em que permaneceu na vila de Santo Amaro da Imperatriz. Vila esta que, por possuir águas termais, recebeu, na segunda metade do século XIX, a visita do imperador Dom Pedro II e da imperatriz Tereza Cristina, os quais se deliciaram e se refrescaram nessas águas, enquanto armazenavam energia para prosseguir viagem de retorno à capital do império.

Extasiado diante das cenas do casamento, que classificou como completa falta de civilidade, e observando o vestuário masculino, comenta que o noivo conservava um ar apatetado e vestia uma casaca colonial já ultrapassada, fato este evidente nas mangas estreitas do punho e nos botões que permaneciam desabotoados.

Enquanto isso, a noiva, vestida em traje de montaria verde acompanhado de "chapéu de pelo de lebre redondo cinzento", sorria entre os padrinhos, os quais, além do noivo, eram os únicos que usavam chapéu preto e casaca, como exigia o acontecimento social. Já os convidados vestiam seus impecáveis paletós e sobrecasacas das ocasiões e cerimônias importantes que requeriam certa distinção social.

O mundo burguês requeria sensibilidade, cordialidade, urbanidade e decodificação das novas pedagogias de pertencimento. Nessa perspectiva, o traje masculino apenas refletia as transformações e mutações que a burguesia, em ascensão no século XIX, difundia por meio de novas tipologias e cartografias por ela veiculadas – o desejo de distinção social.

A roupa sóbria conferia ao homem certa respeitabilidade. A serenidade do traje e a economia dos gestos, falas e atitudes conferiam aos homens *status* de respeitabilidade. Possuir, por exemplo, um traje sóbrio para determinada finalidades indicava um homem atento aos ventos da modernidade e do cosmopolitismo.

> A este novo elemento de prestígio que entrará em jogo tanto na ascensão social como na luta entre os sexos, a burguesia acrescenta o preconceito do asseio, do linho imaculado, símbolo de que o seu portador não se empenha em nenhuma espécie de trabalho manual.[17]

O trabalho manual e bruto estava associado ao homem da roça, aos trabalhadores domésticos e aos de ofícios. A urbe era pensada a partir do mundo urbano com seu *glamour* a invadir suas ruas, avenidas, bar-

---

17 Souza, *O espírito das roupas: a moda no século XIX*, p.81.

bearias, salões de festas, teatros, casas de moda e passeios românticos pelo bulevar ao entardecer. "O *savoir vivre*, a elegância das maneiras, aquele *não sei quê*, fruto de uma educação completa, única barreira que separa o ocioso do homem ocupado."[18]

Enquanto em Santo Amaro da Imperatriz o povo brincava e se divertia em praça pública e nas cercanias da igreja nos festejos do Divino Espírito Santo, na capital da província de Santa Catarina os festejo eram combatidos e ridicularizados na imprensa desterrense.

Na ilha de Santa Catarina, subjacente a esse posicionamento da imprensa a respeito da folia, existia a convicção da principesca burguesia de que a festa do Divino corrompia a moral familiar e os bons costumes de homens e mulheres que, irrefletidamente, se lançavam a esse divertimento obsceno. Já, em 1854, a prática festiva religiosa do Divino Espírito Santo era fustigada nas páginas do jornal *Correio Catharinense*. O cronista, com seu olhar perspicaz diante das comemorações religiosas que, por tradição, requeriam e exigiam alegria, música, cantoria e confraternizações calorosas, relata que a algazarra feita "nestas prazenteiras noites" ao lado da Matriz, sem contar "inocentes atos praticado dentro do templo", envergonhavam e depunham contra a cidade do Desterro.[19] A campanha contra a festividade do Divino Espírito Santo na imprensa desterrense se intensificava no período das festividades. Um cronista alerta seus leitores de que a folia sacudiu louca sobre a cidade a semana que findou. Avisa seus indulgentes leitores que ninguém respeita tanto quanto ele os usos e costumes e a religião. Entretanto pondera

> Não posso porém habituar-me a ver usos e costumes que possam tornar ridículo o que é santo, risível o que deve ser respeitado. O que quer dizer andar pelas ruas de uma cidade civilizada, uma música infernal composta de uma mal tocada viola, de uma enfumaçada rabeca e de insuportável tambor? Será isto culto? Não seria melhor pagar uma banda de música?[20]

---

18 Idem.

19 *Correio Catharinense* (SC), 7/6/1854.

20 Cabral, *Nossa Senhora do Desterro*, p.271.

Por se tratar de intensos momentos de sociabilidade e afetividade da pueril sociedade desterrense, na festa do Divino aproveitava-se o momento para conquistar um olhar e quem sabe um encontro.

> Eram nestas oportunidades que se podia namorar, que podiam ser trocados olhares com as "bem-amadas", oferecer-lhes o mimo de uma prenda, arrematada depois de uma demorada e entusiástica disputa, com algum rival, animada sempre pelo leiloeiro, que tinha o olho arguto para descobrir essas tramoias sentimentais e para não deixar escapar os melhores lances.[21]

Diante de tantas cumplicidades amorosas,

> O arrematante nem precisava dizer a quem deveria entregar a prenda, pois o leiloeiro sempre sabia, já adivinhara, e passava-o às mãos da jovem enrubescida, enquanto a mamãe fazia de quem estava por fora, não morando no assunto, quando, em verdade, desde o começo, estivera no controle, com todas as suas ligações em pleno funcionamento.[22]

Poder-se-ia dizer que seu olhar civilizador não deixava de notar as cumplicidades que se faziam presentes no interior da igreja quando o calor humano aumentava, possibilitando o momento de se dizer algo em sussurros e em segredo. Oportunidade de se oferecer para a pessoa amada algum mimo, ou mostrar excessos de amabilidades para com as senhoras e senhoritas presentes nesses momentos de festividades religiosas. Acrescenta, ainda, que muitas vezes já se havia chamado a atenção das autoridades eclesiásticas sobre a descompostura de certos homens e moços ao tratar com uma mulher. E finaliza sua crônica perguntando ao seu indulgente leitor se todos já tinham se esquecido da confusão e do escândalo na porta da Câmara nos festejos do menino Deus.

As marcas das dores provocadas por tempos conflituosos, diante de uma existência tão cheia de ardis, perdiam-se no prazer colocado

21 Idem.

22 Idem.

e oferecido pela transgressão. O tempo mundano demonstrava com eloquência essas incertezas sagradas que, se contidas num primeiro momento, transbordavam com mais ímpeto no momento seguinte.

No palco das manifestações das sensibilidades anacrônicas, a população da póvoa, da vila e da cidade do Desterro não hesitava em colocar excessiva ternura cândida em relação à dor alheia. Essa cumplicidade diante do mundo exterior, curioso e hostil, recriava o momento profícuo nas relações entre os indivíduos e o mundo oficial, tornando a confraria da festa o lugar e o momento para transgredir as prescrições ditadas no compasso das clivagens de condutas introduzidas pelos agentes de transformações das sensibilidades.

> A festa, seus espaços e suas atividades vão ter outra interpretação aos olhos da multidão, a cada momento possibilitando uma inversão na sua utilização. Pondo a festa de cabeça para baixo, o povo fazia da reunião e do encontro o momento de protesto e caricatura das instituições modernas que tentavam adestrá-lo.[23]

Fazer pantomima do mundo oficial, subverter a lógica do buliçoso cotidiano dessa ilha do Atlântico Sul e trazer à superfície desencontros discursivos e práticas de contradições por onde passa a construção e a desconstrução do homem e da cidade de Nossa Senhora do Desterro no século XIX, esse parece ser um dos dispositivos que mede o embate entre o que se diz e o que se pensa sobre o que se considera adequado nesses tempos em que os matizes de um viver estampado nas páginas dos periódicos é um aprendizado de reformulações constantes e intensas.

No romance de Horácio Nunes Pires, *D. João de jaqueta*, escrito em 1877, em pleno Brasil imperial e publicado em folhetim, o autor não traça somente o perfil dos usos e costumes da população da ilha de Santa Catarina. Ao longo do romance, questiona condutas morais da comunidade à qual está ligado por laços afetivos e profissionais. Nunes

23 del Priore, *Festas e utopias no Brasil colonial*, p.105.

foi funcionário público, exerceu vários cargos no aparelho administrativo da capital da província de Santa Catarina.

No romance, as figuras masculinas surgem caricaturescas: o arrivista major Anacleto, republicano e conservador, pai de Rosalina, sempre próximo à estrutura do poder. O que importava para ele era tirar o melhor proveito da situação e, de preferência, que fosse vantajosa para seus interesses econômicos e políticos. Da roça, surge a figura do romântico de um único poema, o sedutor Juca, bonito, galanteador e conquistador; também da roça vinha o temido e valentão Serafim, um homem tosco, magro, trigueiro, alto, bruto, estúpido e a quem faltava dentes na boca; e o piegas caipira Romualdo, saco de pancada, motivo de pilhérias da sociedade desterrense, conhecido pela população como baixote e imberbe, malandro, frequentador de tabernas e que gostava de se esfregar nos balcões da taberna em outros rapazes.

Por fim, a figura do professor público, Pantaleão Peroba Ferrabraz de Alexandria, intelectual cinquentão, que vivia de verbo solto pelos salões sociais, econômicos e políticos e tinha pretensões a rapaz galanteador e espirituoso. De caráter dúbio, "fazia o gênero de um sujeito ingênuo, sempre à sombra dos poderosos, pseudointelectual a serviço do poder". Esperto, astuto, oportunista e sempre solícito aos parcos desejos da púbere burguesia desterrense, o professor Ferrabraz era

> [...] homem de pouca luzes mas muito dado à parlapatonice, e que não deixava escapar ocasião de deitar discursos aos povos da freguesia, que o aplaudiam sem compreendê-lo e que, justamente por não compreendê-lo, consideravam--no um sábio dos quatro costado.[24]

Os personagens constituídos pelo autor de *D. João de jaqueta* espelham, de certa forma, a sociedade desterrense do século XIX, uma luta interna cheia de nuanças traduzidas nas contradições processadas no seio da burguesia em ascensão. Como outras cidades brasileiras impulsionadas pelo advento do capitalismo internacional e das novas aborda-

---

24 Pires, *D. João de jaqueta*, p.26.

gens sobre o urbano, importava ideias, modos, comportamentos, que se sobrepunham ao dia a dia pacato da maioria da população masculina da ilha de Santa Catarina.

Horácio Nunes, com seus personagens caricatos, transita com desenvoltura entre o mundo urbano e o rural. Na simbiose dos mundos, seus personagens tomam forma na composição da sociedade desterrense. O deslocamento de olhar operado por Nunes pela tessitura da sociedade desterrense passeia com leveza sobre a tênue fronteira dos campos de tensões suscitados pelas contradições, continuidades e descontinuidades de um tempo que urgia apressado pelas melhores salas, pelos melhores salões e gabinetes oficiais. Ambíguas, a cartografia e a tipologia da sociedade de Nossa Senhora do Desterro ofereciam ao autor um olhar mordaz sobre o comportamento da população da capital da província.

O romance *D. João de jaqueta*, de Horácio Nunes Pires, não deixa de transitar entre as nuanças da intrincada teia social que formava e sustentava a sociedade desterrense do período.

Observador das condutas e dos costumes, os personagens masculinos se perdem entre acanhamento, pequenez, arrogância, prepotência e submissão – do major Anacleto da Trindade, homem rústico, mas falador e ambicioso por posições, passando pelo patético professor Pantaleão, sempre disposto a babar aos pés do poder, pelo roceiro Serafim, pelo romântico Juca de espessos bigodes e por fim, por Romualdinho, "sempre suspiroso e demonstrando a cada momento que é... um engano da natureza".[25]

A sociedade citadina do século XIX, difundida pelos modernistas desterrenses, encontrava na resistência dos costumes da população o obstáculo inconveniente diante de seu desejo. Ao circular dizeres e fazeres sobre a vida cotidiana, ela inseria subitamente pela superfície pedagogias referentes à intimidade dos sujeitos.

O cenário cultural da Ilha de Santa Catarina, no século XIX, era constituído pelo Teatro Santa Isabel criado em 1857, pelo Gabinete de

25 Idem, p.114.

Leitura, criado em 1831, pelo Liceu Provincial, pela Biblioteca Pública, ambos fundados em 1855, e por uma imprensa iniciada, em 1831, com a fundação do jornal *O Catharinense*, por iniciativa de Jerônimo Francisco Coelho. Completavam ainda o ambiente cultural desterrense, jornalistas, cultores das letras, artistas plásticos, músicos e escritores ligados a algumas sociedades dramáticas amadoras.

Poder-se-ia dizer que, em Nossa Senhora do Desterro, apesar das ambiguidades e contradições, o processo civilizador difundido transcorreu lento, mas num processo contínuo. Ao prescrever sobre as novas formas de se portar socialmente e afetivamente em bailes, saraus, tabernas, teatros, barbearias, casas de modas, confeitaria, clube sociais bem como em casas de meretrício e de jogatina, os agentes da modernidade inseriam tacitamente os novos viveres cosmopolitas.

Alguns viajantes estrangeiros que estiveram na ilha de Santa Catarina nos séculos XVIII e XIX registraram, em seus relatos de viagens, os modos da população masculina da capital da província de Santa Catarina.

Auguste de Saint-Hilaire, em sua expedição à província de Santa Catarina, ao visitar a ilha em 1820, viu alguma elegância no vestuário dos homens de maiores posses. Seus trajes eram constituídos de calça de algodão, chapéu de feltro preto e sapatos muito limpos.[26]

Robert Avé-Lallemante, que andou por terras catarinenses em 1858, assevera ao seu indulgente leitor que falta à cidade de Nossa Senhora do Desterro "o verniz de certa elegância", porém encontrou na festa de romaria do menino Jesus "cavalheiros e senhoras muito elegantes a cavalo [...] e que tinham boa aparência".[27]

David Porter, em 1812, também observou que "A gente da aldeia é bem vestida, agradável e jovial".[28] Já Otto Von Kotzebue, em 1815,

---

26 Saint-Hilaire, *Viagem a Curitiba e Santa Catarina*, p.174.

27 Avé-Lallemant, *Viagens pelas províncias de Santa Catarina, Paraná e São Paulo*, p.25.

28 Berger (Org.), *Ilha de Santa Catarina: relatos de viajantes estrangeiros nos séculos XVIII e XIX*, p.219.

ao vivenciar o cotidiano dos moradores da ilha, relata o encanto propiciado pela afetividade e sociabilidade que os nativos lhe dispensavam para que seu convívio se tornasse prazeroso. "À tarde dedicavam-nos ao lazer [...] e uma dupla de violino e flauta, o que aumentava a nossa alegria, convidava-nos a dançar e cantar".[29]

O conde Jean-Francois Galup de La Pérouse, 1785, em seu relato, descreve a hospitalidade desse bom povo insular. Narra o viajante que, tendo sua canoa afundada por uma onda, os habitantes da ilha, em prestezas e amabilidades, ajudaram a salvar a canoa. Alguns moradores, após servirem um caldo quente, faziam questão de que os marinheiros deitassem em suas camas, "onde se esmeravam em hospitalidades".[30]

O navegador russo Urey Lisiansky, que visitou a ilha de Santa Catarina em 1803, confirma o que o navegador francês La Pérouse lhe falou sobre a cordialidade dos habitantes. "Não sabia de que mais me admirar: se dos seus espíritos infatigáveis ou dos seus procedimentos recatados".[31]

No dia 9 de janeiro de 1808, às 8 horas da noite, a expedição do russo Vassili Mihailovitch Golovnin lança âncoras na baía da ilha de Santa Catarina. Após um passeio pela orla marítima e pelo comércio, seu arguto senso de observação perscrutou as práticas de convívio da população desterrense. Ao constatar os modos de vida do ilhéu, Golovnin formula juízo ético diante desse viver insular. "Essa gente é supersticiosa, preguiçosa e pobre, mas honesta, amável e serviçal. Não nos roubaram nada, nem tentaram fazê-lo, apesar de apresentar-se a ocasião".[32]

John Mawe, que chegou a Nossa Senhora do Desterro no dia 29 de setembro, em plena primavera de 1807, participou de algumas reuniões sociais. Conta que "os habitantes, em geral, são muito urbanos e corteses para com os estrangeiros".[33]

29 Idem, p.228.

30 Idem, p.115.

31 Idem, p.154.

32 Idem, p.201.

33 Idem, p.190-1.

Dom Pernetty, em novembro de 1763, ficou surpreso ao constatar que o cotidiano dos homens era de preguiça e completa indolência, vivendo dessa forma numa grande ociosidade. Afirma também ao longo de sua narrativa que o pouco trabalho existente era feito por escravos.[34]

Ao desencadearem uma série de imagens da população masculina da capital da província de Santa Catarina, os viajantes estrangeiros quase sempre construíram as representações masculinas a partir de seu olhar europeu, que via, no novo mundo, o lugar da barbárie.

Apesar de serem partícipes do que relataram, pois em muitas oportunidades conviveram intensamente com as várias faces que compunham a sociedade desterrense no final do século XVIII e em todo século XIX, os viajantes, ao traçarem o itinerário de suas narrativas, pré-julgavam conforme sua formação social, moral e cultural.

No Amazonas do século XIX, alguns viajantes também deixaram registrado o cotidiano da sociedade manauara. Nos relatos de viagens, uma sociedade repleta de ambiguidades e de contradições diante do olhar estrangeiro que perscrutava, no seu cotidiano, os usos e costumes de uma população que tinha nos rios Negro e Solimões, e na floresta, suas referências sociais, culturais e econômicas.

Fundada em 1669, o arraial de Manaus localiza-se à margem esquerda do rio Negro, bem próximo ao rio Solimões, onde suas águas se misturam, mostrando o Amazonas dos silvícolas. A construção da igreja Matriz Nossa Senhora da Conceição inicia-se em 1695 para atender aos anseios dos padres jesuítas e carmelitas, e, no ano de 1758, o arraial de Manaus torna-se capitania de São José do Rio Negro. Em 1832, passa à condição de Vila e, pela lei n.147 de 24 de outubro de 1848, aprovada pela Assembleia Provincial do Pará, é elevada à categoria de cidade da Barra do Rio Negro.[35]

Lentamente, a cidade vai se desenhando, com o surgimento do primeiro colégio jesuíta, do hospital da Santa Casa de Misericórdia, da Biblioteca, da casa do governador, do teatro e da fundação do seu

34 Idem, p.83.

35 Garcia, *O poder judiciário história do Amazonas*, p.26.

primeiro jornal, *Estrela do Amazonas*, em 5 de setembro de 1851, assim também com o sistema de iluminação pública. A cidade atraía estrangeiros e brasileiros de diversas origens e lugares. Tudo isso criava uma atmosfera acolhedora para a população de Manaus e seus visitantes.

Paul Marcoy, francês, misto de aventureiro, naturalista e artista, chegou a Manaus em 1846, vindo do Peru. Os dias que permaneceu na cidade foram distribuídos entre trabalho, passeios, banhos e sestas.[36] E, na medida em que convivia conquistando amigos, seu olhar não deixou de perscrutar a cidade que o recebia com "amabilidade e generosidade da sua população" e tornava Manaus um paraíso ao viajante extenuado.

E entre ares de *europeísmo*, entre o alegre da cidade e seus contrastes, o médico francês Robert Avé-Lallemant[37] chega à cidade de Manaus no ano de 1859, permanecendo por aproximadamente dois meses. Nas páginas de seu relato de viagens, também encontramos sua preocupação com a espiritualidade da população. Esta preocupação religiosa era proveniente da falta de uma igreja católica ou falta dela para atender às orações dos moradores de Manaus.

Em suas andanças pelo rio Negro e em contato com a população ribeirinha, branca, mestiça, indígena, e tendo essa aproximação ido além das representações de urbanidade, o viajante em muitas localidades conviveu no espaço de sociabilidade e afetividade, participando de quermesse, missa, festejos religiosos, almoço, pescaria e visitas de cordialidade, o que lhe proporcionou momentos de leveza e momentos de melancolia. Nesses eventos, conviveu com o sexo masculino e teve a oportunidade de perceber que os homens mais abastados se vestiam com elegância, bom gosto e quase sempre acompanhados das suas bengalas e de seus chapéus, o que tornava a conversa mais gratificante diante da cordialidade, da educação e do asseio masculino.

Ainda sobre os homens de Manaus, deixa transparecer em seu relato que eram educados, cordiais e atenciosos. Na análise do médico, "pode--se falar duma verdadeira sociedade de brancos em Manaus", formada

36 Marcoy, *Viagem pelo rio Amazonas*, p.164.

37 Avé-Lallemant, *No rio Amazonas*.

por funcionários públicos, cultores das letras, militares, comerciantes, armadores, jornalistas, juízes, delegados, proprietários de terra, entre outros que, com dificuldade, traziam a melhor educação e eram portadores dela.

Alfred Russel Wallace, que viajou pelo interior do Amazonas e sucumbiu aos encantos da natureza e ficou deveras impressionado com o instinto de sobrevivência da população do interior, se encanta com a prosperidade que a cidade de Manaus refletia. "Em todos os lugares o esplendor da prosperidade se fazia presente. Seja na opulência dos prédios públicos e nos brilhos das casas."[38] Interessante observarmos que Wallace esteve no Amazonas um ano depois da passagem de Lallemant por Manaus. Se, de um lado, Lallemant já observava a decadência econômica da cidade, um ano depois Wallace se surpreendeu com os sinais da fartura e da prosperidade. Além de informar detalhes da cartografia e da tipologia urbana da cidade, fala, também, da prosperidade do comércio local. De acordo com as suas anotações sobre o cotidiano da população, conclui que seria difícil encontrar entre os habitantes de Manaus quem fosse puramente europeu. Para dar veracidade a sua extenuante narrativa e querer demonstrar que, por essas terras, havia muita riqueza a ser conquistada, afirmava que os moradores mais civilizados eram comerciantes. Entretanto, não pode deixar de observar que a única diversão que conheciam era beber e jogar. "Essa paixão generalizada pelo comércio, segundo penso, leva aos três vícios que dominam a população local: bebida, jogo e mentira".[39]

Todavia, apesar de seu olhar inquisidor sobre as práticas de sociabilidade da população masculina, e como quisesse se inocentar diante das suas observações sobre as condutas da população, afirma que nem só de jogo, bebida e festa viviam os moradores da cidade de Manaus. Ante tanta urbanidade, afetividade e sociabilidade, Wallace sutilmente conseguiu perceber as amenidades que regeram a população masculina e feminina de Manaus. Tendo participado da missa festiva, convidado

38 Wallace, *Viagens pelos rios Amazonas e Negro*.

39 Idem, p.110.

que foi pelo padre com quem desenvolveu uma profícua amizade, constatou que, após a missa, o divertimento das pessoas, ao visitar um ente querido ou até mesmo um amigo, consistia em uma predileção por fuxicar e comentar sobre os escândalos da semana.[40]

Nas noites da ilha de Santa Catarina, em suas ruas, becos e esquinas escuras, corpos se movimentavam de um lado para outro e, na capital da província, marinheiros, jogadores, soldados, noctívagos, escravos e prostitutas habitavam e visitavam locandas, casinhas, becos e biroscas, lugares identificados como antros da promiscuidade e focos de degeneração da moral e dos costumes. Essa maneira desregrada de viver foi diagnosticada pela principesca burguesia desterrense como inconveniente a uma vida no seio familiar cristão e no espaço público, pois corrompia e desorganizava toda a estrutura do viver cotidiano pautado pelos bons costumes.

A principesca burguesia desterrense tratava de sanear, com seus agentes modernizantes, os focos de tensões, operacionalizando uma diversificada e sofisticada intervenção sobre a cidade e sobre os sujeitos. Afinal a sociedade do século XIX imprimia seus encantos e suas marcas. A distinção social requeria certos cuidados. Esses personagens que frequentavam tavernas, bodegas, salas de carteado e casinhas barulhentas com atitudes e comportamentos indesejáveis eram classificados, diagnosticados e catalogados como inconvenientes à nova ordem burguesa pelos modernistas da cidade do Desterro. Essa parcela da população era vista e pensada como o estorvo, o estrupício, a coisa doente que precisava ser tratada sob a perspectiva da civilidade que timidamente começava a frequentar os salões da cidade de Nossa Senhora do Desterro.

Enquanto o tempo passava na longínqua e aprazível cidade do Desterro, as intrigas, mofinas e futricas sobre os modos de sociabilidade da população corriam solto. Sobre esses modos que evidenciavam constantes transgressões, o senhor Augusto Galdino de Souza, secretário de

40 Idem, p.110.

polícia, faz publicar na imprensa alguns códigos de postura da Câmara com o intuito de inibir determinadas práticas.

> Art. 30 – Todo vendeiro que não fechar as portas da casa ao toque do sino policial onde o houver, ou às 9 horas da noite, nos meses de abril a setembro e às 10 horas nos demais meses, será multado em 5$000 e no dobro, nas reincidências.[41]

No combate ao jogo de cartas, o apêndice do código de postura também imprimia sua marca:

> Art. 1º. – É proibido todo e qualquer jogo de cartas de parada, bem como os de azar, seja qual for a sua denominação. O contraventor será multado pela primeira vez em 30$000 além das penas em que incorrer na forma do Código Criminal.[42]

Uma vez que, assim como no Amazonas, como relata Wallace, a jogatina e a bebida eram o divertimento preferido da população masculina em Nossa Senhora do Desterro, o jornal *O Comercial* resolve combater os amantes das marafas com reprimenda em editorial contra os modos de comportamento considerados degenerativos. O jornalista chama atenção das autoridades constituídas para o que considera ambiente degenerativo da moralidade, verdadeiro cancro social que, nos últimos tempos, tem se espalhado pela pacata sociedade desterrense. Essas casas de jogatina atraem chefes de famílias e a juventude que ali perdem lentamente suas fortunas, destruindo seus lares, como aconteceu com um conhecido de uma empresa. Ao finalizar, conclama as autoridades legalmente constituídas a tomarem uma atitude, há muito tempo desejada pela população, a respeito desse flagelo que corrói lares honestos.[43]

41 Cabral, *Nossa Senhora do Desterro*, p.389.

42 Idem.

43 *Jornal do Commercio* (AM), 1º/4/1868.

Mas não só de fuxicos e diz que diz depois da missa viviam os habitantes do Amazonas. Alfred Russel Wallace (1862) atesta a veracidade do que muitos viajantes estrangeiros falaram sobre a elegância, o bom gosto, o requinte e a moda francesa que corriam soltos pelos salões sociais e em dias de missa. O coevo viajante conta que, ao participar num domingo da missa na igreja Matriz, encontrou todos bem vestidos à moda francesa. As senhoras elegantíssimas, que em momento algum escondem os cabelos arrumados com toucas ou chapéus.[44]

Se as mulheres perfilavam suas toaletes elegantíssimas nas festividades sociais e religiosas, por seu lado os homens se transformavam, nestas ocasiões, em verdadeiros cavalheiros. Em dias de festejos, os homens trocavam seus chinelos e camisas sujas do labor nos armazéns por chapéus, botinas de verniz, gravata de cetim e impecáveis e finíssimos ternos pretos.[45]

A missa tornava-se, em Manaus do século XIX, ponto de encontro de sociabilidade, urbanidade e afetividade. Era, no entorno do final da missa, que a cidade fervilhava nas suas contradições, quando todos se encontravam na casa de um compadre, amigo ou de familiares. Lugar de manifestação da fé cristã, a missa também se tornava um lugar de encontro social e familiar. Envoltos pela lida da subsistência cotidiana, a população de Manaus não perdia a oportunidade de usar a toalete mais chique, as botas brilhosas e a conversa despretensiosa. Afinal de contas, a missa era uma oportunidade de colocar a conversa em dia. Diante do luxo da população, O *Jornal do Commercio* chama a atenção, em nota, para o excessivo barulho que ocorria em dia de missa no adro da igreja.

> Muitas coisas se têm visto em dias de missa na igreja Matriz. Namoricos correndo solto. Mulheres casadas a trocar olhares com cavalheiros. Toaletes extravagantes para solene ocasião. E a conversa a correr solta no adro da igreja durante a celebração da santa missa. Pedimos daqui que as pessoas reflitam diante do seu comportamento inadequado.[46]

---

44 Wallace, *Viagens pelos rios Amazonas e Negro*, p.110.

45 Idem.

46 *Jornal do Commercio* (AM), 8/6/1885.

Jean Louis Rodolphe Agassiz,[47] que chefiou a expedição científica norte-americana e que teve a companhia de sua esposa Elizabeth Cary Agassiz, passou alguns meses na região norte e, em particular, no Amazonas. Elizabeth Agassiz era responsável por registrar em um sucinto relato de viagem os dados coligidos por seu marido. São observações e impressões sobre raça, etnias, costumes, hábitos, habitação, economia, comportamento, clima, geologia moral, religiosidade e sociabilidade.

Convidado, em 20 de novembro, pelo senhor doutor Epaminondas, presidente da província, para almoço, conta que o evento transcorreu em perfeita sintonia entre os convivas e terminou em um baile. Tudo se passou em perfeita educação entre cavalheiros e damas, todos muitos elegantes em seus trejeitos e vestuários. E, quando o redentor sol surgiu invadindo as águas do Rio Negro, "tomaram-se as canoas e voltou-se para a cidade, todos, segundo suponho, sob a impressão de uma festa otimamente realizada".

Não sabemos o que se passou durante o baile. Contudo, nas entrelinhas do relato, percebe-se que o baile do qual participou o coevo viajante, e que foi até o amanhecer, causou certo conforto em seu coração. Entretanto, durante a festa, observou: "não havia, na verdade, nem gelo, coisa pouco fácil de obter neste clima, nem champanha".

Na falta de gelo e champanha que tanto procuraram durante o festejo, o casal de viajantes, entretanto, não deixou de perceber os modos e as modas na capital da província do Amazonas. Inúmeras vezes, em seu relato de viagem, o casal francês Agassiz fez referências à educação, à cordialidade, à afetividade, urbanidade e aos usos e costumes da população. Quase todos os viajantes que estiveram em Manaus, no transcurso do século XIX, teceram elogios diante da amabilidade e generosidade da população.

Na missa de domingo, na igreja Matriz, não se falava de outra coisa. O grande baile espalhava-se pelas ruas e esquinas manauaras. Todos comentavam sobre a noite de 8 de novembro e esperavam ansiosos por ela. Enquanto os homens continuavam nos jogos das atividades

---

47 Louis, *Viagem ao Brasil*.

políticas, econômicas e administrativas, as mulheres se perguntavam "qual vestido usarão, qual será a toalete da senhora X...?". Tais eram os motivos da emoção.

E, na noite do grande baile, nas ruas escuras ao redor do palácio, iam surgindo grupos de pessoas apressadas andando a pé com seus lampiões acesos a iluminar a cidade de Manaus. "Aqui e ali, pelo caminho, viam-se, num canto de rua, surgir do escuro uma toalete de baile, saltando com cuidado por cima de poças de lama [...]", formada pela chuva que havia caído em abundância no começo da noite. O salão iluminado por grandes lampiões e cortinas aveludadas no tom azul escuro, vinho e branco, que cintilavam na penúria da bucólica iluminação formavam um ambiente com ares românticos. Em todos os lugares que a vista alcançava, viam-se olhares entrecruzando-se. Ouviam-se sussurros ditos em segredo e os gestos lânguidos de amabilidades preenchiam o salão.

Cerimoniosa e cheia de etiquetas, a sociedade manauara do século XIX perfilava distinções e regras precisas sobre o comportamento masculino nas festas realizadas em seus salões repletos de *modos* e *modas*. O casal de viajante sutilmente comentava que as mulheres, ao chegarem ao salão de baile, sentavam-se em fila em conversações amenas e, de tempos em tempos, surgia um cavalheiro que, ao se dirigir a uma dessas damas da sociedade local, pronunciava algumas palavras gentis e amáveis.[48]

Entretanto, só depois de algum tempo, quando o sorriso farto ressoava nos delicados e cheirosos ouvidos desprevenidos e o olhar perdia-se pelos fetiches do salão em música, com o calor do champanhe a ruborizar o rosto e o corpo a balançar suavemente, é que a festa começava a tornar-se realmente alegre. Nesse auge da festa, senhoras e senhoritas sorriam enquanto verificavam os detalhes da toalete e gesticulavam descontraidamente, e os jovens e maduros cavalheiros desfilavam pelos quatro cantos do salão a demonstrar virilidade, romantismo, galanteio, afetividade, gentileza, urbanidade, prosperidade, sedução e sociabilidade.

48 Idem, p.174.

Talvez se possa inferir que o século XIX, ao imprimir novas tipologias e cartografias, expunha uma série de imagens e normas de condutas que exigia um aprendizado constante. As novas reformulações pedagógicas pertencentes ao mundo cosmopolita requeriam um olhar que desvendasse e revelasse os códigos de etiquetas. Incorporar seus significados era um exercício constante. Os salões de festa tornavam--se palco, lugar privilegiado para o desenvolvimento suave dos gestos e das palavras.

Lugar das mutações possíveis, o baile, como local da festa e da sedução, era marcado também por indumentária, joias e perfume. "Entre todos os elementos que entram em jogo no exibicionismo da festa, a moda é um dos mais eficientes. Uma conexão íntima sempre a ligou às reuniões sociais."[49]

Nesse sentido, podemos dizer que o traje inserido na moda confere altivez e desenvoltura aos principescos salões burgueses do século XIX. Encantar e dominar as representações de um mundo em constante mutação passa pelo domínio das sensibilidades e pelo controle dos instintos. "A metamorfose das relações é acompanhada pela metamorfose do ser."[50] A simbiose entre indivíduo e espaço urbano, no século XIX, solicitava um encontro com as simbologias e seus significados. Necessário, portanto, estar e ser no urbano e na privacidade, "a cidade é o lugar da construção da modernidade, ou, melhor dizendo, a metrópole é a forma mais especifica de realização da vida moderna".[51] Era nos salões de dança e no teatro que se refinavam as sensibilidades, as emoções, as etiquetas e se reafirmavam as convenções sociais.

A sociedade das aparências e das representações requeria domínio sobre as etiquetas e as condutas sociais. O viver inserido no mundo cosmopolita passa pelo manuseio dos códigos e das simbologias. Nas principescas burguesias manauara e desterrense, as representações,

49 Idem, p.151.

50 Idem.

51 Pensavento, *O imaginário da cidade: visões literária do urbano.*

simulações e aparências precisavam ser dominadas a fim de que fossem evitados embaraços.

Em dias de novenas, a movimentação era intensa nas cercanias da igreja. Além dos encontros amorosos, do romântico convívio, o comércio rolava solto, como constatou o barão de Santana Néri em sua visita a Manaus. Diante do que observou, o comportamento de um grupo de homens no adro da igreja chamou-lhe atenção. Seu olhar discreto contemplava de um lado o namorico de uma senhora com um moço bem vistoso, enquanto seu marido se entretinha do outro lado, com outros amigos a fazer gracinhas para as moças que se dirigiam para dentro da igreja. Essa cena o fez imaginar que o encontro entre sagrado e profano era de uma ingenuidade angelical. Sobre o vestuário, comenta que os amazonenses copiavam a moda francesa. Os homens se vestiam sombriamente de terno preto e com chapéus de seda, e as mulheres, com mais leveza, mais colorido e adornos.[52] Fé e luxúria pareciam ser componentes fundamentais para se entender a dinâmica da sociedade manauara.

Figura 7.3
O baile.

52 Idem, p.111.

Por fim, o naturalista inglês Henry Walter Bates, em sua passagem por Manaus, diante das práticas de sociabilidade e afetividade da população, formulou juízo ético sobre o que via e o que ouvia falar da população manauara. Diante dos encontros amorosos à luz do dia, Bates esbravejou e classificou o que considerava *imoralidade* e *indecência*. Sua indignação aparece quando se justifica dizendo que conheceu outros recônditos pelo interior do Brasil nos quais não constatou esse apego à imoralidade. "A promiscuidade sexual parecia constituir a regra geral em todas as classes, e os amores clandestinos, a ocupação mais importante da maior parte da população."[53] Diante da constatação de uma vida amorosa de clandestinidade e de sua cólera sobre o que julgou ser um escândalo moral, asseverou que nada justificaria essa imoralidade sem freios que corria por todas as classes sociais. Ao finalizar, como se buscasse veracidade no que relatava, comentou que já tinha residido em cidades pequenas no interior do Brasil, onde o padrão de moralidade se igualava ao da Inglaterra.[54]

Wallace, Lallemant e o casal Agassiz ficaram surpresos ao encontrar grande quantidade de meninos e meninas tomando banho livremente nos igarapés nas cercanias da cidade. Diante de tantas crianças a saltar dos barracos e dos galhos de árvores, os viajantes deduzem, sem explicitar a partir de quais sinais, que essas crianças deveriam ser filhos de mães solteiras. Talvez a conclusão dos viajantes se devesse ao fato de encontrarem mulheres caboclas na lida cotidiana cercadas de meninos e meninas. Ambos os viajantes não estiveram presentes somente nas camadas mais pobres da população. Em residências de comerciantes e de autoridades também notaram a alta taxa de fecundidade.

Preocupado com os meninos que perambulavam pelos cais, igarapés, mercados, em dias de festividades públicas, o cronista do jornal *A Província*, de Manaus, em junho de 1878, chamava a atenção das autoridades para o que considerava uma epidemia, a quantidade de crianças andando pela cidade. O mesmo jornal, em outubro de 1884,

53 Bates, *Um naturalista no rio Amazonas*, p.24.

54 Idem.

volta a solicitar ao poder público ajuda à Santa Casa de Misericórdia, diante das despesas demandadas pelo aumento de crianças colocadas na roda dos expostos.

Mas, aos domingos, na cidade de Manaus, era dia do encontro com Deus e dos passeios frívolos e despretensiosos. As conversas amenas, intrigas e fofocas corriam soltas no adro da igreja Matriz.

> Vestidas em gazes, leves musselinas brancas com chapéus e sombrinhas rendadas, acompanhadas respeitosamente por seus maridos (perfeitos cava lheiros em linho branco engomado) as senhoras seguiam, após assistirem missa na Matriz, em lenta caminhada – como que para fazer aquele instante durar – à rampa do porto, para acenar aos navios que partiam ou receber as novidades dos que chegavam.[55]

Foi diante de um cotidiano repleto de ambiguidades e contradições que as populações de Manaus e do Desterro vivenciaram momentos de intensas sociabilidade e afetividade. Pessoas que, ao viverem seus contraditórios, despertaram, no transcurso do século XIX, o olhar inquisidor sobre esse viver coletivo e, de modo particular, sobre os comportamentos masculinos.

Uma tem o mar à sua volta; a outra, a imensidão do rio Negro. Uma no extremo sul; a outra, no norte. Ambas habitadas por índios. A ilha de Santa Catarina, pelos índios Carijó; Manaus, pelos índios Manao. Visitadas por espanhóis e fundadas por portugueses e açorianos que, em terras brasileiras, estabeleceram-se com suas famílias em busca de prosperidade, terra e riqueza. Afinal, o novo mundo, no imaginário do homem e da mulher europeia, era o lugar das possibilidades, dos encontros e das riquezas.

Nossa Senhora do Desterro (atual cidade de Florianópolis) tem o mar a sua volta. Manaus, o rio. Ambas tinham, nas águas, seu ponto de referência de chegadas e partidas. Uma tinha, nas cercanias da floresta e do rio, o alimento necessário. A outra encontrava o que necessitava no entorno do mar e da mata.

---

55 Mello, *Manaus, amor e memória*, p.86.

Foi nas intempéries desse viver cotidiano que ambas nasceram, prosperaram e se tornaram cidades no século XIX. Por elas, passaram gente de diversas paragens, interesses e olhares. Gente que via, no Novo Mundo, a possibilidade da fortuna fácil diante da exuberância da natureza ainda intocada e virgem como as manhãs de primavera.

As terras brasileiras enchiam os olhos de quem desembarcava em seu litoral. Para onde o olhar se estendia, a fartura e as riquezas anunciavam-se.

A imensidão das florestas repletas de caça, frutos, flores e mistérios. Os rios e mares, a oferecer moluscos e peixes de todos os tamanhos e sabores indescritíveis, eram um convite para fazer dessa terra virgem o lugar da morada.

O Brasil tornava-se o novo Eldorado. Portugueses atravessaram os oceanos em busca do ouro e da prata e de outras riquezas. Desvirginar a terra, descobrir riquezas, fazer a catequese dos selvagens índios brasileiros, ocupar e povoar a nova terra, esses foram os propósitos da coroa portuguesa.

Apesar de geograficamente distantes, as cidades de Manaus e Nossa Senhora do Desterro tiveram suas práticas de sociabilidade e afetividade registradas pelos periódicos que circulavam nos espaços público e privado e pelos viajantes estrangeiros em seus relatos de viagem.

A partir dessas duas fontes de pesquisa podemos dizer, sem esquecer outras leituras subjacentes, que as práticas de sociabilidade e afetividade masculinas nas cidades de Nossa Senhora do Desterro e Manaus foram objetos de censura e questionamento, por parte daqueles que propagavam a civilidade como forma de ser e de estar inserido no mundo cosmopolita.

As clivagens de condutas operacionalizadas no transcurso do século XIX nessas cidades em relação aos comportamentos masculinos, considerados inconvenientes, foram focos de tensões que a inebriante burguesia local tratou de combater com a ajuda dos seus agentes modernizantes.

8

Masculinidade e virilidade entre a *Belle Époque* e a República

Denise Bernuzzi de Sant'Anna

Às vésperas da proclamação da República, uma oração em louvor a São Marcos fazia sucesso entre os brasileiros. Rezá-la era de grande serventia para quem buscava proteção contra emboscada, facada ou tiro. Segundo uma matéria do jornal *Correio Paulistano*, a milagrosa oração proporcionava imunidade, pois "fechava o corpo" diante dos perigos esperados ou impensados. Os mais fervorosos chegavam a fazer o teste: pediam a um amigo para apontar-lhes uma arma e disparar um tiro enquanto rezavam a bendita prece. Tinham a certeza de que a bala desviaria o rumo e nada lhes aconteceria. A oração era tão poderosa que bastava carregá-la como um patuá junto ao pescoço para nunca morrer afogado em rios caudalosos.[1] Sua narrativa contava que São Marcos havia dito as seguintes palavras a Jesus Cristo:

> Senhor, eu vim guerrear com os teus inimigos. Se eles puxarem armas longas, que são as facas, estas dobrarão da ponta até ao cabo; se eles puxarem

1 *Correio Paulistano*, "Cartas do sertão", 14/1/1886, p.2.

as armas estreitas, que são as espadas, estas virarão batedeiras de algodão; se eles puxarem armas de fogo, cairão os peixes e correrá água pelo cano; se eles puxarem as armas do mato, que são os porretes, virarão hóstias.[2]

Se há milênios a masculinidade esteve vinculada ao uso de armas, também é muito antiga a busca de recursos protetores para os homens considerados destemidos. A coragem se constrói diariamente ao lado de inúmeras precauções. Se para as mulheres essa qualidade tende a ser um acréscimo bem-vindo, para os homens ela é historicamente considerada obrigatória, o elemento central na formação de um verdadeiro macho. Mas coragem sem precaução resvala na loucura, quiçá na estupidez. Desde cedo os rapazes precisaram sabê-lo e muitos foram duramente preparados para todo tipo de enfrentamento. Não por acaso, guerreiros e heróis sempre investiram no próprio armamento, na segurança proporcionada por vestimentas, capacetes, botinas e, ainda, patuás protetores. Da mesma maneira, os combatentes anônimos que povoaram o mundo em aventuras ordinárias também elaboraram uma tradição de precauções, cujo saber foi acrescido ao longo dos séculos por lendas e superstições. Caçadores, pescadores, marinheiros, barqueiros, tropeiros, vaqueiros, garimpeiros e foragidos de toda espécie perambularam por matas e sertões brasileiros mesclando suas diversas "armações" à coragem cotidiana de vencer o desconhecido.

A oração de São Marcos integra, portanto, um verdadeiro bazar de recursos fabricados para a segurança dos homens. Nele, constam dezenas de preces aos santos guerreiros e às santas especialistas no atendimento de causas impossíveis. Os homens conheceram ainda várias maneiras de prever o perigo, às vezes com uma precisão invejável: o mal podia ter hora marcada, mesmo quando indicada pela posição dos astros e não pelos ponteiros do relógio. A bravura exigia, em suma, cautela e cuidado, preces e fé, previsões e reflexão. Quando o principal meio de transporte era o cavalo, o ataque de animais peçonhentos ou de feras, o assombro de almas penadas ou as ameaças de gente desal-

2 Idem.

mada podiam ser evitados desde que o corpo estivesse imunizado e armado.

Entretanto, o desenvolvimento urbano modificou o perfil da coragem e das precauções contra o mal. A virilidade metropolitana não só menosprezou os patuás e as rezas, mas também fabricou recursos diferentes dos hábitos e tradições rurais. A própria exibição do destemor encontrou novos meios de ser garantida publicamente, pois, desde o final do século XIX, a imagem de um homem urbanizado, letrado e burguês conquistou um espaço crescente na história do país. Nos jornais e revistas das maiores capitais brasileiras, a propaganda de roupas, remédios e produtos de beleza fornecia o conforto esperado à vida burguesa em desenvolvimento. No lugar de cavalgar, o burguês citadino era transportado por máquinas. A virilidade rural sofreu a concorrência de uma outra, feita de competições esportivas, corridas de automóvel, novas drogas e aventuras amorosas que substituíram as antigas travessuras e pelejas típicas da vida no meio rural.

Com o gosto pela vida urbana, a honra do macho realizou conjugações com qualidades até então desconhecidas. Por exemplo, na capital carioca do começo do século passado, era *chic* ser *smart*, tecer a própria masculinidade aderindo ao *dernier cri de la mode*, exibido em *soirées* privadas ou em cafés e restaurantes considerados modernos. As emboscadas e navalhadas continuaram comuns, mas o burguês queria justamente não ser confundido com tais enfrentamentos. Para alguns mancebos, buscar prestígio e ascensão social implicava ousar expor talentos em público, mesmo que fossem como o brilho de um falso medalhão.[3] Para outros, tratava-se de arriscar novas propostas no comércio, na ciência ou nas finanças.

Entretanto, nem tudo nessa história foi unicamente contraste ou oposição entre mundo rural e realidade urbana. A masculinidade construída nas primeiras décadas do século passado incluiu uma certa dificuldade para separar da modernidade o atraso, a prova viril do medo de falhar. Homens letrados e analfabetos, talhados a pena ou a navalha,

3 Machado de Assis, "Teoria do medalhão", *Obras completas* II, p.288-95.

atestaram uma verdadeira pluralidade dos perfis masculinos em vigor. Na capital do país, a imagem do revolucionário, saído do proletariado fabril, contrastava violentamente com o perfil dos jovens afrancesados da *Belle Époque*. Greves, revoltas e insurreições ocorridas durante as primeiras décadas do século XX erigiram uma masculinidade próxima à contração do soldado, diversa, contudo, da força dos homens sem emprego fixo, que viviam de bicos e biscates, perambulando com cheiro de aguardente, alfazema queimada e lodo por ruas de candeeiros quebrados.

No longo e tumultuado itinerário de heroísmos, a identidade masculina foi forjada em meio a farras e freges, mas também pelo Exército e suas numerosas paradas militares, pelos meios de comunicação de massa e pelos progressos científicos. O corpo do burguês citadino aglomerou em torno de si vários "envelopes", todos eles indiciários de sua posição social e de seus gostos: roupas, calçados, tinturas, remédios e pomadas, além de máquinas e artefatos fabricados para sua comodidade. Sua casa também devia confirmar um *status* elevado, demonstrar sofisticação, real ou imaginária. Sua esposa servia-lhe, muitas vezes, como o ostensório de seu poder e honra. É em função desses aparatos, entre outros, que o gênero masculino republicano floresceu com brio e garbo, sobre um fio de navalha de temores nem sempre visíveis ao primeiro olhar.

Crescer como um macho

Na capital paulista, as emboscadas eram acontecimentos comuns, registrados nos processos criminais. Uma delas, ocorrida perto do atual largo São Bento, conta que, em 1866, um rapaz voltava de um baile em "horas mortas" quando viu um sujeito conhecido por "russo" rolando no chão de dor, como se estivesse gravemente machucado. O rapaz, que estava a cavalo, apeia para socorrer o conhecido. Mas era mentira, não havia dor nem machucado. Não demorou muito para que outros rapazes aparecessem para concretizar a emboscada.[4]

4 Processo n.732, *Autos crimes*, caixa 42, ordem 3942, AESP, 1866.

Casos desse tipo não ocorriam apenas em São Paulo. Em diferentes regiões do país, homens que deviam dinheiro, mal pagadores de diversos tipos, foram inúmeras vezes vítimas de vinganças, da vontade de fazer justiça com as próprias mãos. Estradas escuras, ruas vazias, matagais e praias foram palcos de trágicos acertos de conta. Outras vezes, era na presença calorosa de conhecidos que a violência ocorria provocando ferimentos e mortes. A defesa da honra era uma experiência forte entre os homens, conforme mostrou a pesquisa de Caulfield sobre o Rio de Janeiro.[5] Os defloramentos de moças, incluindo menores de idade, podiam ser vingados por seus pais e irmãos para punir aqueles que desonravam um nome, uma família e uma tradição. Já a honra do homem casado tendia a estender-se para o corpo de sua prole e o de sua esposa. Tradição colonial, para a mulher solteira, conforme Algranti, "honra era sinônimo de castidade; para a casada, ela se apresentava revestida da fidelidade ao marido, presa às normas sexuais impostas à esposa pelo matrimônio".[6] Já para o homem, além de não temer os desafios impostos pelas asperezas da vida, era preciso mostrar-se ativo sexualmente com as mulheres.

Nesse contexto, um caráter másculo devia ser fabricado logo cedo.[7] Conforme afirmou Freyre, no começo da era republicana, "nascia o brasileiro da época com a casa toda cheirando alfazema. Católico, era batizado em casa ou na capela ou na matriz mais próxima, às vezes no meio de festas iguais à de casamento". As mães preparavam enxovais para seus filhos e muitas amarravam no pescoço infantil a medalha de um santo. "Às vezes juntava figa e dente de jacaré contra mau-olhado." Menino que se masturbava era amedrontado com estórias de monstros que cortavam "as pirocas dos pecadores-mirins".[8]

5 Caulfield. *Em defesa da honra*.

6 Algranti, *Honradas e devotas: mulheres da colônia*, p.111.

7 Sobre a invenção da masculinidade e seus desafios em meio à criação da identidade nordestina, ver Albuquerque, *Nordestino: uma invenção do falo*.

8 Freyre, *Ordem e Progresso*, p.182.

Mas a prova da coragem tinha vários lugares ao longo da vida. Ela era reivindicada quando os meninos pegavam varicela, malária, entre outras doenças comuns e que acometiam os irmãos, vizinhos e conhecidos. Alguns morriam ainda anjos, mas muitos sobreviviam, às vezes com cicatrizes que provavam o sofrimento vencido. Como se não bastassem as doenças semelhantes a rituais de passagem, a maior parte dos remédios disponíveis até a década de 1920 exigia uma verdadeira postura heroica de seus consumidores. Em geral, eles eram líquidos, de odor e gosto ruins. Manchavam as roupas, marcavam a memória. Muitas famílias costumavam ministrar mensalmente doses de óleo de rícino a todos os filhos. Dizia-se que era para azeitar a "máquina" num tempo em que o corpo representava apenas mais um mecanismo na engrenagem natural e divina. Os pequenos varões também cresciam em meio às dores sofridas para arrancar um dente, especialmente quando o mesmo era amarrado a uma porta que deveria ser violentamente aberta ou fechada. Muitas portas ainda eram de madeira maciça. Dizia-se também que os dentes de leite, uma vez arrancados, deviam ser jogados para cima dos telhados das casas, quando estas eram rodeadas por um quintal de terra.

A doença e o sofrimento físico tinham alguma utilidade para a criação de homens verdadeiros. Mesmo conhecendo a moderna anestesia, a banalização de seu imaginário ainda não estava em curso, de modo que a dor física ainda podia endireitar a alma e erigir firmeza no pensamento. As surras levadas dos pais eram comumente entendidas como necessárias para formar um caráter reto. Varas de marmelo e chicotes de couro figuravam como serpentes que tomavam vida contra o corpo infantil julgado desobediente. Temia-se a autoridade paterna numa época em que criança não tinha direitos. Várias vezes a literatura ilustrou o temor dos filhos diante dos pais: por exemplo, no conto intitulado "O cinturão", de Graciliano Ramos, ou ainda, no romance *Casa de pensão*, de Aluízio de Azevedo, no qual o personagem chamado Amâncio, jovem franzino, havia levado muita bordoada durante a infância e morria de medo do pai, "fugia dele como de um inimigo, e ficava todo frio e a tremer quando lhe ouvia a voz ou lhe sentia os passos." Na escola, Amâncio também tinha medo do professor. Naquele tempo, a rispidez professoral costumava ser motivo de elogio.[9]

Os "homens de mentira" eram, portanto, os choramingões, seres acometidos por tremedeiras visíveis diante da menor ameaça. Havia também a coragem a ser provada aos amigos sempre que se passava, no meio da noite, ao lado de um cemitério. Enfrentar alma penada, saci e outros seres sobrenaturais era sinal de destemor ou inabalável fé cristã. Evidentemente o medo da homossexualidade atormentava as mais ilustres cabeças. Era comum iniciar a vida sexual com prostitutas. No Recife, os pederastas eram chamados de tarugos.[10] Diversos nomes pejorativos faziam parte da cultura popular, destinados à exclusão social dos homens considerados excessivamente delicados. É conhecida a passagem do romance de Raul Pompeia, na qual se mostra como os rapazes tímidos e ingênuos tendiam a ser "impelidos para o sexo da fraqueza". Por isso, havia que se mostrar sem receio de falar e, se fosse preciso, bater e lutar.[11]

Todavia, a passagem de uma vida rural para os modernismos citadinos também podia levantar suspeitas em torno da masculinidade. Segundo o historiador Durval Albuquerque, a masculinidade nordestina, por exemplo, fora forjada

> [...] na luta incessante contra um meio em que apenas os mais potentes, os mais "membrudos", os mais rijos, homens que nunca se vergavam, nunca amoleciam diante de qualquer dificuldade, conseguiam vencer.[12]

Conforto ou comodidade podiam esmaecer à vontade masculina. Por isso, muitos estranharam o advento da vida levada sob o ritmo dos novos meios de transporte. A esse respeito é exemplar o que escreveu

9 Azevedo, *Casa de pensão.*

10 Freyre, *Ordem e Progresso*, p.348.

11 Pompeia, *O Ateneu.*

12 Albuquerque, *Nordestino: uma invenção do falo.*

Barbuy, no livro de memórias publicado em 1936: "[...] Nós não queríamos estradas de ferro. Achávamos essa coisa muito própria para mulheres... perdão, queria dizer, imprópria para homens que devem andar a cavalo, pelo mato, de facão à cinta". Segundo o escritor, era "feio que um cavaleiro atravessasse as matas e os montes, assim, fumando um charuto, sentado no vagão de uma estrada de ferro.[13]

Diante da imagem de homens habituados à rudeza das matas, os senhores do meio urbano pareciam destituídos de coragem, como se suas vidas fossem sempre seguras e previsíveis. No entanto, essa segurança tendia a ser negada pela propaganda crescente de pistolas e, ainda, pelas diversas reportagens sobre crimes e roubos. Especialmente depois da década de 1920, os jornais descreviam riscos banalizados no universo citadino, vinculados ao uso dos novos meios de transporte, à presença crescente do anonimato, ao confronto com a polícia ou com algum gatuno. A propaganda impressa ilustrava, por exemplo, a necessidade do chefe da casa adquirir uma arma, tal como esta, publicada na revista carioca *Fon-Fon*:

> O trem de ferro crepita através da noite e os passageiros dormem sem cuidar de sua velocidade terrificante, porque se consideram protegidos pelos sinais do Block System. Os lares também são cercados de perigo. Os gatunos noturnos invadem nossas ruas, porém a sua família poderá dormir em segurança e paz – sempre que tiver ao seu alcance um revólver ou pistola automática COLT. Nenhuma outra arma inspira tão grande confiança.[14]

Não era a primeira vez, nem seria a última, que os perigos de roubo e assassinato serviam como argumento para estimular a compra de armas e equipamentos de segurança. Aliás, a década de 1920 foi marcada pela criação de fábricas brasileiras de cartuchos e munições. Possuir uma arma em casa tendia a ser habitual não apenas na roça, também na cidade. A construção de uma imagem urbana carregada de riscos e,

13 Barbuy, *O beco da cachaça*, p.67.

14 *Fon-Fon*, 6/9/1924, p.27.

sobretudo, o receio dos mais abastados de conviver, sem muita distância, com numerosos homens pobres, fomentavam preconceitos, aversões e vários tipos de precauções. Havia inclusive quem achasse naturalmente engraçada a anedota publicada em 1920:

> Senso econômico:
> O burguês, ao ler pela manhã o seu jornal, depara[-se] com a notícia de que um malandro liquidou outro com duas facadas. Depõe a folha, esfrega as mãos, consulta o relógio para ver se já é hora de almoço e diz de si para si, com íntima satisfação: mas por que não há de ser sempre assim, santo Deus! Vejam que economia: a correção em vez de hospedar dois, hospeda um só![15]

"Dar no couro"

A busca pela virilidade, traduzida em termos de potência sexual e capacidade reprodutiva, esteve presente na propaganda de alguns remédios, inclusive naquela destinada ao que, em certa medida, poderia ser considerado "o tataravô" dos atuais estimulantes sexuais:

> a eterna preocupação do homem é viver... sem envelhecer! Na luta contra a invasão dos sintomas da velhice ele lança mão de todas as armas, não se opondo a ingerir toda a sorte de drogas à guisa de defesa, como o náufrago que se agarra a qualquer taboa para salvar-se de iminente perigo... Nossos colegas de *O país* publicaram ontem interessantes conselhos. Ei-los – As perturbações sexuais dos homens, sejam pelo esgotamento nervoso, consequentes de grandes trabalhos físicos ou intelectuais, sejam por quaisquer outras causas que levam o homem ao envelhecimento precoce, têm sempre como origem a insuficiência de glândulas que regem o aparelho genital... O remédio recomendável é o novo soro denominado Hormândrico. Sua ação fisiológica do extrato da secreção das células intersticiais é estimulante sobre o sistema nervoso, sobre a evolução geral do organismo... indicado para as pessoas que não têm regulares funções sexuais.[16]

15 *Careta*, 28/8/1920, s/n.

16 *Diário Popular*, 9/8/1922, p.3.

Hormândrico dividia com algumas das populares "garrafadas" a função de melhorar a atividade sexual masculina. Ou seja, ele não era o único produto comercializado para repor energia sexual dos homens. Em diversas regiões do Brasil, vendiam-se preparados com intenção "estimulante", recomendava-se comer testículos de boi, fazer simpatias e usar amuletos. O Elixir Nogueira, preparado pelo farmacêutico João da Silva Silveira, tinha a função de fortalecer o sexo que fraquejava na hora da prática sexual. Silveira também fabricava Salsa Caroba e Guayaco, todos eles com a mesma finalidade. Já a propaganda dos comprimidos Picard ressaltava que o produto era fabricado por um "célebre professor francês". Graças a seu consumo podia-se obter "resultados seguros". Os anúncios do comprimido insistiam na sua validade comprovada e no fortalecimento genital garantido, pois acabava com a "debilidade sexual".[17] Um outro remédio, chamado Dynamogenol, servia para anemia, fraqueza, vertigens, insônia, nervosismo e também impotência.

A propaganda impressa ilustrava as vantagens de tais produtos e provavelmente consumi-los envolvia certa discrição. Nas cidades, em espaços exclusivamente masculinos, tais como barbearias, bares e casernas, cantava-se mais a vitória resultante de alguma conquista do que os meios forjados para consegui-la. Difícil para o sexo masculino a partilha do medo de falhar, como se o simples fato de dizê-lo fosse o atestado de uma impotência invencível, de uma vergonha que pede um esconderijo a sete chaves. A solidão do homem diante de seu membro flácido contrasta, portanto, com a imagem do "macho visivelmente pronto para o ataque".

Muitos remédios tendiam a ter uma vocação generalizante. A propaganda garantia que seu consumo deixava os homens aptos para a cópula e, portanto, para a reprodução e o prazer. Mas Hormândrico, por exemplo, também servia para melhorar a neurastenia, acusada de ser uma doença crônica, suspeita de acometer intelectuais e sujeitos excêntricos. Na época do Hormândrico havia ainda o Elixir de Inhame, destinado a purificar o sangue e a melhorar as atividades gerais do

17 *Careta*, 28/8/1920, p.9.

corpo masculino, e igualmente o Elixir 914, que servia como depurativo numa época em que limpar e fortalecer o corpo eram as duas grandes tendências dos cuidados com a saúde. Ou seja, os remédios indicados à saúde sexual não eram poucos. Um anúncio conhecido na década de 1920 tinha por título a frase: "Procure fazer voltar o quanto antes o seu vigor sexual, evitando uma vida infeliz". A seguir, sublinhava que a debilidade sexual era comum no sexo forte.[18] Outro anúncio, publicado várias vezes em 1910, mostrava que as "Gotas Estimulantes do Dr. Bettencourt" eram infalíveis "contra a fraqueza dos velhos", numa época em que a palavra velhice era utilizada sem grandes pudores.

Dentro do universo da virilidade masculina, o receio da impotência era equivalente ao temor de ser destruído pela gonorreia ou pela sífilis. Um anúncio das pílulas de Bruzzi afirmava que este remédio era "o melhor específico vegetal descoberto para as gonorreias" e a "fraqueza genital".[19] A preocupação com as doenças venéreas era comum entre os homens e sua presença destacava-se, por exemplo, no quadro de moléstias gerais que acometiam os soldados brasileiros.[20]

A atividade sexual com mulheres comprovava a masculinidade, fossem elas esposas ou meretrizes. Não espantava o fato de homens casados manterem as duas, frequentarem o que já se chamou de zona, lugar do meretrício. Embora os costumes possuíssem uma austeridade hoje esquecida, o erotismo florescia dentro e fora do lar. Por exemplo, entre as travessuras da molecada, às vezes ainda na idade angélica, estava aquela contada nas memórias de Zélia Gattai: um de seus irmãos, o mais calado, chamado Tito, foi descoberto ao espiar a vizinha no banho.[21] Espiar tias, primas e vizinhas seminuas ou totalmente desnudas ainda não sofria a concorrência do ato de folhear uma revista *Playboy*, menos ainda aquele de buscar um *site* pornográfico na internet.

---

18 Anúncio para as pastilhas Rinsy, *Fon-Fon*, 16/10/1920, p.36.

19 *Jornal do Commercio*, 10/1/1924 e 25/5/1924.

20 McCann, *Soldados da pátria*, p.297.

21 Gattai, *Anarquistas graças a Deus*, p.121-22.

Homens de luz

O cinema foi uma espetacular fábrica de belezas, femininas e masculinas. Rodolfo Valentino, um dos primeiros símbolos sexuais do cinema norte-americano, expressou uma masculinidade que ainda era bastante questionável. Nascido na Itália, em 1895, batizado com o nome de Rodolfo Alfonso Raffaele Pierre Filibert Guiglielmi, sua imagem combinava virilidade e sensibilidade, força e delicadeza dos gestos. Morreu aos 31 anos. Fãs de várias partes do mundo choraram o desaparecimento do astro. No Rio de Janeiro, "uma comissão de senhoras da alta sociedade mandou celebrar uma missa para a sua alma".[22]

O rosto de Valentino, sem os traços da barba, convidava ao toque, sugeria um contato macio, próximo ao imaginário culturalmente associado à feminilidade. Aliás, o sucesso de Valentino ocorreu em meio à propaganda destinada a estimular os homens a serem vaidosos e a cuidarem sozinhos de suas aparências. Novos produtos anunciados pela propaganda impressa pareciam ser os melhores companheiros desta tarefa, tais como as cintas elétricas destinadas ao emagrecimento e os aparelhos para "aparar o cabelo à americana, sem auxílio de cabeleireiro".

Desde 1901, quando a sociedade norte-americana chamada Gillette inventou o barbeador manual, os homens puderam aderir mais facilmente ao gesto de "fazer a barba" sem o serviço de um barbeiro. Mas as barbearias não desapareceram completamente e ainda hoje marcam presença em várias cidades. Eram espaços masculinos por excelência, lugares de encontro entre homens nos quais devia imperar uma certa sobriedade. Embora o barbeiro também cuidasse dos cabelos, seu título referia-se à barba, uma característica tipicamente masculina. Em 1928, surgiu o barbeador elétrico e, com o correr das décadas, fazer a barba com navalha nas barbearias perdeu a importância, ou então tornou-se uma arte excêntrica, apreciada por alguns senhores adeptos de antigos costumes.[23]

---

22 *Folha da Noite*, 29/8/1926, p.3. Sobre a repercussão de sua morte, ver *Diário Popular*, 24 e 28/8/1926, p.1.

23 *Eu sei tudo*, março de 1920, p.52.

A partir da fama de Valentino, ficou claro que os homens também eram veículos publicitários dos produtos de beleza. Suavidade da pele, cuidado com os cabelos e sensibilidade aos perfumes faziam parte da construção dos personagens cinematográficos, sem deixar de lado uma alusão à vida amorosa movimentada. Mas, no caso de Valentino, também havia uma sugestão ao ócio e ao não cumprimento de algumas normas sociais. Não por acaso, a atriz Louise Brooks chegou a indagar: "qual mulher não admira a sua cara de trapaceiro?".[24]

Valentino podia ser diferente de seus personagens, geralmente refinados, ardilosos e apaixonados. Mas foram eles que permaneceram no imaginário de milhares de jovens. De maneira surpreendente, a virilidade de Valentino combinava com seu rosto maquiado, espetacularmente divulgado pelo cinema e pela imprensa. Ora, a importância da vida em metrópoles já sugeria o quanto a conquista do respeito e da admiração dependia da capacidade individual de construir para si uma imagem sedutora ao primeiro olhar. Conforme a imprensa começava a divulgar, o belo homem, assim como a bela mulher, viviam numa época de automóveis, multidões nas ruas, aviões, disputas esportivas e ritmos musicais agitados. A aparência física precisava conquistar a atenção alheia em questão de segundos, em lances ligeiros do olhar, por meio de presenças nem sempre duradouras e familiares.

Progressivamente, a beleza como característica de todas as idades ganhou um espaço publicitário importante. Além dos produtos que a prometiam para homens e mulheres, algumas reportagens afirmavam que doravante não era mais necessário ter "sangue azul" para se tornar rico ou adquirir poder: a beleza era considerada um "talismã" poderoso para obter prestígio e penetrar no mundo do "flirt".[25] As mulheres belas precisavam ter encanto e chiste enquanto que a formosura masculina não resultava unicamente de uma herança biológica. Tudo deveria ser cuidadosamente construído.

---

24 Paris, *Louise Brooks*, p.25.

25 "O valor da beleza em todas as idade", *Fon-Fon*, 1º/2/1908.

Essa construção podia ser ampla e sofisticada no meio cinematográfico. Enquanto o estilo da mulher *vamp* era divulgado por atrizes como Theda Bara, com olhos envoltos por uma espessa sombra preta, homens considerados irresistíveis despertavam um novo *frisson*, mesmo quando este vinha acompanhado por posturas pouco inovadoras. Por um lado, as imagens dos homens belos contrastavam com a memória, ainda recente, do trauma vivido durante a Primeira Guerra Mundial e, em particular, do abalo provocado desde então nas noções de honra e heroísmo. Por outro, aquelas imagens também resultavam da tentativa de reconstruir o antigo elo entre masculinidade e coragem. No cinema, por exemplo, as aventuras extraordinárias não tardariam a entrar na vida de homens comuns: se, por um lado, o heroísmo havia perdido sua antiga dramaticidade e seus dias de glória, por outro, ele não tardaria a ganhar um perfil democrático e banal.

Mas alguns temores masculinos persistiram em meio às flutuações da moda veiculada de modo luminoso pelo cinema: o belo homem sempre devia apresentar a coragem como qualidade, comprovada, em geral, por meio da sua força física e do destemor perante a morte e o sofrimento. Mesmo depois do abalo que o espírito heroico sofreu com o desenrolar da guerra, inúmeras criações culturais e de entretenimento continuaram a insistir na necessidade de unir a masculinidade à coragem. No filme de Sam Wood, intitulado *Beyond the rocks*, no qual Rodolfo Valentino trabalhou ao lado de Gloria Swanson, o astro representou um personagem que salvou duas vezes a mulher amada antes mesmo de viver esse amor: na primeira vez ele se atirou ao mar para salvá-la de um afogamento; na segunda arriscou a própria vida pendurando-se numa corda para alcançá-la e livrá-la de despencar num abismo.[26]

Mas essa imagem heroica, cultuada ao longo do tempo, contrastava com as histórias ligadas ao universo do riso e do desconcerto. Em diversas revistas da época, nem sempre o mais corajoso e o mais forte fisicamente eram mostrados como vencedores de uma batalha,

26 Este filme norte-americano, de 1922, em português intitulado *Esposa e mártir*, ficou desaparecido por setenta e cinco anos.

um desafio ou um duelo. Uma charge intitulada "Como deve ser um homem", publicada em 1920, no almanaque *Eu sei tudo*, demonstrava essa tendência comum em diversas revistas: um macho de "aparência robusta" corria o risco de, numa situação conflituosa, servir de abrigo aos demais e, desse modo, ser o tolo da situação.[27]

De todo modo, a imagem do homem que, montado a cavalo, facão à cinta, atravessava matagais de peito aberto perante o desconhecido, começou a ser ofuscada por uma nova possibilidade de demonstrar coragem: tratava-se da imagem do homem na condução de inúmeras máquinas julgadas modernas. Entre elas, os automóveis. Doravante, da janela dessas máquinas, os perigos oferecidos pela natureza deixavam de ser ameaças para serem apenas imagens, facilmente deixadas para trás.

É dos carecas...

Antigos receios masculinos foram agravados com o desenvolvimento urbano e industrial. A calvície, por exemplo, era um problema estético masculino importante. Na época do Brasil imperial, alguns médicos já receitavam remédios para esse mal, tais como um composto feito "de manteiga de urso, mosca ou rã queimada".[28] No começo do século XX, a queda dos cabelos assombrava ambos os sexos, mas era mais comum entre os homens. O chapéu era utilíssimo mas também um anúncio da decepção, pois era preciso retirá-lo em diversas ocasiões, quando então a superfície nua da cabeça se revelava.

Nos primórdios da revista carioca *Fon-Fon*, as receitas caseiras para vencer a calvície eram criticadas e a promessa de milagres virava alvo de chacota. Assim, para se livrar do aspecto de "bola de corrimão de escada" recomendava-se, por exemplo, todas as manhãs, em jejum lamber a própria careca. Receita infalível.[29]

---

27 *Eu sei tudo*, março de 1920, p.10.

28 Edmundo, *O Rio de Janeiro no tempo dos vice-reis*, p.489.

29 *Fon-Fon*, 4/1/1908.

Até a década de 1920, ainda era possível levar a sério aqueles que consideravam a calvície um signo de inteligência.[30] Mas a conhecida intolerância perante o homem calvo não tardaria a aumentar tanto quanto a propaganda de produtos que prometiam acabar com esse problema: anúncios para a loção Pilogênio, por exemplo, afirmavam que o produto servia em "qualquer caso", porque fazia sempre "vir o cabelo novo e abundante".[31] Ainda havia anúncios que associavam a calvície à falta de higiene ou ao avanço natural da idade. Mas, diferente dos produtos atuais, a maior parte daqueles antigos remédios ainda mantinha um caráter genérico, como se eles fossem destinados à cura de diferentes problemas: um dos anúncios da Loção Brilhante, por exemplo, sublinhava que com o seu uso desaparecia a caspa, cessava a queda dos cabelos, fazendo-os retornar à "cor natural primitiva, sem serem tingidos".[32]

Na França, uma propaganda da tintura de cabelos chamada *Jouventine de Junon* anunciava sua venda no *Institut de Calvitie.*[33] Isto porque o referido Instituto era um local destinado, desde o começo do século XX, a combater o enfraquecimento e a queda dos cabelos masculinos. Mas o tratamento específico para a calvície era raro, pois a tendência era a de cuidar de problemas diversos com uma única solução. A especificidade de produtos femininos e masculinos também não era comum quando o problema era cabelos ou sua falta. No Brasil, Pétrole Hahn, por exemplo, destinava-se aos problemas de queda dos cabelos de ambos os sexos.

A década de 1920 deu extraordinária visibilidade aos produtos destinados a rejuvenescer as aparências e a curar todo tipo de doença. Mas

---

30 Num manual francês intitulado *A arte de se pentear*, de 1828, pode-se ler que, com a calvície, "o cérebro se inflama" e as faculdades da inteligência são expostas a um ardor contínuo, propício à reflexão, especialmente quando ainda se é jovem. Ver Chevrel e Cornet, *Grain de beauté, un siècle de beauté par la publicité*, p.100.

31 *Jornal do Commercio*, 24/8/1926, p.8.

32 *Jornal do Commercio*, 14/10/1926, p.10.

33 Chevrel e Cornet, *Grain de beauté, un siècle de beauté par la publicité*, p.82.

a mudança era difícil, especialmente para os homens. Um macho verdadeiro não ria à toa e jamais chorava. Precisava mostrar seriedade, firmeza e prontidão. Não se usava casaco desabotoado nem cabelo despenteado. Homem de verdade não balançava o corpo para andar, assim como a mulher de respeito não encostava as costas na cadeira ao se sentar.

O advento do conforto, expresso pela adoção de estofados e depois de 1910 cada vez mais presente no cotidiano das elites, poderia adoçar a postura ereta exigida pelas antigas cadeiras desprovidas de acolchoado. Esse é o momento em que ambos os sexos começam a descansar as costas junto aos encostos macios.

Entre o desportivo obstinado e o franzino engraçado

"Tudo na vida é esporte", lembrou João do Rio, no livro *A profissão de Jacques Pedreira*, publicado em 1911. Mas, sublinha o autor, "na vertigem da corrida, nem sempre servem as performances [...]".[34] Para muitos brasileiros contemporâneos de João do Rio, o melhor esporte ainda era o amor ou então o pequeno gesto de levar um copo à boca. Havia quem se especializasse em ambas atividades. Eram os mais esportivos. Ou então os visceralmente boêmios. De todo modo, existiam *sports*, desportos, *matchs* e atletismos. Tudo isso ao lado de algum dandismo, vários tipos de contentamento folgazão e muito trabalho duro para arrumar mais "arame" do que dívidas.[35]

A partir da década de 1920, alguns escritores brasileiros vão insistir nas vantagens da prática de esportes para curar neurastenia, magreza excessiva e fraqueza. A alegria dos mais jovens era ilustrada pela propaganda de remédios e artigos para o *sport* ao sabor da expectativa de construir uma virilidade sã, moderna, diligente e veloz. No entanto,

34 João do Rio, *A profissão de Jacques Pedreira*.

35 Arame é o termo utilizado no começo do século passado para designar o local onde guardava-se as contas, como metáfora para dinheiro.

utilizava-se mais o termo mocidade do que juventude, e essa pequena preferência indicava algumas diferenças entre a imagem desportiva daqueles anos e o imaginário esportivo da atualidade. Primeiramente, porque a prática de esportes estava longe de ser comum, banal, massificada entre os brasileiros. Ela ainda levantava inúmeras suspeitas: podia corromper a inteligência masculina e ameaçar a virtude feminina. Em segundo lugar, praticar esportes não implicava a mesma descontração dos gestos ou da vestimenta, tão naturalizada na atualidade. O corpo masculino ganhava uma nova flexibilidade com a voga esportiva dos anos 1920, mas ainda permanecia austero e contraído, se comparado com as imagens de suas *performances* mais recentes. Por fim, há dezenas de diferenças entre o esportista daquela época e o que hoje pratica atividade física nas praias, academias e clubes: por exemplo, o estilo esportivo ainda não havia contaminado outras atividades sociais exteriores aos ringues de boxe, aos campos de futebol, ao espaço aquático das regatas, e ao terreno das corridas de automóvel. O "espaço esportivo" também não tinha ganhado as ruas e parques das cidades, nem possuía a mesma densidade cultural e publicitária comum atualmente.

Mas a voga esportiva começou a dar seus primeiros passos na mesma época em que Rodolfo Valentino era o astro do cinema e Santos-Dumont, o herói dos ares. A imprensa publicava cada vez mais frequentemente fotografias de homens e mulheres em meio a competições que exigiam força física, velocidade e, várias vezes, o entendimento de uma nova tecnologia. O *sportman* tornava-se uma imagem recorrente nas reportagens sobre moda e saúde, enquanto que diversas revistas dedicadas à difusão de competições esportivas e do atletismo foram criadas, atraindo um público leitor jovem e, especialmente, masculino. O próprio nome em inglês *sportman* serviu de título a lugares de lazer e a publicações consideradas inovadoras no país.

Os jornais noticiavam cada vez mais amplamente *matchs* e competições entre esportistas transformados em vedetes da contemplação pública. Conforme escreveu Luiz Edmundo, não se admirava mais a beleza daqueles homens que achavam bonito sofrer do pulmão, beber absinto, ostentar olheiras profundas, uma silhueta magra, pequena e coberta por casacos escuros, luvas, além da faceirice de uma variedade de chapéus.[36] Ao ar livre, distante dos antigos saraus, a beleza masculina adquiria uma nova imagem: permeada pelo espírito pragmático e esportivo em moda, tal como se apresentava a mocidade norte-americana, ela abandonava os charmes de uma aparência melancólica. A aura romântica dos mancebos de cabelos cacheados vigente desde a primeira metade do século XIX já havia sido contestada nas décadas de 1880 e 1890. Mas, a partir do século seguinte, ela seria deixada à margem da história, em favor da masculinidade expressa pelos cabelos curtos combinados a um físico atlético e um sorriso com dentes alvos.

Depois da Primeira Guerra Mundial, a imagem do homem oriundo de uma Europa supostamente velha e cansada começou a ser preterida em favor de dezenas de novidades norte-americanas. A voga dos banhos de mar ganhou uma positividade crescente e os primeiros cremes relacionados à exposição solar foram anunciados pela propaganda impressa. Se Paris permanecia *chic* e apegada às antigas tradições, a América aparecia como a pátria do conforto e da igualdade, aberta ao despojamento do corpo e com o olhar dirigido ao futuro.

No entanto, a passagem de um imaginário a outro não foi simples e não aconteceu do mesmo modo em diferentes sexos, classes sociais e regiões do país. Na propaganda, por exemplo, quando a atividade esportiva começou a ilustrar a venda de dezenas de produtos, preferiu-se mostrar homens e não mulheres em meio aos exercícios, saltos e corridas. Além disso, eles apareciam como objeto publicitário principal quando se tratava de anunciar produtos para barbear, brilhantinas para os cabelos e fortificantes para o corpo. Cremes para a pele eram considerados deveras femininos e raramente se associavam à imagem masculina. Aliás, segundo boa parte da propaganda, mulheres possuíam cútis ou face, enquanto homens exibiam a cara. Sobre esta, era melhor utilizar sabão e navalha. O gesto de hidratar o rosto com Rugol ou outro creme da moda poderia levantar suspeitas indesejáveis ao sexo masculino.

---

36 Edmundo, *O Rio de Janeiro no tempo dos vice-reis*, p.854.

Mesmo para os homens, as resistências à voga esportiva possuíam vários adeptos. O título do livro de Carlos Sussekind de Mendonça, publicado em 1921, já indicava a posição do autor: *O sport está deseducando a mocidade brasileira*. Mendonça considerava o esporte uma atividade capaz de reduzir as capacidades intelectuais na medida em que aumentava os músculos.

Apesar de a voga esportiva conquistar novos adeptos a cada ano, as roupas e habitações consideradas burguesas permaneciam pouco adaptadas a um suposto espírito esportivo. No caso das moradias das famílias urbanas abastadas, a divisão dos espaços entre os sexos era confirmada pela prioridade dos móveis e lugares consagrados à vida dos homens, incluindo a sobriedade dos escritórios, com mesas de madeira, sobre as quais eram exibidos objetos relacionados intimamente à escrita e à leitura masculinas.[37] À mesa de jantar, o lugar destinado ao chefe da família lhe concedia uma visão completa de todos. Dali, orquestrava as refeições e as conversas. Naquele tempo, a mesa de jantar era, em geral, retangular e não quadrada ou redonda, combinando com uma família extensa e o predomínio do poder do homem, patrão e chefe. A banalização, mais tarde, das mesas redondas vai sugerir uma mudança importante na relação entre homens e mulheres, pais e filhos.

A presença imperativa e maciça das poltronas dos pais, das cadeiras dos maridos e dos escritórios masculinos não causava tanto espanto numa época em que os objetos, assim como as roupas e os espaços, não haviam sido penetrados pela voga do *unissex* ou da androginia da década de 1960. Além disso, claro, coisas de mulher formavam um universo considerado menor do que os assuntos dos homens. Era comum pensar que mulheres tinham coisas que se desdobravam numa minúcia de coisinhas, enquanto os homens cultivavam assuntos, teses e projetos. Não por acaso, muitos acreditavam que a mulher era um animal que vivia eternamente sem assunto.

No entanto, a valorização de uma silhueta masculina elástica, próxima à expressão da graça, tradicionalmente associada ao sexo julgado

37 Carneiro, *Gênero e artefato*.

frágil, era um espetáculo na época, seja na dança moderna, seja nas artes plásticas. Já na primeira década do século XX, enquanto os jovens abastados substituíam o elegante *five o'clock tea* pelo charmoso *cocktail*, a imagem de um corpo ao mesmo tempo masculino e flexível começou a penetrar as revistas mundanas e os lazeres urbanos.[38]

Santos-Dumont foi um exemplo conhecido, com seus passeios em balões sobre Paris, seguidos de seus voos em aeroplanos. Ao "navegar pelo ar", o brasileiro adiantou a valorização de uma masculinidade, mais tarde veiculada pelos esportes de influência californiana, intimamente vinculada à leveza e à flexibilidade do corpo. Também inaugurou um novo tipo de coragem até então nunca experimentada. Em seu livro intitulado *Dans l'air*, há várias passagens sobre a sensação de dirigir um balão mantendo os pés literalmente no ar.[39] Numa "aeronave", afirmou Dumont, "não há odor, tudo é puro e limpo".

A sensação de ter o vento a bater no rosto, de flutuar acima das árvores, sozinho, no silêncio do céu, era de fato original. Com os passeios aéreos de Santos-Dumont, a imagem do dândi na ponta do último modismo começaria a se descolar de qualquer sombra terrestre para ganhar não apenas leveza, mas sobretudo uma surpreendente harmonia entre o corpo e a técnica. Contudo, no Brasil, a construção de uma "paisagem técnica" nem sempre foi facilmente combinada com a promoção de indivíduos julgados modernos.[40] A fábrica de masculinidade em vigor nas primeiras décadas do século passado resultou, também, de gambiarras inventadas para adaptar o corpo de muitos coronéis ao manejo de máquinas cujo funcionamento ainda lhes parecia pedir mais o chicote do que o combustível.

Talvez o sucesso de Santos-Dumont contivesse também a expectativa de que, ao brilhar no céu com seus dirigíveis, a Europa pudesse reconhecer alguma modernidade de autoria brasileira. Essa esperança

38 Americano, *São Paulo naquele tempo, 1915-1935* v.1, p.119.

39 Santos-Dumont, *Dans l'air*, p.101.

40 Araújo, *D'une nature à l'autre: technique, construction de l'espace et transformations sociale (Brésil, 1850-1910)*, p.325-71.

esteve inúmeras vezes presente na história do esporte. Em agosto de 1920, por exemplo, a imprensa brasileira saudou o tenente Guilherme Paraense, que obteve o primeiro lugar na prova de tiro ao alvo nas Olimpíadas de Antuérpia, dando lugar à imagem de que a Europa curvava-se perante o Brasil. Ele foi o primeiro esportista brasileiro a conquistar uma medalha de ouro nos jogos olímpicos, confirmando, portanto, a importância do tiro e da cultura militar no país.

Outra tendência concomitante a todas aquelas narradas até aqui foi a transformação da prática esportiva em alvo de chacota. Os homens pouco afeitos à natação, ao remo, ao futebol ou às lutas de boxe, por exemplo, podiam servir como personagens caricatos do humor afiado das revistas mundanas da década de 1920. Entre as diversas anedotas da época, destacavam-se aquelas publicadas pela revista *Fon-Fon*. Uma delas trazia o desenho de um boxeador robusto ao lado de um outro, magrinho, marcado pelos socos de uma recente luta. O mais forte inicia então um diálogo ao perguntar: "– Está, então, satisfeito com a sua primeira lição de boxe? – Sim... mas não poderia receber as outras... por correspondência?".[41]

Se a figura do Jeca Tatu, de Monteiro Lobato, reunia o imaginário das mazelas nacionais, o homem esportivo concentrava em torno de sua propaganda a promessa da saúde e a aposta na diligência física, ambas procuradas por aqueles que ansiavam pela construção de um país supostamente livre de atrasos e arcaísmos. Mas as anedotas publicadas naquela época mostravam a importância social de tipos que embora fossem pouco esportivos não eram necessariamente doentes nem "jecas". Alguns vão dar origem ao malandro cantado pelo samba carioca da década de 1930. Mas muitos outros, em meio ao anonimato, vão construir um país bem mais complexo e inquieto do que a plácida imagem de um gigante adormecido.

41 *Fon-Fon*, 6/12/1924, p.39.

9

Quando era perigoso ser homem. Recrutamento compulsório, condição masculina e classificação social no Brasil

Vitor Izecksohn

As profissões armadas exercem uma grande fascinação sobre os meninos. Elas envolvem conceitos como coragem, luta, superação e enfrentamento que trazem forte apelo à masculinidade. A condição masculina parece ser também particularmente sensível a imagens bélicas que se encontram nas raízes do patriotismo e do nacionalismo, muitas vezes decantadas em hinos e monumentos cujo apelo principal dirige-se à "virilidade nacional". As brincadeiras de soldados e os jogos de guerra são mais populares entre os meninos, apesar da abertura mais recente das Forças Armadas às mulheres. Para os adultos, entretanto, todo esse encantamento acaba envolvido por um pavor arcaico: o medo da morte violenta, possibilidade fortemente associada ao serviço militar em tempo de guerra. Morrer pela pátria é uma construção medieval, uma sacralização extrema do serviço à nação, cuja sedimentação permanece incompleta até os dias de hoje.[1]

---

1 Possivelmente o trabalho mais instigante a esse respeito é o livro de Kantorowicz, *Mourir pour la patrie*.

No século XX, o Brasil esteve envolvido apenas nos dois grandes conflitos mundiais – e, ainda assim, de forma limitada. Por aqui, a violência é mais disseminada e menos organizada que nos países europeus. Mata-se bastante, é verdade, mas não de forma organizada, por meio de enfrentamento de exércitos.[2] Entretanto, no período colonial e durante grande parte do século XIX, guerras internacionais, campanhas contra os índios ou conflitos civis constantemente aventaram a probabilidade de recrutamentos. A possibilidade de morrer em combate era menor do que a decorrente das condições do serviço: disenterias e infecções associadas às péssimas condições dos acampamentos ceifavam muito mais vidas que as próprias batalhas. Mas a imagem da morte em combate, apesar dos apelos patrióticos, era muito mais temida pelos soldados. Morrer longe de casa, correndo sempre o risco de ser enterrado como anônimo, só piorava a situação. Além disso, a inexistência de sistemas de pensões tornava mais incerta a vida dos dependentes na retaguarda. O recrutamento trazia os riscos associados do deslocamento geográfico, da morte anônima e do desamparo familiar.

Este texto trata de uma das modalidades de entrada no serviço militar: o recrutamento forçado. Entre várias outras, a conscrição destacou-se como prática mais comum e assustadora para os homens jovens, implicando o risco de prisão, deportação e anos de serviço forçado em terras distantes. Tratava-se de uma situação degradante, vista como indigna pela maioria da população. Ela vigorou até 1916, quando a aprovação da lei do serviço militar obrigatório iniciou um longo processo de reversão das regras e práticas que regulavam a entrada no serviço, afetando a composição do seu contingente e a imagem das Forças Armadas na sociedade. Isso não quer dizer que anteriormente não houvesse pessoas interessadas em servir voluntariamente. Indica apenas que esse tipo de decisão não era majoritário entre a população, que via o serviço militar como algo desonroso e uma ameaça à continuidade de suas vidas junto a amigos e parentes.

2 Centeno, *Blood and Debt*, p.261-80.

O significado do recrutamento

Durante muito tempo, ser recrutado era um dos maiores pesadelos da condição masculina no Brasil. No jargão oficial, os termos recrutamento e prisão eram quase sempre associados; portanto, a simples alusão ao recrutamento já acenava para a caçada humana que tinha lugar em pontos variados da América portuguesa e, posteriormente, do Império e da República Brasileira. São várias as descrições de homens escondidos no mato, organizados em bandos, temendo a chegada de agentes recrutadores, muitas vezes acoitados por poderosos chefes locais que os abrigavam em suas fazendas. Por exemplo, as regiões de Atibaia e Nazaré em São Paulo, são despovoadas em 1797, devido à presença de recrutadores.[3] Essa situação consolidou um dito popular segundo o qual "Deus é grande, mas o mato é maior" – que dá uma ideia aproximada do pavor que a população vivia de ser recrutada à força e integrada ao Exército e à Marinha. Essa atividade violenta desorganizava a vida produtiva, criava uma desconfiança permanente na população face às autoridades e reforçava os vínculos de dependência e clientela com os poderosos locais, para quem, em desespero, apelavam aqueles que se sentiam ameaçados de cair nas garras dos recrutadores.

O recrutamento interferia na vida familiar, expondo os parentes a situações degradantes e desonrosas, já que as mulheres e os filhos menores ficavam desamparados na ausência dos pais e maridos, situação que enfraquecia o núcleo familiar, segundo os cânones patriarcais que vigiam em boa parte dos séculos XVIII e XIX e mesmo durante a primeira metade do século XX. Interferia também nas atividades econômicas, já que apenas homens livres podiam ser legalmente recrutados, e estes constituíam parte significativa da força de trabalho agrícola, especialmente nas regiões nas quais os escravos não constituíam o principal componente da força de trabalho. Por fim, essa atividade perigosa

3 Peregalli, "Recrutamento militar no Brasil colonial". In: Silva, *O miserável soldo e a boa ordem da sociedade colonial*, p.110.

criava sérios problemas de jurisdição entre as esferas local e central, acirrando problemas de integração que constantemente limitaram o controle do território por um poder unificado.

Havia outros mecanismos de entrada nas Forças Armadas: o serviço voluntário, o estudo, a tradição familiar, a fuga do patriarcalismo, mas o recrutamento constituía a forma de entrada mais comum tanto no Exército como na Marinha. Tratava-se de um pesadelo que afetava a vida dos homens pobres, especialmente o grupo daqueles considerados como desclassificados sociais: vadios, criminosos, migrantes, pessoas que não contavam com alguma forma de proteção ou eram socialmente desprezadas por seus pares. Desprotegidos ou aqueles que incorriam em alguma forma de transgressão eram especialmente visados pelas autoridades, que procuravam simultaneamente preencher as levas e controlar as localidades, com o chicote do recrutamento e a cenoura da isenção.

Fosse devido a um erro ou por má conduta dessas autoridades, o recrutamento ocasionalmente trazia pobres respeitáveis às fileiras. Homens casados, pais de família, arrimos de mães viúvas, indivíduos profissionalmente ativos e portadores de isenções legais eram por vezes confundidos com vadios. São os processos decorrentes dessas situações que nos permitem conhecer melhor a condição militar e os percalços enfrentados pelos recrutas. Os indivíduos eram retratados por uma série de características e sinais, tais como: "parece ter quarenta anos de idade, altura quatro pés e nove polegadas, cabelos castanhos, olhos pardos, [...] cor parda, dentes arruinados e feições ordinárias".[4] Como muitos indivíduos poderiam corresponder a essas características, era difícil separar os alvos diretos de possíveis erros ocasionais. A falta de documentos de identidade tornava mais difícil a diferenciação entre os pobres respeitáveis e aqueles sujeitos ao recrutamento. O desenlace mais comum dessa situação era a instauração de lentos processos de dispensa que muitas vezes arrastavam-se por meses. A possibilidade de obter a soltura do indivíduo atuava como um elemento de legali-

4 Arquivo Público Mineiro, p.1-15, caixa 76, maço 33. Luís de Sousa Machado para o Presidente da Província de Minas Gerais. Paracatu, 30 de julho de 1844.

zação do sistema, já que parentes e patronos podiam apelar às autoridades provinciais para obter a soltura do recrutado, apelando para sua honorabilidade ou para as redes de relações que os mesmos possuíam.

Até 1872, inexistiam censos nacionais ou estatísticas confiáveis. Uma correspondência datada de 1845 exemplifica essa situação. Ao descrever o estado da organização da Guarda Nacional em São João Nepomuceno (MG), seu comandante afirmava "verá V. Exa. não a força de que a mesma se compõe, mas sim o seu estado de completa desorganização".[5] Como se pode ver, o horizonte de invisibilidade era grande e somente começaria a ser efetivamente dissipado com a realização do primeiro censo nacional e, posteriormente, com a instauração pela República do registro civil, em 1890.[6]

O recrutamento visava à obtenção de soldados. Desde o período colonial soldados (ou praças) eram um recurso escasso tanto em Portugal como em suas colônias. Tratava-se de um poder estatal que contava com pouca capacidade de aglutinar seus súditos, principalmente pela dificuldade em fazer com que a população se identificasse com uma ideia de pátria que se encontrava muito abaixo da identificação primordial com a localidade ou a família.[7] Por outro lado, durante boa parte dos períodos colonial e monárquico, os governos centrais careciam da capacidade de ver-se como um Estado que, segundo a famosa frase de James Scott, depende de intermediários, os quais acabavam atuando como agenciadores de soldados.[8] O exercício do poder de forma indireta, por meio da delegação, tornava a ação estatal ineficiente e pouco universalista. As ordens emanadas pelas autoridades centrais passavam

5 Arquivo Público Mineiro, SP 1, p.16, caixa 145, maço 10. Francisco de Assis Manço da Costa Rios para o Vice-Presidente de Minas Gerais. São João Nepomuceno, 11 de junho de 1845.

6 Mendes, "Encargos, privilégios e direitos: o recrutamento militar no Brasil nos séculos XVIII e XIX". In Castro, Izecksohn e Kraay, *Nova história militar brasileira*, p.134.

7 Costa, *Insubmissão – aversão ao serviço militar no portugal do século XVIII*, p.40-8.

8 Scott, *Seeing Like a State: How Certain Schemes to Improve the Human Condition Have Failed.*

por uma reinterpretação a partir das decisões de mandatários de vilas e cidades.[9]

As autoridades locais esforçavam-se para conseguir preencher as fileiras segundo as cotas que eram enviadas pelas lideranças imperiais. Homens jovens, entre 15 e 49 anos, eram o alvo. Quem eram esses homens? Por que o serviço nas Forças Armadas era tão indesejado? Como o recrutamento era executado? Quais códigos e condutas guiavam o comportamento desses indivíduos? Este texto responderá a essas perguntas debruçando-se sobre o período entre 1640, quando é organizado o exército português, e 1916, quando foi aprovada a lei do recrutamento compulsório.[10]

Preliminares

No início, eram as tripulações e os bandos armados. Lutava-se ao lado de patrões, amigos e vizinhos. Os primeiros colonizadores atuavam em bandos armados integrados por índios flecheiros, escravos e colonos. Fazer parte desses bandos era uma maneira de conquistar prestígio junto aos grupos senhoriais. Para os senhores, a prestação militar era um encargo que trazia prestígio e reconhecimento junto à coroa. Segundo João Fragoso, nas terras fluminenses era comum os conquistadores mobilizarem seus agregados para as lutas: "Os nobres coloniais iam, com flecheiros e cabedais, o que os diferenciava dos imigrantes pobres".[11] Nesse caso, não se tratava propriamente de recrutamento, mas de uma associação entre senhores e vassalos. A disciplina era mantida pela lealdade pessoal e pelo testemunho de colegas e vizinhos. Essa

9 Mello, *Forças militares no Brasil colonial*, p.56-9.

10 Costa, Formação da Força Militar durante a Guerra da Restauração, *Penélope*, 24, p.87-119; McCann, O serviço militar obrigatório. In: *A nação armada. Ensaios sobre a história do exército brasileiro*, p.15-53.

11 Fragoso, "A nobreza vive em bandos: a economia política das melhores famílias da terra do Rio de Janeiro, século XVI, algumas notas de pesquisa", *Tempo*, p.14.

tradição era auxiliada pela ausência de restrições raciais à prestação do serviço. Diferentemente do que aconteceria nas colônias inglesas da América do Norte, o serviço não era limitado apenas aos cidadãos, ou seja, a homens brancos e protestantes acima da condição servil. Ele era um encargo executado principalmente pelos mais pobres, comandados pela nobreza da terra. Cabia a esses vassalos do rei organizar e instruir os grupos combatentes sob sua tutela. Uma característica desses bandos eram os laços de amizade e compadrio que uniam seus membros. Esses mesmos liames caracterizavam tais forças como agrupamentos de amigos e vizinhos, com pouca semelhança em relação à impessoalidade que marca as organizações militares modernas.

As guerras travadas na América portuguesa acabavam reproduzindo técnicas nativas. Fala-se de uma guerra brasílica, cujas táticas eram copiadas dos índios e de guerras africanas, nas quais escravos eram tomados ao partido adversário e postos a lutar ao lado das forças luso-brasileiras.[12] Henrique Dias, negro e filho de libertos, foi um dos maiores peritos nessa forma heterodoxa de combate, que diferia das regras e das táticas empregadas nas guerras de Flandres, tal como travadas pelas monarquias da Europa ocidental. Dias organizou um terço negro que combateu ativamente os holandeses e seus aliados na "açucarocracia" pernambucana durante a guerra de Restauração do Nordeste. Mas a prática do uso de índios e negros como combatentes ativos estava presente em todas as regiões da América portuguesa. Na expedição de socorro à colônia de Sacramento, cercada por forças castelhanas em 1735, os 240 infantes e 35 artilheiros enviados foram ainda acompanhados por 25 índios, proveniente das terras fluminenses.[13] Os interesses da defesa do território eram assim associados aos interesses de empreendedores e de seus agregados, unindo as questões da defesa daquela parte do império às possibilidades de reprodução econômica,

12 Mello, *Olinda restaurada: guerra e açúcar no Nordeste, 1630-1654*, especialmente p.257-316; Puntoni, *A guerra dos bárbaros: povos indígenas e colonização do sertão nordeste do Brasil*, 1650-1720.

13 Sá, *Relação do sítio da Nova Colônia do Sacramento*, p.14.

criando lealdades mais profundas, bem como possibilidades aprimoradas de recompensa por meio do butim e da concessão de sesmarias. Todo esse esforço envolvia complicadas negociações que passavam pela concessão de mercês aos empreendedores.

Na América portuguesa, lutava-se com poucas armas de fogo e possuí-las constituía um privilégio para poucos. O mais comum eram as armas brancas, espadas, arcos e flechas, facas e zarabatanas, machados e enxadas, que muitas vezes constituíam instrumentos de trabalho adaptados às necessidades bélicas. A transformação desses implementos agrícolas em artefatos de combate auxiliava os mais destros na transição do trabalho para a guerra. A prática de emboscadas, o conhecimento do terreno e a capacidade de viver do que o ambiente oferecia eram outros tantos elementos a favorecer as forças nativas. Obviamente esse comportamento tático aplicava-se a situações específicas, mas ele envolvia a comunidade mais próxima no esforço de guerra, havendo muito pouca diferenciação entre a vida doméstica e a atividade militar. A condição de trabalhador e a de combatente não eram antagônicas. Muitos soldados podiam voltar aos campos nas épocas de colheita, quando as necessidades da economia local tinham prioridade sobre as exigências militares. Os bandos armados podiam adicionalmente incluir mulheres, que cozinhavam, lavavam e cuidavam dos combatentes. Companheiras permanentes ou ocasionais, essas mulheres eram fundamentais para a estrutura emocional, podendo também pegar em armas ocasionalmente, quando isso fosse necessário. Aos poucos cristalizou-se a denominação "vivandeiras", que daí para a frente designaria as mulheres que acompanhavam as tropas.

Modernização

A tradição lusitana demorou muito para associar-se à revolução militar em curso na Europa desde o século XV. Esse movimento estabeleceu a supremacia da infantaria sobre a cavalaria e marcou a generalização do uso das armas de fogo. Os exércitos tornaram-se maiores com mecanismos de treinamento aprimorado. Esse processo também acelerou o desarmamento da sociedade e a concentração, nas mãos dos Estados nascentes, dos mecanismos de coerção por meio da expansão do aparato burocrático e da coleta de impostos para sustentar as guerras. Mas as coisas se deram de forma diferente em terras lusitanas, onde o absolutismo monárquico foi tardio e limitado ante os interesses da nobreza.[14]

Foi somente durante a guerra de Restauração (1640-1661) que Portugal organizou seu exército profissional (ou de linha, como era conhecido então). Tem início por essa época uma diferenciação nas modalidades de prestação do serviço que estabeleceria categorias diferentes: o exército de linha, as milícias e as ordenanças. As milícias ou terços constituíam organizações municipais organizadas por condestáveis locais. Eram encarregadas da defesa e da segurança local. A associação era voluntária, ou pelo menos dependia de vínculos pessoais. Já as ordenanças eram reservas humanas das quais seriam retirados os excedentes a serem incorporados ao exército de linha. Foi justamente em torno da designação de ordenanças que ocorreram os conflitos mais sérios. Nessas ocasiões, comunidades inteiras podiam reagir à remoção dos homens para locais distantes.

Como em outras monarquias europeias, eram respeitados os períodos de colheita e as funções primordiais para o Estado, que garantiam um amplo rol de isenções. No entanto, diversamente do que acontecia naquelas monarquias centralizadas, essas isenções podiam ser constantemente renegociadas e ampliadas no contexto lusitano. Elas abrangiam, então, não apenas os detentores do poder, mas os seus subordinados, abarcando as ordens religiosas, os homens legalmente casados e várias profissões consideradas essenciais, como ferreiros, carpinteiros, pintores, moedeiros, comerciantes, familiares do Santo Ofício, cavaleiros das ordens militares, criados das boas casas, reiterando, segundo Dores Costa, "o enorme poder de desobrigar".[15] A recorrência de situações

14 Sobre as idiossincrasias do absolutismo português, ver Maxwell, *Marques de Pombal: paradoxo do Iluminismo.*

15 Costa, "Capitalistas e serviços: empréstimos, contratos e mercês no final do século XVIII", *Análise Social*, v.116-7, p.441-60.

desse tipo demonstra que o monopólio do uso da violência legítima não foi construído, pois a monarquia reconstituída carecia de recursos e mecanismos para concentrar a força em suas mãos.

Por essa época, o exército profissional tinha muito pouca uniformidade, já que indivíduos engajados à força eram ali associados a soldados da fortuna e mercenários, muitos dos quais provinham de outros reinos, falavam línguas diferentes, desvinculando-se de qualquer lealdade à pátria ou ao rei, além das vantagens pecuniárias oferecidas pelo serviço. Essa organização militar heterogênea seria implantada no Brasil, mas não entraria efetivamente em serviço até a segunda metade do século XVIII. Até essa época, o serviço continuaria a ser prestado por uma miríade de organizações, tais como: bandos, bandeiras, milícias e grupos locais que ocasionalmente pegavam em armas para a resolução de alguma questão rápida e pontual, incluindo os conflitos senhoriais por terras e acesso a recursos naturais. A violência era endêmica e desorganizada. As operações militares de conquista dos territórios considerados lusos eram implementadas por homens livres, membros da elite local, escravos, indígenas, peões de todo o tipo, pequenos proprietários e posseiros. Segundo Tiago Gil, na região fronteiriça do Rio Grande de São Pedro,

> [...] esse conjunto de homens, com representantes de todos os estratos da sociedade, movimentavam-se rumo ao conflito pelas mais diversas razões, entre as quais o pertencimento a uma rede de relacionamentos e a possibilidade de obter ganhos, tendo em vista a distribuição do butim, que se fazia logo após a conquista.[16]

Mudanças

Por quase cem anos, a monarquia lusitana conseguiu distanciar-se dos conflitos dinásticos europeus. Com a Guerra dos Sete Anos (1756-

16 Gil, *Infiéis Transgressores: elites e contrabandistas nas fronteiras do Rio Grande e do Rio Pardo (1760-1810)*, p.74.

1863), o império – especialmente sua porção meridional – viu-se imerso nos combates, contudo, sem contar com instituições militares modernizadas. A capacidade de extração de soldados passava por complexas negociações envolvendo a coroa, as autoridades locais e a população. O recrutamento, de acordo com o historiador Peter Beattie, passou a cumprir uma função protopenal, com as localidades expulsando criminosos não homicidas, homossexuais, pedófilos, defloradores (que se recusavam a casar), maridos que abandonavam suas mulheres, migrantes e outros indesejáveis. Estes eram alojados em casas, chamadas cadeias, pois não havia quartéis ou outras edificações especializadas. Nessas cadeias, os recrutas eram abrigados ao lado de criminosos não homicidas. Essas "cadeias" pouco lembram os edifícios especializados, e até os dias atuais bastante precários, nos quais os presidiários são alojados. Eram casas mais ou menos normais, guardadas por sentinelas. Os infelizes recrutados ficavam à espera de escoltas que os conduzissem aos locais nos quais os batalhões seriam consolidados. O comandante militar João Manuel Böhm, um crítico desse sistema improvisado, queixava-se ao futuro Marquês de Pombal sobre os problemas disciplinares causados pela falta de instalações convenientes:

> O pouco de disciplina e de economia nestes dois regimentos de infantaria provinha, de todo modo, ao que me parece, da falta de quartéis que dariam aos oficiais o pretexto de descuidar-se, e ao soldado de escapar à vigilância de seus superiores, hospedando-se onde lhe fosse conveniente, de abandonar-se à libertinagem, aos seus pontos fracos e de desertar.[17]

As fugas eram frequentes, assim como a apresentação de perdões periódicos que visavam à recuperação desses mesmos desertores por meio de indultos. O morde e assopra dessa atividade demonstra a fraqueza dos governos coloniais para cumprirem as leis ou mesmo man-

17 Böhm, *Correspondências 1767*-1780. Cópias de minhas cartas escritas ao Conde de Oeiras, desde a minha chegada ao Rio de Janeiro, realizada em 5 de outubro de 1767. Biblioteca Nacional. Códice: 13, 04, 001.

terem a uniformidade de suas forças. A severidade dos regulamentos nunca impediu as deserções, nem limitou a munificência real para anistiar aqueles que se dispunham a voltar às fileiras. O perdão era parte do negócio, constituindo o maior obstáculo à implementação de uma disciplina propriamente militar. Os soldados, soltos nas ruas, se tornavam um elemento a mais de instabilidade, bebendo nas tabernas, interagindo com as prostitutas, praticando pequenos crimes e mesmo esmolando quando as rações escasseavam. Além disso, soldados podiam trabalhar como "camaradas" de seus oficiais. Os camaradas cumpriam serviços domésticos completamente desvinculados das tarefas propriamente militares. Por esses serviços, recebiam consideração e favores que melhoravam seu *status* diante de outros soldados. A estrutura dos "praças" era profundamente desigual, tanto no recrutamento quanto na socialização institucional.

As autoridades tentaram imprimir maior rigidez aos códigos disciplinares através da implantação do Código de Lippe, na década de 1770. Trata-se do primeiro regulamento sistemático de organização das forças militares no Brasil. O código possuía 26artigos que se referem especificamente a recrutados, ameaçando-os com a pena de morte quinze vezes, por delitos que iam da deserção e do motim ao roubo e venda de equipamento. Há dez ameaças de penas de prisão (três incluindo trabalhos forçados), três referências à punição física, quatro ameaças genéricas de punição séria, e um aviso de que a embriaguez, em vez de mitigar a responsabilidade, iria fazer dobrar a punição.

Mas uma coisa era a letra da lei, outra, bastante diferente, era a sua execução. As medidas prussianas eram aplicadas com muita dificuldade em terras luso-brasileiras. Questões de cultura institucional, o enraizamento de práticas de tolerância pessoal e a própria falta de disciplina e coesão entre as tropas embaraçavam o cumprimento dos castigos. Além disso, a organização miliciana continuou exercendo um papel fundamental para a defesa e a segurança internas na América portuguesa. Eram os empreendedores muito mais que os militares profissionais que arregimentavam os grupos que lutaram nos sertões nordestinos e nos confins meridionais do grande império ultramarino. Reino de recursos escassos e população dispersa, Portugal carecia dos meios adequados para criar organizações militares sólidas. Como enfatizou o Secretário de Estado e Negócios da Marinha e dos Domínios Ultramarinos, Martinho de Melo e Castro:

> [...] o pequeno continente de Portugal tendo braços muito extensos, muitos distantes e muito separados uns dos outros, quais são meus domínios ultramarinos nas quatro partes do mundo, não pode ter meios nem forças com que os defenda a si próprio, e acuda ao mesmo tempo a prevenção e segurança de cada um deles.[18]

O Estado não conseguia exercer o monopólio da violência legítima nem coagir sistematicamente os soldados. O resultado foi o aprofundamento da militarização da sociedade, segundo as redes de lealdades pessoais existentes. Essa estratégia fornecia uma solução para os parcos recursos, mas também tornava a coroa dependente da boa vontade dos senhores. Tratava-se do exercício do poder de forma indireta, sem a expansão de uma burocracia profissional e especializada. O excesso de interpretações locais, a enorme quantidade de isenções e a desorganização administrativa impediam o surgimento de formas impessoais de administração dos negócios militares. Essa situação criava forte incerteza em relação ao sucesso das demandas, já que nunca era possível saber com antecedência se as cotas requeridas seriam alcançadas.

Outra limitação do sistema lusitano era a dificuldade para isolar as poucas forças militares profissionais da sociedade que as circundava. Irwing Goffman utilizou o conceito "instituições totais" para classificar aquelas instituições e agrupamentos profissionais que conseguem isolar com sucesso seus membros do restante dos habitantes.[19] Os exércitos na América portuguesa raramente conseguiram esse feito. A descri-

18 Arquivo Público do Estado de São Paulo. *Documentos interessantes sobre a história e costumes de São Paulo*, p.29-52.

19 Goffman, *Manicômios, prisões e conventos*. Para o conceito de "Instituições Totais", ver especialmente p.13-108.

ção de Hendrik Kraay sobre a guarnição de Salvador no século XIX demonstra como os soldados conviviam de forma mais ou menos livre com a população, casando, contraindo serviços, levando as famílias para os acampamentos e mesmo desaparecendo para tratar de assuntos particulares. Um comandante reclamou que a fraca iluminação do quartel de Palma permitia aos soldados "praticar atos imorais e iludirem a vigilância das patrulhas, pulando os muros do quartel para vagar pelas ruas".[20] A noção de Exército a partir dos exercícios e do estabelecimento de rotinas estava muito mal construída. Várias tentativas de reformar essas práticas fracassavam pela impossibilidade de enquadrar disciplinarmente os soldados. Faltavam recursos, tradição, pessoal especializado e, principalmente, faltava boa vontade da população para com o serviço – exceção feita à província do Rio Grande de São Pedro, onde se vivia um violento estado de paz.

O serviço no pós-independência

A emancipação política trouxe mudanças. Os soldados agora defendiam uma monarquia constitucional. Os regulamentos retiraram os últimos entraves legais à segregação nas fileiras, que de resto nunca tinham sido muito respeitados. As tropas apresentavam o predomínio de afro-brasileiros entre seus integrantes. A despeito do novo *status* associado ao território, várias facetas do Antigo Regime sobreviriam nas Forças Armadas nacionalizadas. Os governos monárquicos falharam na tentativa de transformar tanto o Exército quanto a Marinha em instituições respeitáveis entre a população. O recrutamento continuou enfrentando resistências tanto dos alvos potenciais quanto de senhores e autoridades locais, especialmente quando a extração de homens ameaçava a provisão de trabalhadores livres. Escravos não podiam ser

20 Citado em Kraay, "O cotidiano dos soldados na guarnição da Bahia (1850-1889)". In: Castro, Izecksohn e Kraay, *Nova história militar brasileira*. p.248.

recrutados, exceto quando libertos condicionalmente para essa finalidade. Quanto à disciplina, ela pode ser vista, segundo Kraay, como "um constante processo de negociação [dos soldados] com superiores sobre a própria natureza do serviço militar".[21]

A situação se agravou por causa da guerra com as Províncias Unidas do Prata (1825-1828), que resultou na perda da província Cisplatina, futura República Oriental do Uruguai. O péssimo desempenho das forças militares da jovem monarquia contribuiu para a queda de Dom Pedro I. Mas a desorganização institucional reinante no Prata rapidamente demonstrou que as novas repúblicas ali constituídas ainda enfrentariam muitos obstáculos antes de tornarem-se rivais respeitáveis. Portanto, mais ameaçador que as guerras internacionais seria o conjunto de rebeliões provinciais, algumas das quais ameaçaram seriamente a manutenção da integridade territorial.

O pífio desempenho do Exército na Guerra Cisplatina associado ao conjunto de distúrbios promovidos pelas tropas na corte e nas capitais provinciais levou os regentes liberais (que substituíram Dom Pedro I em abril de 1831), a desmobilizar parcialmente o Exército, criando uma nova instituição, a Guarda Nacional. Baseada na sua congênere francesa, a Guarda era organizada nas localidades e tinha como função a manutenção da ordem interna e o auxílio ao exército de linha.[22] A Guarda respondia ao Ministro da Justiça e sua criação pretendia dotar o governo do mínimo de estabilidade necessária numa quadra conturbada. Seus principais organizadores eram as lideranças locais que arregimentavam seguidores entre os eleitores das paróquias. A Guarda era composta, portanto, de cidadãos respeitáveis que por seu *status* estavam isentos do recrutamento, exceto na província do Rio Grande do Sul,

---

21 Kraay, *Política racial, Estado e Forças Armadas na época da independência: Bahia 1790-1850*, p.105.

22 Castro, *A milícia cidadã: a Guarda Nacional de 1831 a 1850*. Uma contribuição mais recente, ainda que se trate de estudo localizado, pode ser encontrada em Saldanha, *Os oficiais do povo: a Guarda Nacional em Minas Gerais oitocentista, 1831-1850*.

onde, segundo Fernando Uricoechea, "a Guarda e o Exército coalesciam no minotauro guerreiro".[23]

Mesmo com todas as vantagens, havia conflitos no interior da Guarda. Esses ocorriam entre os níveis da ativa e da reserva. Os guardas da reserva estavam isentos do serviço regular, enquanto os ativos tinham que desempenhar serviços e prestar guarda, pelo menos naquelas localidades nas quais a instituição se mostrava mais bem organizada. De modo geral, todos os guardas encontravam-se isentos do recrutamento para o Exército, mas não estavam isentos de participar na repressão às revoltas, fossem de escravos, fossem de lideranças regionais que se opunham ao projeto centralizador imperial. Mas mesmo os guardas da ativa podiam relutar em cooperar com as autoridades. O presidente da província do Pará, em plena repressão à Cabanagem, relatava a relutância dos guardas do termo de Tapajós, afirmando "O serviço policial tão necessário padece efetivamente pela formal relutância dos Guardas Nacionais, que não comparecem aos chamamentos, iludindo as ordens do respectivo chefe, e tendo em pouca conta as peças do seu regulamento".[24]

Faltar ao serviço comprometia a eficiência da Guarda para executar, entre outras tarefas, a vigilância das cadeias. Como foi dito anteriormente, devido à falta de quartéis, muito daqueles que eram recrutados à força eram literalmente presos juntamente com criminosos comuns. Dessa situação, resultavam frequentes fugas de cadeias, tal como ocorreu na vila do Cerro, em Minas Gerais. Ali fugiram não apenas os recrutas, mas também os criminosos. O major responsável pela condução dos recrutas queixou-se ao presidente da província que fatos como esse se repetiriam com frequência, porque "nesta vila não há prisão em que se possam conservar presos por muito tempo". Enfatizava também que, se havia sido possível anteriormente enviar duas levas de

23 Uricoechea, *O minotauro imperial: a burocratização do Estado patrimonial brasileiro no século XIX*, p.251.

24 Arquivo Nacional, Seção Provincial e Estadual, IJ1-786, Pará, maço 35. Bernardo Lobo Sousa para Ministro da Justiça, 13/9/1834.

recrutas a Ouro Preto, isso se deveu a "muito trabalho meu que até perdi muitas noites fazendo em pessoa a Guarda da cadeia com os voluntários que aqui se achavam".[25]

No caso da detenção de oficiais, especialmente daqueles que cometiam atos de indisciplina, era necessário encontrar lugar apropriado ao *status* hierarquicamente superior desses segmentos. Esses indivíduos não podiam ser alojados nas mesmas cadeias, junto a recrutas e criminosos oriundos das camadas mais baixas da sociedade. Na cidade de Bragança, província do Pará, a detenção foi executada no prédio onde funcionava a Câmara Municipal, com resultados deletérios para o bem público. Como explicou o presidente da câmara municipal:

> Sendo costume aqui serem recolhidos à Câmara Municipal os oficiais da Guarda Nacional, por faltas no cumprimento de seus deveres ou por algum outro crime; e isto, por nao haver na cadeia pública, que também serve de Quartel do Destacamento, uma sala apropriada onde tais oficiais possam ser recolhidos, resultando daí sofrer a mesma Câmara não pequeno prejuízo em seus móveis, como ainda ultimamente aconteceu por ocasião de estarem presos dois oficiais, os quais, durante a sua prisão quebrarão, parece mesmo que de propósito, as cadeiras e a campainha, e rasgarão a coberta da mesa em que funcionam as autoridades; julga por isso esta Câmara ser de seu dever levar estes fatos ao conhecimento de V. Exa., pedindo ao mesmo tempo a V. Exa. se digne autorizar ao Comandante Superior desta cidade, que se alugue uma casa onde esses oficiais possam ser recolhidos; ou dar outras providências, que em sua alta sabedoria julgar conveniente em ordem a que se evite a repetição dos fatos mencionados.[26]

Outro problema, muito mais sério, era o da designação dos Guardas para servirem como força auxiliar do Exército. No caso das rebeliões

25 Arquivo Público Mineiro, p.1-15, caixa 38, maço 6. Faustino Francisco Branco para o Presidente da Província de Minas Gerais. Vila do Príncipe (Serro), 28 de outubro de 1836.

26 Arquivo Público do Pará. Antonio Filippe de Miranda para Presidente da Província. Bragança/PA, 13 de dezembro de 1867.

internas, essa situação contribuía para a dificuldade de reprimir ameaças à manutenção da integridade territorial, tais como a Guerra Farroupilha, no Rio Grande do Sul. Em Minas Gerais, um comandante de legião queixava-se da dificuldade de mobilizar seus guardas para lutar contra os rebeldes Farroupilhas,

> [T]ive o desprazer de não conseguir êxito algum de meus esforços: ocorrência esta que muito me mortificou, por estar profundamente convencido das incalculáveis vantagens que devem resultar da pronta pacificação da província do Rio Grande entregue a tantos e tantos anos aos delírios demagógicos de uma guerra fratricida.[27]

A correspondência oficial demonstra a pouca efetividade da Guarda para reprimir as revoltas, auxiliando o pequeno exército de linha. A instituição não possuía capacidade militar para grandes descolamentos. Nem mesmo seus integrantes colaboravam nessas tarefas, que traziam o risco adicional de retirá-los das suas localidades para cumprir funções para as quais não se encontravam convenientemente treinados. Essa dificuldade levou a um crescimento lento (porém constante) do Exército a partir da segunda metade da década de 1830. A partir de então, o recrutamento incidiria com mais força sobre a população pobre.

Servindo nas fileiras

A condição de soldado era muito mais difícil que a de Guarda Nacional. Devido à falta de contingentes, o tempo do serviço podia chegar até a nove anos. Muitos nunca se acostumavam àquele tipo de vida desenraizada. Outros, como salientou José Iran Ribeiro, aca-

27 Arquivo Público Mineiro, SP, p.1-16, caixa 45, documento 19. Do Coronel Chefe da Divisão de Leopoldina para o Presidente da Província de Minas Gerais. Lavras, 12/11/1841.

bavam se aclimatando nas províncias em que serviam.[28] Essa atitude implicava uma quebra com os laços anteriores e uma aceitação da nova vida proporcionada pela carreira militar. Nesse caso, as relações com as comunidades em que serviam atuavam como um incentivo à permanência. O soldado José Duarte Dias, natural de Pernambuco e servindo ao exército como punição, obteve sua baixa em 1837, permanecendo no Rio Grande do Sul.[29] Casos como o de José Duarte não foram raros. Durante a Revolta Farroupilha, foi comum a utilização de prisioneiros de outras revoltas, que eram engajados no Exército Imperial. Estes passavam da condição de rebeldes a de defensores da ordem contra a qual haviam lutado pouco tempo antes. Em Barbacena (MG), no contexto da repressão à Rebelião Liberal (1842), o comandante militar da cidade informava ao presidente da província sobre o estado de desmoralização da Guarda local, enfatizando o poder disciplinador que o recrutamento para as lutas no sul poderia ter, "talvez a possa chamar ao cumprimento de seus deveres sem violência, nem precisar dissolvê-la; como por aqui consta, organizando-a de novo, e extremando o legalista do que foi rebelde; eis a ocasião oportuna de recrutar!". O recrutamento, nesse caso, atuava como instrumento de punição aos guardas nacionais que haviam aderido ao lado rebelde. Mas nem todos os rebeldes deveriam ser recrutados da mesma maneira, pois diferenças de *status* social implicavam em tratamento igualmente diferenciado, conforme relatou um agente recrutador a respeito da forma como seus prisioneiros deveriam ser tratados, ao explicar que executaria as ordens do presidente da província "trazendo os referidos presos com toda a segurança e decência devida ao caráter de cada um".[30]

28 Ribeiro, *O Estado Imperial brasileiro e as revoltas da Regência: Estado e Nação nas trajetórias dos militares do Exército Imperial.*

29 Idem, p.24-5.

30 Arquivo Público Mineiro, p.1-15, caixa 5, documento 17. De José Vicente Amorim Bezerra para o presidente da província de Minas Gerais. Barbacena, 21 de outubro de 1842.

O recrutamento não constituía atividade universalizante. Diversos setores contavam com isenções e podiam requerer dispensa do serviço de acordo com a profissão e o estado civil. As autoridades civis que efetuavam o recrutamento – não existiam juntas militares – também podiam ser sensíveis aos apelos de amigos e conhecidos. Juízes de paz, párocos, subdelegados possuíam ampla rede de contatos nas localidades. Era natural que prestassem mais fidelidade aos seus conterrâneos que a um poder abstrato, situado tão distante de suas vidas. O sistema funcionava muito precariamente, mas essa mesma precariedade era vista como suficiente para cumprir com as necessidades do serviço, especialmente durante a década de 1850, quando cessaram as revoltas internas e a ameaça de guerra internacional passou a ser muito pequena.

Após a queda do ditador Juan Manuel de Rosas, na Argentina, a região do Rio da Prata entrou num período de tranquilidade, com a resolução aparente dos problemas ligados à livre navegação fluvial e a retomada de antigas rotas comerciais. O país vizinho encontrava-se muito dividido em lutas internas. Não havia planos, nem necessidade de mudanças, uma vez que a organização militar existente era suficiente para os desafios encontrados. Havia vozes discordantes, mas estas não constituíam a maioria entre os grupos que realmente tomavam decisões na área militar. O cenário interno era de paz, com as revoltas provinciais derrotadas e arranjos interelites razoavelmente sólidos. No plano externo, houve um desaquecimento das tensões e a relativa tranquilidade substituiu três décadas de conflitos fronteiriços.

O divisor de águas

A Guerra do Paraguai modificaria bastante esse panorama. Ela demonstrou o despreparo do país para um conflito de longa duração contra um inimigo coeso. A invasão inesperada de Mato Grosso pelos paraguaios criou um sentimento de consternação na população. A afronta à honra nacional precisava ser vingada. Manifestações na imprensa e declarações das principais autoridades disseminavam na opinião pública incipiente o sentimento de revolta contra o inimigo externo. O governo aproveitou esse sentimento para tentar melhorar a imagem das Forças Armadas, especialmente o Exército. A criação dos Corpos de Voluntários da Pátria, em janeiro de 1865, visava ampliar o contingente através da inclusão de setores respeitáveis nas fileiras, simultaneamente melhorando a imagem do exército na população. Aos voluntários acenava-se com uma série de vantagens adicionais, como pensões, terras em colônias agrícolas, prioridade na entrada para o serviço público e gratificações. Por meio de ações como essas, as elites imperiais pretendiam atrair setores respeitáveis de todas as classes para as fileiras. O objetivo, portanto, era melhorar a imagem do Exército a partir da entrada de indivíduos egressos de grupos que normalmente se abstinham de servir. De fato, num período inicial essa iniciativa conseguiu mais do que havia sido previsto: trouxe voluntariamente indivíduos egressos de classes sociais diferentes para o serviço. Foi o caso da Bahia, onde Dionísio Cerqueira, filho de família de classe média, e Cândido Fonseca Galvão, filho de africanos forros e neto do rei Abiodun do Império de Oyo, também conhecido por Dom Obá II D'África, ou simplesmente Dom Obá, apresentaram-se voluntariamente. No Piauí, Jovita Feitosa alistou-se se disfarçando como homem num dos casos de maior repercussão. Jovita, que alcançaria a patente honorária de sargento do Exército, tornou-se uma celebridade da guerra, uma prova viva de que os sentimentos patrióticos podiam atravessar as fronteiras de gênero.[31]

Apesar do ineditismo da iniciativa, a criação dos corpos de voluntários da pátria não rompia com o problema de falta de universalismo na composição das Forças Armadas, apenas criava um grupo insulado no seu interior. A afluência de setores até então alheios não implicou numa participação generalizada dos filhos das elites, ainda que muitos tenham se alistado. A resposta inicial foi positiva com milhares de pessoas apresentando-se voluntariamente. Alguns o faziam de forma individual, como foi o caso do próprio Dionísio Cerqueira. Outros vinham

31 Cerqueira, *Reminiscências da Campanha do Paraguai*; Silva, *Dom Obá II D'África, o príncipe do povo: vida, tempo e pensamento de um homem livre de cor.*

em grupos, normalmente arregimentados por algum condestável local. Tratava-se de um esforço nacional que esboçava um incipiente patriotismo. Mas esse patriotismo também era condicional: esperava-se por uma guerra curta, decidida em algumas poucas batalhas. Ressaltem-se os pressupostos românticos e os códigos de bravura que orientavam o comportamento masculino naquele momento. Apesar da utilização de armamento sofisticado, a Guerra do Paraguai ainda empregou combates corpo a corpo, nos quais se enfrentava o inimigo a peito aberto. Ao contrário do que ocorreria nos conflitos modernos, tratava-se de um tipo de combate no qual o inimigo podia ser visto no momento da sua morte. Os códigos de bravura ainda ditavam boa parte da conduta militar, que censurava a covardia em combate. Esse fato tornou a guerra ainda mais brutal, pois uma infecção resultante de um ferimento poderia facilmente levar à morte. Vacinas antitetânicas e antibióticos eram desconhecidos. A concentração de milhares de soldados, muitos egressos de cidades pequenas, ampliava as possibilidades de contágio. Os precários procedimentos sanitários expuseram esses soldados a riscos enormes. Os relatórios do Ministério da Guerra demonstram que, em média, 25% dos contingentes encontravam-se permanentemente nas enfermarias.

Dessa forma, o entusiasmo dos meses iniciais durou muito pouco e logo a falta de estrutura e a impopularidade da guerra levaram ao desânimo. Os soldados enviados ao Paraguai passavam por um período de aclimatação, em Montevidéu, antes de chegarem ao nordeste argentino, onde se encontrava o principal acampamento brasileiro. Quando a guerra passou ao território paraguaio a situação piorou ainda mais. Acampados em regiões insalubres, muitos soldados foram contaminados pelo cólera. A epidemia alastrou-se nos anos de 1866 e 1867, matando muitos e levando tantos outros aos hospitais de campanha, nos quais as condições também eram muito ruins. A dieta alimentar era péssima. Baseada principalmente na ingestão de carne bovina, ela expunha os soldados à disenteria.

As reclamações daqueles que se encontravam na frente de combate não se limitavam apenas aos problemas logísticos. O exército se expandia à custa do engajamento forçado, do recrutamento de escravos libertos condicionalmente e mesmo da contratação de substitutos, cuja conduta pregressa podia ser questionável. Essas medidas nivelavam os voluntários e os guardas designados aos segmentos considerados mais baixos da sociedade. Este conjunto de circunstâncias criava um mal-estar a respeito do tratamento dispensado aos defensores da nação, comprometendo a continuidade da guerra. Pelo terceiro ano do conflito ficou claro que o governo imperial não teria condições de cumprir as promessas feitas aos voluntários. As perspectivas de glória e de um rápido retorno ao lar desvaneceram e o cotidiano tedioso dos acampamentos substituiu a expectativa de glória feita de sangue, que talvez tenha predominado nos primeiros meses. Não há notícias de grandes motins, mas os casos disciplinares aumentaram consideravelmente com a continuidade do conflito, levando o comandante em chefe, o Barão de Caxias, a propor a aplicação rápida de penas de morte nos casos de agressão física de soldados a oficiais.[32]

Outro problema que prejudicou muito o esforço para aumentar os contingentes foi a designação dos Guardas Nacionais. Designar significava destacar para o exército. Isso levava os guardas a servir sob o comando de oficiais profissionais, fora do território nacional. À medida que maiores requisições de guardas eram feitas, maior era a resistência dos comandantes locais para permitir que seus subordinados seguissem para o *front*. A transferência dos guardas tocou num ponto delicadíssimo da relação de confiança entre os chefes locais e o governo imperial. Esses comandantes sentiam seu prestígio abalado e viam na ação do governo imperial a mão da politização do recrutamento. Os presidentes de província, por sua vez, sentiam-se cada vez mais acuados ao tentar obter guardas. Revoltas e ataques sucederam-se em várias províncias, levando a uma dificuldade generalizada para ampliar o exército. Ficava claro que a Guarda Nacional era muito pouco apropriada para auxiliar o exército em períodos de emergência. Depois de enfrentar todos os

32 Izecksohn, *O cerne da discórdia: a Guerra do Paraguai e o núcleo profissional do exército*, p.123-4.

problemas trazidos pelas designações, o presidente da província de São Paulo reconheceu a ineficácia da Guarda, "desde que foi convertida para a sua presente finalidade a Guarda Nacional tornou-se muito opressiva para a maioria da população. Atualmente foi preciso banir todas as esperanças associadas à expressão nação em armas".[33]

A resistência ao recrutamento adotou várias formas. Um caso curioso aconteceu no município de Estrela, província do Rio de Janeiro. O comandante superior da Guarda Nacional da cidade fez uma representação contra os padres das paróquias de Pilar e de Nossa Senhora da Guia, "pelo modo irregular por que se prestavam a celebrar casamentos de Guardas Nacionais e de outros indivíduos sujeitos ao serviço da guerra, com o propósito de os eximir d'este". O comandante acusava um aumento de 220% no número de matrimônios em relação ao ano anterior.[34] Outras formas de resistência pacífica incluíam a fuga, a automutilação, o ordenamento como padres e a compra de substitutos.

Muitas vezes, a resistência se tornava mais violenta. Foi o que aconteceu na cidade de Ingá, província da Paraíba. Um grupo de trinta homens atacou a delegacia, soltando quinze prisioneiros. Alguns desses eram criminosos, mas os assaltantes visavam, sobretudo, soltar soldados a serem enviados para o exército. Entre estes, se encontravam dois filhos do coronel Francisco Antônio de Arruda Câmara. Intoxicados pelo sucesso da operação o grupo, agora próximo de cinquenta pessoas, marchou para a casa do recrutador, insultando e ameaçando matá-lo. O desrespeito a um representante do Império gerou um processo administrativo que não puniu nenhum dos agressores, apenas desmoralizou a capacidade estatal de recrutar entre os grupos locais de maior prestígio.[35]

---

33 Relatório do Ministério da Justiça, 1868, p.11.

34 Citado em Goldoni, *Embate e Negociação: o recrutamento da Guarda Nacional Fluminense durante a Guerra do Paraguai*, p.107-8.

35 Arquivo Nacional/SPE/IG1 56 (PB), doc. 231. Feliciano Toscano Brito para José Antonio Saraiva. Paraíba, 11 de setembro de 1865.

A vitória militar demandaria quase cinco longos anos e um custo enorme em vidas e recursos. A sensação de desperdício, a consciência da falta de reconhecimento aos veteranos, a falta de políticas públicas para reintegrar aqueles que voltavam, tudo isso maculou os benefícios políticos que a vitória no Prata poderia trazer ao Império. Os limites de um exército formado pelo recrutamento forçado mostravam-se incompatíveis com a guerra moderna, na qual o exército deveria representar a nação em armas, num lento processo no qual o patriotismo levaria à internalização de rotinas, consolidando sentimentos de dever que seriam aproveitados no fortalecimento das Forças Armadas. A Guerra do Paraguai demonstrara que o patriotismo sozinho não seria capaz de abastecer o Exército com a quantidade e a rapidez de recrutas exigidas pelas mobilizações de populações inteiras. A Guarda Nacional estava desacreditada como instituição auxiliar. A vitória da Prússia na então recentemente encerrada guerra contra a França demonstrara a importância de sistemas avançados de alistamento e mobilização. Evidentemente, a situação sul-americana era diferente, devido ao estágio mais atrasado de desenvolvimento dos diversos estados, mas exigia, mesmo assim, alguma forma de adaptação às exigências de um conflito de larga escala que poderia vir no futuro.[36]

Após o final da guerra, o parlamento imperial discutiu a criação de uma nova lei do recrutamento, que deveria ter criado um sistema de conscrição através de uma loteria. Mitigavam-se os castigos corporais e extinguia-se a função de camaradas no interior do exército. A lei perseguia um maior nivelamento entre os soldados. Segundo Fabio Faria Mendes, um dos principais argumentos em favor dessa lei era o de que ela reduziria a incerteza, diminuindo as perturbações provocadas pelo recrutamento da forma como o mesmo era praticado até então. Mas a ausência de informações estatísticas e a força dos interesses protegidos pelas isenções legais mostraram-se obstáculos poderosos à aprovação e à execução da lei. O governo imperial também carecia de uma burocracia especializada: as juntas locais seriam compostas pelo pároco, pelo juiz

36 Mendes, *Recrutamento militar e construção do Estado no Brasil Imperial*, p.119-3.

de paz e pelo comandante da Guarda Nacional. Essa composição enfraquecia o pleito modernizante pela suspeita de que o uso do recrutamento como arma política prevaleceria. Enfraquecia a proposta, igualmente, pelo fato de ocorrer em meio a uma crise entre Estado e Igreja. Como bem colocou Peter Beattie, "A percepção de que o recrutamento degradava o *status* de 'homens e filhos de famílias' não podia ser mudada por decreto do dia para a noite".[37] Faltava aos defensores da lei, a maioria dos quais pertencente aos quadros do partido conservador, a capacidade para difundir os supostos benefícios da mesma para a população. Essa incapacidade fortalecia no senso popular a ideia de que os ricos seriam beneficiados. Pior do que isso, talvez, era a sensação de que as diferenças de *status* entre os mais pobres nivelariam a todos com a escória.

A discussão de uma nova lei do recrutamento por sorteio, ou Lei da Cumbuca, como ficaria popularmente conhecida, coincidiu com outras medidas de caráter modernizante: a Lei do Ventre Livre, de 1871, libertava todos os escravos nascidos após sua promulgação, ainda que mantendo os mesmos sob tutela senhorial até a idade adulta. A realização do primeiro censo nacional, em 1872, permitiu um conhecimento mais apurado, ainda que incompleto, da distribuição da população pelas províncias. A instituição do sistema métrico visou à padronização de pesos e medidas. Essas ações não foram aceitas passivamente pela população. Pelo final de 1874, uma série de ataques aos protótipos dos novos padrões demonstrou o temor popular de mudanças. Essas mesmas revoltas "quebra-quilos" foram acompanhadas, por revoltas de "rasga-listas", nas quais atacavam-se os recrutadores, destruindo-se as listas produzidas localmente para os sorteios. Por trás dessas revoltas contra a lei da Cumbuca, havia o temor popular de que transformações nas formas de operação do recrutamento anulassem as distinções entre pobres honrados e desclassificados sociais. A população reagia principalmente porque as reformas não tocaram na imagem degradante que o serviço das armas possuía. Um serviço que não era aceitável para

37 Beattie, *Tributo de sangue: exército, honra, raça e nação no Brasil, 1864-1945*, p.122.

os pobres honrados e que se apresentava desprovido das características de virilidade e respeitabilidade alcançadas pelas Forças Armadas na Europa continental. A Lei do Sorteio fracassou.

A República e os limites da reforma

A proclamação da República pelos militares introduziu transformações lentas nas características do serviço. Os castigos corporais foram abolidos no Exército (mas permaneceram na Marinha). Os salários dos soldados sofreram o primeiro aumento real desde a década de 1870. A Constituição de 1891 proibiu o recrutamento forçado. Uma publicação do Exército, de 1890, assegurava que "a educação do povo pelo Exército [levaria a] um justo equilíbrio entre as diversas classes de que se compõe a sociedade brasileira".[38] Esta visão encontrava-se na linha de um decreto do presidente da república, Marechal Deodoro da Fonseca, segundo o qual, "o soldado deve ser, de hoje em diante, o cidadão armado, apoiando e promovendo as instituições republicanas".[39] Novas conotações referentes ao patriotismo emergiram com a chegada da República. A despeito dessas intenções, o recrutamento forçado continuou prevalecendo como principal estratégia para abastecer as fileiras. Estas continuaram sendo preenchidas majoritariamente pelos setores mais degradados. Tanto os soldados que participaram da campanha contra o arraial de Canudos (1893-1897), quanto aqueles que ajudaram Cândido Rondon a estender as linhas telegráficas até a Amazônia provinham majoritariamente do recrutamento forçado.[40] Como observou

38 Corsi, *Educação moral do soldado*, p. vii, apud McCann, *A nação armada: ensaios sobre a história do Exército brasileiro*, p.15.

39 Decreto de 14 de abril de 1890, apud Carone, *A Primeira República (1889-1930)*, p.134.

40 Levine, *Vale of Tears: Revisiting the Canudos Massacre in Northeastern Brazil, 1893-1897*, p.89-90; Diacon, *Stringing Together a Nation: Cândido Mariano da Silva Rondon and the Construction of a Modern Brazil, 1906-1930*, p.55-6.

Peter Beattie, "A República pôs fim aos títulos de nobreza, mas não às concepções tradicionais de privilégio".[41]

No início do século XX, uma aliança entre oficiais e membros de grupos urbanos mobilizou apoio popular mais amplo para obter a reforma militar. Essa aliança gradativamente modificou as percepções sobre o serviço militar, que foram direcionadas para a identificação deste como um dever cívico varonil em substituição às concepções punitivas que haviam prevalecido até então. A Lei do Serviço Militar Obrigatório aprovada em 1908 prudentemente eliminou o termo recrutamento, devido à conotação negativa do mesmo entre a população. A lei veio no bojo de um renovado patriotismo e de mudanças no comportamento masculino, com grandes mobilizações e exercícios militares em tempo de paz. No Brasil, a proliferação de clubes (ou linhas) de tiro e um maior interesse da classe média por atividades físicas iniciaram uma mudança da opinião pública, que levou paulatinamente a uma reconsideração papel do serviço na sociedade.

O surgimento de um grupo de oficiais (treinado principalmente na Alemanha) conhecidos como "jovens turcos" valorizou o profissionalismo e a coesão como atributos das forças combatentes.[42] Todos esses sinais de mudança combatiam os estigmas associados ao trabalho servil e à humilhação dos recrutas. O que passou a ser enfatizado então foi o culto ao nacionalismo republicano e à integração nacional por meio da criação de Forças Armadas que representassem a nação em armas. Esse apelo era bem mais desenvolvido no Exército que entre a oficialidade da Marinha, que manteve seus padrões elitistas e uma postura disciplinar bem mais rígida em relação aos marinheiros.

Em 1915, era criada a Liga da Defesa Nacional, da qual Olavo Bilac seria o primeiro presidente. Essa liga sedimentou a aliança entre jovens turcos e a classe média, enfatizando a ideia da nação em armas como pressuposto de um nacionalismo mais consistente. Os esforços conjuntos da liga, dos jovens turcos e dos simpatizantes no Congresso

41 Beattie, *Tributo de sangue*, p.164.

42 Carvalho, *Forças Armadas e política no Brasil*, p.27-8.

levaram à implementação da Lei do Serviço Militar, oito anos após a sua aprovação. O sorteio tornou-se então um evento anual cuja execução foi paulatinamente aprimorada a partir da criação de uma burocracia especializada e pela expedição de documentos que passariam a ser fundamentais para a entrada no mercado de trabalho formal, especialmente no serviço público. O aprimoramento dos registros e estatísticas, especialmente a partir da criação do Registro Civil, em 1890, facilitou o conhecimento da distribuição da população nos anos seguintes. Mas esse não foi um processo tranquilo, e a aceitação do sorteio percorreu caminhos tortuosos, deixando de fora setores da classe média e da elite, que muito raramente serviram nas fileiras ombro a ombro com aqueles egressos das camadas mais pobres.

A universalização do serviço militar não seria efetivada. Ao contrário, o que ocorreu foi a incorporação daqueles pobres até então avessos ao recrutamento. Isso se deu devido à melhoria da imagem da instituição conjuntamente à percepção de que o serviço militar poderia apoiar projetos individuais de mobilidade social, especialmente entre os grupos considerados mais respeitáveis entre os pobres. A abertura do serviço a esse grupo marcou os limites da expansão e do Exército e da capacidade de nivelamento social da instituição. A transformação do Exército num ambiente respeitável transformou a carreira das armas num polo de atração para jovens dos segmentos mais humildes. A partir de então, a mítica do Exército como instituição democrática, aberta a todas as classes e raças seria sedimentada, influenciando de forma profunda a imagem da instituição entre a população.

Conclusão

Durante boa parte dos períodos colonial e monárquico, o recrutamento militar representou um instrumento de classificação e controle da população. Tratava-se de um serviço visto como degradante, especialmente no que se relacionava ao recrutamento para as forças de linha. Para evitar correr o risco de serem recrutados à força, os indivíduos mais pobres precisaram associar-se a poderosos chefes locais, colocando-se sob a tutela de lideranças cujo prestígio era assegurado principalmente por meio da defesa contra o recrutamento. A margem de segurança podia diminuir muito durante períodos de emergência, quando as necessidades do poder central ameaçavam os privilégios e atributos dos condestáveis locais. Mas, em geral, os chefes locais levaram vantagem no embate, protegendo seus agregados e obstaculizando a ação governamental.

A guerra contra o Paraguai obrigou a um esforço concentrado de boa parte das instituições imperiais, envolvendo a população do Brasil em todas as suas divisões. Uma questão central da mobilização foi o recrutamento de um grande número de soldados. Os desafios criados pela mobilização de um contingente tão expressivo evidenciaram as deficiências do processo de construção do Estado no Brasil, reforçando os receios sobre o precário estado de coesão social do país. Alguns meses após a sua deflagração, a guerra contra o Paraguai geraria conflitos que envolveriam o controle da ordem social interna e exporiam os problemas trazidos pelas disputas sobre o controle local do recrutamento e a politização do serviço militar. Esses problemas tinham desafiado constantemente a eficiência do Exército, mas, dessa vez, devido à intensidade da campanha, revelaram sérias limitações, alarmando os setores responsáveis pela defesa do Império num nível sem precedentes.

Após a guerra, parlamento e governo buscaram solução para as tropelias constantes causadas pelo recrutamento. Mas estas esbarraram na resistência da população e de parte das elites a aceitar a execução de sistemas universalizantes. Ser soldado era tarefa abjeta, reservada para os desclassificados sociais. Tratava-se de uma vida dura e perigosa, ainda que alguns indivíduos ocasionalmente conseguissem tirar proveito da situação. Portanto, era racional que os grupos respeitáveis buscassem abrigo contra essa possibilidade, a despeito dos esforços de setores das elites no sentido de modernizar e racionalizar os mecanismos de ingresso. O serviço emasculava os soldados.

A transformação do Exército numa instituição aceitável demandou longos esforços da parte do governo e de setores da opinião pública, esforços que seriam coroados com a efetivação da lei do sorteio, em 1916. Mas por essa época o mundo e o Brasil haviam mudado substancialmente. Uma guerra mundial demonstrava os riscos da manutenção de uma organização precária num contexto internacional crescentemente violento. Essa percepção diminuiu a resistência de lideranças civis, como Rui Barbosa, que temiam os efeitos perversos da militarização. A participação de segmentos renovados da oficialidade do Exército em conjunto com grupos das classes médias permitiu que lentamente a opinião pública urbana passasse a ver a ampliação do serviço militar como uma atividade útil à melhoria dos costumes.

A realização do primeiro sorteio, em 1916, foi o ponto de inflexão na longa trajetória do recrutamento. A partir daquele momento, teve início um processo no qual os quartéis, cada vez mais equipados, ganharam respeito entre diferentes camadas sociais, em especial entre os pobres honrados, que passaram a aceitar os riscos da seleção, encarando a obrigação militar pelo ângulo dos possíveis benefícios que o serviço poderia trazer às suas futuras carreiras. Mas esse processo jamais uniformizou completamente o Exército. Ele apenas demarcou transformações no conceito da instituição, que foi crescentemente associado aos emergentes padrões de masculinidade, às noções de higiene e à valorização dos exercícios físicos, vistos como antídotos contra vícios e doenças.

10

Não se nasce viril, torna-se:[1] juventude e virilidade nos "anos 1968"

Angélica Müller

Há anos que marcam uma época inteira. O ano de 1968 é um deles. A "geração 68", como comumente são chamados os jovens daquele momento, foi contemporânea e protagonista de várias transformações políticas, culturais e comportamentais tanto no Brasil como no mundo. Nesse sentido, o "tempo de 68" não pode ser reduzido somente aos 365 dias do ano de 1968. Reduzi-lo apenas ao tempo não permite reconhecer o processo que o antecede e que o precede. Falar de 1968 é inscrevê-lo dentro de uma cronologia mais ampla. O historiador francês Robert Frank afirma que 1968 marcou um período de mudanças sociais, associado à transformações culturais e manifestações de contestação política,[2] percebidos em escala mundial.

No Brasil, o sociólogo Marcelo Ridenti, corroborando essa visão, indicou que talvez seja mais pertinente tratar de "épocas" em que

1 Tradução livre do título do capítulo escrito por Arnaud Baubérot para o livro *Histoire de la virilité*.

2 Frank, "Les temps de 68", *Les années 68 un monde en mouvement*, p.55.

ganharam força inusitada certas maneiras de ver o mundo e de agir sobre ele, que não se aprisionam em datas precisas. Assim, segundo Ridenti, tratar de 1968 significa entender a época, da qual 1968 é símbolo, atribuindo a ela limites cronológicos relativamente móveis[3] nos quais os acontecimentos desse ano se inserem. Para tanto, propôs uma cronologia que vai do final dos anos 1950 até o fim de 1968, podendo ser estendido até o final dos "anos de chumbo" do governo Médici (1973-1974). Este é um período, entre outros pontos, de grande aceleração urbana (55% da população já vivia no meio urbano em 1960), com a consolidação dos modos de vida metropolitanos, ascensão das classes médias e grande desenvolvimento dos meios de comunicação, que passaram a exercer ampla influência na formação do comportamento de uma juventude em expansão na composição etária da população que passava a ter maior acesso ao ensino superior.

Este marco temporal parece contemplar um período de mudanças comportamentais e sociais em relação ao estabelecido por uma cultura androcêntrica dominante até então. Ainda, este é um momento anterior ao início da problematização da identidade masculina, um período de redefinição para os papéis desempenhados pelas mulheres e de gestação do feminismo e do movimento gay no país, que eclodem fortemente em fins dos anos 1970. Os jovens da geração de 1968, apesar das revoluções em curso, herdaram e muitas vezes problematizaram valores da sociedade patriarcal, principalmente naquilo que se referia à virilidade, notadamente atribuída aos seres humanos do gênero masculino.

Mas quem era o jovem dos anos 1968? Antes, o que é ser jovem? A juventude, aqui, é entendida como uma etapa de vida,[4] momento no qual o indivíduo se prepara para se constituir plenamente como sujeito social, livre, podendo desempenhar papéis para os quais se tornou apto por meio da interiorização de valores, normas e comportamentos.[5]

---

3 Ridenti, "A época de 1968: cultura e política". In: Fico e Araújo (Orgs.), *1968: 40 anos depois*.

4 Pais, "A construção sociológica da juventude: alguns contributos", *Análise social*, p.139.

5 Abramo, "Considerações sobre a tematização social da juventude no Brasil", *Revista Brasileira de Educação*, p.29.

Ainda, é importante ressaltar que não se trata de apresentar a categoria juventude como uma "unidade". É evidente a diversidade de origens e atributos sociais que distinguem os jovens uns dos outros. Os jovens relacionados e retratados neste trabalho são justamente estes da classe média ascendente e urbana que, na maioria dos casos, chegaram à universidade. A ideia é expor alguns traços e algumas temáticas candentes no período, não com a pretensão de homegenizar os comportamentos, gostos e relações destes jovens, muito menos fazer caricaturas, apesar da consciência de que podemos cair muitas vezes nessas "armadilhas". Como bem lembrou a socióloga Irene Cardoso,[6] a dimensão heroica que cristalizou essa geração para as seguintes tem uma tendência a padronizar diferentes traços sem que possamos realmente compreendê-los dentro de uma dinâmica que envolve características diversas. Assim, pretende-se desenvolver uma narrativa mostrando algumas situações vivenciadas pelos próprios atores e como se apresentava a questão da virilidade nesses casos, por meio da problematização ou interiorização dos valores, normas e comportamentos praticados naquele momento.

A virilidade aparece como uma questão maior e um indicador crucial quando tratamos de apresentar o quadro cultural e comportamental dos jovens no período. Seu estereótipo é definido por uma série de atributos que refletem as realidades e as aspirações sociais.[7] A historiografia francesa recentemente vem dando ênfase a esse "modelo arcaico e dominante" das representações que asseguram uma hegemonia de um poder viril natural e inevitável. Como afirma Jean-Jaques Courtine,[8] tal poder está fundado em um ideal de força física, firmeza moral e de potência sexual profundamente enraizado na cultura, na linguagem, nas imagens e nos comportamentos que inspiram e instruem. Portanto, esse modelo de representações atravessa o espaço temporal, apresentando permanências e historicidade e, nesse caso, vai mudando com o próprio tempo. É entre esses dois polos, entre as continuidades e as rupturas,

6 Cardoso, "A geração dos anos de 1960: o peso de uma herança", *Tempo social.*

7 Mosse, *L'image de l'homme: l'invention de la virilité moderne*, p.19.

8 Courtine, "Impossible virilité", *Histoire de la virilité 3*, p.8.

que se dirigirá o olhar do historiador no que concerne às questões da juventude e da virilidade durante os anos 1968.

Nesse sentido, falar de virilidade na época de 1968 é testemunhar que esses valores de dominação até então atribuídos somente aos homens passam a ser reivindicados e utilizados pelas mulheres. Diferentemente da Europa ou dos Estados Unidos, onde as mulheres já estavam lutando pela sua "descolonização", para utilizar um termo empregado por Simone de Beauvoir,[9] no Brasil o feminismo não havia ainda se desenvolvido como movimento, mas as mulheres já começavam a reivindicar novos papéis, a sair do domínio privado em busca do espaço público, frequentemente se beneficiando de valores viris na atribuição de suas tarefas.

Não se nasce viril, torna-se viril

Parafraseando uma das ideias diretrizes do seu livro *Deuxième Sexe*, Simone de Beauvoir, anos mais tarde, concluiu que a virilidade também é uma construção cultural e não um "dom" natural: não se nasce homem, torna-se.[10] Corroborando esta ideia, pode-se afirmar que a família tem ocupado posição maior no que diz respeito à aprendizagem dos valores e papéis desenvolvidos em cada sexo. Desde o berço, os pais esperam uma coisa das meninas e outra dos meninos, o que é traduzido em condutas diferenciadas. A criança, quando aprende as primeiras lições, passa a incorporar definições pré-estabelecidas tradicionalmente: homem não chora, menina não diz palavrão, menino não brinca com boneca e sim de carrinho, menina não trepa em árvore como os meninos, mulheres são frágeis e dóceis, homens são fortes e duros. Como afirmou a psicóloga e feminista Carmem da Silva em um dos seus inúmeros artigos publicados na revista *Claudia* durante os anos 1960 e 1970, os jogos e brinquedos varonis são concebidos para exercitar

9 Beauvoir, *Tout compte fait*.

10 Idem, p.496.

a destreza, a coordenação muscular, o extravasamento da atividade e da agressividade, o senso de domínio, enquanto os "de menina" valorizam a ordem (como os jogos de roda) ou reproduzem o cotidiano doméstico: bonecas, berços, fogões, panelas, máquinas de costura.[11] Meninos crescem estimulados a serem livres e independentes, a contar vantagens e alardear seus méritos, desenvolvendo o senso de competitividade como uma das principais características úteis à sobrevivência na vida adulta.[12] Durante os anos 1968, os "mocinhos", mais velhos, passam a ter maior liberdade para sair com os amigos, ir a festas. Para as "mocinhas" da época, as restrições eram bem mais severas: ir a uma reunião dançante somente acompanhada da mãe, dos irmãos mais velhos ou ainda da avó!

A escola também tem papel determinante na formação e distinção dos gêneros. Nesse período, existiam muitas escolas privadas, normalmente dirigidas por padres ou freiras, que mantinham a divisão sexual no ensino. Depois do primário, os garotos optavam pelo científico (com ênfase nas ciências ditas "duras"), clássico (cujo eixo estava centrado nas áreas de ciências humanas e sociais) ou ainda algum outro curso técnico, como o de contabilidade. Já a grande maioria das garotas optava pelo curso normal. Alberto di Sabbato relembrou da época no Colégio Pedro II no Rio de Janeiro:

> No 1º ano ginasial (em 1960), os turnos eram separados: meninas de manhã, meninos à tarde. Neste contexto, se relacionar com as meninas no colégio era quase impossível. Se não me falha a memória, isto acabou no 2º ou 3º ano ginasial (1961 ou 1962). A partir daí, com turmas mistas, as relações passaram a ser "naturais".[13]

Um território até então restrito aos jovens era o esportivo. Como afirmou o historiador Eric Hobsbawn, neste terreno "a vida ia ladeira

11 Silva, "Homem é homem. Mulher é mulher", *Claudia*, p.165.

12 Wang, Jablonski e Magalhães, "Identidades masculinas: limites e possibilidades", *Psicologia em Revista*, p.56.

13 Depoimento de Alberto di Sabbato à autora, em 5 de fevereiro de 2012.

abaixo depois dos trinta".[14] É também na escola que os meninos desenvolvem ou aperfeiçoam a aptidão por esportes, principalmente o futebol. Naturalmente domínio dos homens, o futebol é um esporte predominantemente violento. A força é usada tanto para roubar a bola do adversário como para chutá-la. Psicólogos da época afirmavam que o pé era um símbolo do primitivismo, da virilidade. O pé, selvagem, bruto, aparecia como um contraponto à mão civilizada. A contraposição serviu de base para uma reportagem publicada na revista *Realidade* apontando a escolha das meninas por jogar bola com a mão e a dos meninos por chutá-la. Ainda advertia:

> Mais tarde, essas meninas jogarão até hóquei, mas futebol, nunca. Isso confirma a atitude dos dois sexos: chutar é a agressividade masculina em ação, que pressupõem uma resposta – repelir; enquanto atirar com a mão pressupõe outra resposta que é receber a bola, definindo a atitude feminina que é a receptividade.[15]

Toda essa agressividade era (e ainda é) transformada num grande amor quando se trata de torcer pelo seu time do coração ou pela seleção "canarinho". Os jovens da época de 1968 viram a equipe de Feola ser campeã em 1958, em 1962 com o brilhantismo de Garrincha e, em 1970, com Carlos Alberto Torres, Jairzinho, Tostão, Gérson, Rivelino, Piazza, Clodoaldo e, é claro, o rei Pelé. Mesmo os mais intransigentes revolucionários que torciam contra o "Pra frente Brasil" incentivado pela ditadura militar no auge dos seus "anos de chumbo", no fundo não deixaram de ficar contentes com o tricampeonato.

O consumo de fumo e álcool é estreitamente associado à masculinidade. Comumente na história observamos que bebidas alcóolicas estão ligadas a ritos de passagem masculinos.[16] Contudo, na constru-

14 Hobsbawn, *A era dos extremos*, p.319.

15 Azevedo, "Aqui a guerra é pela bola", *Realidade*, p.93.

16 Sohn, *Sois un homme! La construction de la masculinité au XIXème siècle*, p.34-50.

ção da virilidade da geração de 1968 é o cigarro que impõe sua marca. O menino, para sentir-se "homem", começava a fumar cedo. Fumar e beber tinham *glamour*, como lembrou Ricardo Rondon.[17] Nesses anos, além do tabaco, a maconha passou também a ser mais consumida pelos jovens, tornando-se uma questão para debate na sociedade. Com a criação da disciplina de Educação Moral e Cívica, implantada obrigatoriamente pelo governo militar em todos os níveis de escolaridade, o problema das drogas deveria ser debatido com o intuito de conscientizar o jovem do mal. Para os mais conservadores, como o padre Euclides de Faria, do Colégio São Luís, em São Paulo a droga poderia gerar uma epidemia "inutilizando a juventude para sempre".[18] Os mais radicais, como o engenheiro Antônio de Carvalho Aguiar, diretor do Colégio Bandeirantes, também na cidade de São Paulo, iam mais longe: acreditavam numa conspiração de caráter mundial no sentido de perverter e desmoralizar a mocidade ocidental. Para o diretor, tudo indicava tratar-se da guerra ideológica entre o totalitarismo comunista e as democracias ocidentais.[19] A cartilha militar, que culpabilizava o comunismo pelos males maiores dos jovens no país, parecia ser bem seguida. Sabe-se, na verdade, que em muitas organizações de esquerda as drogas, mesmo as mais leves como a maconha, eram vistas com muita severidade, como afirmou o ex-militante e historiador Daniel Aarão Reis.[20]

Na construção da identidade do jovem, a produção cultural passa ter grande influência. Ícones da cultura de massa, heróis de cinema, atores, cantores passam a representar os anseios e modismos de diferentes gerações, marcando suas singularidades.

Ao longo dos anos 1950 a televisão permaneceu como novidade, extravagância, acessível apenas às faixas mais ricas da população das

17 Depoimento de Ricardo Rondon [pseudônimo] à autora, em 15 de janeiro de 2012.

18 Amaral, "A fuga perigosa", *Realidade*, p.47.

19 Idem.

20 Depoimento de Daniel Aarão Reis ao PMME, 2004.

grandes cidades brasileiras.[21] Mas, com a introdução do *videotape* em 1962 (que permitia gravar e reproduzir os programas que até então eram realizados ao vivo), e com o aumento da publicidade, os anos 1968 viram a expansão e massificação desse meio de comunicação. A propósito, a publicidade também se tornava responsável por cristalizar as diferenças entre os universos masculino e feminino. Como apresentou Carmem da Silva, os anúncios mostravam o homem ao volante do carro mais moderno, da motocicleta mais possante, da lancha mais veloz. As mulheres apareciam empunhando o aspirador, o frasco de detergente ou o pote de creme. Para a psicóloga, era nada mais que um atestado: "ele [o homem] realiza os grandes negócios, as operações audazes e os investimentos; ela [a mulher] lhe agradece com um beijo o aumento da prosperidade familiar".[22] O mercado percebeu e logo focou seus produtos em uma nova grande massa consumidora: a juventude. Um setor que disso muito se beneficiou foi a moda: muitos rapazes tinham como "sonho de consumo" uma calça *Lee*. No rigoroso inverno sulista, "ninguém abria mão de uma enorme japona, se possível com gola de pele e blusões de lã com gola alta".[23] E muitos cariocas compravam seus sapatos no Moreira (que ainda existe na travessa do Ouvidor).[24] Roupas coloridas, colares já não eram mais privilégio apenas das mulheres. A moda unissex, como escreveu Carmem da Silva, "veio para abolir definitivamente os gêneros ultrapassados: homem, mulher e os diversos matizes intermediários".[25] É a psicóloga, ainda, que aponta os contrastes que faziam o "choque de gerações" no momento:

> A verdade é que minha geração ainda não se acostumou ao alegre desenfado com que a juventude atual subverte uma série de noções e preconceitos sobre a indumentária. Aquela velha estória de que "homem não usa isso, moça

21 Napolitano, *Cultura brasileira:* utopia e massificação (1950-1980), p.54.

22 Silva, "Homem é homem. Mulher é mulher", *Claudia*, p.165.

23 Depoimento de Ricardo Rondon (pseudônimo) à autora, em 15 de janeiro de 2012.

24 Depoimento de Alberto di Sabbato à autora, em 5 de fevereiro de 2012.

25 Silva, "O sexo único", *Realidade*, p.74.

> não usa aquilo, rapaz faz assim, moça faz assado". O comprimento do cabelo, a cor da blusa, as joias, são formas, elementos meramente externos que se modificam à medida que mudam os conteúdos sociais e culturais. Ninguém poderia dizer, por exemplo, que o índio é menos viril porque usa colares e cabelos longos. Ou que as moças da década de 20/30 se masculinizaram ao adotar penteados "à la garçonne". Os jovens são audaciosos, rompem os moldes tradicionais – e nisso em parte reside a força renovadora da juventude.[26]

Neste item, rompendo com os modelos tradicionais e as barreiras entre o masculino e o feminino estavam as famosas calças "boca-de-sino", vestidas por jovens rapazes e moças. No entanto, lembremos que a vestimenta que representou a "revolução" no mundo da moda nestes anos não era masculina, mas ultrafeminina: a minissaia. Criada no início dos anos 1960 pela inglesa Mary Quant, a indumentária feminina foi difundida por todo o Ocidente consagrando-se como símbolo de liberação e independência das mulheres. Neste caso, basta lembrarmos o *frisson* que causou o filme *Barbarella*, de 1968, que apresentava Jane Fonda em suas minissaias e botas de cano longo.

A música serviu de referencial para o comportamento dos jovens. O surgimento do *rock'n roll* nos Estados Unidos dos anos de 1950 pode ser considerado "revolucionário", tornando-se uma marca da moderna juventude no mundo inteiro. Bill Halley alcançou sucesso mundial com sua música *Rock around the clock*, porém o rock acabou se consagrando como gênero da juventude com Elvis Presley. No início dos anos 1960, para desespero dos pais, a "beatlemania" se alastrou pelos quatro cantos do planeta. No Brasil, o estilo rock ingênuo alcançou significativo sucesso na voz de uma mulher, Cely Campello, com a música *Estúpido cupido*, lançada no programa do Chacrinha. Cely abandonou sua carreira no auge para casar-se, como mandava a etiqueta de uma moça bem-educada.

26 Carmem da Silva analisa Roberto Carlos, ver Silva, "Um garoto feliz: só tem uma palmada para recordar", *Claudia*, p.31.

Figura 10.1
Programa *Fino da Bossa.*

Figura 10.2
Programa *Jovem Guarda.*

Se nos anos 1950 os programas musicais na TV disputavam o público com o rádio (que ainda atraía grande parte da população), a partir de meados dos anos 1960 os musicais semanais, como o *Fino da Bossa*, comandado por Elis Regina e Jair Rodrigues, hipnotizavam os lares de classe média de norte a sul do país. Mas foi o *Jovem Guarda* que arrastou milhares de jovens, principalmente de moças, que não desgrudavam da TV, transformando as tardes de domingo numa festa de arromba. Segundo o historiador Marcos Napolitano, o movimento da Jovem Guarda, com seu "rock ingênuo", disseminou um comportamento jovem mais voltado para o uso de roupas e cabelos extravagantes do que para o questionamento da moral e das expectativas de ascensão da classe média.[27] A assertiva do historiador é comprovada pela entrevista concedida por Roberto Carlos a Carmem da Silva para a revista *Claudia* no auge de seu successo, em maio de 1966. À medida que a psicóloga avançava de questões de interesse público para outras da intimidade do artista, o líder do iê-iê-iê deixava transparecer seus valores, traços de uma herança transmitida pelas gerações anteriores. Anotou Carmem da Silva:

> [...] esse típico representante da juventude rebelde que está a reclamar novos padrões mais livres, sem querer se mostrar bastante apegado às ideias tradicionais sobre o papel dos sexos e as relações entre eles. [Para Roberto,] O que mais encanta na mulher é que ela seja feminina e simples; observo que são as mesmas condições que ele admira em sua mãe. A sofisticação é bonita, mas tem de estar muito bem temperada pela simplicidade. A inteligência ele acha secundária; e aqui voltam a transparecer resquícios de feudalismo masculino: mulher não precisa ter cabeça, o homem pensa pelos dois.[28]

Outras questões abordadas deixavam transparecer que Roberto Carlos, e certamente boa parte da sua geração, mantinham arraigados certos valores da dominação masculina. Sobre sexo, por exemplo, "todo mundo admite que o homem é polígamo", afirmava ele. E ainda

27 Napolitano, *Cultura brasileira: utopia e massificação (1950-1980)*, p.56.

28 Idem.

reforçava que o sucesso de sua carreia era o resultado de um esforço – de uma determinação – que o faziam sentir-se mais homem. Aqui a virilidade é colocada em primeiro plano.

Mas os jovens dos anos de 1968 não escutavam apenas Roberto Carlos, Wanderléa, Tremendão e sua turma. Ao contrário, uma parcela dos jovens mais nacionalistas e engajados da MPB acreditava que a Jovem Guarda não passava de um bando de "alienados", e a própria mídia aproveitava a "tensão" entre os dois grupos para estimular o mercado consumidor. Para Napolitano, começava a consolidação da moderna indústria cultural brasileira. A Música Popular Brasileira, que passou a ser sinônimo de música de alta qualidade estética, comprometida com a realidade brasileira, crítica ao regime militar, teve seu auge nos festivais da Canção, primeiro na TV Excelsior, consagrando-se na TV Record. Em 1966, o II Festival de MPB da Record foi marcado pela polaridade das duas torcidas que estavam divididas entre "A banda", de Chico Buarque, e "Disparada", de Geraldo Vandré e Theo de Barros. Teatro superlotado, televisões ligadas em todas as casas e um suspense final: quem venceria? Para o agrado das duas torcidas, o júri premiou as duas canções, mas foi mesmo a marchinha de Chico que fez o Brasil inteiro cantar coisas de amor. Já em 1967, Geraldo Vandré e Sérgio Ricardo, dois ídolos da esquerda, foram solenemente vaiados pela plateia ao apresentarem músicas que se distanciavam das expectativas ideológicas de boa parte do público estudantil. Sérgio Ricardo, cantando a história de um jogador em fim de carreira, o "Beto bom de bola", protagonizou uma das cenas mais incríveis da televisão brasileira[29] (pois as apresentações dos festivais eram realizadas ao vivo): ao ser impedido de cantar por causa das vaias da plateia, ele vociferou "vocês venceram!" e, ao se retirar do palco, quebrou o violão e o jogou na plateia. Mais do que uma reação "rebelde", os atributos da força física e da violência também representaram a virilidade masculina no ato.

É ainda neste festival que o Brasil inteiro passou a conhecer Caetano Veloso, com "Alegria, alegria", e Gilberto Gil, com "Domingo no

29 Idem, p.62.

parque", que invadiram o "templo sagrado"[30] da MPB com guitarras elétricas e a mistura das canções nordestinas, da Bossa Nova e da música pop, trazendo ainda inovações nas letras e nas *performances* dos artistas, fruto da vivência urbana de jovens imersos no mundo fragmentário de notícias, espetáculos, televisão e propaganda.[31] É nestas tensões e confluências de diferentes estilos e propostas (a Jovem Guarda, a MPB engajada e a Tropicália) que se desenvolveu o panorama musical dos anos 1968, onde os jovens poderiam facilmente se identificar com um estilo que representasse, muitas vezes, o seu próprio estilo de vida.

Figura 10.3
James Dean e Marlon Brando.

30 Idem.

31 Favaretto, *Tropicália alegoria alegria*.

O cinema também influenciou, e muito, o estereótipo de virilidade a ser reproduzido. O cinema hollywoodiano dos anos 1950 criou um mito que foi incorporado como característica da virilidade nos jovens daquele momento e das gerações seguintes: a rebeldia. A dupla James Dean (1931-1955) e Marlon Brando (1924-2004) encarnaram a beleza viril e rebelde, que ultrapassou as grandes telas, sendo reproduzida e almejada por jovens no mundo inteiro: uma "arma" contra a sociedade tradicional e seus valores impostos. Segundo o historiador francês Antoine de Baecque, Dean cristalizou e canonizou um conjunto de regras vestimentárias e físicas, que permitiram a uma pessoa se afirmar pela imitação de seus heróis em sua "fúria de viver" e na "rebeldia sem causa". De Baecque ainda afirmou que James Dean foi a forma escolhida, ampliada, sonhada e maldita, infeliz, da iniciação viril: viver seria correr o risco da morte.[32] Marlon Brando imortalizou a jaqueta de couro montado na sua moto, sinônimo da virilidade moderna do *cowboy* no seu cavalo. Também se faziam presentes as virtudes da coragem, da independência e da força, associadas à figura do vaqueiro.

Um dos filmes que marcaram a geração de 1968, sem dúvida, foi *Easy rider*, de 1969. Escrito e estrelado por Peter Fonda e Denis Hopper, o filme conta a história de dois motociclistas que cruzam o sul e o sudeste dos Estados Unidos em busca de sua liberdade pessoal. O filme aborda temas sociais e tensões da década de 1960, tais como: o movimento *hippie*, o uso de drogas e o estilo de vida comunal. O filme foi uma referência da contracultura.

Ricardo Rondon atestou a marca daquele momento em que os jovens queriam viver o tempo presente:

> Aqueles dois personagens durante o filme todo, e um terceiro (Jack Nicholson) por um breve lapso, traduzem com suas palavras e ações o desejo de liberdade que nós tínhamos, em contraponto a uma sociedade medíocre, prepotente e, sobretudo, preconceituosa. A cena que sempre me vem à cabeça está no comecinho do filme, quando o personagem do Peter Fonda olha para

32 De Baecque, "Projections: la virilité à l'écran". In: Corbin, Courtine e Vigarello (Dir.), *Histoire de la virilité 3*, p.449.

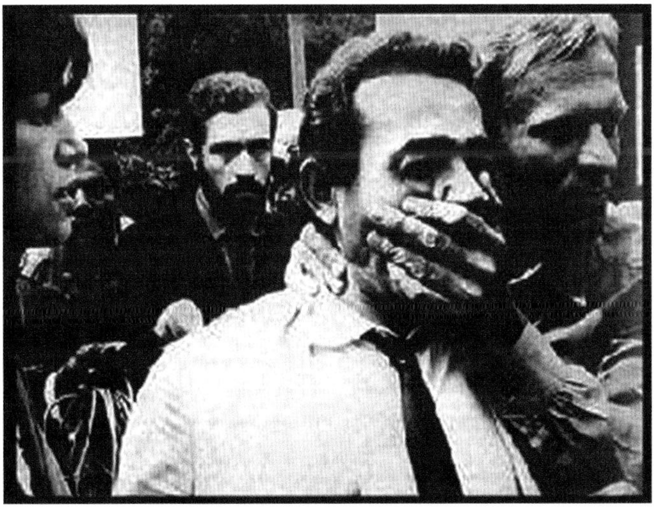

Figura 10.4
Terra em transe (1967), de Glauber Rocha.

o relógio em seu pulso, tira-o, dá lhe mais uma olhada e o joga fora. Aquilo é de um simbolismo fantástico e durante muito tempo eu sonhava com o dia em que jogaria fora meu relógio. Até hoje não fui homem bastante para isso.[33]

Já a produção cinematográfica brasileira passou a ter forte influência da *nouvelle vague* francesa e do neorrealismo italiano, cujos princípios estavam ancorados num cinema autoral despojado, dotado de imagens e personagens tão naturais quanto fosse possível, conforme salientou Napolitano.[34] O movimento do Cinema Novo, como passou a ser chamado, cujos expoentes podem ser apontados nos nomes de Glauber Rocha, Ruy Guerra, Arnaldo Jabor, Cacá Diegues, Leon Hirszam, todos jovens rapazes, nasceu com o propósito de mostrar a realidade brasileira e seus conflitos sociais, como pode ser visto em *Deus e o diabo na terra do sol* (1964), de Glauber, que retrata a situação de miséria do homem nordestino. O Cinema Novo no pós-golpe militar inaugurou um ciclo de revisão ideológica e estética em relação aos valores do nacional popular, cuja síntese foi apresentada no filme *Terra em transe* (1967), de Glauber, "ao narrar as desventuras políticas e existenciais de Paulo,

33 Depoimento de Ricardo Rondon (pseudônimo) à autora, em 15 de janeiro de 2012.

34 Napolitano, *Cultura brasileira: utopia e massificação (1950-1980)*, p.45.

poeta e político de esquerda, em crise por perceber tardiamente que sempre havia servido a políticos traidores e oportunistas".[35] Outro tipo de virilidade parece ser apresentado, diferente da hollywoodiana, ancorada também na desordem, todavia fornecendo uma ilustração desses "heróis da melancolia", tanto do ponto de vista estético, quanto político ou existencial.[36] O público do Cinema Novo, mais reduzido, centrava-se nos jovens mais intelectualizados e politizados da época. Alberto di Sabbato era "fã" particularmente de Glauber e de Godard [cineasta da *nouvelle vague*] e dos filmes "que tratavam de temas políticos e existenciais".[37]

A primeira noite de um homem:

Dez entre dez rapazes da época também foram marcados pelo filme *A primeira noite de um homem*, protagonizado pelo jovem ator Dustin Hoffman. Embalado pela premiada trilha sonora que consagrou a dupla Simon e Garfunkel. O recém-formado Benjamin é seduzido pela bela e charmosa sra. Robinson, mulher do sócio e amigo de seu pai. Para piorar a situação, o moço se apaixona pela filha da amante, Elaine. O filme, que se tornou um clássico, traz elementos muito presentes no ambiente cultural daquele momento. A primeira cena mostra o jovem preocupado com seu futuro. Seu pai pergunta o motivo de aflição. A resposta de Benjamim é "eu quero ser diferente!".[38] Na cena final, antológica, o mocinho impede o casamento de Elaine no altar, fugindo da igreja com sua amada. Nada mais viril e romântico naquele momento.

Outra cena memorável é a primeira transa de Benjamim com a sra. Robinson, em que Benjamim se apresenta como um rapaz cheio

35 Napolitano, *Cultura brasileira: utopia e massificação (1950-1980)*, p.53-4.

36 Antoine de Baecque apresenta como heróis da melancolia os protagonistas dos filmes da nouvelle vague française. De Baecque, "Projections: la virilité à l'écran", op. cit., p.450.

37 Depoimento de Alberto di Sabbato à autora, em 5 de fevereiro de 2012.

38 *A primeira noite de um homem*, 1967, dirigido por Mike Nichols.

de dúvidas, sentimento de culpa e com pouca experiência. A realidade dos jovens da época não era muito diferente. O desconhecimento sobre o assunto ainda era grande. Ricardo relembrou:

> Os pais não falavam sobre sexo, afora as censuras prévias do "não faça isso", ou "não faça aquilo". Diante de algum "por quê?" a resposta era "porque sim" ou "porque não". Na verdade, não havia com quem falar. Os amigos não eram confiáveis porque espalhariam a conversa; os irmãos mais velhos eram também desinformados. O máximo que se conseguia apurar era em leituras de alguns romances mais "picantes" ou naqueles históricos gibis pornográficos que faziam a festa entre a molecada. Sexo era instinto.[39]

Figura 10.5
A primeira noite de um homem.

Em agosto de 1966, a revista *Realidade* publicou uma pesquisa realizada com mil rapazes e moças, entre 18 e 21 anos, do Rio de Janeiro e de São Paulo, apresentando uma descrição do comportamento da juventude urbana brasileira. O questionário de cem perguntas, agrupadas em blocos, traçou um "mapa da informação" assimilada pelos jovens, expondo alguns dados relevantes. No item "conhecimento sobre

39 Depoimento de Ricardo Rondon (pseudônimo) à autora, em 15 de janeiro de 2012.

sexualidade", em torno de 50% das respostas diziam que seus principais conhecimentos vinham de livros, revistas ou, numa escala um pouco menor, conversas com colegas e amigos. Informação advinda dos pais, na casa de 20%. É interessante que quase 100% dos entrevistados afirmaram que pretendiam esclarecer e orientar pessoalmente seus filhos no futuro. A revolução sexual em marcha parecia encontrar menores barreiras no "liberado" Rio de Janeiro do que em São Paulo: mais de 30% das moças paulistanas não haviam sido beijadas por namorado contra apenas 6% das cariocas, e 30% dos rapazes cariocas afirmavam já ter se relacionado com uma mulher casada contra 9% dos paulistanos. Mais de 50% dos jovens não tinham recebido carícias nas partes íntimas, e 51% dos rapazes paulistanos tinham orgasmos com as carícias durante o namoro, enquanto a porcentagem era de 76% quando se tratava dos cariocas. O mais curioso foram as respostas sobre o sentimento após a "troca de agrados bem íntimos chegando a ter orgasmo": 15% dos moços cariocas se diziam preocupados, 20% arrependidos e 34% deprimidos, enquanto somente 14% disseram que ficavam feliz. A revista constatou: "Fica a impressão final de que enquanto muito destes jovens já modificaram profundamente os padrões de namoro, uma parte considerável observa ainda os limites tradicionais".[40]

Transar pela primeira vez, muitas vezes, era uma questão de oportunidade. Não raro podia acontecer a primeira experiência com uma empregada doméstica ou, o que também era comum, em casas de prostituição. Lugar de sociabilidade masculina por excelência, as boates (ou "zona", assim chamada na época) eram o local para pôr à prova a virilidade do "macho" e "dar vazão ao acúmulo de estrogênio, de sêmen e de tesão que se encastelavam nos encontros e intermináveis carícias entre os namorados", como lembra Ricardo. Ele ainda lembrou que em Porto Alegre

> [...] havia uma grande quantidade dessas casas noturnas, lá mesmo havia quartos e a transação sexual/negocial se consumava. Havia pouquíssimos

40 Pacheco, "A juventude diante do sexo", *Realidade*, p.68-80.

motéis. Havia os puteiros ricos, os meia-boca e os rastaquera. O *trottoir* das putas pobres era localizado na Rua Voluntários da Pátria, próximo à rodoviária e na Azenha, na Rua Cabo Rocha. Essas mulheres, que desfilavam nas calçadas em trajes sumários, aliciavam nossos piores pensamentos, mas ao mesmo tempo corria a história de que elas seriam perigosas (todas teriam uma navalha), além de transmitirem doenças sexuais.[41]

Outro tema ligado à sexualidade, gerador de polêmica no período, era a virgindade. Como afirmou Alberto: "A virgindade não era um 'mito' para nós, embora, evidentemente, o fosse para os nossos pais".[42] Em teoria, todos concordavam que era uma questão já ultrapassada. Entretanto, relembra Ricardo,

> [...] para efeitos da sociedade cujo estrato maior é a hipocrisia, todas as moças se casavam virgens e os homens não abriam mão disso, porque era uma sociedade machista, onde mulher era um objeto de consumo e que não podia ter sido experimentada por outro.[43]

Na entrevista que Roberto Carlos concedeu à Carmem da Silva ficou atestado: para ele, escreve a psicóloga, dar importância demais à virgindade era prova de ignorância. A psicóloga, então, muda a questão e pergunta se ele acreditava que a sua irmã tinha casado virgem. E a resposta, a entrevistadora descreveu:

> O teste não falha. Roberto Carlos responde: "Acho que sim, minha mãe soube educá-la muito bem, orientando-a com relação à vida, aos homens e ao amor, dando-lhe a dose justa de liberdade e impondo-lhe a dose justa de restrições". A contradição [continua a psicóloga] salta à vista: virgindade não é importante, mas as moças bem educadas casam virgens.[44]

O fato é que a pílula anticoncepcional foi fundamental para a revolução sexual naquele momento, trazendo maior liberdade aos jovens,

41 Depoimento de Ricardo Rondon (pseudônimo) à autora, em 15 de janeiro de 2012.

42 Depoimento de Alberto di Sabbato à autora, em 5 de fevereiro de 2012.

43 Depoimento de Ricardo Rondon (pseudônimo) à autora, em 15 de janeiro de 2012.

44 Carmem da Silva analisa Roberto Carlos, ver Silva, Um garoto feliz: só tem uma palmada para recordar, *Claudia*, p.34.

que podiam transar mais livremente, evitando os riscos de uma gravidez indesejada. No entanto, com frequência, as meninas engravidavam. A preparação de um rápido casamento era a "solução" do problema ou, então, a mãe solteira era motivo do preconceito alheio. Todavia, neste quesito, nada causou tanto impacto (e espanto) na sociedade brasileira quanto Leila Diniz. Na célebre entrevista que concedeu ao *Pasquim* em novembro de 1969, Leila fez várias afirmações que escandalizaram até as mocinhas consideradas "mais avançadas". Contou que perdera a virgindade de 15 para 16 anos, que achava "muito bacana ir para a cama" e que homens e mulheres não precisavam se amar para ir para a cama, uma vez que amor era uma coisa e cama era outra.[45] Leila Diniz foi o signo da liberdade feminina potencializada pelos valores viris de independência e autoconfiança, motivo para aflorar o machismo dos mais conservadores, mostrando que a geração de 1968 não era, assim, tão liberada.

O PASQUIM

LEILA DINIZ: &$£7!

Figura 10.6
Leila Diniz na capa do *Pasquim*.

45 Entrevista de Leila Diniz a *O Pasquim*, n.22, 20 a 26 de novembro de 1966, p.5-13.

"Entre homens": homossexualismo e virilidade

Se falar em sexo publicamente ainda era complicado nos anos 1968, era prudente que os homossexuais se reservassem ao espaço privado. Embora causassem polêmica, determinados comportamentos que confrontavam a noção de masculinidade criada pela sociedade não eram debatidos abertamente, como recorda Ricardo:

> A gente supunha que algum rapaz que não falava em mulher, não jogava futebol e não bebia, pudesse ser uma mocinha. Mas, os homossexuais eram muito caricaturizados, discriminados, agredidos e era muito natural que não se expusessem.[46]

A caracterização do homossexual atingia direto o estereótipo do "macho" e o preconceito era o preço mais alto a ser pago:

> Eu fui criado numa sociedade onde ser homossexual era ser criminoso, era ser pecaminoso, uma coisa feia, uma coisa que não se conta uma coisa vergonhosa. Então, o meu desejo foi levado... meu desejo ele foi ensinado a se manifestar somente em situaçoes ligadas à marginalidade. Noite! A pala vra noite é feminina já notaram? Dia é masculino: claro, luz, razão, precisão! Noite é feminina: escura, obscura, indefinida, marginal!... Então, meu desejo foi educado para ser avivado em locais tipo barzinhos à noite, becos escuros, saunas... Os tipos de caras que me atraem são caras assim, mais ou menos, que lembram esse ambiente, submundo de coisa assim.[47]

Muitas vezes sem poder (e nem querer) frequentar os mesmos lugares que rapazes heterossexuais, a vivência homoerótica levava à prática de uma subcultura masculina, marginalizada. Os espaços de sociabilidade, caracterizados em sua grande maioria pela escuridão e seus sinônimos, eram restritos, e cabia ao jovem descobrir os mesmos. Os

46 Depoimento de Ricardo Rondon (pseudônimo) à autora, em 15 de janeiro de 2012.

47 Depoimento de Luiz Carlos Muñoz para o documentário *Bailão*, dirigido por Marcelo Caetano, 2009.

cinemas, desde décadas anteriores, eram espaços privilegiados para isso. Armando Nunes relembrou sua primeira experiência num cinema da capital mineira:

> A primeira vez que eu fui num cinema e que aconteceu alguma coisa comigo foi no cine Piratininga. Eu sentei lá e de repente eu percebi que sentou alguém do meu lado, mas eu não me toquei, eu não estava ali para caçar. Eu era novo ainda. Quando eu percebi alguém me pegou. Eu senti uma mão me pegar. Mas eu dei um berro que o cara fugiu para um lado e eu fugi para o outro.[48]

O grito instintivo não foi entendido por ele como uma agressão. Na verdade, foi o momento em que se deu conta de que não estava sozinho no mundo ao se interessar por um homem: "Eu não era a aberração da humanidade. Existia um núcleo, mas era um núcleo tão escondido, tão escondido que eu teria que procurar quem era". Armando relembra como começava um namoro na penumbra do cinema:

> Você encostava a perna no rapaz e sentia se ele queria. Bom, se encostou e ele não tirou, é porque não se sentiu incomodado. Mas houve uma época em que o lanterninha pegava você no flagra. Ele jogava a lanterna em cima de você e chamava a polícia.

Se as condições permitissem, os contatos sexuais anônimos podiam terminar em masturbação mútua, em sexo ou em um hotel barato fora do cinema, como revelou o historiador americano James Green.[49]

O Rio de Janeiro desde os anos de 1950 passou a atrair homens (que gostavam de homens) vindos de outros estados do país onde se sentiam pressionados, ou ainda hostilizados, pela família e pela sociedade em que viviam. Mudar-se para a cidade maravilhosa significava "livrar-se da supervisão e do controle familiar e da pressão para o casamento e filhos".[50] Além do já consagrado local do centro da cidade nos arre-

---

48 Depoimento de Armando Nunes para o documentário *Bailão*, dirigido por Marcelo Caetano, 2009.

49 Green, *Além do carnaval*, p.164.

50 Idem, p.255.

dores da Lapa, da Cinelândia e da Praça Tiradentes, os anos 1968 viram o bairro de Copacabana como o lugar de vida noturna mais vibrante não somente para a classe média em geral, mas também para os homossexuais. Este ainda é o momento em que estabelecimentos começam a atrair um público majoritariamente gay sem serem hostilizados pelos empresários locais. Algumas casas noturnas, como o Alfredão, o Alcatraz e o Stop, passaram a abrigar uma clientela composta por rapazes homossexuais. Entretanto, o grande charme de Copa era o mar e o desfile de corpos seminus, que podiam ser observados sem pudor algum. E, em frente ao luxuoso hotel Copacabana Palace, local reservado ao *jet set* nacional e internacional, as bichas, como já eram chamadas desde os anos de 1930, fizeram do espaço o seu "posto", que passou a ser conhecido como a Bolsa de Valores: "lugar onde você pode mostrar-se para se valorizar", lembra Carlos Miranda.[51] Mas lugar para se mostrar aos holofotes e virar notícia tinha data e local marcado. O concurso de Miss Brasil era ponto dos "bonecas", como também eram chamados os homossexuais mais afeminados, do Rio de Janeiro, como apresentou uma reportagem da revista *Realidade*:

> Às oito da noite, 40 mil pessoas já estão no Maracanãzinho lotado, pois nada mais importante existe para elas que um concurso de Miss Brasil. O ginásio está explodindo em gritaria e aplausos, a cada "miss" que dá a paradinha, o rodopio e manda dois beijos para o público. De repente a polícia resolve entrar na "passarela". As "misses" assustadas saem correndo e dando gritinhos desesperados. Levantadas no ar, indefesas, pequeninhas diante do tamanho dos guardas, são levadas para algum canto misterioso. É o fim tradicional do desfile dos bonecas, ou transviados sexuais, que todo ano, em algum pedaço vazio da arquibancada, precede o desfile de verdade.[52]

Entretanto, boa parte dos homossexuais se resignava a um universo privado, pessoal, muitas vezes relutando contra suas próprias vontades

51 Entrevista de Carlos Miranda a James Green, em 10 de novembro de 1994. Green, *Além do carnaval*, p.263.

52 Marão, "Pobre menina miss", *Realidade*, p.88.

em nome do preconceito que lhes atingia. Mesmo nos círculos considerados mais "avançados", como as organizações de esquerda que resistiram à ditadura militar, o homossexualismo era visto com muita reserva. Herbert Daniel, militante de organizações guerrilheiras, como a Polop (Política Operária) e a VPR (Vanguarda Popular Revolucionária), foi um desses que, em nome da aceitação no grupo e das suas práticas revolucionárias, negou sua sexualidade durante anos. Em seu livro, *Meu corpo daria um romance*, Herbert desabafa sua vida duplamente clandestina:

> Quis extirpar o sexo antigo. Aos poucos, adotei um sexo futuro, novo, que naquele instante se tornava pura abstinência. A última vez que trepei com alguém deve ter sido em meados de 67. Abstinente passei toda a clandestinidade. Sete anos. (Não posso deixar de escrever o prometido elogio à punheta, senão dificilmente poderei fazer alguém compreender a minha clandestinidade. Porque creio que se tivesse apagado meu sexo nunca teria acreditado na militância. Um militante sem sexo é um totalitário perigoso. Um punheteiro é apenas um confuso ingênuo e esperançoso.)[53]

As noites solitárias foram o preço a ser pago em nome de um "ideal" cujo "ideal de homem" era o guerrilheiro, viril e másculo. Os revolucionários dos anos 1968 carregavam muito do traço mais tradicional da cultura patriarcal desde a época colonial: a supremacia masculina. Nesta hegemonia, o importante era parecer "macho", mesmo não sendo.

James Green indicou que muitos homossexuais saíam em busca de homens "verdadeiros": uma reversão dos papéis tradicionais onde o sujeito "passivo" torna-se ativamente aquele que procura uma relação sexual. Segundo o brasilianista, essa dinâmica sexual, na qual o homossexual tinha de tomar a iniciativa, contribuiu para a formação de uma identidade imbuída de autoconfiança e que se contrapunha aos estereótipos sociais do bicha patético e passivo.[54] É interessante ressaltar, com essa constatação, o quanto dos valores viris também foram

53 Daniel, *Meu corpo daria um romance*, p.164.

54 Green, *Além do carnaval*, p.278.

apregoados por homossexuais. Uma reversão do entendimento, que vem desde o início da era cristã, de que o homem homossexual não era viril (lembrando que as relações homoeróticas entre gregos e romanos eram entendidas sobretudo como viris, expressando a potência masculina em detrimento do elemento feminino). Esta autoridade de si, juntamente com a evolução política dos anos 1968, permitiu o questionamento dos papéis sociais e sexuais rígidos assumidos pelas "bonecas",[55] ou seja, de que para ser homossexual era preciso necessariamente ser efeminado. Certamente esses fatores contribuíram para formação de uma consciência que em fins dos anos 1970 passou a ser expressa pelo movimento gay no Brasil.

A juventude engajada: política e valores viris na cena pública

No fim dos anos 1950, ocorreu a revolução cubana, enquanto as figuras dos jovens Fidel Castro, Che Guevara, Camilo Cienfuegos e seus companheiros incendiaram as mentes (e corações!) de moços e moças que lutavam para quebrar uma série de paradigmas em busca de uma nova sociedade. No Brasil o movimento estudantil estava vivendo sua "fase de ouro" desde início dos anos 1960, particularmente com o crescimento da juventude católica dentro da entidade de representação estudantil do país, a União Nacional dos Estudantes (UNE). Fundada em 1938, a associação passou a ter um papel de destaque, principalmente no governo de João Goulart, lutando pela Reforma Universitária – uma das metas dentro das reformas de base ensejadas pelo presidente. Nesse momento, foram criados os Centros Populares de Cultura, os CPC's da UNE, que engajaram artistas já consagrados, como o poeta Ferreira Gullar, Carlos Lyra, já reconhecido na Bossa Nova, jovens cineastas, como Cacá Diegues, e, nas artes cênicas, o dramaturgo Oduvaldo Vianna Filho – o Vianinha.

55 Idem, p.306.

Figura 10.7
Che Guevara.

O início dos anos 1960 aproveitava, ainda, o crescimento econômico do período anterior e os projetos de Jango efervesciam a esquerda do país. José Serra, presidente da UNE em 1964, relembrou:

> Havia um certo sentimento de confiança, uma autoconfiança grande, de que as possibilidades do Brasil eram enormes. Eu morava, de fato, numa vila... não me lembro de ninguém desempregado na vila. É possível que tivesse, mas não lembro, ou seja, não era um fato marcante. Eu me lembro que tinha uma mulher, como se dizia na época: "desquitada" – o que era uma coisa assim pesadíssima – mas não me lembro de ninguém desempregado. Então, a dúvida era: o que vou fazer quando crescer? Não era dúvida a respeito de poder fazer alguma coisa – como acontece hoje. E isso é um elemento de autoconfiança geral, social, digamos, a possibilidade, no fundo, de escolha na vida.[56]

Como no campo da política em geral, cujos valores e regras são masculinos por excelência, a presença de jovens universitários nas fileiras da UNE era calcada massivamente por rapazes. Até mesmo porque

56 Depoimento de José Serra ao PMME, 2005.

o sistema universitário até então era composto em sua grande maioria por homens. No entanto, este é o momento em que as mulheres passam a ingressar em maior escala nas universidades em busca de uma profissão, não se restringindo ao universo educacional como até então. Cursos como Direito e Medicina passaram a ser procurados também pelas moças. Naturalmente as mesmas passaram a se inserir na vida universitária e, por consequência, na política estudantil.

Os códigos culturais apresentados no jogo político a partir de atributos como virilidade, força, dominação eram (e não deixaram de ser) predicados atribuídos àqueles que possuíssem a prerrogativa biológica para tanto. A vida "nômade", com poucos recursos, os embates das diferentes forças políticas, os discursos inflamados, as organizações de passeatas, os enfrentamentos com a polícia eram atividades que seriam melhor desempenhadas por moços aguerridos. Nos Congressos, local propício para pôr em prática todos esses códigos, os universitários desempenhavam com maestria suas funções:

> Os conchavos foram se desenvolvendo no processo de eleições, quem vai ser candidato, no dia era um, no outro dia aquele já tinha sido queimado, então, tinha aquela história de jogar um na frente, tipo boi de piranha. Ele pegava as críticas destinadas aquele grupo, depois trocava, botava outro candidato, e o candidato já entrava mais limpo e não iria se repetir a crítica velha porque já tinha sido feita, já tinha sido debatida.[57]

E, nesses congressos, a presença feminina passou a ser mais frequente. Apesar da participação de jovens moças nas diversas juventudes partidárias e nas entidades de bases (os centros acadêmicos e os diretórios) até 1963, nenhuma gestão da UNE teve participação feminina. Contudo, no Congresso de Santo André, daquele ano, os estudantes elegeram a primeira mulher diretora da UNE. Maria de Nazaré Pedrosa, estudante de Pedagogia no Maranhão, lembra como se processou "a mudança":

57 Depoimento de Maria de Nazaré Pedrosa ao PMME, em 15 de junho de 2005.

> Então, o que no começo parecia uma fraqueza, uma simples estudante mulher, passou a se transformar rapidamente numa força, e a AP [Ação Popular] percebeu que as mulheres de outras tendências estavam a fim de fechar caso em torno da minha candidatura, independente de eu ser da Ação Popular, a outra da Polop [Política Operária] e a outra do PC, que nós chamávamos de "Pecebão", até de uma forma carinhosa, o Partido Comunista, e outros que tinham um movimento independente, que era também muito radical. Eles perceberam que a história de ser mulher, que parecia ser fraquinha, é forte.

A abertura de espaço para as mulheres naquele momento era vista como uma estratégia política, desde que as "regras" fossem mantidas. As jovens universitárias, por sua vez, apreendendo os significados construídos, passaram a utilizá-los de forma coerente com seu universo de valores e de referência.[58] Aprendendo a trabalhar com os códigos da política estudantil, Maria de Nazaré ganha seu lugar na diretoria:

> Então, eu estava lá colocadinha na tesouraria, primeira tesoureira da chapa da AP, fomos ver no que ia dar. Quando foi na hora de fazer a apresentação [...] me deu, como se diz, me deu a louca e eu disse: – Um momentinho. Eu gostaria de me apresentar, eu mesma. No que eu perguntei já ouvi as mulheres: – Pode!, e tal. Aí eu me apresentei, e eu me apresentei como militante, como tudo e como mulher e a primeira mulher a enfrentar aquela situação e, inclusive, eu disse – A enfrentar os risos amarelos dos meus colegas, líderes que estão aí na mesa.. Porque as grandes lideranças de todos os movimentos estavam sentadas – Eu observo o desconforto de vocês, apesar de saber o quanto vocês gostam de mim e me apreciam, mas há um desconforto causado por uma situação de mudança. Olha, ganhei uma consciência parece que súbita, do quanto esses momentos são mágicos para transformar a história. Eu estava ali vivendo uma situação nova no movimento estudantil e eu denunciei, de certa forma, o desconforto dos rapazes – Porque uma mulher, nós fazemos tão bem tudo? Porque uma mulher? Eles no fundo, estavam, embora não se conscientizassem. Eu denunciei isso e aliviou e eles caíram

58 Bonetti, "Entre femininos e masculinos: negociando relações de gênero no campo político", *Cadernos Pagu*.

na gargalhada como quem diz: – É isso mesmo que nós estamos pensando. Finalmente, foi imbatível.[59]

As grandes dificuldades que se apresentavam para os militantes homens eram ainda maiores para as mulheres. Os diretores da UNE, que vinham de outros estados, moravam em "quartinhos" do último andar do prédio-sede da entidade na Praia do Flamengo, 132, no Rio de Janeiro. Logicamente, as condições precárias baniam a convivência de uma mulher naquele recinto, mas, como tesoureira, Nazaré passou a desempenhar todas suas funções sem se sentir intimidada. Ao contrário, suas características naturais femininas davam-lhe consciência de um papel próprio dentro da diretoria: "quando numa reunião alguém saía magoado porque foram faladas as coisas indevidas, eu chegava. Era um pouco irmãzinha, sabe? Também nessas horas. Aí eu chegava, falava com um e falava com outro, desanuviava aquilo ali...".[60]

Marcelo Cerqueira, vice-presidente daquela gestão, evidencia o olhar masculino daquele momento: "Maria Nazaré, um encanto. Eu tocava violão e cantava com ela, e era uma das atrações nas reuniões da UNE, cantando em dueto! Maria do Maranhão, que era nosso 'carro-chefe'! Ela era uma moça encantadora e ela não podia morar conosco, porque a diretoria morava no último andar".[61]

Acreditava-se que aquele era o momento de grandes mudanças para o país. Ninguém estava errado. Alguns militantes já tinham a impressão de que o pior poderia acontecer. Outros acreditavam nas mudanças propostas principalmente depois do comício na Central do Brasil, no Rio de Janeiro, em 13 de março de 1964, que acirrou os ânimos da esquerda – que acreditou acabar com a "política de conciliação" do governo Jango – e, principalmente, da direita, que "marchou com a família e Deus pela liberdade" reunindo quase 500 mil pessoas, dentre elas inúmeras donas de casa, mães de família (como a tradicional

59 Depoimento de Maria de Nazaré Pedrosa ao PMME, em 15 de junho de 2005.

60 Idem.

61 Depoimento de Marcelo Cerqueira ao PMME, 2005.

sociedade patriarcal mandava), na cidade de São Paulo, dois dias depois. O golpe militar não tardou a chegar. A sede da UNE foi incendiada, algumas lideranças exiladas e o grosso do movimento estudantil (ME) teve de se reorganizar.

Em 1966 o ME, com uma UNE clandestina, partiu para a resistência aberta contra o regime. Os protestos começaram a ocorrer cada vez com mais frequência e aumentaram com a assinatura, em junho daquele ano, de mais um dos acordos do Ministério da Educação e Cultura com a agência norte-americana Usaid (United States Agency for International Development), que previam uma reforma universitária almejando implantar o modelo norte-americano de ensino no país. Mais conhecidos como acordos MEC/Usaid, este era um dos principais pontos contra os quais lutava o ME na época. A UNE preparou uma série de manifestações em todo país – as setembradas – cujo ápice foi uma manifestação no dia 23 de setembro no Rio de Janeiro, redundando no episódio que passaria a ser lembrado como massacre da Praia Vermelha. Após uma manifestação nas ruas da cidade, cujo lema dos cartazes era "povo organizado derruba a ditadura", seiscentos estudantes se abrigaram na Faculdade Nacional de Medicina, que ficava na Praia Vermelha, sendo cercados pela Polícia Militar (PM). Depois de várias tentativas de negociação para a saída dos estudantes, no meio da madrugada a PM resolve invadir o local. Vladimir Palmeira, importante líder estudantil da geração de 1968, faz uma ressalva sobre o episódio, que demonstrou a intolerância (e parte dos valores masculinos compartilhados na corporação) militar principalmente com as jovens militantes:

> Fizeram um corredor polonês, fomos descendo. Eu sempre fui muito ligado a Alagoas e sabia muito do negócio do corredor polonês. Passei a minha infância brigando de porrada em corredor polonês. Então, fui me defendendo, mas a minha namorada Ana Maria quase é destroçada. Em dez metros que ela andou, ela ficou quase nua da porrada que levou. Eu a peguei e comecei a proteger como recomendava o machismo alagoano. A partir daí, fui levando cacete. Desci três andares levando cacete, mas eu consegui sair. Não me prenderam porque estavam procurando cabeludos, barba e coisa. Prenderam muita gente e fizeram muita violência contra as mulheres. Batiam

muito. Parecia que preferiam bater nas mulheres. Me lembro que, na época, disseram que enfiaram um cassetete na vagina de uma colega, destroçaram, uma coisa assim. Mas eu mesmo não fui testemunha. Eu vi que batiam com gosto nas mulheres.

No meio militar, cujas características viris são acentuadas, o uso da violência, para impor autoridade, foi justificado para assegurar a moral e os bons costumes apregoados pelo regime vigente contra os jovens rebeldes. Rapazes, mas principalmente as moças, que passaram a frequentar o espaço público tornando-se protagonistas da desordem (logo essas moças que deveriam estar em casa bordando!), transformaram--se em alvo a ser combatido, cuja má conduta, leia-se uma resistência à ideologia imposta, deveria ser fortemente punida servindo de exemplo a toda sociedade. Por outro lado, estes jovens, como atestou a socióloga Irene Cardoso,[62] apresentavam o traço da onipotência, interpretado como a expressão de uma "revolta absoluta", indicativo das perspectivas de abolição dos limites, ou ainda como a "grande recusa" elencada por Marcuse.

O ano de 1968 é lembrado no mundo inteiro pelos jovens, boa parte universitários, que passaram a lutar contra todas as formas de opressão e contra "a burocracia dominante", como afirmou a filósofa alemã Hannah Arendt.[63] No Brasil, as manifestações contra o regime tiveram seu ápice no ano de 1968. Os fatos como a morte do estudante secundarista Edson Luis e a Passeata dos Cem Mil, na capital fluminense, foram amplamente divulgados pela mídia do momento, ajudando a cristalizar uma memória socialmente construída (e heroicizada) que até hoje serve como base para discussões incandescentes sobre aqueles fatos e posições políticas tomadas. Os diversos confrontos em todo o país, como a invasão da Universidade de Brasília, o conflito na Rua Maria Antônia em São Paulo e o 30º Congresso da UNE em Ibiúna (onde todos os mais

62 Cardoso, A geração dos anos de 1960: o peso de uma herança, *Tempo Social*, p.104.

63 Arendt, *Sobre a violência*.

de 900 participantes foram presos), para citar apenas alguns exemplos, certamente contribuíram para o fechamento do regime com a decretação do Ato Institucional n.5. As possibilidades para a atuação de uma oposição foram drasticamente reduzidas. A clandestinidade passou a ser absoluta: alguns jovens arriscaram-se ao continuar uma resistência dentro das universidades. Outros, que já vinham seduzidos pela possibilidade de implantação de uma guerrilha, seja no modelo cubano ou no chinês, pegaram em armas.

O sociólogo Marcelo Ridenti, analisando os números apresentados pelo projeto Brasil Nunca Mais, constatou que dos 4.124 processados por envolvimento com organizações de esquerda, 3.464 eram homens, ou seja 84%. Já nos grupos armados, a parcela feminina aumentava um pouco, cerca de 18,3%. O sociólogo nota ainda que este percentual era próximo da parcela de mulheres economicamente ativa da população, que, em 1970, era próximo a 21%, segundo as dados do censo do IBGE da época.[64]

Apesar de uma maior participação das mulheres nos grupos armados e de que em teoria pairava uma "igualdade" entre sexos, na prática a questão era diferente. Um documento de uma das organizações da época, a Ação Popular Marxista Leninista, APML, apresentava os critérios para aferição de grau de comprometimento com a militância. Os quesitos previstos ressaltavam uma mudança de hábitos e costumes, entusiasmo revolucionário, constância no trabalho (perseverança), tenacidade (estilo duro de trabalho), trabalho em equipe, vida em comum, atitude diante da repressão na rua e na prisão.[65]

Nesta, e como nas outras organizações, as qualidades dos guerrilheiros são as mesmas relacionadas à virilidade e à masculinidade. A historiadora Cristina Scheibe Wolff afirma que, nessa definição do guerrilheiro ideal, os membros das organizações relacionavam estas

64 Ridenti, *O fantasma da revolução brasileira*, p.197-8.

65 Critérios para reavaliação de militância, s/d. Arquidiocese de São Paulo. *Projeto Brasil: Nunca Mais*. t.VI, v.2. Inventário dos Anexos n.263. Arquivo Edgard Leunroth, Unicamp, Campinas, SP.

características aos homens, tornando a atuação das mulheres na guerrilhas mais difícil. O mesmo é atestado por Vera Sílvia Magalhães, ex-militante do Movimento Revolucionário 8 de outubro (MR-8). Vera foi uma das dirigentes do grupo afastada, entre outros motivos, por ser "uma pessoa instável emocionalmente". Saindo da direção, Vera vai para o grupo armado:

> Eu era mulher, portanto, fazia todos os levantamentos com o papel de mulher que a sociedade me atribuía. Por exemplo, eu seduzia o gerente do banco para uma conversa, para ir jantar à noite, saber as informações do dia de pagamento etc. Eu que me virasse, se não quisesse dar o desfecho àquela conversa inicial, o que evidentemente não iria querer. O interesse era só pelas informações. Mas vivi situações bastante complicadas, sozinha. A função feminina eu cumpria exatamente como precisava. Na hora da ação, todo mundo tinha metralhadora, ou 38. A mim, cabia o pior revólver. Até que, no final, eu ganhei uma metralhadora, uma metralhadora, uma grande conquista individual.[66]

A grande conquista parece ser, na verdade, uma pseudoequiparação com o sexo oposto. Era carregar todos atributos viris e, ainda por cima, aproveitar os atributos proporcionados pela "fragilidade feminina", quando estes apresentavam um propósito revolucionário para tanto. Entretanto, na maioria dos casos, a boa militante deveria apresentar as características destinadas aos jovens guerrilheiros preconizadas por Che Guevara em seu texto sobre o homem novo:[67] aquele que apresenta uma participação consciente da sua incorporação à sociedade e como motor da mesma, uma capacidade de liderança, um homem "mais completo" justamente pela potencialização da suas formas de se expressar, uma militância disposta a todos os sacrifícios, pronto para educar e conscientizar politicamente o povo, imbuído de um espírito

---

66 Entrevista de Vera Silvia Magalhães a Marcelo Ridenti, ver Ridenti, "As mulheres na política brasileira: os anos de chumbo", *Tempo Social*, p.113-28.

67 Guevara, "El socialismo y el hombre en Cuba". In: ______. *Obras 1957-1967*, t.II, p.367-84.

apaixonado e com uma grande dose de sentimento de justiça – um verdadeiro revolucionário. Atributos nitidamente relacionados ao mundo viril e masculino, apresentando-se, assim, como um prolongamento (e não uma contestação!) dos valores apregoados pela sociedade da época.

Da mesma maneira que Vera, Ignez Maria Serpa Ramminger, a única mulher entre os membros da coordenação da VAR-Palmares no Rio Grande do Sul, relembrou os obstáculos impostos pelos companheiros e sua rejeição ao protótipo uniforme (masculinizado) de militância – calça de brim e camiseta:

> Apesar de toda a dedicação à causa revolucionária, existia uma clara intolerância dos companheiros com pequenas vaidades femininas, tais como usar minissaia, salto alto, passar rímel nos cílios e pintar os lábios. Para minha surpresa, meu comportamento, considerado por eles como "pequeno burguês", foi pauta de uma de nossas reuniões. Sinceramente não gostei nem um pouco e disse a eles que, mesmo na trincheira, não deixaria de usar batom. Estava na guerra com batom![68]

Ignez mostra como a esquerda revolucionária, apesar de lutar pela construção de uma sociedade mais justa e solidária, por uma nova humanidade, reproduziu relações machistas com suas mulheres, principalmente quando relegavam a posição feminina simplesmente a "companheira do fulano" – parte escolhida da herança da patriarcado. A escolha de determinadas continuidades não significa uma mera repetição, pois as mesmas podem ser reinterpretadas, relançadas de outra maneira, criticadas e mesmo transformadas, como afirma a socióloga Irene Cardoso.[69] Nesse caso, parece latente uma filiação a muitos dos valores atribuídos ao papel masculino inerentes numa sociedade patriarcal que começava ser posta em xeque. Ou ainda, em última análise, preservar as características guerreiras e dificultar a presença feminina

68 Ramminger, "Na guerra com batom". In: Padros, Barbosa, Lopez et al. (Orgs.), *Ditadura de Segurança Nacional no Rio Grande do Sul (1964-1985)*, p.141-2.

69 Cardoso, "A geração dos anos de 1960: o peso de uma herança", *Tempo Social*, p.100.

nas organizações não deixava de ser um "combate" da dominação masculina ao incipiente feminismo que desabrochava.

***

Os anos 1968 são considerados anos de transformação e de estabelecimento de uma cultura jovem como modo de viver. A divisão entre sexos, que até então parecia estar na ordem natural das coisas, entrou em mutação, seja pelo questionamento, seja pela introdução de novos hábitos, seja por novos papéis que os jovens passaram a reivindicar. As características presentes no modelo tradicional de virilidade, como força, segurança, independência, potência sexual, para citar apenas algumas, são herdadas e reapropriadas por esta juventude dentro da sua historicidade. Somam-se a essas características a rebeldia, que saiu das telas de cinema para a vida real, e o homem novo, revolucionário ameaçando a ordem social estabelecida por um sistema autoritário não apenas no que se referia à arena política, mas também no cenário cultural e moral.

Como evoca a crítica feminista durante os anos 1970, a virilidade não é um atributo natural dos homens, mas fruto de um conjunto de processos educativos e sociais visando a perpetuação da dominação masculina. É bem verdade que as modificações que se operaram ao longo dos anos 1968, no que diz respeito ao comportamento e a socialização dos jovens, permitiram às mulheres o acesso às prerrogativas tradicionalmente masculinas. Portanto, parte das atitudes viris e dos valores tradicionalmente atribuídos aos homens passaram a ser compartilhados também por jovens mulheres, mesmo que ainda houvesse muitas restrições ao comportamento demasiado "independente" das jovens moças.

A ideia deste texto foi apresentar algumas destas mudanças e também reforçar continuidades, sem a intenção da montagem de um quadro completo. Apenas listar questões pertinentes para o significado da virilidade e como ela se apresentou naqueles anos marcados pelos acontecimentos de 1968, por meio das lembranças de pessoas que participaram dessas ações.

11

Masculinidades em revista: 1960-1990

Marko Monteiro

Um novo homem?

Este texto deseja refletir sobre deslocamentos recentes nas masculinidades brasileiras, com foco específico no período entre as décadas de 1960 e 1990. Pois nesse intervalo acontecem mudanças importantes nas representações e práticas de gênero no Brasil e no mundo. Tais mudanças estao relacionadas com processos mais amplos, especialmente a maior inserção das mulheres na esfera pública e o início do debate nacional sobre masculinidades (e feminilidades) dissonantes: homossexuais, bissexuais, transexuais etc. Acontece também uma pluralização da experiência da masculinidade como resultado desses processos,[1] incluindo aí toda a gama de masculinidades recentes, como "metrossexuais", o "novo homem", e outros rótulos que ganharam destaque ao longo de anos recentes.

1 Monteiro, "Revistas masculinas e a pluralização da masculinidade entre os anos 1960 a 1990", *Lugar-comum*, v.12, p.87-107.

Como veremos a seguir, a ideia de um "novo homem" não é exatamente nova: debates sobre mudanças nas relações entre os gêneros emergem de tempos em tempos, e nesses períodos debate-se a mudança de comportamento dos homens. Pode-se especular sobre o que leva a essas discussões, mas há grande segurança sobre uma das principais inspirações para essa ideia em tempos recentes: o feminismo, ele próprio possuindo uma longa história que data pelo menos do final do século XIX. Não recuaremos tanto aqui, mas mencionaremos a sua manifestação contemporânea, chamada de "segunda onda" do feminismo (que começa nos anos 1960). É nesse momento que grandes mudanças sociais, culturais, econômicas, demográficas e políticas acontecem no Brasil, e as novas masculinidades começam a se delinear de forma mais clara.

A discussão será feita a partir da análise de revistas, especialmente revistas masculinas.[2] Revistas têm sido, ao longo dos últimos anos, um espaço privilegiado de análise de tendências e mudanças nas representações sobre gênero. Se primeiramente o foco principal desse tipo de pesquisa estavam nas revistas femininas, alguns autores mais recentes buscaram também estudar revistas masculinas com o mesmo intuito: explorar as ideias sobre os homens presentes nas suas páginas, aprendendo assim algo sobre as formas das masculinidades ao longo da história. Neste texto, serão investigadas algumas mudanças nas mas-

2 Revistas consultadas: *Attitude* (Grã-Bretanha), v.1, n.64, agosto de 1999; *Ele Ela*, um revista para ler a dois, ano 1, números 2, 4, 5, 7 e 8 (1969) e 10 (1970); ano 2, números 20 (1970), 21, 23, 25 (1971); ano 3, n.26, 28, 29, 30, 31, 32 (1971), 35, 36 (1972); ano 4, n.37, 38, 40, 41, 42 (1972); *Details* (Estados Unidos), dezembro de 1997. *G Magazine*, São Paulo, ano 2, n.16, jan. 1999; *Maxim for Men* (Estados Unidos), abril de 1999; *Sui Generis*, Rio de Janeiro, ano 4, n.33, 34, 35, 36, 37 (1998); ano 5, n.43 (1999); *VIP* Exame, São Paulo, ano 16, ed. 147, n.8, ago. 1997; *VIP* Exame, São Paulo, ano 16, ed. 152, n.12, dez. 1997; *VIP* Exame, São Paulo, ano 17, ed. 157, n.5, maio 1998; *VIP* Exame, São Paulo, ano 17, ed. 158, n.6, jun. 1998; *VIP* Exame, São Paulo, ano 17, ed. 159, n.7, jul. 1998; *VIP* Exame, São Paulo, ano 17, ed. 160, n.8, ago. 1998; *VIP* Exame, São Paulo, ano 17, ed. 161, n.9, set. 1998; *Homens*, Rio de Janeiro, ano 2, n.7, 8, 9, 10, 12 e 18 (1998).

culinidades brasileiras ao longo dos anos 1960-1990 a partir da análise de algumas revistas importantes para o período: *Ele Ela*, *VIP Exame* e *Sui Generis*, principalmente.

Tais títulos não esgotam o universo de revistas masculinas passíveis de análise, mas representam marcos importantes que podem ser discutidos: primeiramente, a revista *Ele Ela*, muito popular no final dos anos 1960 e início dos anos 1970, que abriu espaço em suas páginas para a discussão da contracultura, da revolução sexual e do início do feminismo no Brasil e no mundo. Essa revista buscou se comunicar com uma nova classe média urbana, num país que crescia rapidamente e se industrializava. Ao mesmo tempo em que politicamente o regime militar, instalado em 1964, apertava o cerco contra quaisquer questionamentos de ordem política. O país assistiu a movimentos importantes de questionamento cultural, incluindo a Tropicália e o Cinema Novo. O "milagre econômico" ocorrido no período de 1969-1973 possibilitou a entrada de milhões de pessoas numa cultura de consumo que se expandia, e as grandes cidades brasileiras inchavam com migrantes, principalmente vindos do Nordeste em direção ao Sudeste.

As outras duas revistas fazem parte de um fenômeno importante que ocorre ao longo dos anos 1980 e 1990: a consolidação de um espaço (ainda que pequeno) para homens não heterossexuais na cultura de consumo, e a concomitante pluralização de possibilidades para a masculinidade a partir da quebra de um padrão único e hegemônico de homem heterossexual. Enquanto a *Sui Generis*, uma experiência pioneira de revista não pornográfica voltada a um público gay sofisticado, busca ampliar o espaço nesse nicho para temas como moda, cultura e estilos de vida, a revista *VIP Exame*, uma revista "para homens heterossexuais" como ela se coloca, atua de forma muito semelhante num mercado totalmente distinto: traz para o modelo de revista masculina, antes dominado quase que exclusivamente pela *Playboy*, temas antes restritos a revistas femininas: saúde, beleza e consumo, sem abrir mão de exibir imagens de mulheres.

Cabe dizer aqui que a existência de revistas especificamente masculinas é fenômeno bastante recente, sendo assim por si um objeto interessante de reflexão. Revistas femininas possuem uma história muito mais longa, que data do século XIX. Muito se publicou sobre as formas pelas quais essas revistas serviam de guias para a mulher, ensinando formas de vestir-se, comportar-se e agir em sociedade, ajudando a constituir assim a própria experiência do feminino.[3] Ao mesmo tempo, diversas autoras discutiram a ideia de que esse tipo de artefato, a revista, estava firmemente marcada pelo feminino: enquanto o masculino sempre foi associado ao espaço público e ao mundo do trabalho, às mulheres cabia explorar o mundo doméstico, os meandros da intimidade e as variações da moda e estilo, temas por excelência de muitas revistas femininas.

A aparição de revistas masculinas ao longo da segunda metade do século XX sugere um deslocamento importante nesse equilíbrio: a ideia de publicar revistas que cobrissem temas como o corpo masculino, saúde, formas de se vestir, sexualidade etc. passa a configurar um novo espaço para a "reflexão sobre si mesmo".[4] Se antes a leitura tipicamente "masculina" eram apenas jornais e revistas de notícias, por exemplo, ou publicações ligadas aos esportes, o surgimento de um público interessado em temas "masculinos" de outra ordem (comportamento, moda, consumo etc.), e o subsequente surgimento de publicações que atendessem a essa demanda, sugere em si alguma mudança importante nas relações de gênero.

Essas alterações têm ligação importante com o feminismo: o questionamento das mulheres ao machismo, à subordinação das mulheres e às relações de gênero desiguais leva a um questionamento por parte dos homens, seja de cunho progressista ou conservador.[5] Em menor

---

3 Buitoni, *Mulher de papel: a representação da mulher na imprensa feminina brasileira*; Bassanezi, *Virando as páginas, revendo as mulheres: revistas femininas e relações homem-mulher 1945-1964;* Swain, "Feminismo e representações sociais: a invenção das mulheres nas revistas 'femininas'", *História: questões e debate.*

4 Giddens, *Modernity and self-identity.*

5 Kimmel, "Rethinking masculinity: new directions in research"; Connel, "The big picture: masculinities in recent world history"; Arilha, Ridenti, Medrado, *Homens e masculinidades: outras; palavras*; Monteiro, *"Tenham piedade dos homens!": Masculinidades em mudança*; Oliveira, *A contrução social da masculinidade.*

escala, mas não menos relevante, o surgimento de movimentos ligados às sexualidades não heterossexuais, liderados por gays, lésbicas, bissexuais, transexuais, e outros grupos, critica a noção de uma "heterossexualidade compulsória" como única possibilidade de vivenciar a sexualidade.[6] Em pauta para esses movimentos está a ordem de gênero vigente, colocando em questão não só as mulheres, mas também os homens.

Teorizando as masculinidades

Da mesma forma que a emergência do feminismo associa-se ao surgimento de uma teoria feminista,[7] as mudanças vivenciadas nas masculinidades, os questionamentos feitos aos homens e o surgimento de movimentos (e teorias) gays e lésbicos vieram acompanhados do surgimento de reflexões teóricas sobre as masculinidades. Tais estudos sobre masculinidades, ou *men's studies* (nomenclatura anglófona), nasceram em grande parte aliados ao pensamento feminista. De forma geral, o crescimento dessa bibliografia tem auxiliado a repensar o significado das masculinidades contemporâneas e históricas, construindo compreensões diversas a respeito de como as variáveis de gênero participaram de fenômenos sociais que envolvem homens e mulheres.[8]

Os estudos de masculinidades buscaram levar a sério a afirmação de que o gênero não era só uma questão para mulheres, mas deveria ana-

6 Fry, Macrae, *O que é a homossexualidade*; Connel, "Políticas da masculinidade"; Connel, *Masculinities*; Monteiro, "O homoerotismo nas revistas *Sui Generis* e *Homens*"; Zanchetta et al., "Ideas of masculinities in Latin America and their influences on immigrant men's attitudes toward health: prostate cancer prevention, an analysis of the literature".

7 Scott, *Gender and the Politics of History*; Butler, *Gender Trouble: feminism and the subversion of identity*.

8 Carrigan, Connel, Lee, "Towards a new sociology of masculinity"; Gilmore, *Manhood in the making: cultural concepts of masculinity*; Kimmel, "Rethinking masculinity: new directions in research"; Cornwall, Lindisfarne, *Dislocating masculinity: Gender, power and anthropology*.

lisar as relações entre elas e os homens. Além disso, para esses autores, as hierarquias de poder deveriam ser analisadas de forma relacional, negando quaisquer buscas por essências (masculinas ou femininas). O gênero deveria ser visto como constituído socialmente, e não como fruto de diferenças biológicas imutáveis. O gênero estaria assim no centro da nossa compreensão do mundo, e por isso todas as nossas práticas estavam, de alguma forma, ligadas a ele.

Os estudos sobre masculinidade no Brasil aprofundaram-se concomitantemente ao crescimento desse campo em países europeus e norte-americanos.[9] A masculinidade passa então a ser incorporada ao discurso crítico sobre gênero e desigualdades, em lugar de ser exclusivamente o sujeito universal e invisível da cultura e da política. Ainda que inspirados por autores estrangeiros, autores brasileiros passam a se preocupar com problemas ligados à realidade local, como a construção de representações do homem na sociedade e na história brasileiras,[10] a violência associada a ideais de virilidade,[11] os riscos e vulnerabilidades trazidas por práticas específicas ao homem,[12] o corpo masculino,[13] inclusive a ligação do gênero com a economia,[14] entre muitos outros temas.

---

9 Arilha, Ridenti, Medrado, *Homens e masculinidades: outras palavras*; Costa, "Mediando oposições: sobre as críticas aos estudos de masculinidades".

10 Nolasco, *O mito da masculinidade*; Oliveira, "Discursos sobre a masculinidade"; Monteiro, "Corpo e masculinidade na revista *VIP* Exame"; Schpun, *Masculinidades*.

11 Cecchetto, *Violência e estilos de masculinidade*; Machado, "Masculinidades e violências: Gênero e mal-estar na sociedade contemporânea".

12 Gomes et al., "As arranhaduras da masculinidade: uma discussão sobre o toque retal como medida de prevenção do câncer prostático"; Souza, Silva, Pinheiro, "Um toque na masculinidade: a prevenção do câncer de próstata em gaúchos tradicionalistas".

13 Knijnik, Machado, "Bailarinos do esporte: notas sobre novas masculinidades em campo"; Monteiro, "Corpo, biologia e masculinidade"; Pereira, "Discutindo gênero, corpo e masculinidade".

14 Piscitelli, ""Pioneiros": masculinidades em narrativas sobre fundadores de grupos empresariais brasileiros".

As diversas crises da masculinidade

Alguns autores (além de muitos críticos e jornalistas), especialmente na virada para os anos 2000, exploraram o conceito de "crise de masculinidade" para falar sobre mudanças na masculinidade pós-feminista contemporânea. A ideia de uma masculinidade em crise parte do princípio de que haveria, antes do feminismo especialmente, um conjunto estável de referências de masculinidade. Tudo isso teria acabado, dizem muitos, com os questionamentos de gênero recentes, especialmente os feministas. Segundo muitos comentários, não se teria mais certeza sobre o que é ser homem ou mulher; não existiriam mais referências tradicionais fixas, gerando certa confusão ontológica ou existencial.[15]

A ideia de crise recente, por um lado, sugere que há um aspecto nefasto ligado aos questionamentos de gênero recentes: pois, na medida em que se balançam as estruturas sobre as quais assentavam-se as ideias tradicionais de masculino e feminino, gerar-se-ia confusão e descontentamento, prato cheio para uma série de discursos psicológicos sobre o fim do casamento, o fim do "macho" tradicional, a desagregação das famílias, entre outras consequências sociais mais ou menos perigosas.

Por outro lado, esse debate passa ao largo da historiografia sobre a masculinidade, que aponta uma sucessão constante de "crises da masculinidade" desde pelo menos meados do século XVII.[16] Ou seja, apaga-se a natureza inconstante dos gêneros ao longo da história para construir uma noção de masculinidade tradicional e estável, que estaria sendo destruída por gays e feminista. Nesse sentido, a ideia de crise da masculinidade, ainda que sedutora, contextualiza o debate de uma forma que muitas vezes confunde ao invés de esclarecer a complexidade das relações entre homens e mulheres, em constante mutação ao longo dos anos.

15 Giddens, *Modernity and self-identity*.

16 Badinter, *XY: Sobre a identidade masculina*.

Uma primeira crise da masculinidade ocorre na França, entre 1650-1660, e na Inglaterra da Restauração, entre 1688 e 1714. Na França, houve o questionamento "feminista" das preciosas, que discutiam a maternidade e o casamento por conveniência. Nesse processo, aparecem os preciosos, homens que aceitam de certa forma as críticas à masculinidade tradicional e adotam costumes mais "civilizados", "efeminados" na cultura de elite da época. Na Inglaterra, houve o mesmo processo, sendo o "efeminamento" dos homens tido como influência perniciosa da luxúria francesa nos costumes ingleses.

Houve também uma crise entre os anos 1871 e 1914 aproximadamente, contendo muitos dos mesmos elementos da primeira. Dessa vez, atuam como força, ao lado de um renovado questionamento das mulheres (que nesse momento já se intitulam feministas), a Revolução Industrial e a modernização das estruturas produtivas. Ou seja, os referenciais da tradicional identidade masculina vão sendo questionados paulatinamente, primeiro por mulheres feministas, que exigem a igualdade de direitos e de privilégios na sociedade. Além disso, no decorrer do processo de urbanização e de industrialização, os homens trabalhadores submetem-se a esquemas fordistas de produção, nos quais a virilidade e a força física são menos importantes para realizar tarefas mecânicas e repetitivas.

O feminismo dessa virada para o século XX é considerado por seus críticos como uma "masculinização da mulher". Ao lado das feministas, surgem também os homens efeminados, os dândis e homossexuais, que vão renegar a masculinidade tradicional e ressaltar na sua vida existencial valores mais tradicionalmente femininos. Fala-se no começo do século XX de crise ou dissolução da família, associada à crise do casamento como fim último da vida e dos crescentes divórcios, assim como os novos costumes associados à vida urbana. Como veremos, esses temas são recorrentes em períodos mais recentes: a reação às críticas das feministas geralmente é feita por meio de acusações de "masculinização", e homens críticos do machismo em geral são tidos como "menos homens", efeminados e aberrantes.

Anos 1960-1970: da 2ª onda do feminismo ao movimento gay

A atual crise da masculinidade refere-se aos anos 1960-1970, quando ressurge com força o movimento feminista e aparecem pela primeira vez estudos de masculinidade associados a essa crítica. Nessa crise, assim como nas outras, muitos homens colocam em dúvida referenciais tradicionais de masculinidade. Homens pró-feministas, por exemplo, unem-se às mulheres para criticar o machismo, e buscam explorar novas formas de masculinidade menos violentas e hierárquicas. A reação mais comum, infelizmente, é de crítica ferrenha às mulheres feministas por abandonarem ideais femininos e denúncia da dissolução caótica dos valores sociais, caso a sua crítica seja levada a sério.

A revista *Ele Ela* toca nessa discussão, fazendo disso inclusive a sua razão de ser. É uma revista, segundo ela própria, voltada para o "casal moderno", que compreende que o mundo está mudando e que está interessado em discutir questões como o fim do casamento, o feminismo e a contracultura. O editorial, a seguir, é um exemplo da forma como a revista se coloca no mercado:

Quando Ofélia não é mais um exemplo

Ao contrário dos demais personagens shakespearianos, Ofélia não chega a ser um símbolo, é apenas um mau exemplo: o do amor infeliz pelo doce príncipe problemático que não tinha tempo para amá-la. Compensando-a de sua desventura, Shakespeare enfeitou-lhe a morte trágica com flores.

A mulher moderna não pretende repetir o drama de Ofélia, e, por isso, ao suicídio romântico prefere a vida, e, na vida, prefere conhecer-se a si mesma e conhecer os homens. Tal fórmula evitará que ela termine afogada em suas angústias – e, com flores ou sem flores, a mulher já está cansada das angústias que a marcaram por tanto tempo.

Ele Ela, neste seu segundo número, continua mostrando a face real dos problemas mais íntimos do homem e da mulher modernos. Exemplos como o de Ofélia, situações típicas e ilustrativas dos mais diversificados conflitos atuais encontram, nas páginas que se seguem, um estudo pormenorizado e sincero que muito ajudará ao homem e à mulher na busca da felicidade comum e do comum destino.[17]

---

17 *Ele Ela*, ano 1, n.2, jun. 1969.

Diversos artigos de *Ele Ela* vão discutir o fim do casamento, o fim da família, a revolução sexual, a liberação das mulheres e o uso de drogas. Influenciada por debates que ocorriam basicamente nos Estados Unidos, na Europa e na Austrália, a revista busca ser um espaço onde a "modernidade" e as mudanças em curso ao redor do mundo podem ser tratadas de forma aberta. A revista traz também reportagens sobre o impacto que essas mudanças causam no homem. Por exemplo, sobre o efeminamento do homem moderno, no artigo intitulado "Até que ponto o homem é feminino?", a revista coloca:

> No início, somente os rapazes duvidosos davam à boa apresentação o cuidado que era próprio das mulheres. Hoje, a maioria dos homens demora mais diante do espelho e submete-se a tratamentos quase femininos.[18]

A revista foi, pelo menos no início da sua publicação, relativamente simpática aos ventos de modernidade que sopravam nos anos 1960. Essa modernidade abarcava uma ideia genérica de emancipação feminina, incluída na liberalização dos costumes promovida pela chamada revolução sexual. A revista busca se firmar, pelo menos quando surge em 1969, como veículo de discussão desses novos valores e novas dinâmicas sociais. Nesse sentido, ainda que vago, a revista se mostrava receptiva à noção de emancipação feminina.

Mas com o passar do tempo, com a difusão mundial e crescente radicalização do movimento, que começou então a operar mudanças visíveis na sociedade, a revista migra para um antifeminismo, que se generaliza na mídia e nos meios acadêmicos brasileiros de esquerda e de direita.[19] Ela passa a publicar reportagens críticas ao feminismo, e chama as mulheres feministas de "mal-amadas", "masculinas" e "lésbicas". Artigos sobre o papel feminino adequado voltam às suas páginas, e a atitude tolerante desaparece ao longo do tempo.

---

18 *Ele Ela*, ano 1, n.8, dez. 1969.

19 Alvarez, *Engendering democracy in Brazil: women's movements in transition politics.*

Mas os deslocamentos em curso ao longo dos anos 1960 e 1970 eram mais profundos do que apenas mudanças de costumes. Alterações importantes no perfil socioeconômico do país ocorriam no final dos anos 1960, que estão fortemente relacionadas às mudanças socioculturais relativas ao gênero e às masculinidades.[20] Houve a entrada maciça de mulheres no mercado de trabalho e em áreas antes restritas aos homens, como a política, as artes e a indústria. Ocorreram também, principalmente entre as camadas médias da sociedade, questionamentos sobre os papéis tradicionais atribuídos aos gêneros e as relações hierárquicas dentro do casamento e da família. Valores individualistas foram crescentemente ressaltados, e novas formas de vivenciar as relações de gênero vêm à tona.

Autoras como Vaitsman apontam para a dissolução da família conjugal moderna do final dos anos 1960 em diante, um modelo em que o homem é o chefe e provedor da unidade conjugal, dominando a esfera pública e todas as atividades/privilégios associados a ela. A mulher e os filhos seriam aqui restritos à esfera doméstica. Nas classes altas, esses padrões diluem-se devido à mudança de costumes e o surgimento de novas oportunidades de inserção da mulher na esfera pública, por meio de novos empregos e do ensino superior. Mas esse processo se generaliza também nas classes baixas, devido a uma perda brutal de qualidade de vida, à industrialização e à urbanização caóticas e elitistas (baseadas na concentração de renda), que levaram as mulheres pobres a buscar empregos para complementar o orçamento familiar.[21]

Alguns dados estatísticos nos ajudam a visualizar e entender melhor esse processo: a participação feminina no mercado de trabalho passou de 14,6%, em 1950, para 27,2%, em 1980. Entre 1950 e 1980, o crescimento médio da População Economicamente Ativa (PEA) total no país foi de 3,1% ao ano, enquanto que o crescimento médio da PEA feminina foi de 5,2%. Também entre 1960 e 1980 diminuiu em 10%

20 Vaitsman, *Flexíveis e plurais: identidade, casamento e família em circunstâncias pós-modernas*.

21 Alvarez, *Engendering democracy in Brazil: women's movements in transition politics*.

a proporção de mulheres nas profissões de professoras de primeiro e segundo graus e enfermeiras, ocupações tipicamente femininas e que eram escolhidas exatamente por condizerem à "natureza feminina" e serem harmônicas com os "deveres" da mulher no lar.[22]

De um ponto de vista global, a maior parte das ocupações que se abriram às mulheres foram principalmente aquelas no setor de serviços domésticos, confirmando o modelo de produção da desigualdade. Ao mesmo tempo, a expansão de atividades na área de saúde e educação, nas empresas comerciais, artísticas, financeiras e culturais, entre outras, exigindo um nível mais alto de educação, ampliou o mercado de trabalho para as mulheres de classe média. As ocupações administrativas triplicaram e as técnicas e científicas mais que duplicaram entre as décadas de 60 e 80, oferecendo oportunidades para pessoas de diferentes origens sociais, mas que vieram conformar-se como parte de uma nova classe média portadora de valores modernos e individualistas.[23]

Goldberg[24] destaca a mudança do Código Civil em 1962, que distingue a mulher casada dos índios, dos incapacitados e dos menores, antes categorias equivalentes. No entanto, essa mudança não nivela os cônjuges na relação marital, sendo o homem considerado como chefe do casal. Ainda em 1962 a mulher adquire o direito de exercer uma atividade remunerada sem precisar da expressa autorização do marido, algo que ia ao encontro das tendências no mercado de trabalho, cada vez mais ocupado por mulheres. O que fica implícito aqui, e é confirmado nas revistas, é que as mudanças socioeconômicas e culturais em curso são visíveis, mas não são absolutas: o homem perde espaço como chefe inquestionável da família, mas sua posição privilegiada não desaparece por completo.

---

22 Bacha, Klein, *A transição incompleta: Brasil desde 1945.*

23 Vaitsman, *Flexíveis e plurais: identidade, casamento e família em circunstâncias pós--modernas*, p.65-6.

24 Goldberg, *Feminismo e autoritarismo: a metamorfose de uma utopia de liberação em ideologia liberalizante.*

Alvarez, além de sua análise da inserção da mulher de classe baixa no mercado de trabalho e nos movimentos femininos e feministas da época, concorda com Vaitsman e Goldberg a respeito da participação da classe média em movimentos de contracultura e feministas. A classe média urbana, que não tinha a sobrevivência ou a realização de papéis tipicamente femininos como preocupação central, sofreu transformações de outra ordem. Em meio "ao milagre econômico" do final dos anos 1960, o nível de vida dessas famílias aumentou bastante e uma nova gama de oportunidades se abriu para a mulher, que também estava entrando em massa nas universidades e nas ocupações técnicas.

Entre 1969 e 1975, segundo Alvarez, o número de mulheres nas universidades quintuplicou, enquanto o número de homens apenas dobrou. Entre 1971 e 1975, o número de mulheres inscritas nos programas de mestrado aumentou em 336,8% (contra 177,8% para os homens); no mesmo período, o número de mulheres que obtiveram o seu Ph.D aumentou em 400% (contra 180% para os homens). A autora, no entanto, faz várias ressalvas quanto a esses números. As mulheres ainda escolhiam predominantemente ocupações tipicamente femininas, como professoras, enfermeiras, serviço social etc. Nas universidades, estavam majoritariamente nas ciências humanas e sociais, com pouca penetração em áreas como medicina e engenharia, ou mesmo carreiras militares. Ela ainda ressalta que, dentro das categorias ocupacionais, mulheres brancas ganhavam 35% a menos do que os homens brancos, e que as profissionais negras ganhavam pouco mais da metade do que as suas companheiras brancas.

Em resumo, durante o período que vai dos anos 1950 até o final dos anos 1980, apesar das ressalvas já mencionadas, ocorre a entrada em massa de mulheres em campos que antes eram tidos como exclusivamente masculinos, como o ensino superior e o mercado de trabalho. As mulheres afastaram-se ou ganharam novas referências afastadas do âmbito doméstico, lugar de feminilidade tradicional por excelência.

As revistas do período não estavam indiferentes a essa realidade. A revista *Ele Ela* publica uma série de artigos sobre esta questão, intitulados "Vale a pena ser...", discutindo profissões da mulher como engenheira, dona de casa e atriz, por exemplo. Um dos mais interessantes nessa série é o "Vale a pena ser dona de casa?",[25] onde os afazeres domésticos são encarados como trabalho (uma temática cara ao feminismo) e não como obrigação ou natureza da mulher, e a dupla jornada é mencionada. Esse artigo, escrito por uma mulher (Eleonora Ramos), utiliza depoimentos para falar da dona de casa em tempos de feminismo. Reconhece que há pesadas críticas à mulher que fica em casa, inclusive registrando a frustração das mulheres depoentes com a estreiteza do mundo doméstico. A autora enfatiza no artigo o fato de o trabalho em casa requerer dedicação total, não dar férias nunca e nem aposentadoria. Ou seja, ela adota como sua a posição feminista diante da questão, numa época em que a maioria achava que o destino natural das mulheres era padecer no lar.

Além das mulheres, muitos homens passam a recusar abertamente os referenciais tradicionais da masculinidade. O movimento gay, ao dar visibilidade e buscar legitimidade para o "amor entre pessoas do mesmo sexo", como diz a revista, causou assim um impacto importante na hegemonia da masculinidade tradicional. O moderno movimento gay nasce, em 1969, na cidade de Nova York a partir das revoltas de Stonewall, logo se espalhando pelos Estados Unidos e pelo mundo. No Brasil, o primeiro grupo ligado ao movimento gay, o Somos de São Paulo, foi fundado em 1978. Movimentos de reivindicação política ligados a essa questão crescem de forma mais vigorosa apenas depois desse período, durante a efervescência política da redemocratização.[26]

Mas, ao contrário do feminismo, a homossexualidade nunca teve aceitação nenhuma da revista *Ele Ela*, sendo tachada invariavelmente de "desvio" e de "doença". Apesar disso, a revista acaba dando espaço, dentro de sua proposta de modernidade, para os questionamentos do *gay power* nos Estados Unidos e na Europa, devido à crescente influência do movimento nesses locais. Num longo artigo intitulado "As triste-

25 *Ele Ela*, ano 3, n.29, set. 1971.

26 Fry, Macrae, *O que é a homossexualidade*; Fry, *Para inglês ver: identidade e política na cultura brasileira.*

zas do poder alegre",[27] vemos uma discussão desses movimentos no exterior, que mostra a forma ambígua como essa questão era tratada: sintoma da modernização em curso, o "poder alegre" era ainda assim um desenvolvimento problemático.

Segundo a revista, homossexualidade é "a mais discutida e possivelmente a mais disseminada forma de desvio do comportamento sexual humano".[28] O artigo é propositalmente irônico em diversos trechos, quase ridicularizando as pretensões do movimento, como na introdução:

> De uns tempos para cá, e aproveitando as reivindicações dos grupos minoritários da sociedade, surgiu um movimento que a si próprio se intitulou de "poder alegre". Na verdade, não se trata de um poder, nem chega a ser alegre. O movimento procura legalizar o homossexualismo, conferindo-lhe um *status* de absoluta normalidade humana. Aqui, analisamos a dura realidade dos fatos.[29]

Em outro trecho, a legenda ao lado de uma foto de dois guardas apoiando o rosto com a mão, num gesto de perplexidade:

> Vencida a batalha na Inglaterra,[30] o poder alegre procura obter nova vitória nos Estados Unidos, onde as passeatas e comícios são cada vez mais frequentes. Dentro do tradicional espírito democrático daquele país, a polícia se limita a guardar a ordem, mas a cara dos policiais reflete a própria atitude da maioria do povo.[31]

Para a revista, a homossexualidade é, dessa forma, claramente uma aberração e um desvio da natureza. Apesar disso, a própria presença desse discurso na revista mostra que o movimento gay desse período é algo que não pode simplesmente ser ignorado, com ou sem ironia.

27 *Ele Ela*, ano 3, n.36, abr. 1972.

28 Idem, p.87.

29 Idem, p.83.

30 A homossexualidade entre adultos deixou de ser crime na Inglaterra em 1967.

31 Idem, p.86.

Em 1971, com a avalanche de críticas à masculinidade tradicional, começam a aparecer na revista sinais de repulsa ao feminismo e de revolta com as "minorias". O discurso tradicional, acuado por críticas, transforma o homem em vítima e busca salvá-lo da destruição, como afirma o artigo "Homem, com orgulho":

> De uns dez anos para cá, ser macho é sinônimo de grosso, cafona e superado. As minorias se somam e formam um todo quando o assunto é *derrubar* o homem-homem. Contra estes preconceitos é preciso que alguma coisa seja feita. E já – antes que as minorias o destruam e ele passe a ser um marginal da história e da vida.[32]

Num outro artigo, "Tenham piedade dos homens", a mensagem é de que o homem também é vitimado pelo sistema. Ou seja, a reação ao feminismo não é aqui o antifeminismo, nem a recusa completa do homem, mas a sua valorização e a constatação de que o homem é de certa forma também oprimido pelos padrões tradicionais de masculinidade, um tema tradicional de movimentos de homens pró-feministas ao redor do mundo.

> Já há muitos que querem ver-se como são: os membros do *Movimento pela Libertação dos Homens*, nos Estados Unidos, estão decididos a isso. Querem entender melhor as mulheres, querem entender melhor a si próprios, editam em comum com outros clubes do mesmo tipo a revista chamada *Brother* e estão abertos a todos aqueles que não conseguem mais desempenhar o tradicional papel do homem: "Não podemos chorar. Somos máquinas e foi a sociedade que nos inventou. Vivem nos dizendo que devemos ser heróis das mulheres, potências esportivas, intelectuais, êxitos administrativos, lutadores. Ora bolas. Nós não somos nada disso".[33]

A revista *Ele Ela* mostra, assim, a diversidade de críticas às masculinidades tradicionais que ocorreram nos anos 1960-1970, dando

32 *Ele Ela*, ano 3, n.29, set. 1971.

33 *Ele Ela*, ano 3, n.30, out. 1971, p.61.

espaço também à variedade de respostas a essas críticas: desde a recusa completa do feminismo como uma masculinização da mulher ou efeminamento do homem, até a autocrítica de homens solidários com o feminismo. Ela também abre espaço para a discussão sobre a homossexualidade, ainda que de forma defensiva e sem nenhuma simpatia pelos questionamentos de gays e lésbicas. Essa variedade de resposta aos questionamentos de gênero e sexualidade reaparece na sociedade brasileira muitos anos depois, mostrando o quão perenes são algumas das nossas representações de gênero e masculinidades.

Ainda assim, o contexto das discussões nesse período muda de forma bastante expressiva: ocorre ao longo dos anos 1980-1990 a multiplicação de nichos de mercado para homens, ligada a uma multiplicação de masculinidades aceitas socialmente. Essa multiplicação não significa, no entanto, o apagamento de referenciais tradicionais de masculinidade. Estes são retrabalhados, e velhas questões e ansiedades reaparecem, sempre recontextualizados. Muda o mercado de revistas, e mudam também as possibilidades de discussão sobre homens e masculinidades.

Anos 1980-1990: a pluralização das masculinidades

Ao longo dos anos 1970 e 1980, a revista *Ele Ela* muda radicalmente, enquadrando-se num modelo editorial que viria a se consolidar como o da revista masculina por excelência: nudez feminina, ao lado de matérias sobre política, cultura e esportes. Se antes ela se colocava como "uma revista para ler a dois", com o tempo tornou-se uma revista basicamente para homens, abraçando o erotismo e copiando o modelo da revista *Playboy*, que se torna a fórmula hegemônica desse tipo de publicação.

Esse modelo não se consolidou sozinho, no entanto. No decorrer das décadas, desde a implantação bem-sucedida dessa fórmula editorial, novas revistas entram na concorrência pelos leitores. Se o modelo pautado na erotização da mulher ainda está bastante presente nos anos

1990, ao mesmo tempo surgem outros fatores que o deslocam, abrindo caminho para uma erotização crescente do masculino. Revistas como *VIP Exame* ou *Sui Generis* colocam em cena novas formas de representação do homem, apontando para uma multiplicação das formas de significar o masculino no mercado editorial. Essa multiplicação de nichos dentro do mercado relaciona-se também com a pluralização das ideias de masculinidade que circulam na cultura brasileira.

Uma das principais características dessas novas formas de representação é a objetificação do masculino ou a crescente sexualização da imagem do homem nas páginas das revistas,[34] fenômeno que ocorre também em outras mídias. O homem passa a ser visto como objeto de desejo, a ser consumido prazerosamente pelo olhar do(a) leitor(a), convenções tradicionalmente aplicadas às mulheres na sua representação.[35]

A análise das revistas não confirma, no entanto, uma mudança completa na masculinidade em direção a um "novo homem" mais suave, menos machista ou mais feminino. Mudanças ocorrem, como fica claro pela própria existência de diversos tipos de revistas masculinas, mas elas não acontecem no vácuo, nem deslocam totalmente as tradicionais referências masculinas. Pelo contrário, no interior de novas formas de representar o homem, vemos recontextualizadas algumas das antigas referências da masculinidade tradicional: radicalmente oposta ao feminino, radicalmente diferente do homossexual, valorizando a virilidade, a força e a iniciativa como atributos tipicamente masculinos. A masculinidade tradicional, ainda que deslocada, não é simplesmente apagada.

Dentre a diversidade de títulos disponíveis aos leitores dos anos 1990, a *VIP Exame* é a que melhor se encaixa nesse processo de criação de uma nova imagética para o homem, baseando-se inclusive em revistas que no exterior realizam esse movimento de forma muito mais pro-

34 Kirkham, Thumin, *You Tarzan: masculinities, movies and men*; Nixon, *Hard looks: masculinities, spectatorship and contemporary consumption*; Caldas, Queiroz, "O novo homem: comportamento, moda e mercado".

35 Mulvey, "Visual pleasure and narrative cinema".

funda.[36] Ou seja, a recente erotização da masculinidade heterossexual, tal como discutida na literatura internacional, é um processo que vem sendo levado a cabo, mesmo que em parcela muito menor e mais tímida no Brasil, por revistas como a *VIP*, que trazem para o leitor heterossexual masculino temas tidos como tradicionalmente femininos, como cuidado do corpo, subjetividade e moda.

No entanto, percebe-se também como ocorre uma continuidade entre as temáticas das revistas tradicionais e as da *VIP*, apesar de seu apelo à modernidade. Ela ainda se pauta nos anos 1990 por uma oposição rígida e "inevitável" entre homens e mulheres, segundo a qual "o homem que quer viver bem quer viver bem em primeiro lugar com sua mulher ou namorada". Há também o recurso da "garota da capa", a figura feminina sensual chamando a atenção do público masculino, e o uso constante de imagens de mulheres seminuas, com a ausência de imagens de homens nas capas. A forma como a revista se encaixa na construção do novo homem é, dessa forma, também tradicional: o homem deve se embelezar e pensar na sua saúde, a fim de se relacionar melhor com as mulheres, e não para simplesmente ser mais bonito ou mais saudável para si:

> Para ajudar todos os leitores nessa ocasião propícia, *VIP* foi perguntar diretamente às mulheres o que é que elas esperam de nós, homens, em 1998. É esse o tema de capa desta edição. Na prática, o complicado, o polêmico, o delicioso relacionamento homem/mulher tem sido um tema central da nossa *VIP*. Por motivo quase óbvio: seria impossível fazer uma revista masculina moderna, útil e divertida ignorando o que, em última análise, interessa ao homem – a mulher. Sua cabeça. Seu corpo. Seus sentimentos.[37]

Outro exemplo dessa forma ambígua pela qual a *VIP* representa o novo homem é a maneira como trata temas como a saúde e o corpo

36 Monteiro, "Sobre a masculinidade contemporânea: uma experiência etnográfica na redação da revista *VIP Exame*"; Monteiro, "Corpo e masculinidade na revista *VIP Exame*".

37 *VIP*, n.152, dez. 1997, p.15.

masculino. Através do uso de uma enfermeira sexy, a Eunice, os editores da revista lidam com a temática tipicamente feminina da saúde do corpo, ao mesmo tempo reiterando a heterossexualidade do leitor. A estreia de Eunice ocorreu na edição 158 (1998), sob o título "Chame a enfermeira" (p.130). Ela é representada pelo desenho de uma enfermeira em pose bastante sensual, de minissaia e sapato vermelho de salto alto. Ao lado da imagem, aparece um pequeno texto: "Quero entrar na sua intimidade, benzinho. Escreve, vai...". Alguns exemplos de cartas respondidas são os seguintes:

Nos dias seguintes aos churrascos, surgem pequenas bolhas nas solas de meus pés e escamações nas mãos. Será que sou alérgico a carne? (Sílvio Bernardes, Campinas – SP)

Você precisa acabar com a mania de espalhar as brasas com os pés, bonitão. Ou, então, como disse José Carlos Mori, um amigo muito amigo, alergista do Hospital do Servidor Público do Estado de São Paulo, fazer testes para identificar se você é alérgico a algum corante ou aditivo químico da carne. Além disso, esse banquete de leão pode aumentar os níveis de ácido úrico em seu organismo e descamar suas mãos e pés. Veja se pega leve, na carne... ou tshhh, nas brasas."

Caminho sempre em jejum porque preciso perder peso. Mas ouvi falar que isso faz mal. É verdade? (Miguel Antunes, Poços de Caldas – MG)

Miguel, aposto que você já é um gatão assim mesmo, acima do peso, mas andei falando com o Osmar, sabe? O Osmar de Oliveira, médico esportivo, sobre seu caso. Ele diz que as caminhadas em jejum obrigam o organismo a usar os depósitos de gordura para gerar energia. Ou seja, aquele pneuzinho estepe da cintura pode ir a uso. Isso porque você não repõe os estoques de açúcar durante o sono. Assim, você emagrece de verdade. O caso, Miguel, é que com baixos índices de açúcar no sangue você pode se sentir mal. Se for seu caso, campeão, recomendo um suco de frutas antes de sair para a luta.[38]

O homem moderno é, dessa forma, sempre heterossexual. O seu possível efeminamento devido ao uso de produtos de beleza ou preocu-

38 *VIP*, n.158, p.130-1.

pação com o corpo é evitado pela reiteração constante do desejo pelas mulheres. Existe assim um apelo à heterossexualidade "natural" dos leitores, ao sensual e ao sexual, mesmo que de forma mais "refinada" ou "inteligente", segundo os editores da revista.[39] Não há o uso explícito de nudez ou linguagem direta, mas uma profusão de matérias sobre sexo, testes, fotos de mulheres de biquíni e roupas íntimas, entre outros artifícios. Dessa forma, há assim uma grande continuidade no que diz respeito à exaltação de um modelo heteroerótico para o "novo homem", apesar de suas qualidades mais femininas.[40]

Dessa forma, não se pode falar numa simples dissolução da categoria tradicional de homem no processo de pluralização das masculinidades que ocorre ao longo dos anos 1990, como os críticos do feminismo e alguns autores discutem. Pelo contrário, revistas como a *VIP* investem bastante na ideia de um "homem" específico, que não se confunde com um homossexual nem com uma mulher. Ao incorporar referências tradicionalmente femininas, a revista opera uma remasculinização das mensagens, a fim de torná-las referências próprias para o "homem atual". Ou seja: os homens devem ser modernos, abandonar um machismo rude, mas nunca devem deixar de ser homens.

Assim como nos anos 1960, portanto, há o medo constante do efeminamento do homem devido a mudanças nas masculinidades. E ainda que haja um espaço maior para masculinidades não heterossexuais, essa interdição nunca perdeu sua importância no conjunto das masculinidades brasileiras desse período. Isso é verdade mesmo naquelas publicações voltadas para um público gay, como a *Sui Generis*. Na sua busca de fortalecer um espaço para o homem gay "moderno", a revista se distancia de formas mais comuns de representar o homossexual em revistas, geralmente ligadas à pornografia e ao chamado "gueto", aquele conjunto de espaços restritos ao público homossexual (saunas, bares e boates gays, entre outros espaços de socialidade homoerótica). Esse

39 Monteiro, "Corpo e masculinidade na revista *VIP Exame*".

40 Medrado, *O masculino na mídia: repertórios sobre masculinidade na propaganda televisiva brasileira*.

homem gay moderno é geralmente representado como másculo, e se firma como digno de legitimidade social por meio do consumo.

Num movimento semelhante ao da *VIP*, que precisa distanciar-se da *Playboy* para constituir um espaço para o novo homem, a *Sui Generis* abandona referências pornográficas para buscar ampliar um espaço de representação para o gay moderno. Ambas as revistas deixam de lado a nudez e o conteúdo explicitamente sexual para investir em matérias sobre estilos de vida, moda e consumo. Enquanto a *VIP*, no entanto, precisa se livrar do estigma do homem efeminado por meio de uma remasculinização de suas mensagens, a revista *Sui Generis* busca fugir do estigma do gueto homossexual para construir a "respeitabilidade"; isso é feito por meio da imagem do gay consumidor, capaz de vestir-se bem, viajar e cuidar de si como qualquer outro homem moderno.[41]

O gay representado pela *Sui Generis* possui assim uma série de diferenciais que o colocam em situação diferenciada: ele é mais sensível, consome mais cultura, cuida mais de si, imagens tradicionalmente associadas ao gay (e à mulher); além disso, por não constituir família, torna-se um consumidor mais assíduo, com um maior orçamento para gastos exclusivamente pessoais. Essa posição o diferenciaria dos gays efeminados, travestis, *drag queens* e outras figuras mais comuns no imaginário corrente sobre homossexuais.

A *VIP*, mesmo sem a missão expressa de elevar a autoestima de um grupo marginalizado, opera de maneiras semelhantes no tocante a seu público. A constituição do homem contemporâneo, moderno, passa em larga escala pela forma diferenciada como ele consome. Maior abertura para cuidar do corpo, comprar cosméticos, maior interesse por moda e comportamento, todos esses elementos do "homem VIP" passam de alguma forma pelo consumo. O estilo de vida alardeado na *VIP* possui, portanto, referências muito semelhantes ao consumo de produtos diferenciados, ao cuidado com o corpo e ao interesse pela aparência do estilo constituído na *Sui Generis* para o "gay moderno".

41 Monteiro, "O homoerotismo nas revistas *Sui Generis* e *Homens*".

Conclusão: novos homens?

A multiplicação de títulos voltados para o homem ou para o público masculino está associada a um alargamento das possibilidades de vivenciar masculinidades divergentes? Numa primeira leitura, pode parecer que sim, sem dúvida: pois as revistas aqui analisadas buscam incorporar referências do mundo feminino na masculinidade heterossexual, sugerindo uma diluição das fronteiras entre homem/mulher; e a proliferação de revistas gays e seus crescentes cruzamentos com as publicações heterossexuais podem também sugerir uma crescente diluição da oposição hetero/homossexual.

No entanto, o processo não é tão simples. Longe de ocorrer uma diluição das oposições tradicionais entre homem/mulher, ou homo/heterossexual, na maioria dos contextos elas são reconstituídas nas situações mais inusitadas, exatamente onde aparentemente estavam sendo questionadas. Como na "masculinização" do homem moderno pela *VIP*, que exorciza o perigo do homem efeminado ao mesmo tempo em que postula o maior cuidado de si por parte dos homens; ou na recusa do gay efeminado pela revista *Sui Generis*, que tenta construir um espaço de legitimidade para a homossexualidade pelo consumo ao mesmo tempo em que se distancia das formas mais visíveis de masculinidades homoeróticas.

Mais do que recolocadas, repetidas, mantidas, as formas tradicionais de perceber e vivenciar a masculinidade são recontextualizadas, o que provoca um deslocamento no imaginário corrente sobre gênero. Esse movimento resulta num novo contexto que, mesmo não sendo totalmente antigo, também não é totalmente novo. Velhos medos perduram, como o sumiço do "homem de verdade". Ao mesmo tempo, novos espaços são abertos para homens e mulheres: o cuidar da aparência não indica, como em outros tempos, uma "masculinidade duvidosa", assim como a presença da mulher no espaço público não a masculiniza necessariamente. A homossexualidade, ainda que não totalmente aceita, é mais visível e tolerada do que nas décadas anteriores.

Dessa forma, pode-se afirmar que mudanças importantes aconteceram nas masculinidades brasileiras, ainda que marcadas por avanços e recuos. E essas mudanças aparecem nas páginas das revistas, ainda que com muitas ambiguidades. A crítica ao machismo dos anos 1960, aliada ao ressurgimento do feminismo e à mudança de costumes, foi presença constante nas páginas da *Ele Ela*. Após essa crítica inicial, a pluralização das masculinidades que ocorre ao longo dos anos 1980-1990 é visível nas revistas *VIP Exame* e *Sui Generis*.

A *VIP* tematiza o "novo homem" que, ainda que aberto a referências tradicionalmente femininas e crítico do machismo rude, permanece "homofóbico", ou seja, amedrontado pela possibilidade de parecer efeminado ou homossexual. O gay moderno da revista *Sui Generis*, por outro lado, busca firmar-se ainda como cidadão legítimo, especialmente por sua familiaridade com a cultura de consumo. Essa nova masculinidade se constrói, no entanto, sempre em oposição às homossexualidades indesejáveis, especialmente aquelas mais próximas dos guetos gays e do imaginário popular.

Os anos 2000 apontam para o aprofundamento de mudanças importantes, ainda que marcadas por conflitos: temos a primeira mulher presidente do Brasil, ainda que o mundo político brasileiro seja um espaço majoritariamente masculino e machista. Em São Paulo, ocorre há muitos anos uma das maiores paradas gays do planeta, na mesma Avenida Paulista que ficou manchada por diversos ataques contra homossexuais. Ao que tudo indica, as masculinidades brasileiras caminham, ainda que lentamente, em direção à maior tolerância à diversidade e à crítica ao machismo. Mas esse fenômeno ocorre, principalmente, devido a violentos conflitos e marcado por ambiguidade. Que o novo milênio traga mais mudanças e menos violência, e que os brasileiros aprendam a conviver cada vez mais com a diversidade de masculinidades.

12

"Aqui tem homem de verdade". Violência, força e virilidade nas arenas de MMA

Joana de Vilhena Novaes

> Nunca vi rastro de cobra/ nem couro de lobisomem/ se correr
> o bicho pega/ se ficar o bicho come/ porque eu sou é home /
> menino eu sou é home/
> e como sou!
>
> Ney Matogrosso

O que será um "homem de verdade"? E de mentira? Esta expressão, escutada tantas vezes nos mais diferentes contextos, serve-nos de guia para iniciar esse texto. Dita por homens e por mulheres, espelha um imaginário que acena com a possibilidade de haver uma representação predominante da masculinidade em nossa sociedade.

Masculino, nos dicionários, é definido como atributo do "macho". Uma definição que, meramente, se contrapõe ao "feminino". O mesmo não se passa com o termo *virilidade*. Este nos conduz, com mais clareza, ao território das produções discursivas: qualidade de viril; plenitude da capacidade sexual do homem; esforço, vigor, coragem; vigor masculino – potência. Talvez daí a frequente equivalência entre masculinidade e virilidade.

É nessa associação que prosseguiremos descrever no presente trabalho, tendo sempre em mente que, como qualquer produção discursiva, a masculinidade deve ser vista como espaço simbólico de sentido estruturante que modela atitudes, comportamentos e emoções a serem seguidos. Aqueles que seguem tais modelos não só são atestados homens do mesmo modo que não são questionados pelos outros que compartilham desses símbolos.

Como aponta Oliveira

> [...] apesar de todas as mudanças socioestruturais e todos os movimentos que continuamente contestam a hegemonia masculina, esse lugar simbólico ainda é bastante valorizado e funciona como bússola de orientação para a construção de identidades em diversos segmentos sociais.[1]

Bourdieu, citado por Badinter, evidencia que "ser homem é estar instalado, de saída, numa posição que implica poderes".[2] O masculino então é construído a partir das relações culturalmente estabelecidas pela sociedade. O modelo ideal de masculinidade perpassa a configuração genética dos sexos estabelecendo-se como um padrão ideologicamente social.

Nos séculos XVIII, XIX e parte do século XX, inúmeras características tidas como positivas, a exemplo de valentia, firmeza, inteligência e imponência, foram associadas ao ser masculino e vistas como qualidades sobre as quais a própria sociedade se autoprojetava.

A disciplinarização do corpo masculino, mecanismo que fazia parte de um processo social mais amplo, servia aos ideais de conquista e defesa e era incorporado ao cotidiano. Seguindo os eixos de docilidade e utilidade, "o processo de subjetivação quase que se igualava ao processo de sujeição presentes nas Forças Armadas, nas escolas, em conventos, internatos, colégios, quartéis, presídios, fábricas, hospitais, asilos etc.".[3]

A partir desta breve introdução (e por causa dela) é importante esclarecer por que, dentre as inúmeras representações e práticas sociais da masculinidade, elegemos as lutas (*Mixed Martial Arts*, MMA) como objeto de nossa investigação.

A primeira explicação parece mais ou menos clara. Existiria algo mais violento, brutal e tão fortemente associado à masculinidade do

---

1 Oliveira, *A construção social da masculinidade*, p.285.

2 Badinter, *XY: sobre a identidade masculina*, p.6.

3 Oliveira, *A construção social da masculinidade*, p.63.

que estas lutas? Como podemos observar, já estamos partindo da nítida associação entre violência e masculinidade viril, o que certamente não pode ser dado como algo apenas da "ordem da natureza". Esse será um dos eixos centrais de nossa discussão, uma vez que coloca em relevo o discurso de poder que envolve a construção da identidade masculina.

Partimos do pressuposto de que o masculino obedece a uma ordem discursiva legitimada pela sociedade, na qual o sujeito é autorizado a transmitir seu discurso. Nesse sentido, o discurso masculino é um exercício ligado ao poder no qual os sujeitos, ao reproduzi-lo, se apropriam de supostas verdades que lhes beneficiam. Como afirma Badinter: "a masculinidade não é uma essência, mas uma ideologia que tende a justificar a dominação masculina".[4]

Outra questão que se coloca é: como explicar o imenso fascínio que esses lutadores exercem sobre o público feminino? É no interjogo da "sedução viril *versus* fraqueza feminina" que vamos buscar entender, não apenas o fascínio, como também a profunda repulsa que esta prática exerce em nosso imaginário.

Assim, buscar entender esse jogo de sedução significa falar acerca dos privilégios que os homens tiveram até o início dos estudos críticos de gênero. Até então, eram vistos como o "sexo forte", detentores de poder e hegemonia, observados em relações sociais pautadas no binômio força e submissão.

Significa, igualmente, colocar em relevo a força das representações sociais conservadoras que colocam a mulher como sujeito fraco, carente de proteção e sempre em busca de um companheiro que por ela se responsabilize.

Segundo Maingueneau, a masculinidade viril como construção do social é reproduzida pelos sujeitos como senhores absolutos do discurso, os quais, ao enunciarem frases como "homem não chora", não observam a heterogeneidade de seu enunciado e, portanto, não questionam o conteúdo da afirmação enunciada.

---

4 Badinter, *XY: sobre a identidade masculina*, p.27.

Como o presente trabalho originou-se de uma pesquisa de campo desenvolvida entre 2011 e 2012, tomaremos as falas de nossos entrevistados como fio condutor, apoiados em uma malha teórica que busque entender seus múltiplos significados. As falas são excertos extraídos de entrevistas realizadas em academias de MMA, no período mencionado, selecionadas com o objetivo de melhor ilustrar os pontos discutidos. A identificação dos entrevistados foi suprimida.

Um desvio necessário: uma mulher na arena masculina

Não há como iniciar nossa discussão sem antes abordar alguns dos impasses que se apresentam em uma pesquisa desse tipo. A entrada de uma mulher, em um território de "pura testosterona" como as academias de luta, não se dá, em hipótese alguma, de forma suave. Diferentemente das academias de ginástica, onde a presença das mulheres é maciça, não é este o caso destes espaços.

Este sentimento parece ser partilhado por Cecchetto,[5] que descreve em suas pesquisas com lutadores de jiu-jitsu, galeras *funk* e "charmeiros", rituais bastante parecidos pelos quais passei. No caso, por exemplo, dos lutadores, a senha de acesso para prosseguir com sua pesquisa de campo e realizar as entrevistas foi submeter-se à prática do jiu-jitsu, ainda que em caráter experimental. O mesmo ocorreu comigo.

Cecchetto relata, igualmente, ter tido dificuldade de legitimar o seu lugar de pesquisadora. Foram precisos inúmeros encontros até que a barreira inicial da desconfiança e do descrédito fosse rompida, visto que os lutadores julgavam que o seu interesse fosse de ordem sexual. No meu caso, comentários sobre serem ótimos amantes, e por isso cobiçados no mercado amoroso atual, eram frequentes!

> Aqui tem homem de verdade, a mulherada fica louca quando compara com os mauricebas do mercado financeiro ou com esses intelectuais frouxos

5 Cecchetto, *Violência e estilos de masculinidade. Violência, Cultura e Poder.*

> da academia, aqui a galera tem pegada, chega junto e tem toda uma filosofia de vida que também ajuda na atitude [...] depois então que a luta foi reconhecida como esporte e tá tudo regulamentado direitinho, a gente começou a ter visibilidade e quando você pensa então na elite da luta (UFC), os caras não são bossais, tem que usar inteligência e é por isso que os contratos são bons, a luta passou a ter prestígio e ser reconhecida, aí a mulherada cresce o olho, né: – é dinheiro e poder!

Quando se adentra nas academias de luta o impacto se dá sob diferentes aspectos: o primeiro, pelo olfato, uma vez que a primeira impressão que toma, literalmente, de assalto qualquer estrangeiro ao meio, é o forte odor de suor potencializado pela adesão a uma dieta rica em proteínas que muitos desses lutadores fazem uso antes das competições. Esses ambientes rescendem a testosterona, e é justamente ela que nos recepciona, fazendo a devida introdução ao universo pesquisado.

Embora a apresentação do ambiente não seja das mais convidativas, após um tempo no local percebo que os lutadores constituem um grupo bastante coeso, algo da ordem de uma fratria, irmandade ou mesmo uma família, ou seja, uma prática cuja disciplina promove o sentimento de pertencimento e que por isso faz com que o sujeito se sinta acolhido. Pertencimento, aliás, é o sentimento que permeia as diferentes falas, como veremos adiante.

Difícil não sentir alguma dose de desconforto em um campo impregnado de significantes tão fortes! Afinal, como nos lembra Bourdieu,[6] transgressão tem a ver com domínio, e sentir-se à vontade está diretamente relacionado a ter familiaridade com as regras do jogo.

Sou logo brindada com a seguinte pergunta: "você veio aqui para confirmar que somos marginais, que é só selvageria, que isto é coisa de boçal ou que estamos de volta à arena romana?". Certamente, minha percepção não era muito distinta desta descrição, mas tenho como norma, antes de decidir "mergulhar em um campo", saber se conseguirei me despir de, pelo menos, grande parte de meus preconceitos. Não foi diferente dessa vez.

6 Bourdieu, "A crença e o corpo", *Le sens pratique*.

Sabendo que as práticas falam de diversas culturas, busquei ouvir o que me era dito, respeitando esse "outro". Em uma perspectiva sociológica, o "outro" só passa a ser considerado objeto de aceitação ou negação a partir de determinado grau de conhecimento, formulado *a priori* e numa relação de proximidade física, cognitiva e moral.

Dialogismo e alteridade[7] serviram como balizadores de nosso trabalho no sentido de entender a pluralidade discursiva, bem como a alteração que a presença do outro propõe. Discursos são, indubitavelmente, polissêmicos. É a partir desses atravessamentos discursivos que se agenciam no interior de determinados quadros relacionais que se compreenderá o jogo discursivo em campo.

Ouvi, inicialmente, lutadores de jiu-jítsu. Apenas na segunda etapa de meu trabalho cheguei aos lutadores de MMA. Os depoimentos que se seguem são fragmentos de falas que servirão para ilustrar o que nos propusemos a discutir. Se o campo, muitas vezes, mostra-se difícil de ser decodificado em função de suas heterogêneas malhas de poder e distintos mapas de navegação social, a experiência clínica e de pesquisa me ensinou que uma escuta atenta, sensível e acurada pode nos servir de múltiplas formas. Oferecer uma escuta, como afirmei em trabalhos anteriores, significa valorizar, conferir *status* ao sujeito e confirmar sua importância. Nada mais respeitoso que dar a palavra a quem se dispõe a conosco conversar.

Vejamos, então o que nos dizem os lutadores.

A luta como exercício da virilidade

A definição da representação social da masculinidade nas sociedades tradicionais sustentava-se no conceito de virilidade, que, por sua vez, estava intimamente articulada com o mundo do trabalho e da violência. Nesse sentido, um homem desempregado encarnava o arquétipo de alguém desvitalizado e com ausência de qualquer traço de virilidade.

7 Bakhtin, "Os gêneros do discurso", *Estética da criação verbal.*

A perda das posses e da honra eram, igualmente, vistas como um ataque à condição masculina, o que, por conseguinte, resultava na sensação de humilhação que, geralmente, antecede situações de violência.

Da mesma forma, a perda de alteridade, decorrente da perda de poder da condição masculina, levaria o homem a reivindicar a reintegração da posse de si mesmo por meio de atos de violência. Percebemos então, que a cultura autoriza o uso da força física para provar a virilidade quando o indivíduo não se sentir reconhecido como homem. Segundo nos informa Nolasco,[8] é por meio dos atos violentos que o homem procura recuperar seu *status* social masculino perdido: "mato, logo existo".

É interessante notar que, já no parágrafo introdutório de apresentação do tema da masculinidade, optou-se por demonstrar a existência da sua íntima relação com os atos violentos. Isso não foi acidental. Nossa intenção foi destacar como esses atos são legitimados pela cultura em que vivemos, visto que é na constatação da violência como (re)afirmação da virilidade que o homem se insere no universo público e consequentemente de trabalho.

Mas o que isso diz do nosso campo? Nossa indagação é respondida pela escolha de nossos entrevistados, homens que elegeram a luta como atividade principal e delas retiram todo o reconhecimento, prestígio e valoração social. Ou seja, dedicamos a nossa escuta a um tipo de sujeito cuja construção identitária, bem como o capital simbólico adquirido, foi, majoritariamente, forjado por meio de práticas corporais de combate.

> A luta me deu tudo que eu tenho, todos os bens materiais que conquistei, além das amizades verdadeiras, mas o mais fundamental e que é o pilar do que ensino aos meus alunos é o fato de ter me dado dignidade de caráter e nas atitudes, formou o homem que eu sou hoje.

De acordo com Connel,[9] a perda do *status* que a representação social da masculinidade sofreria, deu-se a partir da desintegração dos valores

---

8 Nolasco, *De Tarzan a Homer Simpson. Banalização e violência masculina em sociedades contemporâneas ocidentais*, p.66 e 72.

9 Connel, *Gender and power*.

das sociedades tradicionais quando da sua transformação em sociedades modernas. Nas sociedades tradicionais, a violência era articulada a certos rituais sagrados. Atualmente, o patriarcado herdado desse contexto é compreendido como um símbolo do passado e sinônimo de entrave, o que acaba por restringir a consolidação de uma nova sociedade. Regulada em torno do político e do informacional, a sociedade contemporânea afirma outro tipo de masculinidade. Entretanto, se antes a violência era minimamente regulável pelo sagrado, atualmente a falta de definição de um momento de transição para uma nova representação masculina leva à utilização gratuita da violência como forma de reinstalar o antigo estado de coisas.

Seria então correto afirmar que o fenômeno da espetacularização desses combates, com a consequente massificação de uma imagem de homem viril, seria uma busca de significação desatualizada e que não leva em conta um imenso contingente de valores em torno das representações de masculinidade? Na esteira desse raciocínio seria, igualmente, legítimo indagar sobre a velocidade com que ocorrem as mudanças subjetivas, visto que ainda observamos uma visão bastante conservadora no tocante aos nossos ideais de masculinidade.

Nossos entrevistados parecem apostar no gosto pela arena romana e daí o sucesso e a crescente audiência que as lutas vêm obtendo: "Desde que o mundo é mundo o ser humano adora assistir porrada, é coisa de macho. Todo mundo adora ver o pau comer!"

A ligação da violência com o sagrado, nas sociedades tradicionais, pode ser constatada nos rituais de passagem do menino para a idade adulta. No contexto tradicional, não é permitido dúvidas sobre que tipo de homem se deseja ser, sob pena de desequilibrar a força formadora dos padrões culturais de determinada sociedade. Sobre a transmissão de determinados valores pela assimilação das práticas corporais, nos falou um dos entrevistados.

> Meu pai me colocou no jiu-jítsu quando percebeu que eu estava me tornando uma criança muito insegura e com dificuldades de atravessar a separação dele com a minha mãe. Na separação dos dois, acabei indo morar com

ela, apesar do meu pai sempre me visitar. Aquilo me marcou, pois eu estava na pré-adolescência, devia ter uns 12 anos e foi naquele momento e na academia, durante os treinos, que aprendi a ser homem. O meu mestre falava duro e me exigia determinação, não me dava mole só porque eu estava mais frágil emocionalmente que os outros garotos da turma. Aprendi o que era ter disciplina, respeito e determinação com meu primeiro mestre e hoje passo isso para os meus alunos. Acho importante o fato de na prática do esporte a gente ter a responsabilidade de formatar o caráter do aluno, com a luta aprendi a ser destemido, mas também aprendi a honrar meus compromisso, aprendi a ter hombridade.

Robert Bly,[10] poeta americano, ativista e líder do movimento mitopoético, trata em seu livro *The sibling society* da inabilidade do homem moderno para atingir a maturidade. Ancorado na teoria junguiana e utilizando como subsídio análises dos contos de Bruno Bettelheim, o autor irá discorrer sobre o fato de a iniciação masculina ser bastante negligenciada nos dias atuais, o que, de acordo com o mesmo, justificaria a função de educar o menino ser transferida para as mulheres (mães) e, muitas vezes, fora do convívio da família, tendo em vista as separações e divórcios.

Em outra obra, intitulada *A book about men,*[11] o autor trata do papel do mentor na descoberta das verdades sobre a masculinidade que extrapolam os estereótipos da nossa cultura popular. Esse papel é designado aos homens mais velhos e de importância vital para os jovens que os acompanham.

No caso de nosso entrevistado, como de tantos outros lutadores que nos revelaram a importância de seus mestres na formação da sua personalidade, não seria ousado pensar que o lugar do mentor, citado no livro de Bly, foi ocupado pelo mestre de jiu-jítsu, citado pelo entrevistado. Da mesma forma, quando nosso lutador menciona sentir-se responsável pela formação do caráter de seus alunos, explicita o papel

10 Bly, *The sibling society.*

11 Bly, *A book about men.*

da transmissão de um conhecimento (normas e valores) que, nesse caso, será assimilado pelos mais jovens por meio de ensinamentos da luta.

Masculinidade diz respeito a um conceito que se refere ao conjunto de práticas e ações legitimamente reconhecidas e aceitas no universo social, como um padrão de comportamento que afirma e realiza um ideal masculino, representando o homem (gênero) no imaginário cultural coletivo.

> A luta me ensinou a ser o homem que sou atualmente, meus mestres, tanto do boxe, como do jiu-jítsu e o próprio convívio nos treinos com os companheiros de luta me ensinaram que a luta é a arte da humildade, respeito e determinação para não perder o foco jamais e criar resistência acima de tudo.

A fala acima parece apontar para um ideal masculino de valentia, virilidade e superação dos limites, bem como para um código de honra, no qual não é de se estranhar que as mulheres cobicem os lutadores, conforme veremos adiante, visto que são enquadrados em representações sociais ainda bastante valorizadas, quais sejam: as de "machos alpha", provedores, dignos de comprometimento e laços afetivos estáveis, ou seja, da categoria de marginais os lutadores converteram-se em "bons partidos"!

Em tempos de relações voláteis e amores líquidos, a submissão e o respeito às regras e normas rígidas típicas de um ambiente altamente hierarquizado, parecem formatar um parceiro amoroso com um capital valioso no cenário atual. Não se trata, pois, de ignorar que o interesse das moças advenha, em grande medida, da expressiva visibilidade e do consequente retorno financeiro que esses rapazes adquirem. Destaca-se, contudo, a existência de ideais amorosos ainda bastante conservadores que permanecem em nosso imaginário social.

> Essa lance do assédio é muito forte, eu sou casado e vou da casa pro treino e vice-versa, mas acaba que a gente fica muito visado, mesmo com a mulher do lado e sabendo que sou da igreja, a mulherada às vezes abusa e cai matando. Agora mesmo vai aparecer a história da minha trajetória profissional num programa que estreia no Multishow.

Sobre esse conservadorismo, conforme apontam inúmeros autores,[12] vale lembrar que, embora se fale em declínio ou crise da masculinidade na cultura ocidental, na ausência de novos signos e, talvez por isso, ainda nos valemos das representações tradicionais. Uma boa ilustração é a imagem do homem viril associado às práticas corporais violentas.

> Pode reparar, a maioria dos lutadores nesse meio do UFC é casado, tem filhos, são muito ligados à família e quase sempre muito religiosos. Essa ideia do lutador galinha, *bad boy* e que se metia em confusão é coisa dos anos 1990, época em que os playboyzinhos de classe média alta usavam a luta para ficar sarado, ganhar fama de porradeiro e pegar mulher. Nessa época a prática também não era considerada esporte e isso ajudou na ideia de que luta é coisa de marginal.

É por meio da força masculina, traduzida pelo pensamento de virilidade, que se admite o monopólio do uso da força evocado pelo papel social do homem como mantenedor desse *status quo*. Desse modo, o perfil masculino almejado traduz-se com a consolidação do *caráter* guerreiro que se reflete nessa aptidão "natural" dos meninos para o combate, a luta e as diversas formas de violência simbólica, psicológica ou física.

Segundo Nolasco,[13] o problema de a violência ser "admitida" e "naturalizada" como inerente ao processo de sociabilidade masculina é que essa perspectiva é permissiva com representações de violência como forma de imposição de força e poder. Aceitar a conduta violenta como prática cotidiana, típica, desejável e coerente é como incorporar um traço psicológico de controle e dominação que desenvolve valores torpes de se conceber o social de forma hierarquizada e segregacionista. Nas palavras dos lutadores:

> Esse lance de taxar a luta como uma coisa violenta não tem nada a ver, discordo, porque homem é criado pra saber se defender, para atacar, caçar e

12 Bly, Oliveira, Nolasco e Connel, por exemplo.

13 Nolasco, *De Tarzan a Homer Simpson. Banalização e violência masculina em sociedades contemporâneas ocidentais*, p.66 e 72.

> conseguir as coisas, é a lei do mais forte, desde a época das cavernas é assim, o mais apto é que prevalece, a luta te prepara para o mundo. A vida é uma selva e um homem de verdade tem que saber ser uma fera, no mundo animal é a mesma coisa.

Connel sugere a existência de uma masculinidade hegemônica que se refere a uma espécie de "organização social da masculinidade". Nesse sentido, o autor celebra uma construção de um padrão, que se impõe como dominante num contexto onde o mesmo exerce relações de poder intrínsecas a seu *status*, que está calcado no aspecto de gênero. O autor admite que essa construção de gênero é dinâmica e plural, sendo, desse modo, portadora de relações históricas e de contradições internas que abrangem o feminino e o masculino. Entretanto, quando o autor concebe a existência de um padrão hegemônico, há que se pontuar como essas condutas são estabelecidas e transmitidas na sociedade.

Os homens são causa e consequência; matam mais e morrem mais. Eles são 90% do contingente carcerário e, disparado, as maiores vítimas de acidentes de trânsito, de ingestão de álcool e drogas, além de cometerem mais suicídio. Esses dados são interpretações qualitativas de números nacionais, como os do IBGE e do Instituto de Estudos da Religião (ISER), e internacionais, como os da ONU. No final, uma constatação lamentável e verdadeira: a associação de violência à virilidade e a masculinidade está subjacente a tudo.

E assim caminha a humanidade, no encalço do poder masculino, repetindo os mesmos erros.

Como andam os homens atualmente?

Para Badinter, o homem do final do século XX não sabe se definir. Ao questionar sua identidade na sociedade, as mulheres acabam por desestabilizar a masculinidade. A opinião é compartilhada por Nolasco, que aponta a trajetória do homem de Tarzan a Homer Simpson.

Segundo o autor, a representação do universo masculino está em crise. Tarzan, o arquétipo do herói viril e lutador, já começou este século decrépito. Homer Simpson, o pai do desenho da tevê *Os Simpsons*, seria a imagem mais aceita pela mídia como protótipo do homem médio. Mas quem já viu o desenho animado sabe que ele é, também, o oposto da virilidade e da sedução, um anti-herói.

Não será esta uma das razões para o fascínio que os lutadores exercem sobre determinado tipo de mulher?

"Luta é coisa para macho... macho tem pegada forte e é por isso que a mulherada cai matando e adora." Ou então, "Aqui não tem essa coisa de metrossexual não". E ainda "Metrossexual é boiola que não se assumiu."

A violência tende a aumentar em culturas nas quais as representações sociais se transformaram em operadoras da economia e do direito. Ao sentir-se destituído de sua virilidade, o indivíduo imagina que poderá tirá-la de alguém que a tenha.

Um bom exemplo da crise da masculinidade no ocidente pode ser encontrado no filme *O clube da luta* (1999), no qual o narrador conhece outro personagem, Bob Paulsen, em um grupo de homens com câncer testicular. Bob, por sua vez, é castrado e aos prantos indaga ao narrador: "Somos homens ainda, não somos?". Parece-nos inquestionável a afirmação de que Bob perdeu a última coisa que, num mundo desigual e intolerante, o identificava como homem: seus testículos! O rapaz recupera, contudo, a hombridade ao ingressar no clube. Mais do que trocar porrada para ser macho, ele se torna um homem no exercício de suas capacidades, que são maiores do que apenas consumir. Ironicamente, nos lembra Bly, Bob foi castrado por usar esteroides anabolizantes, foi traído pela forma comercial de ser "Homem"'.[14]

Em nossa época, observa Bly, os jovens estão famintos por uma figura paterna que seja também um mentor. Além dos bens e insumos materiais, alerta o autor, estão ávidos para receber diretrizes. Alguns

14 Blogue Máquina Urbana, s/d.

desses jovens ficaram emocionalmente retidos na fase do "valentão". Outros se mantiveram na ingenuidade que destrói as relações. O livro não descarta a figura feminina, mas constrói uma relação com a figura paterna. À figura do pai-mentor é dada a responsabilidade pela iniciação dos seus filhos no mundo da masculinidade profunda, viva, sólida, centrada e harmoniosa. Fundamental em épocas de declínio da função paterna como a que vivemos, onde tudo está fora da nova ordem mundial, parafraseando Caetano Veloso.

Parece haver um consenso, na literatura de gênero, de que a masculinidade como uma representação social entrou em decadência. Na transição para o individualismo moderno, tudo aquilo que simbolizava o mundo dos homens sucumbiu. Dessa morte, beneficiam-se os discursos das minorias, estas mitologias modernas. As mulheres vão reivindicar paridade salarial e igualdade de direitos com os homens. Os homossexuais vão fazer a mesma coisa em relação aos heterossexuais, e os negros, em relação aos brancos.

É dessa morte simbólica das insígnias masculinas que nascerão no Ocidente as reivindicações contemporâneas. Então, esse homem branco, heterossexual, continua a existir como projeto, como representação. O que sucumbe é o indivíduo do sexo masculino identificado pelas estatísticas. O contraponto a tanta modernidade psíquica parece vir do próprio campo, que demonstra um outro lado do imaginário social que se explicita aqui:

> Homem bom é o que tem pegada, que fala mais alto e não deixa a mulher cantar de galo e sabe por quê? Porque impõe respeito, mas é gentil, protetor, cavaleiro e cumpre o riscado ao pé da letra.
>
> O compromisso com os companheiros de luta é outra lição que a gente leva pra vida. A vida é uma eterna batalha e a luta me ensinou as melhores estratégias para vencê-la e nunca desistir com os obstáculos que surgirão no meio do caminho, meus oponentes nessa arena!

Tarzan, segundo Nolasco, foi criado a partir de vários outros mitos, de homens que vencem as intempéries da natureza e se sobrepõem a elas. Enfim, é um amálgama de várias representações masculinas fragmentadas. Mas Tarzan já começa como expressão da decadência deste século, revelada pelo temor do desemprego, num contexto de violência, fertilidade baixa e cotidiano massacrante. Por outro lado, Homer Simpson é expressão de ineficiência, da inadequação e do fracasso, e também da conformidade, da impotência e da inércia.

Tais representações certamente não se coadunam com os valores pregados por nossos lutadores. Eles representam força, vigor ou expressão da natureza, mas também a obstinação e a superação típicas de uma disciplina calvinista, além de serem encarados como ótimos provedores e pais de família, sendo muitos deles religiosos. Todos os lutadores entrevistados afirmaram a sua competência nas áreas do trabalho e do amor, reafirmando a luta como um instrumento fundamental para lhes conferir *status*, tendo como resultante a visibilidade, serem bem-sucedidos e até mesmo assediados e desejados.

Percebemos assim que, além da violência, a férrea disciplina exigida pela rotina da luta parece apontar que esta é uma das características associadas à virilidade.

Segundo White, Young e Mcteer,[15] é através dos treinos que o sujeito masculino vai sendo modelado. É também no treinamento que o corpo assimila a disciplina, dando ao atleta o controle de si como tão bem sinalizou Foucault, ao discorrer sobre as tecnologias do eu, relações de controle e domínio, em sua genealogia do poder. Com as técnicas corporais incorporadas e o domínio do corpo, os lutadores adquirem uma valiosa estratégia/capital contra os seus oponentes. Aprendem a controlar a dor, superá-la, neutralizá-la e até mesmo dissimulá-la.[16] Suportam e convivem com a mesma de forma tão intensa e constante que, na sua ausência, desconfiam não estar desempenhando o seu papel

---

15 White, Young e Mcteer, "Sport, masculinity, and the injured body". In: Saso e Gordon (Eds.), *Men's health and illness: gender, power, and the body*, p.158-204.

16 Novaes, Vilhena, "Do homem-máquina ao corpo descarnado: sujeito, corpo e agenciamentos culturais", *Revista Vivência*.

corretamente, como nos mostram as falas dos nossos entrevistados, sugerindo estranhamento ao treinar sem dor.

> Vivo com dor, assim é a vida de um atleta e quando não é assim, [é] até estranho e desconfio que não ando treinando direito [risos]. [...] mas é o meu instrumento de trabalho, meio de sustento e a razão de ter conquistado tudo na minha vida até agora
>
> As pessoas sempre me perguntam espantadas sobre como um lutador aguenta tanta porrada, respondo que existem regras na luta que protegem o atleta e que um lutador profissional é treinado para desenvolver e adquirir esse tipo de resistência

Sendo assim, seria correto afirmar serem eles os novos Tarzans? A violência emerge como uma tentativa de resolução de conflito na busca de reconhecimento e visibilidade social. A representação masculina mantém-se presente como eixo orientador nas aspirações de prestígio, poder e competição.

A história do Ocidente no passado exigiu um homem violento, agressivo, corajoso, vigoroso, necessário à demarcação de fronteiras e garantias do Estado. A história valorizou esse homem, mas hoje, aparentemente, ele não teria mais função. Será? Não parece ser isso que nos falam nossos entrevistados, nem tampouco suas fãs.

Corpo forte e viril

Uma das questões mais recorrentes quando se fala de luta, em especial MMA, é a violência envolvida: arena romana, crueldade espetacularizada, incentivo à barbárie. As falas de nossos entrevistados, citados anteriormente, apontam para outro sentido. Ainda que indiquem a violência como inata, recusam-se a reduzir a luta apenas a esta dimensão. Da mesma forma, fazem questão de apontar outras insígnias identitárias que não podem ser reduzidas apenas à estreita correlação de virilidade e violência.

Figura 12.1
Luta de MMA.

Tal opinião parece ser compartilhada por Fatima Cecchetto.[17] Ela recusa o que caracteriza como estereótipos que associam diretamente violência, masculinidade e pobreza, ou o paradigma da sociobiologia, que não dá conta de explicar as múltiplas questões e manifestações da violência e das masculinidades.

A autora trata da questão do corpo vinculada *à temática da identidade, da sociabilidade, da violência e das relações entre os sexos*, ou seja, do processo de construção social das masculinidades. Cecchetto discutirá as formas de competição masculina, apresentando o músculo como atributo de culto pelo masculino e a violência associada à virilidade e o culto ao corpo. A hipervalorização do corpo é compreendida como veículo de *status* e de poder, ou seja, o corpo é um capital. Revela, contudo, a presença de símbolos e significados de pertencimento, de estilo e de afirmação.

17 Cecchetto, *Violência e estilos de masculinidade. Violência, cultura e poder.*

Acerca das formas de sociabilidade masculina, Cecchetto afirma que as semelhanças no cotidiano dos bailes *funk* e das academias de jiu-jítsu reside no fato de ambos ocuparem múltiplas funções: de lazer, esporte e estilo de vida. De acordo com a autora, existiria, inerente a essas rotinas, um processo de sociabilidade e práticas que são produzidas, reproduzidas e reiteradas nesses espaços de lazer, bem como na busca voluntária pelo risco. Ambos apresentam um contexto de violência e, da mesma forma, o uso de drogas existe para fins específicos nos dois grupos.

O fato de galeras *funk* e lutadores de jiu-jítsu exibirem um estilo de sociabilidade semelhante, apesar de estarem inseridos em segmentos sociais distintos, segundo renda e escolaridade, mostra que é impossível fazer qualquer generalização com base no sexo e na classe social. "Nem todo frequentador de bailes *funk* participa de confrontos. O mesmo ocorre entre os brigões de boates, que nem sempre são lutadores. É preciso tomar cuidado para não estigmatizar",[18] observa ela.

No caso dos frequentadores de bailes *funk*, o uso é feito com o intuito de estimular e potencializar o caráter da disposição guerreira, do forte, do poderoso, do que pode tudo; em relação aos lutadores de jiu-jítsu, o uso de droga está associado ao exercício físico pesado para modelar o corpo, criar músculos e também para torná-los fortes, poderosos e invencíveis, ou seja, igualmente funciona para estimular e potencializar o caráter da disposição guerreira.

Segundo Vilhena,[19] em seus estudos sobre o *funk*, em nosso imaginário o *funk* é visto como sinônimo de violência, sendo sempre reforçado pela "cultura do medo" na qual estamos inseridos. Nesta perspectiva, deixa-se de lado seu sentido civilizatório, o tratamento político dado a ele e o que o mesmo significa em termos de inserção identitária para

---

18 Idem, p.16.

19 Vilhena, "Da claustrofobia a agorafobia. Cidade, confinamento e subjetividade", *Revista Rio de Janeiro*; Vilhena, "O *funk*, o *rap* e a poesia dos manos. Da cultura do medo à fraternidade como laço social", *Anais do I Congresso Internacional da Associação Universitária de Pesquisa em Psicopatologia Fundamental.*

o jovem. Abole-se, assim, o espaço de festa, de confraternização, de identificação individual e grupal, de solidariedade simbólica e de elaboração do uso da violência física. Aí, segundo a autora, grande parte desses jovens vai encontrar o espaço da denúncia e de rompimento do isolamento.

Dessa forma, esses jovens passam a estar integrados a um sistema de trocas simbólicas e a uma rede de reciprocidade que muitas vezes se assemelham ao que Mauss[20] denomina de dom. Ao fazerem da união, da amizade, da fraternidade seus temas recorrentes, reforçam esses valores e investem na integração social como antídoto para a violência.

Sobre o uso de anabolizantes, estimulantes e diversos suplementos vitamínicos, conforme observamos em estudos anteriores, não são prerrogativas de lutadores de forma alguma. *Body builders*, mulheres malhadoras, bem como os *body freaks* usam-no abundantemente.

Exemplos mais extremos de brigões de rua são reconhecidos nos chamados *pitboys*, lutadores que agem em bando exibindo brutalidade. Eles estariam promovendo um afastamento da filosofia da luta, baseada na calma e no autocontrole, e criando um novo padrão: a valorização da força bruta. Vejamos alguns trechos de entrevistas:

> Além da galera do fisiculturismo lá trás na década de 1980, na real, o que acontece é que o uso de anabolizante começou a ficar em evidência com os *pitboys*, por conta da alteração no comportamento que o uso de hormônio gera quando mal administrado e usado em excesso.
>
> Os caras faziam uso de esteroide e ainda misturavam com álcool e energético e saíam para *night*. Resultado, nitroglicerina pura, queriam dar uma de valente, porradeiro, coisa e tal e pra se exibir para o grupo, se envolviam em confusão, brigavam em porta de boate, saíam espancando *gay*, enfim, essas coisas que garoto novo gosta de fazer para se afirmar, mostrar que é macho pro grupo, quem é o pica das galáxias.
>
> Esses caras [*pitboys*] é que ajudaram a detonar a imagem da luta, nego ficou pensando que lutador é marginal, tudo bandido que só não é preso porque

20 Mauss, "Les Techniques du corps", *Sociologie et anthropologie*.

tem grana ou então que é boçal, um tipo atual de homem das cavernas, que resolve tudo na força bruta e não é nada disso.

Na verdade, isso tudo é uma distorção da filosofia da luta, lutador mesmo é muito calmo, já esgota toda essa energia no treino, não prega a violência que não seja no ringue, no tatame ou no octógono e também não faz mau uso da técnica e da resistência que adquiriu, porque sabe que pode matar facilmente se colocar em prática suas habilidades.

Na luta e nos treinos a gente aprende que ser homem está na disciplina, na obstinação, na humildade e no repeito, mas na rua é o tal negócio, ser é homem é só ter força e agilidade.

O discurso de nossos entrevistados evidencia o temor de parecerem fracos diante de seus semelhantes. A expressão "frango" denota fraqueza, algo que gera constrangimento e é também motivo de escárnio e avaliações morais depreciativas. Essa fraqueza deve ser evitada no culto ao corpo e no uso de anabolizantes, caso o jovem não deseje ficar excluído do mercado amoroso, conforme alertam seus colegas.

Acerca do poder de atração sexual que os rapazes despertam, parece existir uma intrínseca associação entre uma atitude violenta, presente na expressão "porradeiro" e o culto ao corpo que produziria o corpo sarado dos marombeiros. A máxima observada no comportamento das ruas, e que parece imperar, pode ser atribuída à lei do mais forte. Nesse sentido, os entrevistados parecem nos dizer que a força além de um capital valioso, juntamente com o corpo, é também índice de masculinidade.

A violência é evidenciada na positivação da força física para causar danos sérios ao oponente. Sob condições específicas, entre alguns lutadores de jiu-jítsu, o descontrole pode transbordar em forma de agressão, manifesta em expressões de homofobia, violência com mulheres e até homicídios.[21] Alguns lutadores afirmaram nunca terem conhecido um *pitboy*. Quando muito, eles seriam os novatos, desprovidos de autocontrole, situados nas hierarquias mais inferiores do esporte.

Nas academias o corpo forte do lutador é uma prova de masculinidade. Quando eles se impõem pela força física, ganham prestígio e

21 Cecchetto, *Violência e estilos de masculinidade. Violência, Cultura e Poder.*

obtém vários bens, como *status* entre outros homens e o interesse das mulheres. Para eles, a presença do sexo feminino naquele contexto é motivada pela fama, *status* e dinheiro do lutador. Conforme citado anteriormente, essa foi uma das dificuldades da pesquisadora no decorrer de seu trabalho de campo, pois para a maioria dos lutadores era difícil acreditar que ela estaria naquele ambiente com a finalidade de pesquisa e não por atração sexual.

Na atualidade, o sucesso e a crescente popularização das lutas são naturalizados num discurso que proclama sermos "agressivos por natureza desde que o mundo é mundo", o que justificaria uma demanda espontânea para assistir aos combates. Nesse sentido, pode-se afirmar que é a exigência exacerbada dessa virilidade um dos fatores que ajudam a caracterizar os esportes de combate como espaços tipicamente masculinos:

> Pô, a agressividade faz parte do homem. A gente é igual bicho, tem que ser domado, senão sai por aí fazendo besteira. Muito pelo contrário, acho que o aprendizado de uma arte marcial ensina o sujeito a se transformar e a colocar pra fora essa energia, essa besta fera. [B.5]
>
> Mas acho que na luta é como no reino animal, sobrevive o mais forte, o mais apto. Na verdade com a evolução da espécie humana também foi assim, não mesmo? Prevaleceu o mais resistente, o mais sagaz, o mais forte [...] [B.3]
>
> O problema é que na hora do show o público quer porrada, sangue, isso é normal do ser humano querer ver porrada, arena total e aí vai depender de quem for o gladiador, os mais novos se deixam levar e envolver pelo público com sede de violência [...] tem também a questão da vaidade.

Finalmente, há que destacar a dimensão de pertencimento que a luta provê. Assim como apontamos no caso do *funk*, a fratria dos lutadores oferece um grupo de pertencimento que não pode ser desprezado.

Em um trabalho anterior,[22] descrevo detalhadamente um projeto social no morro do Cantagalo, conduzido por Claudio Coelho, na aca-

22 Novaes, "Corpo arma, corpo ferramenta ou corpo capital". In: Novaes e Vilhena (Orgs.), *Corpo para que te quero? Usos, abusos e desusos.*

demia Nobre Arte. Afirmando que "isto aqui é a saída do inferno", Claudio nos conduz às experiências pedagógicas desenvolvidas na comunidade. Interessa-nos trazê-lo rapidamente aqui pela dimensão de pertencimento que a luta adquire, não apenas para nossos lutadores, como também para jovens socializados em uma cultura extremamente desigual e violenta. Nada expressa melhor o significado e importância da luta para esses meninos.

> Quase todas os meninos aqui do morro, com a idade de nove anos, já veio a mim pedir pra aprender a lutar, alguns eu consigo trazer, outros o movimento se encarregava de recrutar primeiro. A regra aqui é clara, pra entrar é preciso frequentar a escola; acompanho até o boletim e se o rendimento estiver ruim vou lá me informar a razão.
>
> Antigamente só a favela que descia pro asfalto atrás de boas oportunidades e aprendizado. O meu projeto funciona porque é educativo, participo da formação de cada um desses moleques; sei o nome de cada membro das suas famílias e em que situação se encontra cada um deles.
>
> Tenha sempre isso na cabeça quando for escrever essa sua pesquisa aí. A cada menino que conseguia tirar do tráfico era uma vitória, um assalto ganho na luta!

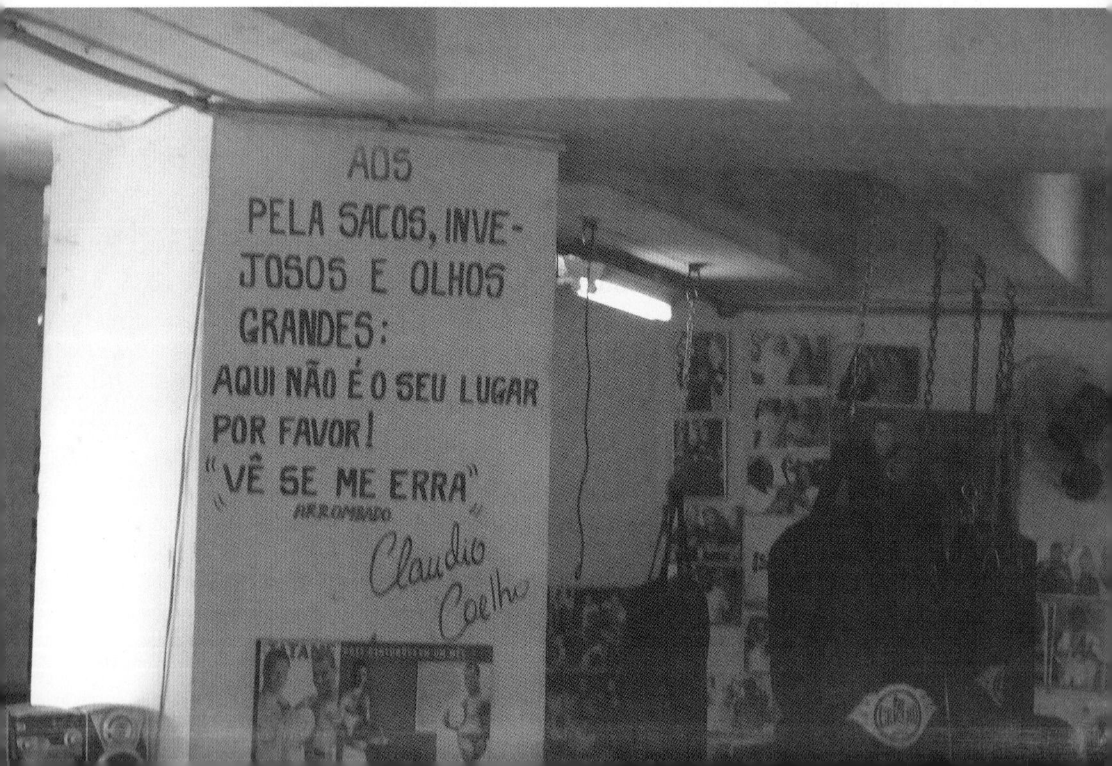

Figura 12.2 Academia Nobre Arte.

Figura 12.3
Academia Nobre Arte.

Sobre princesas, sapos e príncipes

Na introdução desse artigo mencionamos ser o fascínio que os lutadores despertam no público feminino um dos motes principais para o início dessa pesquisa. No cenário atual, as práticas corporais de combate assumiram o *status* de esporte e, por conseguinte, adquiriram prestígio e atenção do público em geral, que agora espera ávido pelos combates e torce por seus gladiadores. Aos poucos, a imagem desses homens vai se convertendo em algo digno, limpando do imaginário a ideia de selvageria gratuita, o que de certa forma corrobora a ideia da importância da mídia na construção de ídolos, validação de práticas e agenciamentos culturais.

À mídia podemos creditar a gradual atribuição do lugar de heróis a esses lutadores, pelo menos do tocante à chamada elite da luta, que consiste nos atletas do MMA que sonham serem selecionados para lutar no UFC. Alguém questionaria o lugar de prestígio e a visibilidade que Anderson Silva vem alçando na mídia? O lutador transformou-se num fenômeno de massa, e na esteira do seu sucesso já foram produzidos documentários, *reality shows*, vídeo clipes, bonecos e mais um sem-número de formas de consumo do universo luta como forma de seduzir e cooptar o grande público.

A palavra de ordem é superação. No caso do lutador Rodrigo Minotauro, isto aparece de forma clara e contundente. Ausente dos ringues por um ano e meio, em virtude de uma lesão, foi operado e se submeteu diariamente a oito horas de fisioterapia. Retornou aos ringues e sagrou-se campeão. Alie-se a isto o fato de vir de origem humilde, apresentar-se como um pai muito presente, ótimo irmão e muito companheiro dos colegas de luta. O conto de fadas que deu certo: é possível ascender socialmente, não renegar as origens e ainda ser "um modelo de homem".

Não parece difícil imaginar a razão do fascínio. Na condição de esporte, essas práticas corporais assumem uma nova significação em nosso imaginário, que gradativamente vai abandonando o conjunto de denotativos morais depreciativos associados à mesma e passa a destacar um viés até então negligenciado, mas que está em perfeita consonância com a cultura de base calvinista presente na religião do culto ao corpo. E qual seria esse aspecto posto em relevo?

Em uma sociedade na qual o corpo é capital, e a disciplinarização eficiente do corpo é premiada com a sua exposição, esses homens tornam-se objeto de desejo, visto que assimilaram com maestria o discurso dominante.[23] São sujeitos que forjaram sua masculinidade em um ambiente altamente hierarquizado, submetidos a uma disciplina que lhes exige muita privação, além de obstinação e resistência.

Tome-se como premissa o esquema de meritocracia que rege a ditadura estética da magreza e da beleza, onde os direitos são adquiridos em função do esforço e da privação despendidos, e donde o prêmio reside numa avaliação amoral altamente qualificada para aqueles que melhor conseguirem aderir ao protocolo corporal. Tais atletas consagram-se

---

23 Novaes, "Corpo arma, corpo ferramenta ou corpo capital". In: Novaes e Vilhena (Orgs.), *Corpo para que te quero? Usos, abusos e desusos.*

como ótimos jogadores e, por isso, passam a gozar de grande prestígio social em função do capital simbólico e erótico que possuem.

Sujeitos adestrados, comprometidos com os colegas (com forte senso de equipe e orgulhosos dos sólidos laços estabelecidos com o grupo), formatados para resistir a extenuantes rotina do treino, são capazes de docilmente submeterem-se a um ambiente altamente hierarquizado, centralizado na figura do mestre.[24] Os lutadores assumem um lugar de objeto de cobiça no universo amoroso: a figura do atleta assume uma valoração moral altamente positiva. Observemos as citações a seguir:

> Veja o caso do Vitor Belfort, por exemplo: o cara é supercaseiro, atento, bom pai, vai todo o final de semana à igreja, exceto quando é impedido pelas viagens de trabalho, superprovedor, pois nunca vi mulher de lutador dizer que alguma coisa falta, nem sexo.
>
> Nossa, os caras são sarados, supercaseiros porque são atletas não podem ficar saindo por aí pela *night*, gostam de curtir o dia, a maioria é família pra caramba, tão ganhando bem e depois tem aquela história, né? Com aquela cara de mau e aquele corpão a gente se sente protegida,
>
> Eu não gosto de homem delicadinho, homem tem que se impor, falar mais alto, se não a gente monta, né? Com lutador não tem isso, tem aquele respeito, até um medinho, mas é bom, porque aí também tem o lance da pegada, eles sabem como fazer a gente calar.
>
> Pô, eu gosto de homem lutador porque tem espírito competitivo, de campeão, homem perdedor não dá, né? Homem tem que ter atitude, tem que ser macho, gosto de lutador, porque acho que tem aquela coisa de não ficar discutindo muito, isso é coisa pra mulher, homem tem que ir lá fazer e pronto, resolve logo a história.
>
> Gosto também porque com eles não tem ambiguidade, me sinto protegida, você sai na rua e todo mundo vê que você tá acompanhada, os cara têm presença, não tem essa de sair andando na frente, são mais brutos pra certas coisas, mas são mais cavalheiros pra outras [...]
>
> Tem certas atitudes que acho até que são conservadores, tipo homem à moda antiga, são ciumentos, não deixam você solta, não tem essa coisa moder-

24 Novaes, "Bateu, levou! O que dizem os lutadores de MMA", *Revista Eletrônica Polêm!ca*.

> ninha, quando assume que tá junto, tá junto, sabe assim, não é frouxo, tem atitude de homem? A parte ruim é que a mulherada cai matando!
>
> Não gosto desse tipo de homem que fica horas se arrumando, acho bacana quando a vaidade tá no treino, na alimentação, na preocupação de praticar esportes, mesmo quando não estão treinando. São caras saudáveis, disciplinados, que se cuidam, mas é homem, é bruto, sabe seduzir, mas nunca confundem os papéis, são bem rígidos nisso!

Reconhecer e estar submetido à hierarquia do mestre é o que faz com que os lutadores tenham na família um valor. O fato de sua formação identitária estar situada num ambiente hierarquizado e de grande coesão, o que confere aos colegas de treino a noção de fratria, faz do lutador ideal aquele que reconhece a importância do pai na sua trajetória e, ao mesmo tempo, indica o atleta como provedor e protetor do núcleo familiar. Tal referência confirma o lutador ideal como um homem que não foge de suas responsabilidades, sendo, simultaneamente, bom filho, uma vez que reconhece a dominância paterna, bom pai, pois serve de referência para os próprios filhos, e, finalmente, bom marido, já que é reconhecido pelas mulheres como bom provedor, conforme afirmam as entrevistadas acima.

Há candidatos melhores? Nem os sapos que vieram a ser príncipes depois de beijados pelas princesas! E parece que muitas dessas mulheres vivem na busca desse tipo de príncipe encantado.

Considerações finais

Falar de masculinidade e virilidade só tem sentido se referido à cultura onde estas representações são construídas. Em nossa cultura, o homem branco europeu e burguês foi instituído como modelo ideal para a subjetividade humana, diante do qual os demais tinham um estatuto inferior: mulheres devendo obediência ao pai e ao marido, negros instituídos como escravos, indivíduos gays, lésbicas, bissexuais e transgêneros (GLBT) considerados anormais ou perversos. Parece que nossas entrevistadas nos falam exatamente desse modelo.

A trajetória aponta como o feminino pode ser considerado o outro historicamente negado e recalcado, não apenas a partir do que se convencionou chamar "dominação masculina", mas, igualmente, por uma forma de sociabilidade que se constituiu a partir do domínio da natureza, sempre marcada pelo significante da falta.

Como aponta Vilhena,[25] não data de hoje a designação desse lugar. Apesar de considerar a mulher como um ser de razão, Kant reafirmou também sua incapacidade civil e sua dependência natural. Como um ser de razão, as mulheres deveriam ser livres em suas escolhas. Porém, exatamente por serem dotadas de razão, suas escolhas naturalmente a conduziriam ao lugar de reprodutoras da espécie. Tal lugar se delimitaria pelos espaços reservados à família. A autora cita ainda *Emílio*, onde Jean-Jacques Rousseau estabelece outro paradigma: a virtude do amor materno como ideal de feminilidade. Apesar de a primeira edição datar de 1762, o livro ainda é atual sob vários aspectos. Segundo Vilhena, na concepção do autor, a mulher é um ser não inteiramente inserido na cultura, o que muito nos faz lembrar a formulação lacaniana acerca da mulher e seu gozo para além do significante. Relembra ainda que Hegel também se apoiou na razão em sua defesa de uma divisão entre as esferas pública e privada. A esta última estavam destinadas as mulheres. Aos homens caberiam as atividades universais, os assuntos da política e do Estado, a produção do saber científico e o trabalho social. Da família, do amor e da harmonia se incumbiriam as mulheres.

Não há, então, como deixar de assinalar a presença do que existe de mais arcaico nas representações do amor romântico, coabitando o espaço da modernidade e dos amores líquidos. Se "ninguém nasce mulher, torna-se uma", como afirmou Simone Beauvoir, felizmente Freud[26] não conseguiu responder a sua célebre indagação: "afinal o que quer uma mulher?". Porque na busca para resolver esse enigma abriu espaço para a indeterminação do desejo e sobretudo para a ideia de que

25 Vilhena, "As raízes do silêncio. Sobre o estupro feminino", *Cadernos do Tempo Psicanalítico*.

26 Freud, "Sexualidade feminina", *Edição standard das obras de Sigmund Freud*.

a subjetividade de cada um é construída a partir de sua história singular. Ou seja, nem todas as mulheres estão em busca de um homem "pouco delicado", que "inspirem medo", "brutos" ou em quem "elas não montem". Mas até lá, apesar de tudo o que lemos e desejamos, ainda teremos a masculinidade/virilidade associadas à força, disciplina e, infelizmente, à violência.

Referências bibliográficas

ABRAMO, H. W. Considerações sobre a tematização social da juventude no Brasil. *Revista Brasileira de Educação*, n.6-7, maio-dez. 1997.

ABREU, E. A. P. *Estudos hygienicos sobre a educação physica, intellectual e moral do soldado*: escolha do pessoal para a boa organização do nosso Exército. Rio de Janeiro: s./n., 1867.

ABREU, J. L. N. A educação física e moral dos corpos: Francisco de Mello Franco e a medicina luso-brasileira em fins do século XVIII. *Estudos Ibero-Americanos*, Porto Alegre, v.32, n.2, p.65-84, dez. 2006.

ALBUQUERQUE JÚNIOR, D. M. *Nordestino:* uma invenção do falo: uma história do gênero masculino (Nordeste – 1920/1940). Maceió: Catavento, 2003.

ALGRANTI, L. M. *Honradas e devotas:* mulheres da Colônia: Condição feminina nos conventos e recolhimentos do Sudeste do Brasil, 1750-1822. Rio de Janeiro: José Olympio; Brasília: EDUNB, 1993.

_______. Famílias e vida doméstica. In: *História da vida privada*. São Paulo: Cia das Letras, 1997.

ALMEIDA, A. Vida cotidiana da capitania de São Paulo – amanhece um novo dia. In: MOURA, C. E. M. *Vida cotidiana em São Paulo no século XIX*. São Paulo: Unesp/Imprensa Oficial do Estado, 1999.

ALMEIDA, A. de. Os caminhos do sul e a feira de Sorocaba. *RIHGB*, v.187. Rio de Janeiro: Imprensa Oficial, 1945.

ALONSO, A. *Joaquim Nabuco*, São Paulo: Companhia das Letras, 2009.

ALVAREZ, S. *Engendering Democracy in Brazil: women's movements in transition politics*. Princeton: Princeton University Press, 1990.

ALVES, Castro. *Os escravos*. Porto Alegre: L&PM Pocket, 1997.

AMANTINO, M. *O mundo dos fugitivos*: Rio de Janeiro na segunda metade do século XIX. Dissertação (Mestrado) – Universidade Federal do Rio de Janeiro, Rio de Janeiro, 1996.

________. Os escravos fugitivos em Minas Gerais e os anúncios do jornal *O Universal*, 1825 a 1832. *Locus, Revista de História*, v.12, n.2, p.59-74, Juiz de Fora, 2006.

________. O perfil demográfico do escravo fugitivo. *Estudos Afro-Asiáticos*, CEEA, n.31, p.169-88, 1997.

________. *O mundo das feras*: o sertão oeste de Minas Gerais no século XVIII. São Paulo: Annablume, 2008.

AMARAL, C. S. A fuga perigosa. *Revista Realidade*, ano 5, n.51. p.47, jun. 1970.

AMERICANO, J. *São Paulo naquele tempo, 1915-1935*. São Paulo: Melhoramentos, 1962.

ANCHIETA, J. Informação da província do Brasil para o nosso padre. In: ________. *Cartas*. São Paulo: Editora Loyola, 1984.

________. *Cartas, informações, fragmentos históricos e sermões do padre Anchieta. (1554-1594)*. Belo Horizonte: Itatiaia; São Paulo: Edusp, 1988.

ANTONIL, A. J. *Cultura e opulência no Brasil por suas drogas e minas*. Rio de Janeiro: Conselho Nacional de Geografia, 1963.

ARAGO, J. Souvenirs d'unaveugle. In: TAUNAY, A. E. *História do café no Brasil*. v.2. Rio de Janeiro: Departamento Nacional do Café, 1939.

ARAÚJO, E. *O teatro dos vícios*. Rio de Janeiro: José Olympio Editora, 1993.

ARAÚJO, H. R. *D'une nature à l'autre:* technique, construction de l'espace et transformations sociale (Brésil, 1850-1910). Tese (Doutorado) – Université de Paris VII, 1997.

ARAÚJO, V. F.; TOLEDO, C. A. Sobre a concepção de infância do padre Alexandre de Gusmão 1629-1724. Disponível em: http//dx.doi.org.10.5212/publicatiohum.v.16i1.14.1152.

ARENDT, H. *Sobre a violência*. Rio de Janeiro: Relume-Dumará, 1994.

ARIÈS, P. *História social da criança e da família*, Rio de Janeiro: LTC, 1981.

ARIÈS, P.; DUBY, G. *História da vida privada*. v.4. São Paulo: Companhia das Letras, 1993.

ARILHA, M.; RIDENTI, S.; MEDRADO, B. (Ed.) *Homens e masculinidades:* outras palavras. São Paulo: Ecos/Editora 34, 1998.

ARMITAGE, J. *História do Brasil*. São Paulo: Martins, 1972.

ARQUIVO PÚBLICO DO ESTADO DE SÃO PAULO. *Documentos Interessantes sobre a História e Costumes de São Paulo*. v.43. São Paulo, Apesp, 1896.

ARRUDA, J. J. A produção econômica. In: SILVA, M. B. N. *O império luso-brasileiro (1750-1822)*. Lisboa: Estampa, 1996.

ASSIS, J. M. Machado de. *Obras completas*. Rio de Janeiro: Aguilar, 1992.

_______. "Pai contra mãe". In: *Melhores contos de Machado de Assis*, São Paulo: Global, 1985.

AVÉ-LALLEMANT, R. *No Rio Amazonas (1859)*. Trad. Eduardo de Lima Castro. Belo Horizonte: Itatiaia; São Paulo: Edusp, 1980.

_______. *Viagens pelas províncias de Santa Catarina, Paraná e São Paulo*. Trad. Teodoro Cabral. Belo Horizonte: Itatiaia; São Paulo: Edusp, 1980.

AVE-MARIA, M. *O ordinando instruído nos deveres do seu ministério, conforme as escrituras, concílios, santos padres e antiga disciplina da igreja*. Lisboa: Régia Oficina Typographica, 1777.

AZEVEDO, A. *O cortiço*. São Paulo: Martin Claret, 2007.

AZEVEDO, C. Aqui a guerra é pela bola. *Realidade*, ano 1, n.11, fev. 1967.

BACELAR, C. A. *Família e sociedade em uma economia de abastecimento interno (Sorocaba, séculos XVIII e XIX)*. Tese (Doutorado) – Departamento de História, USP/FFLCH, São Paulo, 1994.

_______. *Os senhores da terra*. Col. Campiniana, v.13. Campinas: Centro de Memória, Unicamp, 1997.

BACHA, E.; KLEIN, H. *A transição incompleta:* Brasil desde 1945. Rio de Janeiro: Paz e Terra, 1986.

BADINTER, E. *XY: sobre a identidade masculina*. Trad. Maria Ignes Duque Estrada. Rio de Janeiro: Nova Fronteira, 1993.

BAKHTIN, M. Os gêneros do discurso. In: _______. *Estética da criação verbal*. São Paulo: Martins Fontes, 2003. p.261-306.

BARBUY, H. B. *O beco da cachaça*. São Paulo: Fagundes, 1936.

BARRETO, C. M. *Entre laços e nós*: formação e atuação das elites no Vale do Itajaí (1889-1930). Dissertação (Mestrado em História Social) – Setor de Ciências Humanas, Universidade Federal do Rio Grande do Sul, Porto Alegre, 1997.

BASSANEZI, C. *Virando as páginas, revendo as mulheres:* revistas femininas e relações homem/mulher 1945-1964. Rio de Janeiro: Civilização Brasileira, 1996.

BATES, H. W. *Um naturalista no rio Amazonas*. Belo Horizonte: Itatiaia; São Paulo: Edusp, 1979.

BEATTIE, Peter. *Tributo de sangue:* Honra, raça e nação no Brasil, 1864-1945. São Paulo: Edusp, 2009.

BEAUVOIR, S. *Tout compte fait*. Paris: Gallimard, 1972.

BERGAD, L. W. *Escravidão e história econômica*: demografia de Minas Gerais, 1720-1888. Bauru, SP: Edusc, 2004.

BENCHIMOL, S. *Amazônia:* formação social e cultural. Manaus: Valer, 1990.

BERGER, P. (Org.). *Ilha de Santa Catarina:* relatos de viajantes estrangeiros nos séculos XVIII e XIX. 2.ed. Florianópolis: Ed. da UFSC/Assembleia Legislativa, 1984.

BESSEL, R. *Alemanha, 1945*. São Paulo: Companhia das Letras, 2010.

BEVILÁQUA, C. *Direito de família*. São Paulo: Freitas Bastos, 1959.

BÍBLIA SAGRADA. Edição João Ferreira de Almeida. São Paulo: Sociedade Bíblica do Brasil, 1992.

BLY, R. *The Sibling Society*. Nova York: Addison-Wesley Publishing, 1996.

________. *A Book About Men*. Cambridge: Da Capo Press, 1990.

BOAVENTURA, S. *Espelho de disciplina para creaçam de noviços e novos professos. Composto pelo seráfico Doutor S. Boaventura [séc. XIII]*; traduzido do idioma português pelo padre Frey Joseph de Jesus Maria. Lisboa: Miguel Rodrigues, 1740.

BÖHM J. M. *Correspondências 1767-1780*. Cópias de minhas cartas escritas ao conde de Oeiras, desde a minha chegada ao Rio de Janeiro, realizada em 5 de outubro de 1767. Biblioteca Nacional. Códice: 13, 04, 001.

BONETTI, A. L. Entre femininos e masculinos: negociando relações de gênero no campo político. *Cadernos Pagu*, Campinas, n.20, 2003.

BOSWELL, J. *Christianity, Social Tolerance and Homossexuality*. Chicago: Chicago Press, 1981.

BOTELHO, T. R. *Famílias e escravarias*: demografia e família escrava no norte de Minas Gerais no século XIX. Dissertação (Mestrado) – FFLCH/USP, São Paulo, 1994.

________. Famílias e escravarias: demografia e família escrava no norte de Minas Gerais no século XIX. *População e família*, São Paulo, v.1, n.1, jan./jun., p.211-34, 1988.

BOURDIEU, P. *A dominação masculina*. Rio de Janeiro: Bertrand Brasil, 2005.

________. A crença e o corpo. In: ________. *Le Sens Pratique*. cap. 4. Paris: Minuit, 1980.

BOXER, C. R. *A idade de ouro no Brasil*. 2.ed. Col. Brasiliana, v.341. São Paulo: Cia. Editora Nacional, 1969.

BREVES, P. R. *A saga dos Breves*. Piraí: Editora Valença. s/d.

BURTON, R. *Explorations of the Higlands of the Brazil*. Londres, 1869.

BUTLER, J. *Gender Trouble*: feminism and the subversion of identity. New York: Routledge, 1990.

BUITONI, D. H. *Mulher de papel*: a representação da mulher na imprensa feminina brasileira. São Paulo: Loyola, 1981.

BUNBURY, C. J. Narrativa de viagem de um naturalista inglês ao Rio de Janeiro e Minas Gerais (1833-1835). *Anais Biblioteca Nacional*, v.62. Rio de Janeiro: Imprensa Nacional, 1942.

BYINGTON, C. A. B. Dom Casmurro no Divã: um estudo da Psicologia Simbólica Junguiana. In: CARVALHO, L. F. *O processo de Capitu*. Rio de Janeiro: Casa da Palavra, 2008.

CABRAL, O. R. *Nossa Senhora do Desterro*. v.1 e 2. Florianópolis: Lunardelli, 1997.

CALCOTT, M. Esboço biográfico de Dom Pedro I. *Anais da Biblioteca Nacional*, v.60, p.131.

CALDAS, D.; QUEIROZ, M. O novo homem: comportamento, moda e mercado. In: CALDAS, D. (Ed.). *Homens*. São Paulo: Senac, 1997. p.147-63.

CALDEIRA, J. (Org.). *Brasil* – a história contada por quem viu. São Paulo: Mameluco, 2008.

CANTARELLA, E. *El peso de Roma en la cultura europea*. Madrid: Akal, 1996.

CARDONEGA, A. O. *História geral das guerras angolanas*. Lisboa: Agencia Geral do Ultramar, 1942.

CARDOSO, I. A geração dos anos de 1960: o peso de uma herança. *Tempo Social*, revista de sociologia da USP, v.17, n.2, 2005.

CARNEIRO, V. C. *Gênero e artefato*. São Paulo: Edusp, 2008.

CARONE, E. *A Primeira República (1889-1930)*. São Paulo: Texto e Contexto, 1969.

CARRIGAN, T.; CONNEL, R.; LEE, J. Towards a new sociology of masculinity. *Theory and Society*, v.14, n.5, p.551-604, 1985.

CARVALHO, J. M. de. *Forças Armadas e política no Brasil*. Rio de Janeiro: Jorge Zahar Editor, 2005.

________. *Dom Pedro II*. São Paulo: Companhia das Letras, 2007.

CASTRO, C.; IZECKSOHN, V.; KRAAY, H. (Orgs.). *Nova história militar brasileira*. Rio de Janeiro: FGE/Bom Texto, 2004.

CASTRO, H. M. M.; SCHNOOR, E. (Orgs.) Resgate: uma janela para o oitocentos. Rio de Janeiro: Top Books, 1995.

CASTRO, J. B. *A milícia cidadã*: a Guarda Nacional de 1831 a 1850. São Paulo: Companhia Editora Nacional, 1979.

CAULFIELD, S. *Em defesa da honra*. Campinas: Ed. da Unicamp, 2000.

CAVALCANTI, N. O. *O comércio de escravos novos no Rio setecentista*. In: FLORENTINO, M. *Tráfico, cativeiro e liberdade*: Rio de Janeiro, séculos XVII-XIX. Rio de Janeiro: Civilização Brasileira, 2005.

CECCHETTO, F. R. *Violência e estilos de masculinidade*. Rio de Janeiro: FGV, 2004.

CENTENO, M. A. *Blood and Debt: War and the Nation-State in Latin America*. University Park: Pennsylvania State University Press, 2002.

CERQUEIRA, D. *Reminiscências da campanha do Paraguai*. Rio de Janeiro: Bibliex, 1980.

CHALHOUB, S. *História em coisas miúdas*: capítulos de História Social da crônica no Brasil. Campinas: Ed. da Unicamp, 2005.

CHEVREL, C.; CORNET, B. *Grain de beauté :* un siècle de beauté par la publicité. Paris: Somogy, 1993.

CLETO, M. P. *Roteiros e notícias de São Paulo colonial.* Col. Paulística. v.7, 9, 10, 11, 12, 16. São Paulo: Edição do Governo do Estado de São Paulo, s/d.

COHAN, S.; Hark, I. R. *Screening the male:* exploring masculinities in Hollywood cinema. Londres: Routledge, 1993.

COLETÂNEA DOS ANAIS DO MUSEU HISTÓRICO NACIONAL (1940 – 1980). v.1. Rio de Janeiro, 1999 (publicação em CD-ROM).

CONNEL, R. W. The big picture: masculinities in recent world history. *Theory and Society*, v.22, n.5, p.597-623, 1993.

________. *Gender and power.* Standford: Standford University Press. 1987.

________. Políticas da masculinidade. *Educação e Realidade*, v.20, n.2, p.597-623, 1995.

________. *Masculinities.* Berkeley: University of California Press, 1995.

CORBIN, A.; COURTINE, J. J; VIGARELLO, G. (Dir.). *Histoire de la virilité 3*: la virilité en crise? XXème-XXIème siècle. Paris: Seuil, 2011.

CORNWALL, A.; LINDISFARNE, N. (Ed.). *Dislocating masculinity:* Gender, power and anthropology. London: Routledgeed. 1994.

CORREA, M. Repensando a família patriarcal brasileira. In: ALMEIDA, M. S. K. et al. *Colcha de retalhos: estudos sobre a família no Brasil.* São Paulo: Brasiliense, 1982.

COSTA, F. D. Capitalistas e serviços: empréstimos, contratos e mercês no final do século XVIII. *Análise Social*, v.116-117, p.441-60, 1992.

________. Formação da Força Militar durante a Guerra da Restauração. *Penélope*, n.24, 2001.

________. *Insubmissão.* Aversão ao serviço militar no portugal do século XVIII. Lisboa: Imprensa de Ciências Sociais, 2010.

COSTA, I. N. *Arraia miúda.* São Paulo: MGSP Editores, 1992.

COSTA, R. G. Mediando oposições: sobre as críticas aos estudos de masculinidades. In: ALMEIDA, H. B. D.; COSTA, R. G. et al. (Ed.). *Gênero em matizes.* Bragança Paulista: Editora da Universidade São Francisco, 2002. p.213-43.

COURTINE, J. J. et al. (Org.) *Histoire de lavirilité.* v.3. Paris: Seuil, 2011.

CRUZ, Frei A. *Espelho de religiosos, em o qual vendo-se e compondo-se as pessoas religiosas, poderão com o favor divino, chegar com felicidade à perfeição.* Com licença da Santa Inquisição, Ordinário e Paço. Lisboa: Pedro Crasbeeck, Impressor D'El Rey, 1622.

________. *Espelho da perfeição colhido da doutrina de alguns Santos Padres antigos e outros Varoens contemplativos.* Lisboa: Pedro Craesbeeck, 1615.

CUNHA JUNIOR, C. F. F. *Imperial Collegio de Pedro II*: o ensino secundário da boa sociedade brasileira. Rio de Janeiro: Apicuri, 2008.

DAFLON, C. Uma pedagogia escrita: intelectuais luso-brasileiros no século XVIII. *Matraga*, Rio de Janeiro, v.18, n.29, p.52-71, jul.-dez. 2011.

DANIEL, H. *Meu corpo daria um romance*. Rio de Janeiro: Rocco, 1984.

DARNTON, R. *O grande massacre dos gatos e outros episódios da história cultural francesa*. Rio de Janeiro: Graal, 2001.

DE BAECQUE, A. Projections: la virilité à l'écran. In : CORBIN, A.; COURTINE, J. J.; VIGARELLO, G. (Dir.). *Histoire de la virilité 3*: la virilité en crise? XXème-XXIème siècle. Paris: Seuil, 2011.

DEBIEN, G. Marronage in the French Caribben. In: PRICE, R. *Marron societies: Rebel slave communities in the Americas*. Baltimore and London: The Jonhs Hopkins University Press, 1979.

DEL PRIORE, M. *História do amor no Brasil*. São Paulo: Contexto, 2006.

_______. *Festas e utopias no Brasil Colonial*. São Paulo: Brasiliense, 1994.

_______. *Histórias íntimas*. São Paulo: Planeta, 2011.

_______ (Org.). *Revisão do Paraíso:* os brasileiros e o Estado em 500 anos de História. Rio de Janeiro: Campus, 2000.

_______. *Condessa de Barral – a paixão do Imperador*. Rio de Janeiro: Editora Objetiva, 2008.

_______. *O príncipe maldito*. Rio de Janeiro: Objetiva, 2007.

_______. *Ao sul do corpo, maternidades, mentalidades e condição feminina no Brasil colonial*. Rio de Janeiro: José Olympio, 1983.

DELUEMAU, J. (Dir.) *Histoire des pères et de la paternité*. Paris: Larousse, 1990.

DIACON, T. A. *Stringing Together a Nation: Cândido Mariano da Silva Rondon and the Construction of a Modern Brazil, 1906-1930*.

DIAS, E. M. *A ilusão do Fausto (1890-1920)*. Manaus: Valer, 1999.

DUBY, G. A emergência do indivíduo. In: _______ (Org.) *História da vida privada*: da Europa Feudal à Renascença. São Paulo: Companhia das Letras, 1990.

EDMUNDO, L. *O Rio de Janeiro no tempo dos vice-reis*: 1763-1808. Rio de Janeiro: Imprensa Nacional, 1932.

_______. *O Rio de Janeiro no tempo dos vice-reis*. Rio de Janeiro: Editora Conquista, 1956.

_______. *O Rio de Janeiro no tempo dos vice-reis*: 1763-1808. Brasília: Senado Federal, 2000.

_______. *O Rio de Janeiro do meu tempo*. Rio de Janeiro: Imprensa Nacional, 1938.

_______. *O Rio de Janeiro do meu tempo*. Brasília: Senado Federal, 2003.

EISENBERG, P. Ficando livre: as alforrias em Campinas no Século XIX. *Estudos Econômicos*. São Paulo, v.17, n.2, maio/ago. 1987.

ELIAS, N. *O processo civilizador*. Trad. Ruy Jungmamn. Revisão, apresentação e notas Renato Janine Ribeiro. Rio de Janeiro: Jorge Zahar, 1993.

ELTIS, D. The volume and structure of the transatlantic slave trade: a reassessment. *William and Mary Quaterly*, 3rd. series, v.58, n.1, jan. 2001.

EXPILLY, C. *Mulheres e costumes do Brasil.* São Paulo: Companhia Editora Nacional, 1935.

EWALD, A. P. *Fragmentos da modernidade nas crônicas folhetinescas do Segundo Reinado.* Tese (Doutorado em Comunicação e Cultura) – Escola de Comunicação, Universidade Federal do Rio de Janeiro, Rio de Janeiro, 2000.

FAORO, R. Formação do patronato político brasileiro. In: ______. *Os donos do poder.* v.1 e 2. Ed. rev. e ampl. Porto Alegre: Globo/Edusp, 1975.

FARIA, S. C. *A colônia em movimento.* Rio de Janeiro: Nova Fronteira, 1998.

FAVARETTO, C. *Tropicália alegoria alegria.* 4.ed. Cotia, SP: Ateliê Editorial, 2007.

FERNANDES, F. *Circuito fechado.* Col. Estudos Brasileiros, v.6. São Paulo: Hucitec, 1976.

FERNANDES, J. A. *Selvagens bebedeiras:* álcool, embriaguez e contatos culturais no Brasil colonial (séculos XVI-XVII). São Paulo: Alameda, 2011.

FERRONATO, C. J. *Construindo uma nova ordem:* o debate educacional na Assembleia Constituinte de 1823. Dissertação (Mestrado em Educação) – Universidade Federal da Paraíba, João Pessoa, 2006.

FIGARI, C. *@s Outr@s Cariocas*: interpelações, experiências e identidades homoeróticas no Rio de Janeiro. Século XVII ao XX. Belo Horizonte/Rio de Janeiro: Editora da UFMG/Iuperj, 2007.

FIGUEIREDO, L. *Barrocas famílias*: vida familiar em Minas Gerais no século XVIII. Rio de Janeiro: José Olympio.

FLORENTINO, M. *Em costas negras*: uma história do tráfico de escravos entre a África e o Rio de Janeiro, século XVIII e XIX. São Paulo: Companhia das Letras, 1997.

FLORENTINO, M.; GÓES, J. R. *A paz das senzalas:* famílias escravas e tráfico atlântico, Rio de Janeiro, c.1750 – c.1850. Rio de Janeiro: Civilização Brasileira, 1997.

______. Tráfico negreiro e estratégias de socialização parental entre os escravos do meio rural do Rio de Janeiro - 1790-1830. In: LEMOS, M. T. *América Latina e caribe: desafios do século XXI.* Rio de Janeiro: Universidade do Estado do Rio de Janeiro, 1995. p.201-19.

FLORES, M. B. R. *Povoadores da fronteira*: os casais açorianos rumo ao sul do Brasil. Florianópolis: Ed. da UFSC, 2000.

FRAGOSO, J. L. R. *A nobreza vive em bandos*: a economia política das melhores famílias da terra do Rio de Janeiro, século XVI, algumas notas de pesquisa. *Tempo*, p.14.

FRAGOSO, J. L. R. *Homens de grossa aventura*: acumulação e hierarquia na praça mercantil do Rio de Janeiro (1790-1830). Rio de Janeiro: Arquivo Nacional, 1992.

______; FLORENTINO, M. *O arcaísmo como projeto*. Rio de Janeiro: Diadorim, 1993.

FRANÇA, J. M. C. *Visões do Rio de Janeiro Colonial*: antologia de textos (1531-1800). Rio de Janeiro: Editora José Olympio, 1997.

______. *Mulheres viajantes no Brasil* (1764-1820). Rio de Janeiro: Editora José Olympio, 2008.

FRANCO, F. M. *Medicina theologica, ou, Supplica humilde, feita a todos os senhores confessores e directores, sobre o modo de proceder com seus penitentes na emenda dos peccados, principalmente da lascivia, colera, e bebedice*. Lisboa: Antonio Rodrigues Galhardo, 1794.

FRANCO, M. S. C. *Homens livres na ordem escravocrata*. São Paulo: IEB/USP, 1969.

FRANK, R. Les temps de 68. In: DREYFUS–ARMAND, G. (Coord.). *Les années 68 un monde en mouvement:* nouveaux regards sur une histoire plurielle. Paris: Syllepse, 2008.

Freud, S. (1931) Sexualidade feminina. *Edição standard das obras completas de Sigmund Freud*. Rio de Janeiro: Imago, 1996. v.21, p.231-53.

FREYRE, G. *Ordem e Progresso*, 6.ed. São Paulo: Global, 2004.

______. *Vida social no Brasil nos meados do século XIX*. Recife: Instituto Joaquim Nabuco de Pesquisas Socais, 1964.

______. *Ingleses no Brasil*. 3.ed. Rio de Janeiro: Universidade Editora.

______. *Sobrados e mucambos*. Rio de Janeiro: José Olympio Editora, 1936.

______. *Sobrados e mucambos*. Rio de Janeiro; São Paulo: Record, 2000.

______. *Casa-grande e senzala*. Rio de Janeiro; São Paulo: Record, 2000.

FROGER, F. *Relation d'un voyage fait en 1695, 1696 e 1697 aux Cotes d'Afrique, Detróit de Magellan, Bresil, Cayenne et Isles Antilles*. Amsterdam: Chez les héritiers d'Antoine Schelte, 1699.

FRY, P. *Para inglês ver: identidade e política na cultura brasileira*. Rio de Janeiro: Jorge Zahar, 1982.

FRY, P.; MACRAE, E. *O que é a homossexualidade*. São Paulo: Brasiliense, 1984.

FURTADO, J. F. *Chica da Silva e o contratador dos diamantes*: o outro lado do mito. São Paulo: Companhia das Letras, 2003.

GARCIA, E. *O poder judiciário história do Amazonas*. Manaus: Governo do Estado do Amazonas/Secretaria de Estado de Governo/Tribunal de Justiça do Estado do Amazonas, 2002.

GARNEL, M. R. L. A polêmica sobre o celibado eclesiástico. *Penélope*, n.22, p.93-116, 2000.

GIDDENS, A. *Modernity and self-identity*. Cambridge: Polity Press, 1991.

GIL, L. T. *Infiéis transgressores*: elites e contrabandistas nas fronteiras do Rio Grande e do Rio Pardo (1760-1810). Rio de Janeiro: Arquivo Nacional, 2007.

GILMORE, D. *Manhood in the making: cultural concepts of masculinity*. New Haven: Yale University Press, 1990.

GOFFMAN, E. *Manicômios, prisões e conventos*. São Paulo: Perspectiva, 2003.

GOLDBERG, A. *Feminismo e autoritarismo:* a metamorfose de uma utopia de liberação em ideologia liberalizante. Dissertação (Mestrado em Sociologia) – Universidade Federal do Rio de Janeiro, Rio de Janeiro, 1987.

GOLDONI, A. *Embate e negociação*: o recrutamento da Guarda Nacional Fluminense durante a Guerra do Paraguai. Dissertação de Mestrado. Programa de Pós-Graduação em História Social-UFRJ, 2010.

GOMES, R. et al. As arranhaduras da masculinidade: uma discussão sobre o toque retal como medida de prevenção do câncer prostático. *Ciência e Saúde Coletiva*, v.13, n.6, p.1975-84, 2008.

GOMES, V. J. *Vício dos clérigos:* a sodomia nas malhas do Tribunal do Santo Ofício de Lisboa. Dissertação (Mestrado em História) – UFF, Niterói, 2010.

GONDRA, J. G. *Artes de civilizar:* medicina, higiene e educação escolar na corte imperial. Rio de Janeiro: EdUERJ, 2004.

GORENSTEIN, R. *O enraizamento de interesses mercantis portugueses; região centro-sul do Brasil (1808-1822)*: uma contribuição ao processo de estruturação da sociedade da Independência. Dissertação (Mestrado) – Departamento de História da Faculdade de Filosofia, Letras e Ciências Humanas da Universidade de São Paulo, São Paulo, 1978.

GRAHAM, M. *Diário de uma viagem ao Brasil*. Col. Reconquista do Brasil, v.157. Belo Horizonte: Itatiaia/Edusp, 1990.

GRAHAM, S. L. *Caetana diz não*: histórias de mulheres da sociedade escravista brasileira. São Paulo: Companhia das Letras, 2005.

GREEN, J. N. *Além do carnaval*: a homossexualidade masculina no Brasil do século XX. São Paulo: Editora Unesp, 2000.

GUEVARA, E. El socialismo y el hombre en Cuba. In: ______. *Obras 1957-1967*. Casa de las Américas, 1970, tomo II, p.367-84.

GUTIÈRREZ, H. Demografia escrava numa economia não-exportadora: Paraná, 1800-1830. *Estudos Econômicos*, São Paulo, v.17, p.297-314, n.2, maio-ago. 1987.

HARRIS, R. *Assassinato e loucura:* medicina, leis e sociedade no *fin de siècle*. Rio de Janeiro: Rocco, 1993.

HEINEMANN, U. R. *Eunucos pelo reino de Deus*. Rio de Janeiro: Rosa dos Ventos, 1999.

HERP, H. *Espelho de perfeyçam em linguoa portugues*. Coimbra: Imprimiasse per os cônegos de Santa Cruz, 1533.

HOBSBAWN, E. *A era dos extremos:* o breve século XX (1914-1991). São Paulo: Companhia das Letras, 1995.

HOLANDA, S. B. *Raízes do Brasil.* São Paulo: Companhia das Letras, 1995.

HORTA, C. R. Famílias governamentais de Minas Gerais. In: *Segundo Seminário de Estudos Mineiros.* Belo Horizonte: UFMG, 1956.

HUGHES, S. *Politics of the sword. Dueling:* Honor, and Masculinity in Modern Italy. Ohio: State University Press, 2007.

HUIZINGA, J. *O outono da Idade Média:* estudo sobre as formas de pensamento dos séculos XIV e XV na França e nos Países Baixos. São Paulo: Cosac Naify, 2010.

IPANEMA, C. Folhetinistas: "A Semana", de Francisco Otaviano. SBPH. *Anais da XXV Reunião.* Curitiba: SBPH, 2005. Disponível em: <http://sbph.cliomatica.com/2005/cultura-e-suas-manifestacoes/cybelle-ipanema>. Acesso em: 20 dez. 2011.

IZECKSOHN, V. *O cerne da discórdia*: a Guerra do Paraguai e o Núcleo Profissional do Exército. Rio de Janeiro: E-Papers, 2002.

JARDIM, D. F. Performances, reprodução e produçao dos corpos masculinos. In. LEAL, O. F. (Org.). *Corpo e significado.* Porto Alegre: Editora da UFRGS, 1995. p.193-205.

JARDIM, M. *A Inconfidência Mineira*: uma síntese factual. Rio de Janeiro: Bibliex, 1989.

KANTOROWICZ, E. H. *Mourir pour la patrie.* Paris: PUF, 1984.

KARASCH, M. C. *A vida dos escravos no Rio de Janeiro (1808-1850).* São Paulo: Companhia das Letras, 2000.

KIMMEL, M. Rethinking masculinity: new directions in research. In: KIMMEL, M. (Ed.). *Changing men*: new directions in research on men and masculinities. Thousand Oaks: Sage, 1987.

KIRKHAM, P.; THUMIN, J. *You Tarzan:* masculinities, movies and men. London: Lawrence and Wishart, 1993.

KIYAN, A. M. M. *A identidade do sacerdote católico*: um estudo sobre o celibato e a política de identidade da Igreja Católica. Tese (Doutorado em Psicologia Social) – Pontifícia Universidade Católica, São Paulo, 2005.

KLEIN, H. S. A demografia do tráfico atlântico de escravos para o Brasil. *Estudos Econômicos*, São Paulo, v.17, n.2, p.129-49, maio/ago. 1987.

KNIJNIK, J. D.; MACHADO, A. A. Bailarinos do esporte: notas sobre novas masculinidades em campo. In: PEREIRA, E. G. B.; ROMERO, E. (Ed.). *Universo do corpo: masculinidades e feminilidades.* Rio de Janeiro: Shapc, 2008. p.137-53.

KOSTER, H. *Viagens ao Nordeste do Brasil.* Trad. Luiz da Câmara Cascudo. São Paulo: Nacional, 1942.

KRAAY, H. O cotidiano dos soldados na guarnição da Bahia (1850-1889). In: CASTRO, C.; IZECKSOHN, V.; KRAAY, H. (Org.) *Nova história militar brasileira*. Rio de Janeiro: FGV/Bom Texto, 2004.

_______. *Política racial, Estado e Forças Armadas na época da independência*: Bahia, 1790-1850. São Paulo: Hucitec, 2011.

KUZNESOF, E. A família na sociedade brasileira: parentesco, clientelismo e estrutura social (1700–1980). Família e grupos de convívio. *Revista Brasileira de História*. v.17. São Paulo: ANPUH/Marco Zero, 1989.

LACOMBE, A. J. *O mordomo do imperador*. Col. General Benício. Rio de Janeiro: Biblioteca do Exército, 1994.

LAGE, M. M. L. *Mulheres e seringal*: um olhar sobre as mulheres nos seringais do Amazonas. (1880-1920). Dissertação (Mestrado em História Social) – Setor de Ciências Humanas, Universidade Federal do Amazonas, Manaus, 2010.

LEITE, J. J. (Trad.). *O espelho da perfeição*. Petrópolis: Vozes, 1979.

LENHARO, A. *As tropas da moderação*. São Paulo: Símbolo, 1979.

LEMOS, C. *Casa Paulista*. São Paulo: Edusp, 1999.

LEVENTON, M. (Org.). *História ilustrada do vestuário*. São Paulo: Publifolha, 2009.

LEVI, D. E. *A família Prado*. São Paulo: Cultura, 1970.

LEVINE, R. M. *Vale of Tears*: Revisiting the Canudos Massacre in Northeastern Brazil, 1893-1897. Berkeley: University of California Press, 1992.

LIBBY, D. C. Minas na mira dos Brasilianistas: reflexões sobre os trabalhos de Higgins e Bergad. In: BOTELHO, T. R. (Org.). *História quantitativa e serial*: um balanço. Belo Horizonte: ANPUH-MG, 2001.

LIMA, M. P.; SILVA, A. L. F. A reforma papal, a continência e o celibato eclesiástico: considerações sobre as práticas legislativas do pontificado de Inocêncio III (1198-1216). *História: Questões & Debates*, Curitiba, n.37, p.83-109, 2002.

LIMA, L. L. G. *A confissão pelo avesso*: o crime de solicitação no Brasil colonial. 3 v. Tese (Doutorado em História) – USP, São Paulo, 1990.

_______. As constituições da Bahia e a reforma tridentina do clero no Brasil. In: FEITLER, B.; SOUZA, E. S. (Orgs.) *A Igreja no Brasil:* normas e práticas durante a vigência das constituições primeiras do Arcebispado da Bahia. São Paulo: Ed. Unifesp, 2011. p.147-77.

LIMEIRA A. M. Práticas educativas e publicidade: a iniciativa privada no *Almanak Laemmert* (1844/1859). SBHE. *Anais do IV Congresso Brasileiro de História da Educação*. Goiânia: UCG/SBHE, 2006. Disponível em: http://www.sbhe.org.br/novo/congressos/cbhe4/individuais-coautorais/eixo02/Aline%20de%20Morais%20-%20Texto.pdf. Acesso em: 31 jan. 2012

LIPOVETSKY, G. *O império do efêmero*. São Paulo: Companhia das Letras, 2008.

LONDON, J. *Memórias alcoólicas*. São Paulo: Editora Paulicéia, 1993.

LOPES, A. H. Performance e história. *Percevejo*, Rio de Janeiro, ano 11, n.12, p.5-24, 2003.

LOUIS, A. *Viagem ao Brasil: 1865–1866* [por] Luiz Agassiz e Elizabeth Cary Agassiz. Trad. João Etienne Filho. Belo Horizonte: Itatiaia; São Paulo: Edusp, 1975.

LOVEJOY, P. *A escravidão na África*: uma história de suas transformações. Rio de Janeiro: Civilização Brasileira, 2002.

LUNA, F. V. Estrutura de posse de escravos em Minas Gerais, 1804. In: COSTA, I. N. (Org). *Brasil: história econômica e demográfica*. São Paulo: IPE-USP, 1986.

_______. *Minas Gerais: escravos e senhores* – Análise da estrutura populacional e econômica de alguns núcleos mineratórios (1718-1804). São Paulo: FEA-USP, 1980.

LUNA, F. V.; KLEIN, H. S. *Escravismo no Brasil*. São Paulo: Edusp; Imprensa Oficial, 2010.

McCANN, Frank. O serviço militar obrigatório. In: _______. *A nação armada. Ensaios sobre a história do exército brasileiro*. Recife: Editora Guararapes, 1982. p.15-53.

MACHADO, L. Z. Masculinidades e violências: Gênero e mal-estar na sociedade contemporânea. In: SCHPUN, M. R. (Ed.). *Masculinidades*. Santa Cruz do Sul: Boitempo, 2004. p.35-79.

MADUREIRA, J. M. *A Companhia de Jesus:* sua pedagogia e seus resultados. Rio de Janeiro, 1929.

MAFFESOLI, M. *No fundo das aparências*. Trad. Bertha Halpern Gurovitz. Petrópolis: Vozes, 1996.

MAIA, T.; MAIA, T. R. *O folclore das tropas, tropeiros e cargueiros no vale do Paraíba*. Rio de Janeiro: MEC-SEC, Funarte, Instituto Nacional do Folclore; São Paulo: Secretaria de Estado da Cultura, Universidade de Taubaté, 1980.

MACEDO, J. M. *As vítimas algozes*. Rio de Janeiro: Editora Scipione/Fundação Casa de Ruy Barbosa, s/d.

MAMIGONIAN, B. G. A proibição do tráfico atlântico e a manutenção da escravidão. In: GRINBERG, K.; SALLES, R. (Org.). Col. Brasil Imperial, v.1. Rio de Janeiro: Civilização Brasileira, 2009. p.207-233.

Máquina urbana. Disponível em: http://maquinaurbana.wordpress.com/ 2010/ 12 / 21/ clube-da-luta-o-declinio-do-ocidente-e-a-crise-masculina/ Acesso em: 20 jun. 2012.

MARÃO, J. C. Pobre menina miss. *Realidade*, ano I, n.5, ago. 1966.

MARCILIO, M. L. *Crescimento demográfico e evolução agrária paulista 1700-1836*. São Paulo: Hucitec/Edusp, 2000.

_______. *A cidade de São Paulo*: povoamento e população, 1750-1850, São Paulo: Edusp, 1974.

MARCONDES, R. L. *A arte de acumular na economia cafeeira*. Vale do Paraíba século XIX. São Paulo: Stiliano, 1998.

MARCOY, P. *Viagem pelo rio Amazonas*. Trad. Antônio Porro. 1.ed. Manaus: Edições Governo do Estado do Amazonas, Secretária de Estado da Cultura, Turismo e Desportos e Editora da Universidade do Amazonas, 2001.

MARINHO, I. P. *Contribuições para a história da educação física no Brasil*. Rio de Janeiro: Imprensa Nacional, 1943.

______. Contribuição para a história do futebol no Brasil. *Arquivos da ENEFD*, Rio de Janeiro, v.9, n.10, p.41-5, nov.-dez. 1956.

MATOS, M. I. S. *Meu lar é um botequim:* alcoolismo e masculinidade. São Paulo: CEN, 2000.

MATTOSO, K. Párocos e vigários em Salvador no século XIX: as múltiplas riquezas do clero secular da capital baiana. *Tempo e Sociedade*, v.1, n.1, p.29-33, jan.-jun. 1982.

MATTOSO, K.; KLEIN, H.; ENGERMAN, S. L. Notas sobre as tendências e padrões dos preços de alforria na Bahia, 1819-1888. In.: REIS, J. J. (Org.). *Escravidão e invenção da liberdade:* estudos sobre o negro no Brasil. São Paulo: Brasiliense, 1988.

MAUAD, A. M. O olho da História: fotojornalismo e a invenção do Brasil contemporâneo. In: NEVES, L. M. B. P.; MOREL, M.; FERREIRA, T. M. B. C. (Orgs.) *História e imprensa:* representações culturais e práticas de poder. Rio de Janeiro: DP&A/Faperj, 2006. p.365-384.

MAUSS, M. Les Techniques du Corps. In: ______. *Sociologie et Anthropologie*. Paris: PUF, 1968. p.365-383.

MAXWELL, K. *Marques de Pombal: paradoxo do Iluminismo*. Rio de Janeiro: Paz e Terra, 1996.

McCANN F. D. *Soldados da Pátria:* história do Exército brasileiro, 1889-1937. Trad. Laura T. Motta. São Paulo: Companhia das Letras, 2007.

______. *A nação armada*: ensaios sobre a História do Exército Brasileiro. Recife: Editora Guararapes, 1982.

MEDRADO, B. *O masculino na mídia*: repertórios sobre masculinidade na propaganda televisiva brasileira. Dissertação (Mestrado em Psicologia Social) – Pontifícia Universidade Católica de São Paulo, São Paulo, 1997.

MELLO, C. F. P. *Forças militares no Brasil colonial*. Rio de Janeiro: E-Papers, 2009.

MELLO, E. C. O fim das casas-grandes. In: ALENCASTRO, L. F. (Org.); NOVAIS, F. A. (Dir.) *História da vida privada no Brasil*. v.2. São Paulo: Companhia das Letras, 1997.

______. *Olinda restaurada*: guerra e açúcar no Nordeste, *1630-1654*. São Paulo: Editora 34, 2007.

MELLO, T. *Manaus, amor e memória*. Manaus: Funcomiz, 1983.

MELO, V. A. Mulheres em movimento: a presença feminina nos primórdios do esporte na cidade do Rio de Janeiro (século XIX-primeira década do século XX). *Revista Brasileira de História*, São Paulo, v.27, n.54, p.127-52, jul.-dez. 2007.

______. O automóvel, o automobilismo e a modernidade no Brasil (1891-1908). *Revista Brasileira de Ciências do Esporte*, Campinas, v.30, n.1, p.187-203, 2008.

______. De Olímpia (776 a.c.) a Atenas (1896) a Atenas (2006): problematizando a presença da antiguidade clássica nos discursos contemporâneos sobre o esporte. *Phoinix*, Rio de Janeiro, n.13, p.350-76, 2007.

______. Das touradas às corridas de cavalo e regatas: primeiros momentos da configuração do campo esportivo no Brasil. In: PRIORE, M. del; MELO, V. A. (Orgs.). *História do esporte no Brasil:* do império aos dias atuais. São Paulo: Editora Unesp, 2009. p.35-70.

______. Antes de Fittipaldi, Piquet e Senna: o automobilismo no Brasil (1908-1954). *Motriz*, Rio Claro, v.15, n.1, p.104-15, 2009.

______. O corpo esportivo nas searas tupiniquins – um panorama histórico. In: AMANTINO, M.; PRIORE, M. del (Orgs.). *História do corpo no Brasil.* São Paulo: Editora Unesp, 2011. p.123-45.

______. *Entre o requinta e o tribofe:* o esporte na literatura do século XIX – uma antologia. Rio de Janeiro: 7 Letras, 2012.

MENDES, F F. *Recrutamento militar e construção do Estado no Brasil Imperial.* Belo Horizonte: Argvmentvm, 2010.

MENDONÇA, C. S. *O sport está deseducando a mocidade brasileira*: Carta aberta a Lima Barreto. Rio de Janeiro: Empresa Brasil, 1921.

MENDONÇA, P. G. *Sacrílegas famílias:* conjugalidades clericais no bispado do Maranhão no século XVIII. Dissertação (Mestrado em História) – UFF, Niterói, 2007.

______. *Parochos imperfeitos*: justiça eclesiástica e desvios do clero no Maranhão colonial. Tese (Doutorado em História) – UFF, Niterói, 2011.

MESGRAVIS, L. Os aspectos estamentais da estrutura social da colônia. *Estudos Econômicos*, São Paulo, n.13, p.799-811, 1983.

MESQUITA, E. S. *As mulheres, o poder e a família.* São Paulo: Marco Zero/ Secretaria do Estado, 1989.

MISKOLCI, R. O vértice do triângulo: Dom Casmurro e as relações de gênero e sexualidade no *fin-de-siècle* brasileiro. *Estudos Feministas*, Florianópolis, v.17, n.2, p.547-67, 2009.

MONTEIRO, J. Tapanhuns, negros da terra and curibocas: common cause and confrontation between blacks and natives in colonial Brazil. In: RESTALL, M. *Beyond black and red*: african native relations in colonial Latin America. Albuquerque: University of New Mexico Press, 2005.

MONTEIRO, M. Y. *Boi-bumbá*: História, análise fundamental e juízo crítico. Manaus: Edição do autor, 2004.

MONTEIRO, M. Revistas masculinas e a pluralização da masculinidade entre os anos 1960 a 1990. *Lugar-comum*, v.12, p.87-107, 2000.

______. *"Tenham piedade dos homens!"*: masculinidades em mudança. Juiz de Fora: FEME, 2000b.

______. Corpo e masculinidade na revista *VIP* Exame. *Cadernos Pagu*, v.16, p.235-66, 2001.

______. O homoerotismo nas revistas *Sui Generis* e *Homens*. In: SANTOS, R.; GARCIA, W. (Ed.). *A escrita de adé*. São Paulo: Xamã, 2002. p.275-90.

______. Sobre a masculinidade contemporânea: uma experiência etnográfica na redação da revista VIP Exame. In: ADELMAN, M.; SILVESTRIN, C. B. (Ed.). *Gênero plural*. Curitiba: Editora da UFPR, 2002. p.175-88.

______. Corpo, biologia e masculinidade. In: PEREIRA, E. G. B.; ROMERO, E. (Ed.). *Universo do corpo*: masculinidades e feminilidades. Rio de Janeiro: Shape, 2008. p.103-17.

MOREIRA, W. C. *Historicidades e representações*: celibato, conjugalidades e paternidades sacrílegas em Goiás (1824-1896). Dissertação (Mestrado em História) – Universidade Federal de Goiás, Goiânia, 2010.

MORGA, A. E. *Nos subúrbios do desejo*: masculinidade e sociabilidade em Nossa Senhora do Desterro no século XIX. Manaus: Editora da Universidade Federal do Amazonas, 2009.

MOSSE, G. L. *L'image de l'homme*: l'invention de la virilité moderne. Paris: Abbeville, 1997.

______. *The image of man:* the creation of modern masculinity. Oxford: University Press, 1998.

MOTT, L. *O sexo proibido*: virgens, gays e escravos nas garras da Inquisição. São Paulo: Papirus, 1988.

______. As alternativas eróticas dos africanos e seus descendentes no Brasil escravista. *LPH*, v.3, n.1. Mariana: UFOP, 1992. p.176-212.

MULVEY, L. Visual pleasure and narrative cinema. In: NICHOLS, B. (Ed.). *Movies and methods*. v.2. Berkeley: University of California Press, 1985. p.303-15.

NAPOLITANO, M. *Cultura brasileira:* utopia e massificação (1950-1980). São Paulo: Contexto, 2008.

NIXON, S. *Hard looks: masculinities, spectatorship and contemporary consumption*. New York: St. Martin's Press, 1996.

NÓBREGA, M. *Cartas do Brasil*: 1549-1560. Rio de Janeiro: Officina Industrial Graphica, 1931.

NOCENT, A.; BROVELLI, F.; CHUPUNGEO, A. *Os sacramentos:* teologia e história da celebração. São Paulo: Paulinas, 1989.

NOGUERÓL, L. P. F. *Economia escravista e preços de escravos em Minas Gerais*: o caso de Sabará entre 1850 e 1887. Dissertação (Mestrado em Economia) – UFMG/CEDEPLAR, Belo Horizonte, 1997.

NOLASCO, S. *De Tarzan a Homer Simpson. Banalização e violência masculina em sociedades contemporâneas ocidentais*. Rio de Janeiro: Rocco, 2001. p.66 e 72.

______. *O mito da masculinidade*. Rio de Janeiro: Rocco, 1995.

NOVAES, J. V. Corpo arma, corpo ferramenta ou corpo capital. In: NOVAES, J. A.; VILHENA, J. (Orgs.) *Corpo para que te quero?* Usos, abusos e desusos. Curitiba: Ed. PUC/Apris, 2012.

______. Bateu, levou! O que dizem os lutadores de MMA. *Revista Eletrônica Polêm!ca*, v.11, n.4, Rio de Janeiro: UERJ, 2012.

______. Beleza e feiúra. Corpo feminino e regulação social. In: PRIORE, M. del (Org.) *A história do corpo no Brasil*. São Paulo: Editora Unesp, 2011. p.477-506.

______. *Com que corpo eu vou?*: Sociabilidades e usos do corpo nas mulheres das camadas altas e populares. Rio de Janeiro: Ed.Pallas/PUC, 2010.

______. O corpo pós-humano. Notas sobre arte, tecnologias e práticas corporais contemporâneas. *Trivium, Estudos Interdisciplinares* II (2), 2010. p.406-419.

______. *O intolerável peso da feiura*: sobre as mulheres e seus corpos. Rio de Janeiro: Ed. Garamond/PUC-Rio, 2006.

______. Mulher e beleza: em busca do corpo perfeito. Práticas corporais e regulação social. *Cadernos do Tempo Psicanalítico*, n.33, Rio de Janeiro: SPID, 2001. p.37-54.

NOVAES, J. V.; VILHENA, J. Do homem-máquina ao corpo descarnado: sujeito, corpo e agenciamentos culturais, *Revista Vivência*, n.35, p.119-27, 2011.

NOVAIS, F. (Dir.) *História da Vida Privada no Brasil*. v.1-3. São Paulo: Companhia das Letras, 1997.

OLIVEIRA, P. P. *A construção social da masculinidade*. Belo Horizonte: Editora UFMG/Rio de Janeiro, 2004.

______. Discursos sobre a masculinidade. *Estudos Feministas*, v.6, n.1, p.91-112, 1998.

PACHECO, D. A juventude diante do sexo. *Realidade*, ano 1, n.5, ago. 1966.

PAIS, J. M. A construção sociológica da juventude: alguns contributos. *Análise Social*, v.25, 1990.

PAIVA, E. F. *Escravos e libertos nas Minas Gerais do século XVIII*: estratégias de resistência através dos testamentos. São Paulo: Annablume, 1995

______. *Escravidão e universo cultural na colônia*: Minas Gerais, 1716-1789. Belo Horizonte: Editora da UFMG, 2001.

______. Corpos pretos e mestiços no mundo moderno – deslocamento de gente, trânsito de imagens. In: PRIORE, M. del; AMANTINO, M. *História do corpo no Brasil*. São Paulo: Editora Unesp, 2011.

PAIVA, C. A.; LIBBY, D. C. Caminhos alternativos: escravidão e reprodução em Minas Gerais no século XIX. *Estudos Econômicos*, São Paulo: IPE/USP, v.25, n.2, p.203-33, maio/ago. 1995.

PAIVA, F. S. L. *Sobre o pensamento médico-higienista oitocentista e a escolarização*: condições de possibilidade para engendramento do campo da educação física no Brasil. Tese (Doutorado) – Faculdade de Educação, Universidade Federal de Minas Gerais, Belo Horizonte, 2003.

PARIS, B. *Louise Brooks*. Trad. Aline Weill. Paris: PUF, 1993.

PASIN, J. L. *A jornada da Independência:* a viagem histórica do Príncipe Regente Dom Pedro pelo Vale do Paraíba em agosto de 1822. Guaratinguetá: Ed. do autor, 2002.

PASSOS, Z. V. *Em torno da história de Sabará*. Rio de Janeiro, 1940.

PEDROSA, M. X. V. *A guarda de honra do príncipe Dom Pedro na viagem a São Paulo – testemunhas do Grito do Ipiranga*. Biblioteca do Sesquicentenário Comissão Executiva Central do Sesquicentenário da Independência do Brasil. Rio de Janeiro: IHGB, 1972.

PENSAVENTO, S. J. *O imaginário da cidade*: visões literárias do urbano – Paris, Rio de Janeiro, Porto Alegre. Porto Alegre: Ed. UFRGS, 1999.

PEREIRA, E. G. B. Discutindo gênero, corpo e masculinidade. In: ROMERO, E.; PEREIRA, E. G. B. (Ed.). *Universo do corpo*: masculinidades e feminilidades. Rio de Janeiro: Shape, 2008. p.87-103.

PEREIRA, I. R. A vida do clero e o ensino da doutrina cristã através dos sínodos medievais portugueses: a vida do clero através da legislação sinodal. *Lusitania Sacra*, n.26, p.42-43, 1978.

PEREIRA, N. M. *Compendio narrativo do peregrino da América* 6.ed. v.1. Rio de Janeiro: Publicações da Academia Brasileira, 1932.

PEREGALLI, E. Recrutamento militar no Brasil colonial. In: SILVA, K. V. *O miserável soldo e a boa ordem da sociedade colonial*. Recife: Fundação de Cultura da Cidade do Recife, 2001.

PERROT, M. *História da vida privada*: da Revolução Francesa à Primeira Guerra. v.4. Trad. Denise Bottmann e Bernardo Joffily. São Paulo: Companhia das Letras, 1991.

PIGENET, M. Virilités ouvrières. In: CORBIN, A.; COURTINE, J. J.; VIGARELLO, G. (Dir.). *Histoire de la virilité, v.2*: Le triomphe de la virilité. Le XIXe siècle. Paris: Seuil, 2011.

PIRES, H. N. *D. João de jaqueta*: cenas da roça (1877). Porto Alegre: Movimento; Brasília: INL, Fundação Nacional Pró-Memória, 1984.

PISCITELLI, A. "Pioneiros": masculinidades em narrativas sobre fundadores de grupos empresariais brasileiros. In: SCHPUN, M. R. (Ed.). *Masculinidades*. Santa Cruz do Sul: Boitempo, 2004. p.175-203.

POMPEIA, Raul. *O ateneu*. São Paulo: Nobel, 2010.

PORTO, L. N. *Bananal no império*. Rio de Janeiro: Ebal, 1994.

PRADO, J. F. A. *D. João VI e o início da classe dirigente do Brasil 1815-1889*. Col. Brasiliana, v.345. São Paulo: Cia Editora Nacional, 1968.

PROBER, K. *Ouro em pó e em barras:* meio circulante no Brasil 1754-1833. Paquetá: Ed. do autor, 2001.

PUNTONI, P., *A Guerra dos bárbaros*: povos indígenas e colonização do sertão nordeste do Brasil, 1650-1720. São Paulo: Hucitec, 2002.

RAGO, M. *Os prazeres da noite*. Rio de Janeiro: Paz e Terra, 1991.

______. *Do cabaré ao lar*: a utopia da cidade disciplinar, Brasil 1890-1930, Rio de Janeiro: Paz e Terra, 1985.

RAMMINGER, I. M. S. R. Na guerra com batom. In: PADROS, E. S.; BARBOSA, V. M.; LOPEZ, V. A. (Orgs.). *Ditadura de Segurança Nacional no Rio Grande do Sul (1964-1985):* história e memória. 2.ed., rev. e ampl. Porto Alegre: Corag, 2010. v.2.

REIS, A. C. F. *O seringal e o seringueiro*. 2.ed. Manaus: Editora da Universidade do Amazonas. Governo do Estado do Amazonas, 1977.

REMEDI, J. M. R. *Palavras de honra*: um estudo acerca da honorabilidade na sociedade sul-rio-grandense no século XIX, a partir dos romances de Caldre e Fião. Tese (Doutorado em História) – Programa de Pós-Graduação em História, Área de Concentração: Estudos Históricos Latino-Americanos, da Universidade do Vale do Rio dos Sinos, São Leopoldo/RS, 2011.

______. A honra perdida de um pai: indagações acerca de um filicídio em *A Divina Pastora de Caldre e Fião*. *Anais do X Encontro Estadual de História*, 26 a 30 julho, Universidade Federal de Santa Maria e Universidade Franciscana.

RENAULT, D. *O dia a dia do Rio de Janeiro segundo os jornais* – 1870-1879. Rio de Janeiro: Civilização Brasileira/MEC, 1982.

REZENDE, R. C. *As "nossas Áfricas"*: população escrava e identidades africanas nas Minas setecentistas. Dissertação (Mestrado) – Universidade Federal de Minas Gerais, Belo Horizonte, 2006.

RIBEIRO, J. I. *O Estado Imperial brasileiro e as revoltas da Regência*: Estado e Nação nas trajetórias dos militares do Exército Imperial. Rio de Janeiro: Arquivo Nacional (no prelo).

RIDENTI, M. As mulheres na política brasileira: os anos de chumbo. *Tempo Social*, Revista de Sociologia da USP, 2(2), 2º sem. 1990.

______. *A época de 1968:* cultura e política. In: FICO, C.; ARAUJO, M. P. (Orgs.). *1968: 40 anos depois:* historia e memória. Rio de Janeiro: 7 Letras, 2009.

______. *O fantasma da revolução brasileira*. 2.ed. São Paulo: Editora Unesp, 2010.

RIO, J. do. *A profissão de Jacques Pedreira*. Rio de Janeiro: Fundação Casa Rui Barbosa, 1992.

________. *A alma encantadora das ruas*. São Paulo: Companhia das Letras, 1999.

RIO BRANCO, R. *Reminiscências do Barão do Rio Branco*. Rio de Janeiro: José Olympio, 1942.

RODRIGUES, J. *O infame comércio*: propostas e experiências no final do tráfico de africanos para o Brasil (1800-1850). Campinas: Editora da Unicamp/Cecult, 2000.

RODRIGUES, J. H. Explicação. In: PARANHOS, J. M. S. *Cartas ao amigo ausente*. Rio de Janeiro: ABL, 2008. p.IX-XXXIX.

ROMERO, A. *Heróis de batina:* pequena história do clero católico no Brasil. Rio de Janeiro: Conquista, 1973.

ROSSIAUD, J. Sexualidade. In: SCHMITT, J. C.; LE GOFF, J. *Dicionário temático do Ocidente medieval*. v.2. Bauru: Edusc, 2006. p.477-93.

RUGENDAS, J. M. *O Brasil de Rugendas*. Belo Horizonte: Vila Rica Editora, 1991.

SÁ, S. P. *Relação do Sítio da nova colônia do Sacramento*. Fac-símile da edição de 1748. p.14.

SABINO, M. *Dicionário da moda*. Editora Campus/Elsevier, 2006.

________. *História da moda*. Editora Campus/Elsevier, 2011.

SAINT-HILAIRE, A. de. *Viagem a Curitiba e Santa Catarina*. Trad. Regina Regis Junqueira. Belo Horizonte: Itatiaia; São Paulo: Edusp, 1979.

________. *Segunda viagem do Rio de Janeiro a Minas Gerais e São Paulo*. Col. Brasiliana, n.5. São Paulo: Cia. Editora Nacional, 1932.

________. *Segunda viagem a Minas Gerais e São Paulo 1822*. Col. Reconquista do Brasil, v.11. Belo Horizonte/São Paulo: Itatiaia/Edusp, 1974.

SALDANHA, F. H. *Os oficiais do povo*: a Guarda Nacional em Minas Gerais oitocentista, 1831-1850. São Paulo: Annablume, 2006.

SALIBA, E. T. *Raízes do riso:* a representação humorística na história brasileira da *Belle Époque* aos primeiros tempos do radio. São Paulo: Companhia das Letras, 2002.

SALIM, E. J. *Ciência e Religião*: ensaio de apologia do catolicismo. v.2. Sao Paulo: Escolas Profissionais Salesianas, 1937.

SALVADOR, V. *História do Brasil*: 1500-1627. Ed. revista por Capistrano de Abreu. São Paulo; Rio de Janeiro: Weiszflog Irmãos, 1918.

SAMARA, E. M. A história da família no Brasil. Família e grupos de convívio. *Revista Brasileira de História*, v.9, n.17, São Paulo: ANPUH/Marco Zero, set.1988/fev. 1989.

SANT'ANNA, D. B. *La recherche de la beauté*. Tese (Doutorado) – Université de Paris VII, 1994.

________. (Org.) *Políticas do corpo*. São Paulo: Estação Liberdade, 1995.

SANT'ANNA, D. B. *Cidade das águas:* usos de rios, córregos, bicas e chafarizes em São Paulo, 1822-1901. São Paulo: Editora Senac, 2007.

SANTOS, J. R. Senhores e escravos: a estrutura da posse de escravos em Mogi das Cruzes no início do século XIX. *Estudos de História*, Franca, SP, v.9, n.2, p.235-53, 2002.

SANTOS-DUMONT, A. *Dans l'air.* Paris: Librairie Charpentier et Fasquelle, 1904.

SCHECNER, R. O que é performance? *Percevejo*, Rio de Janeiro, ano 11, n.12, p.25-50, 2003.

SCHNOOR, E. *Na penumbra*: o entrelace de família e negócios – Vale do Paraíba 1770-1840. Tese (Doutorado) – Departamento de História, FFLCH-USP, São Paulo, 2005.

SCHMITT, J C. Clérigos e Leigos. In: SCHMITT, J C.; LE GOFF, J. *Dicionário temático do Ocidente medieval.* v.1. Bauru: Edusc, 2006, p.237-51.

SCHPUN, M. R., Ed. *Masculinidades.* Santa Cruz do Sul: Boitempo, 2004.

SCHUTEL, D. P. *A Massambu.* Florianópolis: Ed. UFSC, Movimento – INL, 1988.

SCHWARTZ, S. B. Mocambos, quilombos e Palmares: a resistência escrava no Brasil colonial. *Estudos econômicos*, v.17, n. especial, p.85, São Paulo, 1987.

________. A manumissão dos escravos no Brasil Colonial – Bahia, 1684-1745. *Anais de História*, n.6, Assis (SP), 1974.

SCOTT, A. S. V. A propriedade da terra e a elite paulista; os grandes proprietários do vale do Paraíba. Artigo em separata da Dissertação de Mestrado em História Social/FFLCH-USP – *Dinâmica Familiar da Elite Paulista (1765-1836)*: estudo diferenciado de demografia histórica das famílias dos proprietários de grandes escravarias do vale do Paraíba e região da capital de São Paulo. São Paulo, 1987.

SCOTT, J. *Gender and the Politics of History.* Nova York: Columbia University Press, 1989.

________. *Seeing Like a State: How Certain Schemes to Improve the Human Condition Have Failed.* New Haven: Yale University Press, 1998.

SERBIN, K. *Padres, celibato e conflito social*: uma história da Igreja católica no Brasil. São Paulo: Companhia das Letras, 2008.

SEVCENKO, N. *Literatura como missão*: tensões sociais e criação cultural na primeira república. São Paulo: Companhia das Letras, 2003.

SILVA, C. Homem é homem. Mulher é mulher. Revista *Claudia*, ano 15, n.169, out. 1975.

________. O sexo único. Revista *Realidade*, ano 5, n.49, abr. 1970.

________. Um garoto feliz: só tem uma palmada para recordar. Revista *Claudia*, ano 6, n.56, p.31, maio 1966.

SILVA, C. L. B.; MELO, V. A. Fabricando o soldado, forjando o cidadão: o doutor Eduardo Augusto Pereira de Abreu, a Guerra do Paraguai e a educação física no Brasil. *História, ciência, saúde*, Rio de Janeiro, v.18, n.2, p.337-54, jun. 2011.

SILVA, E. *Dom Obá II D'África, o príncipe do povo: vida, tempo e pensamento de um homem livre de cor.* São Paulo: Companhia das Letras, 1997.

SILVA, E. O. "Quem chegar por último é mulher do padre": as cartas de perdão de concubinas de padres na Baixa Idade Média portuguesa. *Cadernos Pagu*, n.37, jul-dez, p.357-86, 2011.

________. *Entre a batina e a aliança:* das mulheres de padre ao movimento de padres casados no Brasil. Tese (Doutorado em História) – UNB, Brasília, 2008.

SILVA, J. B. A. *Projetos para o Brasil.* Col. Retratos do Brasil. São Paulo: Cia. das Letras, 1998.

SILVA, K. V., *O miserável soldo e a boa ordem da sociedade colonial.* Recife: Fundação de Cultura da Cidade de Recife, 2001.

SILVA, M. B. N. *Cultura e sociedade no Rio de Janeiro (1808-1821).* Col. Brasiliana, v.363. São Paulo: Cia. Editora Nacional, 1978.

________. *Ser nobre na colônia.* São Paulo: Editora Unesp, 2005.

SILVA, M. C. P.; FERREIRA, T. C. V. Educação física nas escolas religiosas: formação de diferenças histórico-sociais. *Revista Brasileira de Ciências do Esporte,* Florianópolis, v.25, n.2, p.55-69, jul. 2008.

SLENES, R. W. *Na senzala uma flor*: esperanças e recordações na formação da família escrava – Brasil Sudeste, século XIX. Rio de Janeiro: Nova Fronteira, 1999.

________. *The demography and economics of brazilian slavery: 1850-1888.* Tese (Doutorado) – Stanford University, 1976.

SOHN, A. M. *Sois un homme !* La construction de la masculinité au XIXème siècle. Paris: Seuil, 2009.

SOUZA, G. M. *O espírito das roupas*: a moda no século XIX. São Paulo: Companhia das Letras, 1987.

SOUZA, L. M. *O diabo e a terra de Santa Cruz:* feitiçaria e religiosidade popular no Brasil colonial. São Paulo: Companhia das Letras, 1987.

SOUZA, L. M.; SILVA, M. P.; PINHEIRO, I. S. Um toque na masculinidade: a prevenção do câncer de próstata em gaúchos tradicionalistas. *Revista Gaúcha de Enfermagem*, v.32, n.1, p.151-8, 2011.

SPIX; MARTIUS. *Viagem pelo Brasil.* Col. Reconquista do Brasil, v.1. Belo Horizonte/São Paulo: Itatiaia/Edusp, 1981.

SWAIN, T. Feminismo e representações sociais: a invenção das mulheres nas revistas "femininas". *História: Questões e debate*, v.34, p.11-44, 2001.

TAVARES, P. V. B. *Beatas, inquisidores e teólogos*: reação portuguesa a Miguel de Molinos. Dissertação (Doutoramento em Cultura Portuguesa) – Universidade do Porto, Porto, 2002.

TEIXEIRA, H. M. *Reprodução e famílias escravas de Mariana (1850-1888).* Dissertação (Mestrado em História econômica) – Universidade de São Paulo, São Paulo, 2001.

TELLES, M. L. M. S. *Ser tão antigo*. Rio de Janeiro: Ed. do autor, 2003.

TESCHE, L. *A prática do* turnen *entre imigrantes alemães e seus descendentes no Rio Grande do Sul*: 1867-1942. Ijuí: Editora Unijuí, 2000.

TOCANTINS, L. *Amazônia: natureza, homem e tempo*: uma planificação ecológica. 2.ed. Rio de Janeiro: Civilização Brasileira, 1982.

Tráfico Interno de Escravos e Relações Comerciais no Centro Sul. Séculos XVIII/XIX. IPEA/LIPHIS-UFRJ. Brasília.

TRINDADE, J. B. Pau D'Alho Quase Roteiro. Separata da *Revista de História*, n.102. São Paulo: FFLCH/USP, p.791-800, 1975.

________. *Tropeiros*. São Paulo: Editoração Publicações e Comunicações Ltda., 1992.

________. *Uma vida na formação da economia cafeeira lorenense*: o capitão Ventura José de Abreu (1793-1827).

TÜRCKE, C. *Filosofia do sonho*. Ijuí: Editora Unijuí, 2010.

URICOECHEA, F. *O minotauro imperial*: a burocratização do Estado patrimonial brasileiro no século XIX. Rio de Janeiro/São Paulo: Difel, 1978.

VAINFAS, R. *Trópico dos pecados*: moral, sexualidade e Inquisição no Brasil. Rio de Janeiro: Nova Fronteira, 1997.

VAITSMAN, J. *Flexíveis e plurais: identidade, casamento e família em circunstâncias pós-modernas*. Rio de Janeiro: Rocco, 1994.

VALDEZ, D. *Mens Sana In Corpore Sano*: os colégios do Dr. Abílio Cesar Borges, o Barão de Macahubas (1858-1891). In: LOMBARDI, J.C.; SAVIANI, D.; NASCIMENTO, M. I. M. (Orgs.). *Navegando pela história da educação*. Campinas: HISTEDBR, 2006. Disponível em: <http://www.histebr.fae.unicamp.br/navegando/index.html>. Acesso em: 20 jan. 2006.

VARZEA, V. *Santa Catarina, a ilha*. Florianópolis: Lunardelli, 1985.

VASCONCELOS, D. P. *Breve descrição geográfica, física e política da capitania de Minas Gerais*. Belo Horizonte: Fundação João Pinheiro/Centro de Estudos Históricos e Culturais, 1994.

VASCONCELOS, S. *O Fico* – Minas e os mineiros na independência. Col. Brasiliana, n.94. São Paulo: Cia. Editora Nacional, 1937.

VELLOSO, M. P. Percepções do moderno: as revistas do Rio de Janeiro. In: NEVES, L. M. B. P.; MOREL, M.; FERREIRA, T. M. B. C. (Orgs.). *História e imprensa:* representações culturais e práticas de poder. Rio de Janeiro: DP&A/Faperj, 2006. p.312-31.

VENÂNCIO, R. *Famílias abandonadas*: assistência à criança de camadas populares no Rio de Janeiro e Salvador nos séculos XVIII e XIX. Campinas: Papirus, 1999.

VILHENA, J. As raízes do silêncio. Sobre o estupro feminino. *Cadernos do Tempo Psicanalítico*, n.33, p.55-69, Rio de Janeiro: SPID, 2001.

________. Da claustrofobia a agorafobia. Cidade, confinamento e subjetividade. *Revista Rio de Janeiro*. Rio de Janeiro: Ed.UERJ, 2003. p.77-90.

VILHENA, J. O *funk*, o *rap* e a poesia dos manos. Da cultura do medo á fraternidade como laço social. *Anais do I Congresso Internacional da Associação Universitária de Pesquisa em Psicopatologia Fundamental*, 2004. Disponível em: www.fundamentalpsychopatholy.org

______. Da cultura do medo à fraternidade como laço social. In: VILHENA, J.; VIEIRALVES DE CASTRO, R.; ZAMORA, M. H. (Orgs.) *As cidades e as formas de viver*. Rio de Janeiro: Ed. Museu da República, 2005. p.19-43.

VILHENA, J.; NOVAES, J. V. Un corps à la recherche d´un longement. Corps, violence et médecin. In: MASSON, C.; DESPRATS-PEQUIGNOT (Orgs.). *Le corps contemporain:* créations et faits de culture. Paris: Ed. L'Harmatan, 2009. p.113-36.

VILLALTA, L. C. A igreja, a sociedade e o clero. In: RESENDE, M. E. L.; VILLALTA, L. C. (Orgs.) *História de Minas Gerais*: as minas setecentistas. v.2. Belo Horizonte: Autêntica, 2007.

VINCENT-BUFFAULT, A. *História das lágrimas*: século XVIII e XIX. Trad. Luiz Marques, Martha Gambini. Rio de Janeiro: Paz e Terra, 1988.

VOLPATO, L. R. R. *Cativos do sertão*: vida cotidiana e escravidão em Cuiabá. 1850-1888. Cuiabá: Marco Zero/Ed. Universidade Federal de Mato Grosso, 1993.

WALLACE, A. R. *Viagens pelos rios Amazonas e Negro/ Alfred Russel Wallace*. Trad. Eugênio Amado. Apresentação Mário Guimarães Ferri. Belo Horizonte: Itatiaia; São Paulo: Edusp.

WANG, M. L.; JABLONSKI, B.; MAGALHÃES, A. S. Identidades masculinas: limites e possibilidades. *Psicologia em Revista*. Belo Horizonte, v.12, n.19. jun. 2006.

WHITE, P. G.; YOUNG, K.; MCTEER, W. G. Sport, masculinity, and the injured body. In: Sabo, D.; Gordon, D. F. (Eds.). *Men's health and illness:* gender, power, and the body. London: Sage, 1995. p.158-204.

WOLFF, C. S. Narrativas da guerrilha no feminino (Cone Sul, 1960-1985). *História Unisinos* 13(2), p.124-30, maio/ago. 2009.

______. *Mulheres da floresta*: uma história: Alto Juruá, Acre (1890-1945). São Paulo: Hucitec, 1999.

ZANCHETTA, M. et al. Ideas of masculinities in Latin America and their influences on immigrant men's attitudes toward health: prostate cancer prevention, an analysis of the literature. *Journal of Men's Health*, v.7, n.3, p.259-69, 2010.

Sobre os autores

Angélica Müller

Possui graduação em História pela Universidade do Vale do Rio dos Sinos (2002), mestrado em História Política pela Universidade do Estado do Rio de Janeiro (2005), doctorat de Histoire pela Universidade de Paris I, Panthéon-Sorbonne (2010) e doutorado em História Social pela Universidade de São Paulo (2010). Atualmente é professora do Programa de Pós-graduação em História do Brasil da Universidade Salgado de Oliveira – Universo; é também pesquisadora associada do Centre d'Histoire Sociale du XXème Siècle (Paris 1 – Panthéon Sorbonne); consultora do Centro de Estudos e Memória da Juventude; líder do Grupo de Pesquisa no CNPq "Intelectuais, Instituições e Sociedade".

Antonio Emilio Morga

Pós-doutorado pela Universidade Federal de Santa Catarina (2012). Doutorado em História Econômica pela Universidade de São Paulo (2004). Mestrado em História Social pela Universidade de São Paulo (1995). Graduação em Filosofia pela Universidade Federal de Santa Catarina (1984). Atualmente é professor Associado I, lecionando no Departamento de História e no Programa de Pós-graduação da Universidade Federal do Amazonas. Líder do Grupo de Pesquisa Gênero, Sociabilidade, Afetividade e Sexualidade. Filiado a ANPUH/SC. Membro do Conselho Editorial da Editora Casa Aberta; Revista impressa: *Canoa do Tempo* (UFAM),

Textos e Debates (UFRR); Revista on-line: *Pedros e Marias*, *Examapaka* (UFRR), *Mnemel* (UFRGN). Parecerista *Ad hoc* da revista *Tempo e Argumento* (UDES). Autor de livros, capítulos de livros e artigos em periódico e revista nacional.

Denise Bernuzzi de Sant'Anna

Pós-doutora pela École des Hautes Études en Sciences Sociales em 2003/4, é livre-docente pela PUC-SP (2004). Atualmente é professora da Pontifícia Universidade Católica de São Paulo e pesquisadora I do CNPq. Lidera o grupo de pesquisa "A condição corporal". Tem experiência na área de História, com ênfase em História do Brasil e História Contemporânea, atuando principalmente nos seguintes temas: história do corpo, higiene, cidade, alimentação. É autora de diversos livros sobre as relações entre corpo e cultura contemporânea.

Eduardo Schnoor

Possui graduação em História pela Pontifícia Universidade Católica do Rio de Janeiro (1976) e doutorado em História Social pela Universidade de São Paulo (2005). Autor e organizador do livro *Resgate: uma janela para o oitocentos.*

Joana de Vilhena Novaes

Psicanalista. Doutora em Psicologia Clínica (PUC-Rio). Pós-doutoranda em Clínica Médica (2009, UERJ). Pós-doutora em Psicologia Social (2008, UERJ). Pesquisadora do Laboratório de Pesquisas Clínica e Experimental em Biologia Vascular (*Bio-Vasc*) da UERJ. Especialista em Transtornos Alimentares. Coordenadora do Núcleo de Doenças da Beleza da PUC-Rio. Pesquisadora e psicoterapeuta do Laboratório Interdisciplinar de Pesquisa e Intervenção Social (Lipis) da PUC-Rio. Pesquisadora correspondente do Centre de Recherches Psychanalyse et Médecine – Université Denis-Diderot Paris 7 CRPM-Pandora. Bolsista da Faperj. Autora do livro: *O intolerável peso da feiura*: *sobre as mulheres e seus corpos* (Ed.PUC/Garammond, 2006).

Jonis Freire

Possui graduação em História pela Universidade Federal de Ouro Preto (2000), mestrado em História pela Universidade Estadual Paulista Júlio de Mesquita Filho (2004) e doutorado em História pela Universidade Estadual de Campinas (2009). Atualmente é professor da Universidade Salgado de Oliveira. Tem experiência na área de História, com ênfase em História do Brasil, atuando principalmente nos seguintes temas: compadrio, registros paroquiais, família escrava e zona da mata mineira.

Marcia Amantino

Possui graduação em Historia pela Universidade Federal Fluminense (1992), mestrado (1996) e doutorado (2001) em História Social pela Universidade Federal do Rio de Janeiro e pós-doutorado pela Universidade Federal de Minas Gerais (2009-2010) e pela Universidade de Évora, Portugal (2012). É professora do Programa de Pós-graduação da Universidade Salgado de Oliveira. Lidera o Grupo de Pesquisa do CNPq intitulado "Sociedades escravistas nas Américas". Autora do livro *O Mundo das feras: o sertão Oeste de Minas Gerais, século XVIII*. São Paulo: Annablume, 2007.

Márcia Pinna Raspanti

Mestre em História Social pela Universidade de São Paulo (USP), com enfoque em História do Brasil Colônia. Desenvolve pesquisas ligadas à sociedade e à literatura luso-brasileira dos séculos XVII e XVIII, com base nas obras de autores como os jesuítas João Antônio Andreoni e Antônio Vieira. Atualmente, dedica-se ao estudo da indumentária e da moda neste período. Jornalista especializada em Economia, trabalha especificamente nos setores de logística e comércio exterior.

Marko Monteiro

Possui graduação em Antropologia (1997), mestrado em Antropologia Social (2000) e doutorado em Ciências Sociais (2005), todos pela Universidade Estadual de Campinas (Unicamp). Realizou também estágio de pós-doutorado na University of Texas at Austin, junto ao programa de Ciência, Tecnologia e Sociedade (2008), e no Departamento de Política Científica e Tecnológica da Unicamp(2010). Suas pesquisas abarcam os seguintes temas: antropologia da ciência e da tecnologia; culturas visuais da ciência; genero, masculinidades e mídia; biotecnologias e o corpo; visualidade do corpo na ciência e na medicina. Atualmente é professor no Departamento de Política Científica e Tecnológica da Unicamp.

Mary del Priore

Doutora em História pela Universidade de São Paulo e pós-doutora pela École des Hautes Études en Sciences Sociales (1996). Atualmente é professora do Programa de Mestrado em História da Universidade Salgado de Oliveira (Universo/Niterói) e desenvolve pesquisa intitulada "Cultura, mentalidade e vida social no Rio de Janeiro do século XIX". Tem pesquisas na área de história colonial, história da cultura, história de gênero. É autora de mais de 25 livros de História.

Recebeu vários prêmios literários, dentre eles o Jabuti, Casa-grande e senzala, APCA e o *Ars Latina*.

Robert Daibert Jr.

Licenciado e bacharel em História pela Universidade Federal de Juiz de Fora (1998), mestre em História pela Universidade Estadual de Campinas (2001) e doutor em História pela Universidade Federal do Rio de Janeiro (2007). Atualmente é professor Adjunto III da Universidade Federal de Juiz de Fora, atuando no Programa de Pós-graduação em Ciência da Religião. Tem experiência na área de História, atuando principalmente nos seguintes temas: anticlericalismo, religiosidade católica e religiosidade de matriz afro-brasileira no Brasil no século XIX e XX; a Lei Áurea e o abolicionismo católico no contexto da romanização. Diretor do Núcleo de Estudos Afro-Brasileiros (NEAB-UFJF) e coordenador da pós-graduação *lato sensu* Religiões e religiosidades afro-brasileiras.

Victor Andrade de Melo

Realizou estudos de pós-doutorado em Teoria Crítica da Cultura na Universidade Federal do Rio de Janeiro. É professor associado da Universidade Federal do Rio de Janeiro, onde atua nos Programas de Pós-graduação em História Comparada/Instituto de Filosofia e Ciências Sociais e em Educação Física/Escola de Educação Física e Desportos (na qual também atua na graduação). É também professor do Programa de Pós-graduação em Lazer/Universidade Federal de Minas Gerais. É autor dos livros *Esporte e lazer: conceitos – uma introdução histórica* (Apicuri/Faperj, 2010) e *Esporte, lazer e Artes Plásticas: diálogos* (Apicuri/Faperj, 2009) e organizador (com Mary del Priore) de *História do esporte no Brasil: do Império aos dias atuais* (Unesp, 2009), entre outros. É coordenador do "Sport": Laboratório de História do Esporte e do Lazer.

Vitor Izecksohn

Professor do Instituto de História e do Programa de Pós-graduação em História Social da Universidade Federal do Rio de Janeiro. Doutor em História pela Universidade de New Hampshire. Fez pós-doutorado no Departamento de História da Brown University, atuando como professor visitante da mesma instituição em 2011. Seus interesses de pesquisa incluem os estudos comparativos sobre militares e sobre a administração pública no Brasil e nos Estados Unidos durante o século XIX, com ênfase na História do Recrutamento militar, nas comparações a respeito do impacto das guerras externas sobre os processos de formação dos

Estados nacionais e nos processos de expansão da identificação pessoal através da uniformização das estratégias de documentação. Através de comparações realiza pesquisas sobre a expansão do poder público, especialmente no que se refere ao avanço dos processos de extração de impostos e de soldados.

SOBRE O LIVRO

Formato: 16 x 23 cm
Mancha: 25,5 x 41 paicas
Tipologia: Adobe Caslon 11 / 15
Papel: Couché 90 g/m² (miolo)
Cartão supremo 250 g/m² (capa)

1ª edição 2013

3ª reimpressão 2024

EQUIPE DE REALIZAÇÃO

Edição de Texto
Tony Monti (Copidesque)
André Fernandes (Preparação de original)
Nair Hitomi Kayo (Revisão)

Assistência editorial
Jennifer Rangel de França

Capa
Estúdio Bogari

Projeto Gráfico
Estúdio Bogari

Editoração eletrônica
Eduardo Seiji Seki

Camacorp Visão Gráfica Ltda

Rua Amorim, 122 - Vila Santa Catarina
CEP:04382-190 - São Paulo - SP
www.visaografica.com.br